单矿种矿产资源经济研究系列专著之一（Cr）

铬矿产资源经济研究

张照志　潘昭帅　车　东　张泽南
吴　晴　杨亚萍　徐恒逸　著

地质出版社
·北　京·

内容提要

铬矿作为我国战略性矿产和大宗紧缺矿种，在战略性新兴产业中发挥着重要的作用，长期以来对外依存度超过90%。本书以矿产资源经济学研究理论与实践为指导，根植于国内外铬矿地质找矿、矿床地质特征与矿产资源禀赋等丰富的矿床学研究成果的沃土之中，以我国不锈钢产业高质量发展所需铬矿资源产品需求为基础，系统地研究了我国铬矿地质、矿床类型、成矿规律及资源储量特征，对我国铬矿勘查历史、现状、资源储量特征及演变规律和铬矿集区资源潜力等进行了研究。在系统地研究世界主要国家（地区）铬矿产品消费规律的基础上，研究并提出我国铬矿消费规律与阶段性演进特征；利用我国铬部门消费法、人均不锈钢产量“S”形法、ARIMA模型（不锈钢）法等需求预测方法，预测了我国2021—2035年铬需求量，确定了我国铬（消费）需求起飞点、转折点和峰值点（零增长点）；分析预测了我国矿山铬供应能力和二次铬回收量；对我国铬供需形势进行了分析预测。按照“走出去”勘查开发利用境外矿产资源等要求，对世界主要铬矿生产国（地区）、需求国（地区）、主要矿山（矿业公司）的铬矿资源开发利用现状进行了研究，提出了世界铬矿资源勘查开发利用布局建议，分析了世界铬矿产品贸易与市场价格变化态势，展望了铬矿产品市场价格发展演变趋势，提出了促进我国铬矿资源产业高质量发展的有关资源环境与经济管理政策建议。

本书可供矿产资源行政管理人员、科研院所矿产资源经济科研人员及高等院校等相关专业的学生使用。

图书在版编目（CIP）数据

铬矿产资源经济研究/张照志等著. —北京：地质出版社，2024. 9

ISBN 978－7－116－13312－9

Ⅰ. ①铬…　Ⅱ. ①张…　Ⅲ. ①铬-矿产资源-资源经济-研究-中国　Ⅳ. ①F426. 1

中国版本图书馆CIP数据核字（2022）第161959号

GE KUANGCHAN ZIYUAN JINGJI YANJIU

责任编辑：田　野　宫月萱
责任校对：王　瑛
出版发行：地质出版社
社址邮编：北京市海淀区学院路31号，100083
电　　话：（010）66554528（邮购部）；（010）66554631（编辑室）
网　　址：https://www.gph.clmpg.com
传　　真：（010）66554686
印　　刷：北京地大彩印有限公司
开　　本：787mm×1092mm　1/16
印　　张：16. 5
字　　数：400千字
版　　次：2024年9月北京第1版
印　　次：2024年9月北京第1次印刷
定　　价：88. 00元
审 图 号：GS京（2023）0006号
书　　号：ISBN 978－7－116－13312－9

前　言

长期以来，铬矿为我国大宗紧缺矿种，是我国对外依存度最高的矿种之一，铬矿查明资源储量少，铬矿石产量低。在原国土资源部组织完成的第四轮全国矿产资源保障程度论证中，铬矿为难以保障经济社会发展需求的短缺矿种。铬矿在国务院发布的第三轮《全国矿产资源规划（2016—2020年）》中被列为战略性矿产，在支撑我国战略性新兴产业发展中发挥着日益重要的作用，铬消费占比30%。同时，铬矿产品作为不锈钢生产的基础原料，在钢铁工业调结构、去产能、绿色低碳发展中发挥着重要作用。

我国铬成矿地质条件与资源禀赋相对较差，在世界已发现的3种铬矿床类型中，我国只发现了蛇绿岩型豆荚状和基性-超基性岩型似层状两种铬矿床。无大型铬矿床，主要以小型为主。我国铬矿石质量较差，冶金级富铬矿少，化工级和耐火黏土级贫矿多，已查明资源储量的铬矿石平均品位 ω（Cr_2O_3）为27.13%，平均品位 ω（Cr_2O_3）>32%的富铬矿查明资源储量约占全国资源储量的23.85%；中型铬矿床矿石品位 ω（Cr_2O_3）为35.7%，小型为20.69%。

我国铬矿地质找矿阶段性特征明显，大致分为萌芽期、会战期、辉煌期、萧条期和复苏期等5个阶段。我国非常重视铬矿地质找矿工作，在辉煌期的1971—1975年投入经费1.32亿元，完成钻探 124.6×10^4m，创造了我国各个五年计划时期中找铬投入的最高峰。1971—1980年，是我国铬矿探明储量增加最多的时期，共探明铬矿储量（矿石量）673.8×10^4t。而在萧条期，铬矿找矿几乎停滞，无投入无产出。在复苏期的2005—2017年的12年间，我国铬矿累计勘查投入约4.3亿元，新发现铬矿产地两处；铬矿地质勘查投入占全国勘查总投入的比例仅为0.002%~0.061%，尽管占比很低，但已步入铬矿找矿的复苏之路，以期实现找矿突破。我国铬矿资源仍存在较大的找矿潜力。

我国铬供应量总体不足，且二次铬回收量在总供应量中占绝大部分。铬供应主要源于矿山铬产量与二次铬回收量。2020年我国铬供应量（铬）为

146.8×10^4t，其中矿山铬仅占 3.05%，二次铬占比高达 96.95%。

1）矿山铬产量：预测 2021—2035 年我国矿山铬矿石产量在 14×10^4~20×10^4t（铬 4.28×10^4~6.12×10^4t）间，总体呈先升后降态势；2021 年预计矿山铬矿石产量为 15×10^4t（铬 4.59×10^4t），2025 年升至 18.7×10^4t（铬 5.72×10^4t），2028 年升至 20×10^4t（铬 6.12×10^4t）的峰值点，2030 年降至 19.2×10^4t（铬 5.87×10^4t），2035 年降至 14×10^4t（铬 4.28×10^4t）。

2）二次铬回收量：利用类比法预测 2025 年、2030 年和 2035 年我国二次铬回收量（铬）分别为 249.28×10^4t、283.62×10^4t 和 242.53×10^4t。预测 2025 年、2030 年和 2035 年我国铬总供应量（矿山铬产量+二次铬回收量）分别为 255×10^4t、289.49×10^4t 和 246.81×10^4t。

我国铬需求量大，预测 2030 年前后达到峰值点，随后逐渐下降。我国铬矿产品主要包括铬矿石（原矿或铬精矿）、铬铁合金和铬金属，二次铬，化工铬盐产品，其中不锈钢生产是铬消费的主要部门。在“双碳”背景下，利用铬部门消费法、不锈钢人均产量“S”形法、ARIMA 模型（不锈钢）法等矿产品需求预测方法，在高中低 3 种情境方案下对我国 2021—2035 年铬需求量进行了科学预测。结果表明：在中情景方案下，2021—2030 年我国人均铬消费量呈先升后降趋势，人均铬消费量“S”形演进特征明显，预测 2021 年铬需求量为 607.28×10^4t，人均铬需求量为 4.31kg，2025 年铬需求量升至 830.92×10^4t，人均铬需求量为 5.84kg；2030 年到达峰值点（零增长点），届时铬需求量为 945.39×10^4t，人均铬消费量为 6.61kg，之后逐渐下降，2035 年铬需求量降至 808.44×10^4t，人均铬需求量降至 5.67kg。

我国铬供需形势分析表明：2021—2035 年铬供需形势严峻，对外依存度高，铬矿资源保障率极低。2020 年中国铬消费结构：钢铁冶金占 94.42%，其中不锈钢生产中铬消费量占比 90%；铸石占 2.76%、化学工业占 2.28%、耐火材料占 0.54%。在研究世界主要铬消费国家（地区）铬矿产品与消费规律的基础上，对 2021—2035 年我国铬供需形势进行了分析：2021—2035 年，随着我国不锈钢产量快速增长，铬需求量不断增长，在中增长情景下 2030 年铬需求量到达峰值点。若不含二次铬回收量，只考虑矿山铬供应，我国铬供需形势极其严峻，对外依存度将达 99%以上，从铬矿资源保障程度看，2025 年、2030 年和 2035 年矿山铬对需求的保障程度仅分别为 0.69%、0.62%和

0.53%。若将二次铬回收量纳入铬供应体系，则铬对外依存度降至69%，预测2025年、2030年和2035年铬（矿山铬+二次铬回收量）对铬总需求的保障程度分别提升至30.69%、30.62%和30.53%。

世界铬矿石消费结构发生变化，冶金工业消费铬矿产品产量和占比逐渐增加，而化工、耐火材料工业铬消费量及占比逐渐降低。2020年世界95.8%的冶金级铬矿石［$\omega(Cr_2O_3)$ 42%~46%］消费于高碳铬铁、中碳铬铁、低微碳铬铁和硅铬合金的生产中，2.5%的化工级铬矿石［$\omega(Cr_2O_3)$ 40%~46.5%］消费于重铬酸钠等铬盐生产中，铸石和耐火材料消费量占比分别为1.5%和0.2%。世界上约90%的铬矿石用于不锈钢生产领域，铬消费国（地区）主要是指不锈钢生产国（地区），主要包括中国、印度尼西亚、日本、美国、韩国、比利时、意大利、西班牙、瑞典、德国、法国和英国等12个国家和地区。利用部门消费法测算出2020年世界铬消费总量为961.75×10^4t，人均铬消费量1.243kg。按国别和地区分别测算出1980—2020年印度尼西亚、日本等12个国家和地区的铬消费量及其变化规律。

对世界铬矿资源及其开发利用状况进行了分析。分国别阐述了世界传统铬矿资源国与生产国铬矿资源开发利用历史与现状，世界传统铬矿资源国与生产国主要有：南非、哈萨克斯坦、土耳其、印度、芬兰、津巴布韦、俄罗斯、阿尔巴尼亚、巴基斯坦、巴布亚新几内亚、巴西、伊朗、马达加斯加和菲律宾等16个国家。对各国基本概况、资源、1900—2020年铬矿石（铬精矿）、铬铁合金和不锈钢等铬矿产品的产量及其占世界的比例变化规律进行了研究。

对世界铬矿产品贸易与市场进行了系统分析与研究。从世界铬精矿进口价格的总体发展演变趋势看：2010—2011年，铬精矿进口价格小幅上涨，2012—2016年下降至约20元/干吨度（860元/t），2016—2017年铬精矿价格大幅上升后又快速回落至30元/干吨度，近年来维持在30~40元/干吨度（1260~1680元/t）之间。2019年9月25日至2022年1月不锈钢价格在1.53万元/t价格线上波动。

研究提出了世界铬矿资源开发利用布局建议。确定了世界铬矿资源勘查开发布局的原则与依据，提出了我国铬矿资源勘查开发布局建议。根据铬矿床规模、地理位置及与我国贸易关系等圈定了3个一级规划区和1个二级规划区，对不同规划区通过不同的方式来规划产能。

在“双碳”目标擘画“生态文明”新蓝图的时代背景下，以新发展理念为指导，简要探讨了与铬矿资源产业、经济发展有关的生态环境保护问题。在我国铬矿资源开发利用与保护中，针对铬矿产品生产过程中产生的碳排放问题、铬（地球）化学污染问题和铬矿山地质环境问题，提出了调整我国铬矿产品结构，如减少铬铁合金产量、降低质量一般的不锈钢产量及控制铬矿石开采总量，加强铬矿山地质环境恢复治理等措施，为国家“双碳”目标的实现和生态文明建设提供有力支撑。

《铬矿产资源经济研究》，是本研究团队推出的《单矿种矿产资源经济研究系列》的首部专著，由于是针对单矿种资源经济研究的首次探索，加之时间与水平所限，不当之处在所难免，敬请读者批评指正！铝土矿、钒钛矿、锂矿等单矿种矿产资源经济研究专著将陆续出版。

作　者
2022年1月

目　　录

第一章 导 论

本章主要对铬矿地质找矿、资源现状、技术经济评价与研究现状进行了汇总梳理，在总结与提升的基础上，分析了存在问题。迄今，国内在铬矿床地质、成矿规律、地质矿产勘查、资源储量及其特征、开发利用、产业发展与矿山地质环境保护等方面形成了较丰富的文献数据资料，但国内铬矿资源产业经济学方面的研究工作相对薄弱，存在一定的短板。亟待通过系统研究集成、凝练提升与综合研究加以丰富完善，形成一套集矿床地质特征、成矿规律、铬矿勘查、资源储量特征分析、铬矿消费与需求预测、供应能力、供需形势分析和铬矿产业与矿山地质环境保护为一体的系统性研究成果，为我国铬矿资源产业经济的发展、铬矿产资源规划编制等提供支撑与参考借鉴。

第一节 研究现状

铬矿为我国大宗紧缺矿种，资源匮乏，国内产量很少，而随着我国不锈钢产量的不断增加，铬矿的消费（需求）量也在不断增加，铬矿资源安全有效供应和铬矿回收利用等方面已成为国内专家学者关注的焦点，在铬矿资源勘查、开发利用、产业发展与保护等方面也形成了相对丰富与全面的文献资料。

在研究中系统地搜集整理了国内外铬矿地质矿产特征（矿床类型）、铬矿资源勘查与开发利用、产业发展与保护等相关学术论文、专著、研究报告等。搜集的指标包括铬矿资源储量、产能（量）、贸易、市场（价格）历史及现状等数据。经综合整理，完成了铬矿资源勘查开发与保护、铬矿回收利用等文献综述。此外，还搜集了原国土资源部（现自然资源部）铬矿资源储量、开发利用、“三率”调查等相关数据资料与最新成果。

一、国内铬矿研究现状

（一）学术论文类

截至2020年末，项目组搜集到自20世纪60年代以来有关矿产资源经济学、铬矿地质矿产特征、铬矿供需形势分析（铬矿资源安全）和资源产业发展等方面的论文55篇，专著16余部，研究报告11部等（表1-1）。

需要指出的是，中国铬矿地质勘查工作始于20世纪50年代，地质部在60—70年代组织了“新疆铬矿会战”，并在全国掀起了铬矿找矿热，这一阶段形成了大量的文献，成果表现形式大多数为自然科学论文。

2014 年 7 月至 2020 年末，项目组开展了铬矿山实地调查研究。调查研究组赴西藏、内蒙古、新疆、甘肃等省（区）对铬矿山（区）进行了实地调查研究，共调查研究西藏和新疆 3 个铬矿山，其中西藏两个，新疆 1 个。这些第一手矿山实地调查研究数据资料为本书的完成提供了坚实的基础支撑。

表 1-1　截至 2020 年末项目组搜集的有关铬矿资料文献一览表

资料类别		数量（篇、部）	合计
铬矿相关论文与教材	矿产资源经济与管理类	10	55
	地质矿产特征（矿床类型）类	20	
	铬矿供需形势分析（资源安全）类	15	
	铬矿选矿（铬回收利用及处理）类	10	
专　著	以矿产资源经济学、铬矿资源等综合研究为主	16	16
规范标准	《铁、锰、铬矿地质勘查规范》（DZ/T 2000—2020）、《矿产资源工业要求手册（2014）》等	2	2
数据来源	历年《中国统计年鉴》、《中国国土资源年鉴》、《中国矿产资源报告（2011—2021）》等	30	30
总　计		103	103

1. 矿产资源经济与管理类

矿产资源经济学是研究矿产资源勘查找矿发现、开发利用、选冶加工、二次回收利用、矿山地质环境保护以及资源优化配置的一门学科。搜集到已发表相关学术论文 10 篇，主要有：《矿产资源经济学的发展与展望》（唐金荣译，2013）、《对矿产资源管理的经济学思考》（侯军亮，2013）、《矿产资源经济指标体系的构建》（吕世红，2014）等。高等院校出版了一系列矿产经济学教材：如《矿产经济与管理》（李万亨等，2000）、《矿产资源管理通论》（何贤杰等，2002）、《矿产资源经济论》（张瑞恒等，2006）、《资源经济学》（王伟等，2007）、《矿产资源经济学概论》（朱永峰，2007）、《矿产资源可持续力》（余敬等，2009）、《矿产经济学》（刘保顺，2009；成金华，2012）、《矿产资源经济学》（陈建宏，2009；刘文周，2011）、《资源产业经济学》（崔彬等，2013）、《现代矿产资源经济学》（崔彬等，2015）。这些成果从不同的角度、对地质矿产、资源勘查、产业发展、经济管理、产品替代、资源配置、布局优化、资源资产及战略规划等进行了研究，为我国矿产资源经济学研究奠定了基础。总体看来，这些成果是针对所有矿产资源进行研究的，而我国针对单矿种的矿产资源经济学研究成果鲜见。

2. 地质矿产特征（矿床类型）类

国内学者对国内外铬矿地质矿产特征和矿床类型等进行了深入的研究，取得了较为丰富的研究成果。迄今，搜集到铬矿地质矿产特征（矿床类型）类相关学术论文 20 篇，超过所收集论文总数的二分之一（表 1-1）。

研究内容涉及矿床类型、成矿地质条件、成因，国内外典型矿床及其矿体特征等。从中可以推出铬矿床类型研究观点的变化规律，总结出不同时期铬矿床的类型划分。

20世纪60—70年代大多数专家认为：我国铬矿床是典型的岩浆矿床（王述平，1963；白文吉等，1977）等，只是因不同岩浆形成与岩浆熔离作用的不同而划分为不同的亚类。铬矿成矿专属性强，产于基性-超基性岩中。进入20世纪80—90年代，专家学者提出了蛇绿岩型铬矿床；步入21世纪，又提出了铬铁矿床类型分为层状和豆荚状两种。尽管对铬矿床成因类型的划分，不同学者持不同观点，但目前主流学术观点认为铬矿床有两种类型：洋壳蛇绿岩型铬矿床和陆壳下地幔岩浆岩型铬矿床（杨经绥等，2010）。

南非布什维尔德铬铁矿矿床、哈萨克斯坦顿斯克铬矿床和津巴布韦匹克铬铁矿床为世界典型矿床，储量大、开发利用的技术经济条件好（方实，1998）。菲律宾迪纳加特岛汇洋镍铬矿区铬铁矿成矿地质特征明显，纯橄岩和方辉橄榄岩与铬铁矿化关系密切（王志刚等，2014）。

3. 铬矿供需形势分析（资源安全）类

铬矿供需形势分析类（含资源安全）相关文献较多，共搜集自2003年以来论文15篇，近占项目组搜集论文总数的三分之一。研究内容为：铬矿供需形势分析及产业政策（张炜，2016；刘璇等，2015；曾祥婷等，2015a，2015b，张建等，2009），铬矿战略储备（余良晖等，2006），资源安全（何哲峰等，2016；张泽南等，2019）。对“走出去”勘查开发境外铬矿亦有研究，如津巴布韦铬矿资源开发投资环境分析（柳正，2003）等。

世界铬矿资源极为丰富，储采比超过100年，但区域分布极不均衡，铬矿资源产品的生产集中度很高。近年来，随着中国铬矿资源产品需求量的快速上升，铬矿资源产品进口量大幅攀升，铬矿对外依存度接近100%，铬矿产品供应安全面临多重威胁，研究中提出了相关对策建议：如加强铬矿勘查开发国际合作，稳定铬矿资源产品进口来源，合理分配进口比例；积极走出去，获取境外资源；加强二次铬资源循环利用，鼓励技术创新等。

4. 铬矿选矿（铬回收利用及处理）类

该类论文数量很大，按其重要性选择了自2010年以来的8篇，占项目组搜集论文总数的五分之一。

针对铬铁矿选别多采用重选法所存在的局限性，提出了应加强浮选（特别是新型浮选药剂）的研究以及旨在保障我国铬铁矿资源可持续供应的相关建议（李艳军等，2011）。对铬的回收再利用进行了综述（牛全军等，2013）。李潇雨等（2016）对攀西钒钛磁铁矿铬元素工艺矿物学进行了研究，认为在目前的选矿工艺下，在提高铁精矿品位和回收率的同时，钒、铬的选矿回收率也将得到提高。韩露等（2016）对铬渣的环境危害及其治理技术进行了研究，主要内容涉及铬污染危害的治理技术等。潘昭帅等（2018）对我国再生铬回收利用进行了研究等。

（二）学术专著

项目组系统地搜集了自1974年至今的16部专著（表1-1）。涉及国内外铬矿地质找矿、铬矿床成因、铬矿资源勘查开发与利用、中国典型铬矿床特征、中国铬矿成矿规律和中国铬矿矿情等内容。其中以地质矿产特征与矿床成因的内容为多。除《铬资源与先进铬合金》外，其他专著均将地质矿产特征和规律的研究作为其主要的研究内容。这一方面反映出中国以找铬矿为主的思路未变，也反映出中国铬矿勘查开发与保护方面研究的薄弱与不足，特别是铬矿供需分析、开发利用与保护、铬矿山地质环境保护与恢复治理等方面的研究较为薄弱，不足以指导未来我国铬矿资源发展规划布局与方向，以及矿山地质环境恢复治理等方面的工作。需要指出的是，我国系统的完整的铬矿资源经济学的研究专著鲜见（表1-1）。

（三）铬矿资源保障程度论证或供性论证

为了掌控资源家底，科学研究判定我国矿产资源形势，支撑国家宏观决策，指导产业与区域经济可持续发展，我国先后组织开展过4轮主要矿产资源保障程度论证或可供性分析研究工作。在这4轮论证中，均将铬矿作为论证矿种，论证结论均为短缺矿种。论证提出了加强国内铬矿资源勘查、实现找矿突破，全球配置铬矿资源和加强二次资源回收利用等建议。

1987—1990年，地质矿产部会同国家计划委员会、国家经济贸易委员会和国家科学技术委员会等部门，组织开展了第一轮全国矿产资源保证程度论证。地质矿产部与冶金部就铁、锰、铬3种黑色金属矿产进行了论证。截至1985年末，全国查明铬资源储量的矿产地37处，铬矿保有储量为1082×10^4t。西藏铬矿石质量较好，其余多为贫矿，且呈零星分布状，难以利用。铬矿作为41个论证矿种之一，论证结论为6种难以保证的矿种之一，位居首位。

1992—1996年，国家计划委员会和地质矿产部会同有关部门，组织开展第二轮矿产资源保证程度论证工作。铬矿作为45个矿种之一，论证结论为：铬矿资源短缺，铬矿资源产品主要依靠进口解决，为5种主要依靠进口解决的矿种之一，且位列之首。

2000—2001年，国土资源部组织开展了第三轮“中国主要矿产资源可供性论证”。铬矿作为论证矿种，论证结论为：铬矿为我国9种严重短缺的矿种之一。

2013—2017年，国土资源部部署开展全国新一轮主要矿产资源保障程度论证，中国地质调查局设置计划项目部署推进，项目由中国地质科学院矿产资源研究所牵头开展45种矿种资源保障程度论证工作。铬矿为论证矿种之一，为5种黑色金属矿种之一。论证结论是：铬矿资源匮乏，铬矿资源产品的对外依存度超过97%，为我国急缺矿种之一。

（四）其他相关研究成果

自然资源部信息中心、中国自然资源经济研究院和中国地质科学院全球矿产资源战略研究中心等机构对铬矿资源供需形势进行了分析与研究，形成了一些研究报告或成果，但这些研究报告与成果大多数没有公开出版。

二、国外铬矿研究现状

美国、澳大利亚、南非、日本等国专家对铬矿资源勘查与开发利用进行了研究。如美国地质调查局（USGS）自1900年始，开展了大量的研究工作，形成了丰富的铬矿研究成果，特别是20世纪60—80年代所开展的可供性论证、铬等单矿种技术经济评价、矿产资源物质流分析等方面的研究成果。20世纪80年代末至90年代，美国内政部美国地质调查局（前身为美国内政部矿业局）组织开展了对铬矿地质、矿产、供需形势、铬可供性、铬生命周期、铬矿战略储备等方面的追踪研究。如1994年美国矿业局发布《铬生命周期研究》（IC9411），其中对铬生命周期、全球和美国铬物质流进行了论述，影响深远。《矿产，关键矿产与美国经济》（Minerals，Critical Minerals，and the U. S. Economy，2008）专著，对美国关键矿产的供应安全进行了评价，开发出一种提升联邦收集、分析相关数据、用于确定潜在关键矿产的方法。斯蒂芬 E 凯斯勒（Stephen E · Kesler）（2015）等对铬矿床供需、价格、环境与政策等进行了研究。

第二节 存在问题

从上述铬矿资源勘查与开发利用的研究历史与现状看，铬矿为我国的紧缺矿种，资源相对匮乏，产量小，消费（需求）量很大，但国内供应能力弱，主要通过进口解决。

从历史上看，铬矿在冶金（不锈钢生产）及化工等领域的广泛应用，特别是在特种钢生产中发挥着重要的作用。

鉴于我国铬矿资源匮乏，供需矛盾长期突出，自 20 世纪 50 年代起，我国组织开展了大规模的铬矿地质勘查和科学研究工作。

中国曾经于 20 世纪 60 年代开展了铬矿找矿大会战，找矿成效显著。1964 年地质部组织了“新疆铬矿会战指挥部”，以新疆铬矿为重点，掀起了全国铬矿找矿热潮，随着一批铬矿产地的发现和勘探，结束了我国无铬矿的历史。截至 1980 年末铬矿找矿大会战结束已探明铬矿区 49 处，累计探明铬矿地质储量 1053.1×10^4t，是 1957 年探明储量（铬矿储量 18.1×10^4t）的 58.2 倍，积累了大量铬矿和基性—超基性岩资料，基本查明了我国铬矿资源分布情况与格局等。此间，我国共投入铬矿找矿事业费约 4.28 亿元，完成钻探工作量约 292.6×10^4m，坑探 5.8×10^4m。提交科研报告 223 份，发表学术论文 278 篇。

对铬矿体赋存的岩体进行了研究。共查明我国基性—超基性岩体 11443 个，出露面积 11147km^2，其中超基性岩体 8635 个，总面积 4516km^2，基性—超基性杂岩体 464 个，面积 328km^2；基性岩体 2344 个，面积 6303km^2。上述岩体中赋存铬矿的岩体有 28 个（姚培慧，1996）。

对铬矿找矿勘查方法也做了一些探索。20 世纪 80 年代后，随着铬矿地质勘查资金逐渐减少，找矿规模不断缩小，增加了少量的铬矿资源量，铬矿地质工作的重点也由找矿勘查转向铬矿地质科学研究工作，对进一步找矿、勘查工作发挥了积极的引导作用。随着我国经济体制改革的进行，在 20 世纪 80—90 年代，铬矿找矿几乎处于停滞状态。从资源经济研究的角度讲，有关铬矿资源供需形势分析的论文有一些，但因为分析较浅，系统性不强，对中国铬矿供需形势的分析也存在不够透彻等问题。

铬矿资源经济方面系统研究较少，不系统、不完整。由于我国铬矿资源储量少，产量极低，造成我国科研工作者对找矿关注较多，而对铬矿资源经济学的研究较少。统计表明：自 2009 年始陆续发表相关论文，2015 年和 2016 年有两篇论文发表，专门对中国铬矿供需形势进行了分析研究，提出了铁矿对外依存度非常高，进口来源过于集中等问题（刘璇等，2015；何哲峰等，2016）。铬矿资源经济学方面的研究工作几乎没有开展。此外，还存在铬矿供需分析研究方法相对单一，分析不透等问题。相比国外的研究成果，我国存在对于铬矿、铬铁及不锈钢等方面的研究深度不够、系统性不强等的问题。

第三节　与铬矿资源产业发展有关的环境保护问题

铬矿资源开发利用中，存在铬矿产品生产中产生的碳排放问题、铬（地球）化学污染问题和铬矿山地质环境问题，应采取有效措施加以解决。

一、铬矿资源产业的碳排放问题

铬铁合金是生产不锈钢的重要原材料，同时铬铁合金的生产是高耗能、高排放的产业。2020 年我国铬铁和不锈钢产量均分别占世界产量的 42.77%和 59.01%，位居世界第一。经测算，生产 1t 铬铁大约排放 2.5t CO_2（1 千瓦时电平均排放 0.997kg 的 CO_2），2020 年中国 603×10^4t 铬铁产量大约排放 1507.5×10^4t 的 CO_2。2020 年我国不锈钢产量为 3004.79×10^4t，综合分析相关资料，我国钢铁行业吨钢 CO_2 排放量相当于生产 1.7~1.8t 粗钢的排放量，不锈钢吨钢排放量参照此指标，经测算，2020 年我国不锈钢行业排放（5108.14~5408.62）$\times10^4$t CO_2，均值为 5258.38×10^4t，粗钢和不锈钢行业两者相加为 6765.88×10^4t，约占我国 2020 年 CO_2 排放总量的 98.935×10^8t 的 0.68%。

应对措施：建议通过调整铬矿产品结构，如减少铬铁产量、降低质量一般的不锈钢产量可为“双碳”目标的实现做出贡献。

二、铬（地球）化学污染问题

铬是自然环境中的一种主要的重金属污染物，铬在美国被列为与汞、镉、铅并列的 4 种主要污染物之一。铬污染的来源十分广泛，在农业、冶金、化工和医学等多个领域都可产生铬的“三废”。我国每年仅铬渣就可产生（35~42）$\times10^4$t，并且对铬渣处理一般都是露天堆放和简单防水，铬渣可通过雨淋、流失、渗透及飘尘等方式进入大气、水体和土壤，严重污染其周围环境。汽车尾气、工业废气及污染区产生的粉尘颗粒等经沉降和雨刷等进入土壤，也是铬污染的主要来源之一。

金属铬可以用火冶金法还原氧化铬或用电解法从铬铁中分离。铬铁矿在冶炼过程中产生的硫酸溶液也可以产生含铬化学品，与此过程相关的最重要的废物是灰尘、烟雾和硫酸。铬广泛地存在于自然界中，其常见的价态为+3 和+6。

铬矿生产过程有关的环境问题较少，因为 Cr^{3+} 以氧化状态存在于铬铁矿和其他天然矿物中。Cr^{3+} 不会对工人或铬铁工厂附近的一般人群造成不良影响。土壤中 Cr^{3+} 易被土壤有机质和黏粒吸附，或者形成溶解度很小的氢氧化物沉淀，而移动性较弱，过量的摄入铬会对人体造成不同程度的危害。Cr^{6+} 常以可溶性氧化态 H_2CrO_4 和 CrO_3 的形式存在，移动性较强。Cr^{6+} 的毒性要比 Cr^{3+} 高 100 倍左右，Cr^{6+} 对人体黏膜具有刺激作用、腐蚀作用和强烈的致癌作用，农作物受到铬的污染时也会阻碍其幼苗的发育，降低产量，严重时可导致植物的死亡。Cr^{6+} 是我国总量控制的指标之一，美国环境保护局（EPA）也将其确定为高度危险的毒性物质之一。Cr^{6+} 比 Cr^{3+} 易被人体吸收，且在体内蓄积，具有致癌和诱发基因突变的作用。环境中的铬污染主要来自皮革、电镀、冶炼、燃料、油漆及纺织印染等行业的工业废水，随着环境污染问题的日益严重，Cr^{6+} 的监测显得尤为重要。

应对措施：控制铬渣排放量，严格控制我国 Cr^{6+} 总量指标。

三、铬矿山地质环境问题

我国铬矿山主要分布在西藏、新疆、甘肃、青海、宁夏和北京等省（区、市）。闭坑铬矿山遗留下一些矿山环境问题，如占用和毁坏土地、引发崩塌、滑坡和泥石流等地质灾害，排放有害废弃物，破坏地下水资源等。

应对措施：按照“谁破坏、谁治理”的原则，对铬矿山地质环境问题进行恢复治理。

第四节　数 据 来 源

本书搜集了大量的国内外铬矿地质、矿床、矿产资源、开发利用、技术经济等资料及研究成果和数据，在此基础上，对中国铬矿资源勘查开发与保护资源经济进行了深入、系统的研究。

为了保证研究数据的权威性。项目组通过各种途径收集了大量的资料数据。主要有：《中国矿产资源报告》（2011—2021 年；自然资源部），《世界矿产资源年评》（国土资源部信息中心），《中国国土资源统计年鉴》（国土资源部），《中国统计年鉴》（国家统计局），《矿产资源工业要求手册》，《中华人民共和国海关统计年鉴》（中华人民共和国海关），中国经济数据库（CEIC），美国地质调查局（USGS），英国地质调查局（BGS），世界金属统计局（WBMS），《中国钢铁工业年鉴》（中国钢铁工业协会），澳大利亚资源与能源经济局，世界银行（WB），日本统计局，矿业公司公告与公报，以及等其他公开发布的数据。

第五节　关于铬矿产品间的换算说明

若无特殊说明，本书中铬矿石、铬铁合金、铬金属及不锈钢中铬含量等之间的换算关系如下：

本书定义了铬矿石标矿，系指矿石平均品位［$\omega(Cr_2O_3)$］45%的铬矿石原矿或经选矿得到的铬精矿。国际铬矿产品交易一般以铬矿石或铬精矿进行的。

1）铬矿石：据测算，生产 1t 铬（Cr）金属量需要约 1.47t 的 Cr_2O_3，按铬矿石标矿品位［$\omega(Cr_2O_3)$ 含量 45%］计算，生产 1t 金属铬（Cr）约需要铬矿石标矿量 3.27t。本书取 Cr∶Cr_2O_3∶铬矿石（精矿）标矿为 1∶1.47∶3.27 进行各产品间的换算。

2）铬铁合金：铬为 1.67∶1，即生产 1.67t 铬铁需要 1t 的铬。据美国地质调查局等研究，铬铁中铬含量一般按照 57%~60%计算。本书取 60%计算。

3）不锈钢含铬量：综合中国不同牌号不锈钢技术指标得出：1t 不锈钢中铬（Cr）含量不低于 12.5%，最高不超过 30%。结合我国不锈钢生产实际，参考美国地质调查局等不锈钢中的铬含量技术参数，本书中不锈钢产量中的铬金属含量按照 17%测算。测算生产 1t 不锈钢大约需要 0.6t 的铬矿石标矿量（精矿）［$\omega(Cr_2O_3)$ 45%］。

第二章 铬矿概述

本章介绍了铬的基本性质与用途、地球化学性质、铬矿物及铬矿石类型以及铬的用途，阐述了铬矿在战略性新兴产业中的地位。

第一节 铬的性质与用途

一、铬的性质

铬（Cr）是银白色金属，具有延展性。在地壳内，绝大多数的铬以尖晶石类的氧化物形式存在，属亲石元素。铬以正三价氧化物最为稳定，铬金属具有质硬、耐磨、耐高温、抗腐蚀等特征。

（一）概述

铬（Chromium），元素名来自希腊文，原意为“颜色”，因铬的化合物均有颜色。在1797年，铬元素发现后用代表颜色的希腊语“Chroma”为其命名。铬元素的化学符号为Cr，铬单质为银白色金属，是硬度最大的金属。

1797年，法国化学家沃克兰（Louis Nicholas Vauquelin）在西伯利亚红铅矿（铬铅矿）中发现一种新矿物。从红铅矿和盐酸反应的产物里，提出三氧化铬，并用木炭和铬酐共热，得到金属铬。

铬在地壳中的丰度为0.01%，位居第17位。自然界不存在游离状态的铬，主要存在于铬铅矿中。

在元素周期表中属ⅥB族，铬的原子序数为24，相对原子质量为51.9961，体心立方晶体，常见化合价为+2、+3和+6，铬以正三价氧化物（Cr_2O_3）最稳定，铬金属具有质硬、耐磨、耐高温、抗腐蚀等特性。铬的氧化数为6、5、4、3、2、1、-1、-2和-4（图2-1）。

（二）铬的物理性质

铬（Cr）具有延展性，熔点为1890℃，沸点为2482℃。摩氏硬度为9。

电负性：1.6。

外围电子排布：$3d^5 4s^1$；核外电子排布：2，8，13，1。

第一电子亲和能：63kJ/mol。

第一电离能：653kJ/mol；第二电离能：1592kJ/mol；第三电离能：2987kJ/mol。

固态密度：7.20g/cm^3；液态密度：6.9g/cm^3。

比热容：448J/(kg·K)（300K）。

热导率：90.7W/（m·K）（300K）。

单质熔点：1857.0℃；单质沸点：2672.0℃。

共价半径：1.18Å❶。

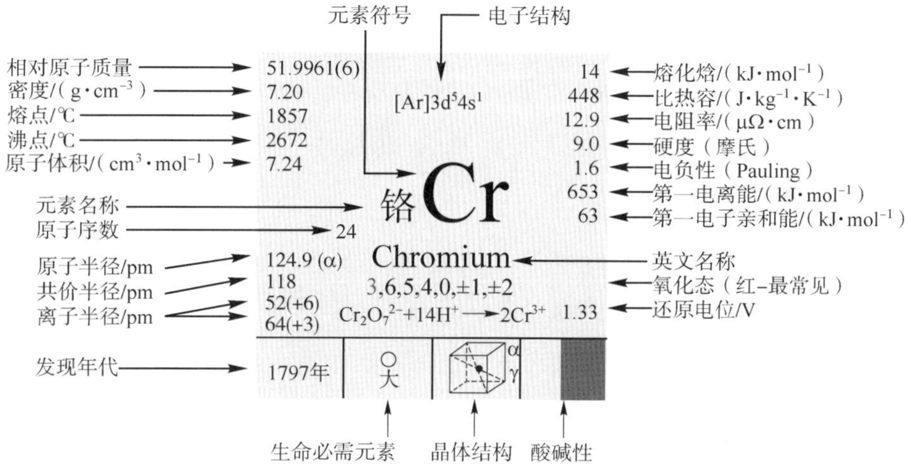

图 2-1　铬元素性质基本数据图

晶胞参数：$a=29$ pm；$b=291$pm；$c=291$pm

$\alpha=90°$；$\beta=90°$；$\gamma=90°$

声音在其中的传播速率：5940m/s。

（三）铬的化学性质

金属铬在酸中一般以表面钝化为其特征。一旦去钝化后，即易溶解于几乎所有的无机酸中，但不溶于硝酸。铬在硫酸中是可溶的，而在硝酸中则不易溶。在高温下被水蒸气所氧化，在1000℃下被一氧化碳所氧化。在高温下，铬与氮起反应并为熔融的碱金属所侵蚀。

铬是色彩斑斓的，铬能慢慢地溶于稀盐酸和稀硫酸，而生成蓝色溶液。与空气接触则很快变成绿色，是因为被空气中的氧气氧化呈绿色的 Cr_2O_3 的缘故。

$$Cr+2HCl=\!=\!=CrCl_2+H_2\uparrow$$

$$4CrCl_2+4HCl+O_2=\!=\!=4CrCl_3+2H_2O$$

铬与浓硫酸反应，则生成二氧化硫和硫酸铬（Ⅲ）。

$$2Cr+6H_2SO_4=\!=\!=Cr_2(SO_4)_3+3SO_2\uparrow+6H_2O$$

但铬不溶于硝酸，因其表面生成紧密的氧化物薄膜而呈钝态。在高温下，铬能与卤素、硫、氮及碳等直接化合。

铬与稀硫酸反应生产硫酸铬（Ⅱ），放出氢气。

$$Cr+H_2SO_4=\!=\!=CrSO_4+H_2\uparrow$$

铬的化学性质不活泼，常温下在有氧和湿气的环境中均能保持稳定。铬与氟反应生产 CrF_3。在温度高于600℃时铬和水、氮、碳、硫反应生成相应的 Cr_2O_3，Cr_2N 和 CrN，Cr_7C_3

❶ 1 Å=0.1 nm。

和Cr_3C_2，Cr_2S_3。铬和氧反应时开始较快，当表面生成氧化薄膜之后速度急剧减慢；加热到1200℃时，氧化薄膜破坏，氧化速度重新加快，到2000℃时铬在氧中燃烧生产Cr_2O_3。

二、铬的地球化学性质

地壳和地幔中铬平均丰度分别约135×10^{-6}和2600×10^{-6}。一般认为大多数铬矿床产于地幔岩中。铬矿的矿石矿物为铬铁矿，铬铁矿是尖晶石族的一个成员，组成可用AB_2O_4通式表示，A可能为Mg^{2+}或Fe^{2+}，B为Cr^{3+}，Al^{3+}，或Fe^{3+}。在尖晶石中铁、铝和铬广泛替代，如果将铁置于A和B的位置，将得到磁铁矿（$FeO\cdot Fe_2O_3$）。富铬尖晶石（铬铁矿）含30%~60%的Cr_2O_3（Cr含量通常以化合物Cr_2O_3计，Cr_2O_3中含Cr 68.42%）。高铬铬铁矿为Cr_2O_3含量至少达到46%的铬矿石，为最富的铬金属来源。高铁铬铁矿含40%~46% Cr_2O_3，经选矿后可生产铬金属和铬铁合金。Cr_2O_3含量低于40%的铬铁矿石具有很高的熔点，可用作高炉中和其他加热容器中的耐火砖。

铬具有亲氧性和亲铁性，以亲氧性较强；在还原条件和硫逸度较高的情况下才显示亲硫性。

三、铬的用途

铬矿资源的开发利用在我国国民经济建设中发挥着重要作用。铬作为我国重要的战略物资，由于它具有质硬、耐磨、耐高温、抗腐蚀等特性，在钢铁冶金工业、耐火材料和化学工业中得到了广泛的应用，如重铬酸钠、铬黄等颜料。铬矿石用来生产铬铁合金、金属铬，进而生产不锈钢、耐火材料、重铬酸钠等化工产品。

（一）钢铁冶金工业

铬最初是作为合金元素用于冶金工业中。铬的传统用途是将其与铁混合在一起生产不锈钢，不锈钢实际上就是一种铁铬合金。来自铬矿山的铬矿石（精矿）主要用来生产铬铁合金和金属铬。铬铁合金作为钢的添加料，可用于生产多种高强度、抗腐蚀、耐磨、耐高温、耐氧化的特种钢，如不锈钢、耐酸钢、耐热钢、滚珠轴承钢、弹簧钢、工具钢等。铬铁合金主要用于生产不锈钢，不锈钢中铬平均含量约为17%。金属铬主要与钴、镍、钨等元素混合使用，用于冶炼特种合金。这些特种钢和特种合金是航空、宇航、汽车、造船以及国防工业生产枪炮、导弹、火箭、舰艇等不可缺少的材料。

由于铬合金性脆，作为金属材料使用尚在研究中，铬主要以铁合金（如铬铁）形式用于生产不锈钢及各种合金钢。金属铬用作铝合金、钴合金、钛合金及高温合金、电阻发热合金等的添加剂。

（二）化学工业

铬铁矿在化学工业上主要用来生产重铬酸钠，进而制取其他铬化合物，用于颜料、纺织、电镀、制革等工业，还可制作催化剂和触媒剂等。氧化铬用作耐光、耐热的涂料，也可用作磨料，玻璃、陶瓷的着色剂，化学合成的催化剂。碱式硫酸铬（三价铬盐）用作皮革的鞣剂。铬矾、重铬酸盐用作织物染色的媒染剂、浸渍剂及铬黄等各种颜料。镀铬和渗铬可使钢铁和铜、铝等金属形成抗腐蚀的表层，并且光亮美观，大量用于家具、汽车和建筑等工业。

（三）耐火材料和铸石

氧化铬（Cr_2O_3）用来制造铬砖、铬镁砖和其他特殊的耐火材料。

此外，铬的放射性同位素已应用于医学领域，但消费量很少。

第二节　铬矿物及铬矿石类型

一、铬矿物

按照在地壳中的含量，铬属于分布较广的元素之一。它比在它之前发现的钴、镍、钼、钨都丰富，丰度较高。这可能是由于铬的天然化合物很稳定，不易溶于水，还原比较困难有关。

在地壳内，绝大部分的铬以尖晶石类的氧化物形式存在，属亲石元素。自然界中已发现含铬矿物 50 余种，分别属于氧化物类、铬酸盐类和硅酸盐类。还有少数氢氧化物、碘酸盐、氮化物和硫化物。其中氮化铬和硫化铬矿物只见于陨石中。

铬的工业矿物均属于铬尖晶石亚族矿物，该亚族的化学通式为（Mg，Fe^{2+}）（Cr，Al，Fe^{3+}）$_2O_4$或 O·（Cr，Al，Fe^{3+}）$_2O_3$。铬尖晶石类矿物由 5 种基本组分组成，各组分间存在着类质同象的置换，因而各组分的含量变化很大，其 $\omega(Cr_2O_3)$ 变化在 18%~62%间。具有工业价值的铬矿物 $\omega(Cr_2O_3)$ 含量一般在 30%以上，如铬铁矿、铝铬铁矿和富铬尖晶石等（表 2-1）。

表 2-1　铬的工业矿物

矿物名称		化学分子式	$\omega(Cr_2O_3)$/%	附注
铬铁矿（亚铁铬铁矿）	镁铬铁矿 （Magnesiochromite）	（Mg，Fe）Cr_2O_4 其中，Mg：1~0.75 Fe：0~0.25	50~60	少见
	铁镁铬铁矿 （Magnesioferrochromite）	（Mg，Fe）Cr_2O_4 其中，Mg：0.5~0.75 Fe：0.25~0.5	50~60	常见
	镁铁铬铁矿 （Ferromagnesiochromite）	（Fe，Mg）Cr_2O_4 其中，Mg：0.5~0.25 Fe：0.5~0.75	50~60	常见
	铁铬铁矿 （Ferrochromite）	（Fe，Mg）Cr_2O_4 其中，Mg：0.25~0 Fe：0.75~1	50~60	少见
铝铬铁矿	铝-铁镁铬铁矿 （Alumo-Magnesioferro chromite）	（Mg，Fe）（Cr，Al）$_2O_4$	32~50	产于高铝超基性岩中
	铝-镁铁铬铁矿 （Alumo-Ferromagnesio chromite）	（Fe，Mg）（Cr，Al）$_2O_4$	32~50	产于高铝超基性岩中

续表

矿物名称		化学分子式	$\omega(Cr_2O_3)$/%	附注
高铁铬铁矿	高铁铬铁矿（Ferri-chromite）	$(Mg, Fe)(Cr, Fe)_2O_4$	32~50	产于纯橄岩和斜辉辉橄岩中
	铝-高铁铬铁矿（Alumo-Ferri-chromite）	$(Mg, Fe)(Cr, Fe, Al)_2O_4$	32~50	又称含铁富铁铝铬铁矿
硬铬尖晶石（Chrompicotite）		$(Mg, Fe)(Cr, Al)_2O_4$	32~38	

资料来源：《矿产地质勘查规范　铁、锰、铬》（DZ/T 0200—2020）。

二、铬矿石类型

依据铬矿石的自然类型、不同成分、品位及有关工业标准，铬矿石可分为不同的类型。

（一）铬矿石的自然类型

铬矿石的自然类型包括致密块状和浸染状，前者铬矿石品位 $\omega(Cr_2O_3)$ 超过 40%，后者又分为稠密浸染、中等浸染和稀疏浸染 3 种情况，品位 $\omega(Cr_2O_3)$ 逐渐降低，稠密浸染状铬矿石品位 $\omega(Cr_2O_3)$ 为 25%~40%，而稀疏浸染铬矿石品位 $\omega(Cr_2O_3)$ 5%~15%（表 2-2）。

表 2-2　铬矿石自然类型

矿石类型		铬矿物密集程度	ω_B/%	
			铬矿物	Cr_2O_3（估计）
致密块状矿石		极密集	>80	>40
浸染状矿石	稠密浸染	较密集	50~80	25~40
	中等浸染	中等程度密集	30~50	15~25
	稀疏浸染	稀疏	10~30	5~15

资料来源：《矿产地质勘查规范　铁、锰、铬》（DZ/T 0200—2020）。

（二）商品级铬矿石类型

按照铬矿石品位和铬铁比，可将商品级铬矿石划分为以下 3 类。

1）高铬铬矿石：$\omega(Cr_2O_3)$ >46%，c/f>2。

2）高铁铬矿石：$\omega(Cr_2O_3)$ 40%~46%，1.5<c/f <2.0。

3）高铝铬矿石：$\omega(Cr_2O_3)$ >20%，$\omega(Cr_2O_3+Al_2O_3)$ >60%。

对铬矿石提出 c/f 比值的质量要求，因 c/f 比值对铬铁合金产品中的铬含量影响很大。c/f 比值低的铬矿石，即使 $\omega(Cr_2O_3)$ 品位高，也难以也练出高标号的铬铁合金。

（三）铬矿石的质量评价指标

按铬矿石 $\omega(Cr_2O_3)$ 品位和 c/f 比值这两个指标，将原生铬矿石分为富铬矿石和贫铬矿石两类。如，我国将 $\omega(Cr_2O_3)$ >32% 和 c/f>2 的铬矿石划归富铬矿石。铬矿石

$\omega(Cr_2O_3)$品位范围在12%~32%的铬矿石划为贫铬矿石。

（四）铬矿石的工业类型

按铬矿石的工业用途划分为：冶金用铬矿石、耐火材料用铬矿石、化工用铬矿石和铸石用铬矿石。不同工业用途的铬矿石对工业要求也表现为不同的特点。

1. 冶金级铬矿石

其为冶炼各种铬铁合金的矿石原材料。铬铁是进一步冶炼铬钢、铬合金钢和不锈钢等的重要原料。我国冶炼铬铁的方法，主要为电炉法和真空碳还原法。电炉法可以生产高碳铬铁、硅铬合金以及中碳、低碳和微碳铬铁。真空还原法可以生产微碳、超微碳铬铁，以及氮化铬铁。氮化铬铁是一种$\omega(Cr)$ >60%和$\omega(N)$ 为3%~5%的含氮铬铁合金。

用于冶炼铬铁合金的铬矿石，要用富铬矿和铬精矿，按照不同的冶炼用途，对铬矿石的质量划分为4个品级的要求（表2-3）。对铬矿石的块度也提出了要求，高炉冶炼碳素铬铁块径为20~75mm，电炉冶炼铬铁块径为40~50mm（铬粉矿、铬精矿均可）。

表2-3　冶炼铬铁用富铬矿（铬精粉）质量要求

品级	$\omega(Cr_2O_3)$/%	c/f	$\omega(P)$/%	$\omega(S)$/%	$\omega(SiO_2)$/%	用途
Ⅰ级	≥50	>3	—	—	<1.2	氮化铬铁
Ⅱ级	≥45	2.5~3.0	<0.03	<0.05	<6	中低碳和微碳铬铁
Ⅲ级	≥40	≥2.5	<0.07	<0.05	<6	碳素铁铬铁（电炉）
Ⅳ级	≥32	≥2.5	<0.07	<0.05	<8	碳素铬铁（电炉）

冶金级铬矿石用来冶炼金属铬，金属铬中铬含量大于98%，其余杂质有Fe、Si、C、P、N、H、O、Cu、Pb、Zn、Sn、Sb、Bi和As等。我国冶炼金属铬的方法，主要有火法冶炼和湿法冶炼两种。

（1）火法冶炼金属铬

采用金属热还原法，用铬矿石作原料，用碳酸钠（Na_2CO_3）或氢氧化钠（NaOH）作熔剂，用铝粒作还原剂。在反焰炉中提炼金属铬。有3步化学反应：

1）用铬矿石与碳酸钠反应生成铬酸钠（Na_2CrO_4）：

$$4FeCrO_4+4Na_2CO_3+O_2 = 2Fe_2O_3+4Na_2CrO_4+4CO_2$$

2）用水浸取铬酸钠，经酸化得到重铬酸钠（$Na_2Cr_2O_4$）结晶。在用碳还原法重铬酸钠，得到氧化铬（Cr_2O_3）。

3）用铝热还原法从氧化铬中制取金属铬：

$$Cr_2O_3+2Al = 2Cr+Al_2O_3$$

用铝粒作还原剂，可使铬的氧化物在短时间内发生剧烈反应，放出大量的热，便于熔炼，生成金属铬。这种方法制取的金属铬，是一种白色坚硬纯度较高的金属产品。

（2）湿法冶炼金属铬

工艺流程为：先将铬矿石和纯碱（Na_2CO_3）放入砖窑内氧化焙烧，生产铬酸钠（Na_2CrO_4），经水浸后加硫化钠或硫磺，使之还原为氢氧化铬［$Cr(OH)_3$］沉淀，脱水煅烧制取氧化铬（Cr_2O_3），在用金属热还原法或真空碳还原法及电解法生产金属铬。

采用湿法冶炼金属铬时，所要求的富铬矿石或铬精矿品位 $\omega(Cr_2O_3)\geq 38\%$，c/f 比值>2，$SiO_2<12\%$，$Al_2O_3<10\%$。铬矿石粒度要求 80%以上小于 180 目。

2. 耐火材料级铬矿石

在耐火材料中，铬矿石主要用于生产镁铬砖、铬砖和铬铝砖等产品，还可制造各种不定型的耐火材料产品。如可塑料、浇筑料等。定性耐火材料的生产方法包括烧结法和电熔法。

用于生产耐火材料的铬矿石，分为两个品级。一级品用作天然耐火材料，二级品用作铬砖和铬镁砖等产品的生产。

一级铬矿石质量（品质）要求：$\omega(Cr_2O_3)\geq 35\%$，$\omega(SiO_2)\leq 8\%$，$\omega(CaO)\leq 2\%$。

二级矿石质量（品质）要求：$\omega(Cr_2O_3)\geq 30\%\sim 32\%$，$\omega(SiO_2)\leq 11\%$，$\omega(CaO)\leq 3\%$。

矿石块度要求介于块径在 50~300mm 间，且矿石中不允许有大于 5~8mm 的夹石。

3. 化工级铬矿石

其主要用来直接生产重铬酸盐（中间产品），再用重铬酸盐作原料生产其他铬化合物产品。工业上制取重铬酸盐常用硫酸法和碳化法。

我国采用硫酸法生产多种铬化合物产品：如重铬酸钠（红矾钠）（$Na_2Cr_2O_7$）、重铬酸钾（红矾钾）（$K_2Cr_2O_7$）、重铬酸铵（红矾氨）［$(NH_4)_2Cr_2O_7$］、硫酸铬钾（铬明矾）［$KCr(SO_4)_2\cdot 12H_2O$］、碱式硫酸铬［$Cr(OH)SO_4$］、氧化铬（Cr_2O_3）、铬酸酐（CrO_3）。

用于生产上述铬化合物产品的铬矿石质量要求：$\omega(Cr_2O_3)\geq 30\%$，c/f>2~2.5，SiO_2 少量。

4. 铸石级铬矿石

铸石级铬矿石主要用生产辉绿岩铸石的铬矿石质量要求：$\omega(Cr_2O_3)\geq 10\%\sim 20\%$，$\omega(SiO_2)\leq 10\%$。铬矿石还可用来生产铬菱镁矿制品。

三、中国铬矿石的可利用性分析

在当前的技术经济条件下，我国铬矿资源的开发利用主要在西藏罗布莎、新疆萨尔托海托里等铬矿区。2013 年罗布莎铬矿区原矿石产量为 11.82×10^4t，新疆萨尔托海托里矿区原矿石产量为 2.2×10^4t，总产量为 14.02×10^4t，甘肃和内蒙古等省（区）均未生产铬矿石，所以基本上代表全国 2013 年铬矿石的产量。2020 年西藏罗布莎矿铬矿石产量为 14.63×10^4t。

2013 年西藏罗布莎铬矿区原矿石的平均品位［$\omega(Cr_2O_3)$］为 50.62%（产量的加权平均），新疆萨尔托海托里矿区铬原矿石的平均品位［$\omega(Cr_2O_3)$］为 31.4%。

罗布莎矿区铬矿石属于Ⅰ级冶金铬铁合金用富矿，品位高，质量好，可以直接加入炉内炼制合金，铬矿石原矿石全部销售到青海西宁，加工成铬铁合金后销售。新疆萨尔托海托里矿区铬矿石为耐火级产品，品质相对较差。

内蒙古赫格敖拉铬矿区和甘肃大道尔吉铬矿资源曾被开发利用，但由于生产成本高，涉及环境外部性等影响，导致竞争力弱，当前生产不稳定，如甘肃大道尔吉铬矿 2012 年前生产，2013 年后没有正常生产。

其他省（区、市）的铬矿资源由于资源禀赋不佳，环境外部性等因素未被开发利用。如北京由于首都生态文明建设需要，铬矿被政府禁采，主要矿区为放马峪和平顶山，放马峪铬矿区位于密云水库自然保护区内，保有资源储量为 5.06×10^4t，尚未被开发利用。矿床开采条件简单，矿石可利用性较差，可作为铬矿产地储备。

我国铬矿石中的伴生有益组分为镍、钴、铂族金属（铂、钯、锇、钌、铱、铑）、金、金刚石，以及蛇纹石、橄榄石、滑石、菱镁矿、水镁石、石棉及蛭石等；有害组分为磷、硫等。当前，绝大多数伴生有益组分得到综合利用。为了综合开发利用铬矿共（伴）生矿产，在开采铬矿资源时，对共（伴）生矿产资源进行统一规划、综合评价、综合开采和综合利用，以提高共伴生资源综合利用率和水平。当铂族金属矿产总量大于 0.2g/t，$\omega(Co)>0.02\%$，$\omega(Ni)>0.2\%$时，应进行综合评价。铬矿体的围岩纯橄岩、斜方辉岩和蛇纹岩可作为耐火材料和制造钙镁磷肥的配料。

第三节　铬矿在战略性新兴产业中的地位

铬矿作为当前我国 24 种战略性矿产之一，是支撑我国战略性新兴产业发展的矿种。澳大利亚（2020）、美国内政部（2018）、日本（2009）等国家将铬列为关键矿产或关键原材料。包括铬矿石、铬铁合金、不锈钢和重铬酸钠等在内的各类铬矿产品是重要的战略物资和关键原材料，广泛应用于钢铁冶金（不锈钢）、耐火材料、化工、铸石等产业。长期以来，我国铬矿产品的对外依存度超过 99%（不含二次铬回收量），是严重依赖境外矿产品的矿种之一。

本书将铬矿资源产业分为传统产业和战略性新兴产业，其中，传统产业主要包括：铬矿资源开采、选矿、铬铁合金生产、不锈钢和合金钢的生产、重铬酸钠等化工产品的生产及耐火材料生产等；在不锈钢生产中，铬不能被其他金属所替代。战略性新兴产业主要包括新材料产业，铬主要用于先进钢铁、有色金属材料制造与加工，主要产品为高性能轴承、齿轮用钢、高品质不锈钢、铜合金、靶材（铬靶）、粉末等，这些新材料产品最终应用于航空航天、造船、汽车以及国防工业生产枪炮、导弹、火箭、舰艇，以及特种合金，制造飞机引擎、核能器械等领域（表 2-4）。

根据我国不锈钢产量及其其中的铬含量，测算出 2020 年我国铬表观消费量 569.29×10^4t。其中，传统铬矿资源产业铬消费量为 398.5×10^4t，占比约 70%；在战略性新兴产业中铬消费量为 170.79×10^4t，占比 30%。我国铬矿石产量很少，2020 年铬矿石量为 14.63×10^4t，而 2020 年铬铁合金和不锈钢产量均分别占世界产量的 42.77% 和 59.01%，均居世界第一位。传统的铬铁和不锈钢、化工、铸造等产业均属于高耗能、高污染产业，二氧化碳排放量大，对新时期我国“双碳”目标的实现产生一定的不利影响，而与铬相关的战略性产业为今后发展的重点。

表 2-4　铬矿产品在战略性新兴产业中消费量及占比

产业领域（1级）	产业（2级）	产业（3级）	产业分类（4级）	铬矿终端产品	铬消费量/10^4t与占比/%
新材料产业	先进钢铁材料	先进制造基础零部件用钢制造	高性能轴承用钢加工	高碳铬轴承钢（GB/T 18254—2016），汽车、风电、铁路车辆轴承用高碳铬轴承钢（GCr_{15}、$GCr_{18}Mo$）及（DZC1） 渗碳轴承钢（GB/T 3203—2016），用于风电、重载货车轴承、盾构机轴承（G20 Cr2Ni4A、G20 $CrNi_2MoA$）、高铁轴承钢（DZC2） 中碳轴承钢（G56Mn、G42 CrMo4） 不锈轴承钢（高氮不锈轴承钢 GB/T3086—2008，高碳铬不锈轴承钢） 高温轴承钢（YB/T 4105、YB/T688、W9 Cr4V2、W18 Cr4V、M2）	25.62，15
			高性能齿轮用钢加工	汽车变速箱齿轮钢（20 MnCr5H、8620H、20CrMoH） 汽车后桥齿轮钢（22CrMoH） 风电齿轮钢（18CrNiMo7-6）	17.08，10
			高品质不锈钢及耐蚀合金加工	超级铁素体不锈钢（中铬及以上的超纯铁素体不锈钢）	119.55，70
	先进有色金属材料	铜及铜合金制造	新型铜及铜合金制造	铜铬锆系高性能铜合金	1.71，1
		其他有色金属材料制造	高性能靶材制造	铬靶	5.10，3
			粉末、泡沫及多孔材料制造	金属纤维多孔材料（铁铬铝、不锈钢等金属多孔材料金属纤维多孔材料、屏蔽材料）	1.71，1
合计					170.79，100

（据张照志等，2021）

第三章　铬矿床地质特征

本章阐述了中国铬矿床地质特征，对世界和中国铬矿床类型、矿床地质特征、典型矿床、铬矿石质量以及空间分布等进行了综合研究，并对中国与世界铬矿床地质特征与资源特点进行了对比分析与研究。

第一节　中国铬矿床地质特征

一、铬矿床成矿地质条件

与世界铬矿床成矿地质条件相近，中国铬矿床主要发育在基性—超基性岩体（大致相当于镁铁—超镁铁质岩）中，具有极强的成矿专属性。

我国超基性岩类型多种多样，其时间分布几乎跨越了从前寒武纪至整个中、新生代大地构造发展与演进阶段。

（一）前寒武纪

前寒武纪是我国地台区非蛇绿岩型超基性岩的重要成岩期。有关资料统计表明：形成于前寒武纪（主要为前震旦纪）的各类基性—超基性岩体约有5400个，面积约3687km^2，其中属蛇绿岩型和阿尔卑斯型超基性岩体的不超过300~400个，面积小于100 km^2。

（二）早古生代

形成于早古生代的超基性岩超过2285个，其中蛇绿岩型超基性岩体约2189个，面积约571km^2。显生宙蛇绿岩型超镁铁岩从早古生代至中生代，其总规模越来越大，而同期的非蛇绿岩型超基性岩总面积不足10km^2。志留纪超基性岩以西准噶尔岩带中的玛依拉山诸岩体（如萨雷诺海）为代表（冯益民等，1991）。奥陶纪是我国早古生代蛇绿岩型超基性岩的一个重要成岩阶段，如北祁连岩带、柴北岩带、西准噶尔岩带的某些岩体（唐巴勒和洪古勒楞）、北山岩区的某些岩体（月牙山）为代表（左国朝等，1987），内蒙古南带某些超基性岩岩体等多形成于这一时期。

（三）晚古生代

晚古生代有16个岩带的岩体或部分岩体形成于该时期。岩体大多属于蛇绿岩型，其出露面积仅次于中生代岩体，达1006km^2，而该时期非蛇绿岩型岩体出露面积约100km^2。早中泥盆世—二叠纪是我国古生代蛇绿岩重要的成岩时期之一，属于该期形成的岩带有内蒙古北带，东、西准噶尔岩带和南天山岩带等。

（四）中新生代

中新生代是我国蛇绿岩形成的重要时期，已知8个岩带或部分岩带在该期形成。据不完全统计，中新生代超基性岩体约1468个，面积约5000km²，以蛇绿岩型超基性岩为主，主要集中于雅鲁藏布江和班公湖-怒江两个岩带中，面积为4981km²，占全国同类型岩体总面积的72.4%。中生代（特别是侏罗纪和白垩纪）是我国蛇绿岩体重要的成岩时期。

我国超基性岩的绝大多数属于蛇绿岩型，造山带蛇绿岩型超基性岩出露面积为6756 km²，占绝对优势，占全国超基性岩总面积（7572 km²）的89.20%。

二、铬矿床成矿期

我国铬矿床有3个主要成矿期：侏罗纪—早白垩世、早泥盆世—早石炭世和前震旦纪（表3-1）。

表3-1 中国铬铁矿床主要成矿期

代	纪	同位素年龄/Ma	典型矿床
中生代	K	162.9±2.8	罗布莎
	J		东巧、依拉山、切里湖
古生代	C_1		索伦山、阿布格、乌珠尔
	$D-C_1$		贺根山
	D_{1-2}	359±12（Sm-Nd）	萨尔托海、鲸鱼
	S（?）		萨雷诺海
	O-S	444±27（Sm-Nd）	洪古勒楞
	O_{1-2}		玉石沟、三岔、百经寺
	O_1	489（Sm-Nd）、480~520（Pb-Pb）、500（Pb-Pb）	唐巴勒
	Pz		绿梁山、大道尔吉（?）
	Pz_1	384.4	小松山
前震旦纪	Pt_3	983±140~1030±46	松树沟
	AnZ		太平溪
	Pt_1	2010±155（Sm-Nd）	放马峪
			平顶山、高寺台（?） 毛家厂

注：转引自《中国铬铁矿床》（鲍佩声等，1999），略有修改。

（一）侏罗纪—早白垩世

我国已查明资源储量规模最大的铬矿床——罗布莎铬矿床，该矿床成矿期为侏罗纪—白垩纪，其铬矿查明资源储量约占全国资源储量的40%以上，且大多数属冶金级富矿。泥盆纪—石炭纪铬矿床虽稍多于中生代，但二分之一以上的铬矿石为贫矿，其中耐火级铬矿石占二分之一。

（二）早奥陶世—早石炭世

这一时期形成的铬矿床数量多，规模小。典型矿床有：玉石沟、三岔、百经寺、唐巴勒、洪古勒楞、萨雷诺海、柯单山、绿梁山、小松山等，均为中小型矿床。

（三）前震旦纪

我国似层状铬铁矿床主要形成于该成矿期。至少有两个阶段，新元古代为第一阶段，以松树沟、太平溪铬矿床为代表；古元古代为第二阶段，以放马峪、平顶山和高寺台等铬矿床为代表。铬矿石工业类型以贫矿为主，工业价值低于豆荚状铬铁矿床。

三、铬矿床类型及其特征

（一）铬矿床类型

本书中铬矿床的成因类型主要依据国内外学者的学术观点综合确定的。国内外铬矿床成因学研究专家根据铬矿体的产状、结构和成分等特征，将铬矿床分为豆荚状和似层状两种成因类型。根据矿物中阳离子中铬铝含量不同，豆荚状又分为富铬型、富铝型和富铬富铝混合型等 3 种亚类类型。根据矿物中阳离子中铬铝铁含量不同，似层状可划分为富铬型、富铝型、富铁型和富铁富铝型 4 种铬矿床类型亚型（图 3-1）。

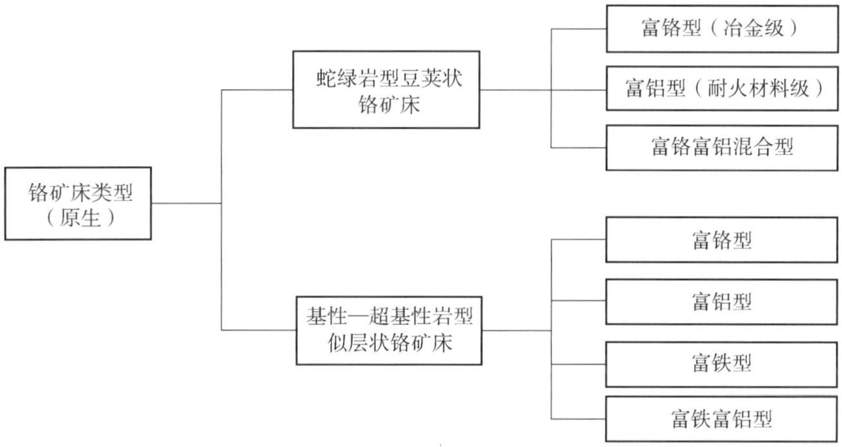

图 3-1　中国铬矿床成因类型划分方案

（据鲍佩声等，1999，略有修改）

世界上已发现层状、蛇绿岩型豆荚状、基性—超基性岩型似层状和外生等 4 种铬矿床类型。迄今，中国只发现了蛇绿岩型豆荚状、基性—超基性岩型似层状两种铬矿床类型（自然资源部矿产资源保护监督司，2021）。下面分别阐述其特征：

1. 蛇纹岩型豆荚状铬矿床

该类型是我国铬矿床的主要类型，与造山带蛇绿岩带（套）密切相关。铬矿体多赋存于以斜辉辉橄岩为主的纯橄岩和斜辉辉橄岩型镁质超基性岩体中，这些岩体的 M/F 值大于 8。在靠近纯橄岩岩相接触带的一定距离内，由厚度不大的斜辉辉橄岩和纯橄岩频繁交替出现，且蛇纹石化较强，还伴随有较多的构造破碎带、片理化带和辉长-辉绿岩脉，构成“含矿构造岩相带”，该岩相带是岩体内豆荚状铬矿体产出的主要部位。其带内铬矿体常成群、呈带出现，分段集中，在平面上多为雁行式展布，剖面上呈叠瓦状排列，具有分支复合、尖灭再现和沿侧伏方向延伸等特征。近矿围岩以斜辉辉橄岩为主，纯橄岩次之，铬矿体与围岩界限清楚。铬矿体产状多变，形态复杂，常呈豆荚状、雪茄状、囊状、透镜状或不规则状产出。

这类铬矿床有两种堆晶岩岩石组合，一种是在堆晶岩中出现辉石岩类，岩体由地幔橄榄岩、辉石岩和辉长岩等组成，如罗布莎岩体，含矿性好，矿石质量高，主要赋存冶金级矿石，探获的资源量较大；另一种是在堆晶岩中出现橄长岩类，岩体由地幔橄榄岩和含有斜长石的橄榄辉长岩等组成，如新疆洪古勒楞岩体，内蒙古贺根山岩体等。

铬矿石结构：他形-半自形粒状结构、碎裂结构、包橄结构、交代网脉状结构及塑性变形结构等。矿石构造：致密块状、浸染状、豆状及瘤状等。该铬矿床类型的铬矿石中 $\omega(Cr_2O_3)$ 在45%以上，$\omega(Cr_2O_3)$ 在5%~20%，$\omega(Cr_2O_3)/\omega(FeO)$ 大于3.5；另一部分铬矿床矿石中 $\omega(Cr_2O_3)$ 在20%~35%，$\omega(Cr_2O_3)/\omega(FeO)$ 为2~2.7。我国典型的铬矿床为罗布莎铬矿、东巧铬矿、萨尔托海铬矿、鲸鱼铬矿和贺根山铬矿等。截至2019年末，这类铬矿床的查明资源储量占全国资源储量的88.28%，$\omega(Cr_2O_3)$ 铬矿石平均品位为38.66%。

2. 基性—超基性岩型似层状铬矿床

该类矿床成矿专属性强，产于地台区受断裂控制的高温橄榄岩中，含铬矿岩体为超基性或基性岩，岩体多为纯橄岩为主的纯橄岩-单斜辉石岩杂岩体。铬矿体多赋存于纯橄榄岩相内的粗粒—伟晶纯橄岩中，与围岩呈渐变过渡关系。含矿岩体按产状可分为同心环状岩体（河北承德高寺台、放马峪、平顶山）、岩墙（湖北宜昌太平溪）与单斜岩体3种。铬矿体形态复杂，多呈扁豆状、透镜状、脉状和不规则团块状。

已发现铬矿床规模均为小型，铬矿体一般长几十米，最长200m左右，厚0.5~7m。金属矿物主要为铬铁矿，其次为少量磁铁矿、黄铁矿及黄铜矿。矿石结构主要为自形、半自形、他形细粒—中粒结构。矿石构造主要为不同类型的浸染状、块状、条带状构造，还常见显微环状及斑点状构造。铬矿石中 $\omega(Cr_2O_3)$ 在5%~20%内，$\omega(Cr_2O_3)/\omega(FeO)$ 小于2。该类型铬矿床的资源量在我国铬矿资源量中占比很少，且基本上为贫矿石，需经选矿后在工业上得到利用。典型的铬矿床有河北高寺台铬矿、毛家厂铬矿，北京的放马峪铬矿、平顶山铬矿等。截至2019年末，这类铬矿床的查明保有资源储量占全国保有资源储量的11.72%，铬矿石平均品位为 $\omega(Cr_2O_3)$ 13.68%，$\omega(Cr_2O_3)/\omega(FeO)$ 小于2。这类贫矿经选矿后可作为耐火材料使用。

（二）关于铬矿床类型讨论

目前，最具有工业价值的含铬矿石为铬铁矿。在我国已发现的两类铬矿床中，蛇绿岩型豆荚状铬矿床占绝大多数，该矿床类型具有很强的成矿专属性，与这类铬矿床有关的蛇绿岩型超基性岩体主要分布在西藏、新疆、内蒙古、甘肃等省（区、市）。这些岩体具有分布面积大，岩群数量多等特点。据西藏超基性岩和铬矿资料汇编，西藏发现189个岩体（群），面积近5052km^2，绝大多数尚未系统地开展找矿工作。

传统观点认为：铬矿床成因与基性岩、超镁铁质岩浆紧密有关。中国已知的铬矿床均为岩浆晚期矿床，包括残余岩浆矿床和熔离岩浆矿床两种：①残余岩浆铬矿床形成于前寒武纪地台区，赋存于纯橄岩-单斜辉石岩岩体中，单个铬矿体和矿床的规模均小，矿石 Cr_2O_3 含量为 10%～15%，典型矿床产地为河北的高寺台，北京平顶山、放马峪，陕西松树沟等；②熔离岩浆铬矿床主要形成于古生代以来的地槽区，以斜辉辉橄岩为主的纯橄岩-斜辉辉橄岩岩体中，铬矿体常呈群（带）分段集中产出。其中产于铝过饱和系列岩石中的矿床其 Cr_2O_3 含量为 20%～35%。主要矿产地有新疆的萨尔托海、鲸鱼，甘肃大道尔吉等地；产于正常岩石系列中的矿床的铬矿储量可达 300×10^4t 以上，主要矿产地有西藏罗布莎铬矿床、东巧铬矿床等。

也有观点认为：铬矿床往往与扩张板块边界的蛇绿岩套或者靠近大陆边缘的镁铁质—超镁铁质杂岩体有关。蛇绿岩中的地幔橄榄岩塑性流变构造往往控制着铬矿体的分布。铬矿体主要赋存于纯橄岩-方辉橄榄岩构造杂岩体中，纯橄榄岩越多，则矿化越强。铬矿体随板块向大陆边缘运移时，由于地幔运移中塑性剪切作用强弱的差异，可以形成两类铬矿床：①距离板块扩张脊近处，剪切作用弱，往往形成大型铬矿床；②远离板块扩张脊处，水平拉伸持续时间长，因而剪切作用也强，通常形成豆荚状或串珠状小矿体，矿床规模也小。

四、中国主要铬矿床

截至 2019 年末，经综合汇总相关研究资料和文献，总结提出了西藏罗布莎铬矿床等 26 个铬矿床地质特征，对其铬矿石质量、品位、累计查明资源储量规模、c/f 比值及开发利用状况进行了简述（表 3-2；附图 1）。

以西藏罗布莎铬矿床、新疆萨尔托海铬矿床、甘肃大道尔吉铬矿床和内蒙古赫格敖拉铬矿床 4 个铬矿矿床为例，对我国铬矿床的赋矿岩体和矿床地质特征等进行阐述。

（一）西藏自治区罗布莎铬矿床

罗布莎铬矿区位于西藏自治区山南地区曲松县罗布莎镇，距县城 35km，有公路相通，距山南市所在地乃东区约 72km，距西藏自治区首府拉萨市 263km。

罗布莎铬矿是中国铬矿石的主要生产基地。2019 年在中国 63 个铬矿区中占据重要地位，截至 2013 年末，罗布莎铬矿区已查明铬矿资源储量 224.614×10^4t，约占全国资源储量的 20%；截至 2019 年，该矿区保有资源储量占全国保有资源储量的 20%，矿区资源储量规模为中型。

1. 赋矿岩体

矿区位于雅鲁藏布江岩带东段罗布莎基性—超基性岩体的西部，面积为 29.10km^2。铬矿体产于斜辉辉橄岩-纯橄榄岩的岩相带中。

罗布莎铬矿床发现于 1959 年，是目前中国规模最大的岩浆晚期（豆荚状）铬矿床。罗布莎岩体位于雅鲁藏布江蛇绿岩带东段深断裂中，为一复式岩体，有两种岩石组合：①超基性岩组合，即纯橄榄岩-斜辉辉橄岩-斜辉橄榄岩（少量）组合，为岩体的主体；②超基性岩—基性岩组合，即二辉橄榄岩-单斜辉石岩-辉长岩组合。

表 3-2　中国主要铬矿床及其特征

序号	矿床名称	矿床类型	矿床地质特征	铬矿石质量、品位	累计查明资源储量规模，c/f	开发利用状况
Cr-01	西藏自治区罗布莎铬矿床	蛇绿岩型豆荚状铬矿床	矿区经工程控制的较大铬矿体 123 个，其中 23 个为盲矿体，最大矿体长度为 320m。矿体呈带分布，成群出现，分段集中。矿体在同一地段或某一矿群中产状基本稳定，常呈规律性排列组合。矿体形态复杂，主要有似脉状、透镜状、囊状、扁豆状等	冶金级富铬矿石，$\omega(Cr_2O_3)$ 为 50.13%～54.40%，平均为 52.63%。伴生铂族金属矿品位 Pt 为 0.497g/t	中型，c/f 为 4.2～4.47	坑采，2020 年铬矿石产量为 14.63×10^4t
Cr-02	西藏自治区罗布莎香卡山铬矿床	蛇绿岩型豆荚状铬矿床	矿区内铬矿体分布广泛，主要分布于 4 个成矿带中。工业铬矿体主要赋存于Ⅲ成矿带的 14 矿群中，铬矿体大小不等，形态各异，平面上呈似脉状、透镜状等，主要矿体为 Cr141 号和 Cr142 号	以冶金级铬矿石为主，$\omega(Cr_2O_3)$ 平均品位为 54.26%。伴生铂族金属矿品位 Pt 为 0.55g/t	小型，c/f 为 4.15～4.41	露采，1997 年建成投产，设计规模 2×10^4t/a
Cr-03	西藏自治区罗布莎康金拉铬矿床	蛇绿岩型豆荚状铬矿床	在超镁铁质岩体中发现铬铁矿体 199 处，矿体呈透镜状、扁豆状等	以冶金级铬矿石为主，$\omega(Cr_2O_3)$平均品位为 48.24%	小型，c/f 为 5.62	—
Cr-04	西藏自治区东巧铬矿床	绿岩型豆荚状铬矿床	岩体内共发现铬矿体（点）130 余处，工业矿体均产于岩体的中轴部位。矿床赋存于岩体西段中部纯橄榄岩的南侧，由大小 14 个铬矿体组成，沿东西方向呈带分布，分布范围东西长 0.75km，面积约 0.25km²。矿体呈不规则团块，矿巢和矿束，产状各异	冶金级铬矿石，$\omega(Cr_2O_3)$ 平均品位为 48%，伴生铂族金属矿品位 Pt 为 0.932g/t	累计探明铬矿石储量 45.6×10^4t，小型，c/f 为 3.78	露采，1967～1983 年实际采出铬矿石 34×10^4t，1983 年闭坑
Cr-05	西藏自治区依拉山铬矿床	绿岩型豆荚状铬矿床	铬矿体常成群、呈带分布，含两个矿群和 8 个零星矿点。23 条工业价值铬矿体主要集中分布于Ⅰ矿群中，矿体长20～40m，延深 12～25m，厚度为 0.6～10.5m。较大的工业铬矿体包括 1 号、4～5 号、23 号等 4 个矿体	冶金级铬矿石，$\omega(Cr_2O_3)$ 平均品位为 32.66%，伴生铂族金属矿品位 Pt 为 0.254～0.549g/t	小型，c/f 大于 2～3	20 世纪 90 年代群采富矿，累计开采矿石量达 4×10^4t
Cr-06	西藏自治区安多县切里湖铬矿床	绿岩型豆荚状铬矿床	岩体中发现铬矿体（点）70 余处，矿化较好的矿体（点）23 处，铬矿体长度为 10～35m 的 10 个，5～10m 的 9 个。最大的 9 号矿体，长 35m，厚 3.5m。矿体成群出现，矿体呈小扁豆状、似脉状，个别为团块状、小矿巢状及网脉状等	冶金级铬矿石，$\omega(Cr_2O_3)$ 平均品位为 45.05%。发现伴生 Pt，但无品位值	小型，c/f 大于 2.5	曾有群采和露采，累计开采铬矿石量为 0.2×10^4t

续表

序号	矿床名称	矿床类型	矿床地质特征	铬矿石质量、品位	累计查明资源储量规模，c/f	开发利用状况
Cr-07	西藏自治区班戈县江措铬矿床	绿岩型豆荚状铬矿床	岩体内发现铬原生矿体 11 个，规模不大，厚度大于 2m 的有 7 个，矿体形态复杂多样，多为透镜状、不规则状及楔状，矿体出现尖灭、分支复合、拐折等现象	冶金级铬矿石，$\omega(Cr_2O_3)$ 平均品位为 52.30%	小型，c/f 为 3	曾由那曲县组织群采，1985 年以来累计开采铬矿石 1.9×10^4t
Cr-08	新疆维吾尔自治区萨尔托海铬矿床	绿岩型豆荚状铬矿床	该铬矿床包含 13 个矿区，发现铬矿体 560 个，其中盲矿体 445 个，地表矿体 118 个，具有工业价值的 456 个。在空间上呈带分布、成群出现，分段集中的特征。矿体形态复杂，主要有（似）透镜状、囊状和脉状。矿体一般长和延深均为几米至数十米，厚 2~10m	冶金级铬矿石，$\omega(Cr_2O_3)$ 平均品位为 32.55%，伴生 Ni、Co、Cu 及微量铂族元素，$\omega(Ni)$ 品位为 0.22%~0.28%，可回收利用	中型，c/f 为 2.38~2.73	截至 1994 年末，累计生产铬矿石 27.3×10^4t，其中 1994 年产量约 3×10^4t
Cr-09	新疆维吾尔自治区鲸鱼铬矿床	绿岩型豆荚状铬矿床	岩体内发现 1 个铬矿化带，3 个铬矿群，36 个工业铬矿体，较大的工业矿体长、宽和延深均可达数十米，小矿体仅数米至 10 余米。铬矿体形态多为囊状，个别为似板状。囊状矿体旁侧时常有小矿体产出，单个矿体似土豆，矿体各方向界面呈不规则圆滑状或折线状，界面凹凸不平	冶金级铬矿石，$\omega(Cr_2O_3)$ 平均品位为 34.67%，伴生 Ni、Co 等有益组分，$\omega(NiO)$ 品位为 0.16% ~ 0.22%，$\omega(CoO)$ 品位为 0.019% ~ 0.022%	小型，c/f 为 2.79~3.89	1966—1982 年开采，累计采出铬矿石 17.63×10^4t，1982 年闭坑
Cr-10	内蒙古自治区锡林浩特市贺根山铬矿床	绿岩型豆荚状铬矿床	该矿床主要含 3756（赫格敖拉区）、620 和 733 铬矿区。其中以 3756 铬矿区规模大，3756 由 186 个铬矿群组成，6 条主矿体储量占矿区总储量的 90%，矿体形态较复杂，透镜状居多，似脉状铬矿体较稳定，工业意义较大	冶金级铬矿石，$\omega(Cr_2O_3)$ 平均品位为 23.62% ~ 27.76%，品位变化较大，部分低品位矿需经选矿为铬精矿	中型，c/f 为 2.18~2.50	1958—1996 年开采，1962 年采出铬矿石 2 万余吨，1988 年产量为 1.32×10^4t，目前未生产
Cr-11	内蒙古自治区赤峰市克什克腾旗柯单山铬铁矿床	绿岩型豆荚状铬矿床	含矿带发育 19 个铬矿体，矿体相互平行呈雁行状排列，其中 1~3 号铬矿体矿石储量占矿区总储量的 78.4%，大部分矿体呈隐伏状态，矿体呈脉状、似脉状、透镜状和扁豆状成群分布	低品位铬矿石，$\omega(Cr_2O_3)$ 平均品位为 8.58%，需经选矿为铬精矿	小型，c/f 为 1.5~2.18	未开发利用

续表

序号	矿床名称	矿床类型	矿床地质特征	铬矿石质量、品位	累计查明资源储量规模，c/f	开发利用状况
Cr-12	内蒙古自治区索伦山铬矿床	绿岩型豆荚状铬矿床	含察汗胡勒、察汗奴鲁、土格木、阿布格和乌珠尔5个矿区，铬矿体产于纯橄榄岩异离体中，由数个矿体组成矿带或矿群，仅少数矿化点由单个矿体组成。具有工业价值的矿体发育在岩体中部，矿体形态复杂多变，呈透镜状、囊状、脉状、网脉状、巢状、筒状和不规则状等，矿体规模较小，长数十米至百米，厚数厘米至数米	低品位铬矿石，$\omega(Cr_2O_3)$品位为14.15%～22.5%，平均为18%，需经选矿为铬精矿	小型，c/f为2.5～3.45	1962—1995年开采，累计采出铬矿石12×10^4t，1995年铬矿石量为1×10^4t，铬精矿0.3×10^4～0.4×10^4t
Cr-13	甘肃省大道尔吉铬矿床	绿岩型豆荚状铬矿床	矿区内共有371个铬矿体，其中南矿带356个、北矿带15个。铬矿体成群出现，分段集中，矿群由大小不等的数个至数十个叠瓦状铬矿体组成。主要矿体位于矿带的中轴部位，矿体埋深150m以内，多数为盲矿体，东段埋深较大，最深达250m。主要矿体均分布于南矿带膨大部位和转弯处。北矿带矿体小，且均为贫矿。中、富矿体多呈脉状、团块状和扁豆状，贫矿体多为透镜状和扁豆状	以低品位铬矿石为主，$\omega(Cr_2O_3)$平均品位为12.48%，其中富矿石占33.73%，贫矿石占11.78%。伴生钌，平均品位为0.088g/t	中型，c/f为2.0～2.48	20世纪80年代中期开采，富矿体层进行过露天和地下开采，产量不清。目前没有开采
Cr-14	青海省玉石沟铬矿床	绿岩型豆荚状铬矿床	在超基性岩中发现铬矿体254个，其中较大的矿体集中于南岩体纯橄榄岩岩相带中。矿体成群出现，分段集中，构成6个（Ⅰ～Ⅵ）主要铬矿群，其中规模最大、勘探程度最高的为Ⅴ矿群，在其中发现17个矿体。矿体多为扁豆状、透镜状、似层状和囊状等	化工级铬矿石，$\omega(Cr_2O_3)$平均品位为32.84%。伴生Pt品位为0.379g/t、Ni品位为0.09%、Co品位为0.017%。，需经选矿为铬精矿	小型，c/f为2.55	1958—1995年陆续开采，铬矿石用于生产重铬酸盐，开采11年，累计采出铬矿石1万多吨
Cr-15	青海省祁连百经寺铬矿床	绿岩型豆荚状铬矿床	共有4条含矿带，发育在岩体中部蛇纹石化斜辉辉橄岩和蛇纹片岩中。矿体长0.3～3m，厚0.5～2m，延深一般大于厚度。矿体形态多为扁豆状、透镜状、不连续的串珠状，矿体与围岩界限清晰	冶金级铬矿石，$\omega(Cr_2O_3)$平均品位为38.89%	小型，c/f为3.78～3.98	利用土法开采铬矿石0.5×10^4t

续表

序号	矿床名称	矿床类型	矿床地质特征	铬矿石质量、品位	累计查明资源储量规模，c/f	开发利用状况
Cr-16	青海省祁连县三岔铬矿床	绿岩型豆荚状铬矿床	在超基性岩中铬矿化普遍，发现铬矿体16个，其中Ⅰ号矿体为具有工业价值和规模的矿体，形态为椭圆饼状	铬矿石 $\omega(Cr_2O_3)$ 品位为18.54%～42.59%。伴生铂族金属品位低，无回收价值	小型，c/f为3.42	未开发利用
Cr-17	青海省大柴旦镇绿梁山铬矿床	绿岩型豆荚状铬矿床	矿体在纯橄岩岩体内呈带分布，成群出现，分段集中。共发育466个铬矿体，规模小，矿体形态复杂，主要有椭球状、扁豆状、脉状及不规则状	铬矿石 $\omega(Cr_2O_3)$ 平均品位为25.16%	小型，c/f为2.5	1958年曾露天开采，共采出矿石0.56×10^4t
Cr-18	四川省白玉县洛绒铬矿床	绿岩型豆荚状铬矿床	铬矿体赋存于超基性岩体斜辉辉橄岩-斜辉橄榄岩相中。共发现铬矿体（群）10个，共发现8个铬矿体，集中分布于岩体南北两端由宽变窄部位。矿体形态复杂，主要呈透镜状、似脉状和不规则状，单个矿体规模均很小	铬矿石 $\omega(Cr_2O_3)$ 平均品位为41.55%，其中冶金级铬矿石储量占88.5%	小型，c/f为2.67～3.72	查明资源储量已采完，矿山已闭坑
Cr-19	陕西省留坝县楼房沟铬矿床	绿岩型豆荚状铬矿床	共包括3个矿带、1个矿化带、2个矿化群，其中一、二带和一矿群具工业意义，发现铬矿体143个，矿体赋存于蛇纹石化纯橄岩和斜辉辉橄岩接触带附近的浅色蛇纹岩中，形态多呈透镜状、扁豆状、锥棒状等	铸石用铬矿石，$\omega(Cr_2O_3)$ 平均品位为23.21%。需经选矿为铬精矿	小型，c/f为2.5	20世纪70年代，留坝县曾开采铬矿石用于铸石生产，80年代后开采蛇纹岩，生产钙镁磷肥
Cr-20	陕西省商南县松树沟铬矿床	绿岩型豆荚状铬矿床	超基性岩体内发现铬矿体197个，赋存小而富的铬矿体成群出现，平面上呈雁行排列。铬矿体一般长5～50m，最长达140m，厚0.1～1.5m，最厚达5.37m。矿体形态多呈脉状或似脉状，产状多与岩体原生流动构造一致	贫铬矿石 $\omega(Cr_2O_3)$ 品位为13.5%～14.63%。伴生NiO、CoO，品位低，无综合利用价值。需经选矿为铬精矿	小型，c/f为1.5～2.5	1968—1976年，累计生产铬矿石17.5×10^4t，累计生产铬精矿1.68×10^4t。1976年闭坑
Cr-21	河北省承德市高寺台铬矿床	基性—超基性岩型似层状铬矿床	铬矿体主要赋存于Ⅰ、Ⅱ和Ⅲ级矿化带中。矿体集中分布于岩体中段膨大、向北突出部位的粗粒纯橄岩中。矿体形态较复杂，多呈扁豆状、透镜状、脉状和似脉状。主矿体沿走向、倾向连续性均较好，但存在膨缩、分枝和复合现象，共圈定铬矿体259个，工业矿体112个。较大的工业矿体有5个，单个铬矿体储量超过万吨	贫铬矿石 $\omega(Cr_2O_3)$ 品位为13.45%。伴生铂族金属，$\omega(Pt)$ 品位为0.1694g/t。需经选矿为铬精矿	小型，c/f为1.04	1969—1974年开采，经历了抽检到停建，存在零星农民个体采矿，采矿量不详

续表

序号	矿床名称	矿床类型	矿床地质特征	铬矿石质量、品位	累计查明资源储量规模，c/f	开发利用状况
Cr-22	河北省遵化市毛家厂铬矿床	基性—超基性岩型似层状铬矿床	在9个铬矿化带赋存铬矿体111个。铬矿体多为透镜状、扁豆状，少数为不规则状，在含矿带中成群分布。矿体沿走向或倾向膨缩变化较大，并断续排列，多在岩体膨大、拐弯或产状由陡变缓处富集。多数矿体赋存于岩体的上盘或中上盘	铬矿石 ω(Cr_2O_3) 品位为14.48%~38.2%。伴生铂族金属 ω(Os) 品位为0.026%，ω(Ru) 品位为0.054%。需经选矿为铬精矿	小型，c/f为1.65	1969—1975年开采，1975年闭坑，采矿量不详
Cr-23	山西省左权县桐峪铬矿床	基性—超基性岩型似层状铬矿床	铬矿体赋存于一套以辉长岩为主的基性—超基性杂岩体中，分布规律与杂岩体中含矿超基性岩相分布大体一致。共发现铬矿体59个，其中工业矿体22处（地表13个，地下9个），地表矿体多数延深几米至20m，38号矿体矿石储量占矿区总储量的95%。矿体形态呈压滤式脉状、分异式矿条或矿团等	贫铬矿石 ω(Cr_2O_3) 品位为8.24%~9.48%。伴生 ω(Pt) 品位为0.062g/t，ω(Pd) 品位为0.041g/t，ω(Ru) 品位为0.03~0.08%。需经选矿为铬精矿	小型，c/f小于1，最高1.1	未开发利用
Cr-24	吉林省永吉县小绥河铬矿床	绿岩型豆荚状铬矿床	铬矿体主要赋存于蛇纹石化斜辉橄榄岩中，分为7个矿体群，其中1、2号矿体群发育42个铬矿体（豆荚状），1号矿体群由39个铬矿体组成，矿体形态呈豆荚状和扁豆状	贫铬矿石，ω(Cr_2O_3) 品位为22.78%~22.81%，铂族矿产品位为0.078%~0.84%。需经选矿为铬精矿	小型，c/f为1.91~2.02	由于品位低，储量小，未开发利用
Cr-25	北京市密云平顶山铬矿床	基性—超基性岩型似层状铬矿床	铬矿体主要赋存于平顶山超基性岩中，在辉橄-纯橄岩相带中见少量铬矿体分布。由7个矿体群组成，其中Ⅴ、Ⅵ、Ⅶ号矿体为盲矿体，Ⅰ、Ⅲ、Ⅴ号矿体是由2~3条矿体组成的矿体群，Ⅰ号矿体群常出现分枝矿体。矿体主要呈脉状、扁豆状和似层状产出。铬矿体规模均小	贫铬矿石，ω(Cr_2O_3) 平均品位7.1%，钴品位 ω(Co) 品位为0.013%。需经选矿为铬精矿	小型，c/f为1.04	曾经民采，后国营矿山开采。矿区位于密云水库旁，铬矿体大部分位于密云水库水位标高以下，水文地质条件复杂，为保护水库水质，现未开采
Cr-26	北京市密云放马峪铬矿床	基性—超基性岩型似层状铬矿床	铬矿体赋存于放马峪超基性岩体中，集中分布于东岩体的东部，靠近岩体底盘产出，矿体呈脉状，主要发育两条矿体，Ⅰ号矿体是主矿体，东段肥大部位在平面上似鱼头状，矿体长150m，厚度为0.18~30.6m，最大延深90m；Ⅱ号矿体呈透镜状	贫铬矿石，ω(Cr_2O_3) 平均品位9.6%，其他组分 ω(NiO) 品位为0.15%，ω(Co) 品位为0.12%。需经选矿为铬精矿	小型，c/f为1~1.61	1969年筹建矿山，1970—1978年开采，累计采出铬矿石 19×10^4t。1974年采出矿石 8.3×10^4t。1978年闭坑

资料来源：根据《中国铬矿志》（1996）、《中国铬铁矿床》（1999）等综合而成。

岩体分异程度较高，岩相分带明显。沿岩体走向自北向南主要分为 4 个相带：①二辉橄榄岩-辉长岩杂岩相带（下部杂岩相带）；②纯橄榄岩相带；③二辉橄榄岩-辉长岩杂岩相带（上部杂岩相带）；④斜辉辉橄岩夹纯橄榄岩相带（图 3-2）。

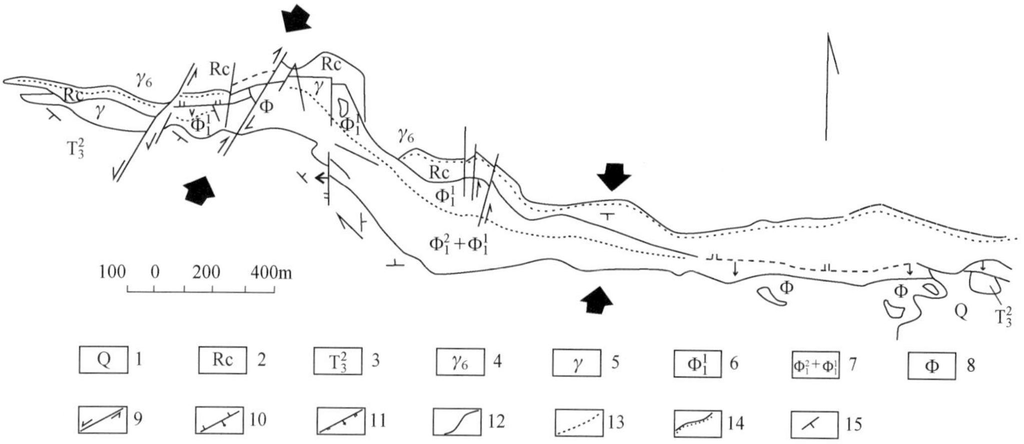

图 3-2 西藏罗布莎铬矿区超基性岩体地质略图

1—第四纪冲积、洪积物；2—未分古近-新近纪陆相碎屑沉积物；3—晚三叠世海相类复理式沉积；4—喜马拉雅期黑云母花岗岩、石英闪长岩；5—二辉橄榄岩-辉长岩杂岩相带；6—纯橄榄岩相带；7—斜辉辉橄岩夹纯橄榄岩相带；8—未分超基性岩；9—平推断层；10—实测逆断层；11—实测正断层；12—地质界线；13—岩相带界线；14—地层不整合线；15—地层产状

2. 矿床地质特征

（1）矿体产状

罗布莎铬矿床自西向东依次分布有罗布莎、香卡山和康金拉 3 个铬矿区。矿床位于斜辉辉橄岩岩相带中，该岩相带内发育Ⅶ、Ⅲ、Ⅱ、Ⅰ、Ⅴ、Ⅵ（中矿带）及Ⅳ（南部）7 个相对集中的铬矿体群。矿体群在含矿岩体内形成一个与岩体长轴走向大体一致分布的铬矿带。矿体在某一矿群中产状基本稳定，具有呈带分布、成群出现、分段集中的特点，其中Ⅰ、Ⅱ、Ⅲ、Ⅵ等 4 个主要铬矿体群由东向西呈阶梯式逐步抬高。Ⅰ、Ⅱ铬矿体群为铬矿勘查的主要目标。

铬矿体总体走向有 3 组，即近东西向，北东向及北西向，少数矿体呈近南北走向。矿体多数向南倾，局部向北或北东倾，倾角具东陡西缓的特点。矿区内发育有较大的矿体 123 个，其中盲矿体有 23 个，占 18.7%。铬矿体地表出露标高范围为 3911~4500m，相对高差 589m。铬矿体规模大小不等，矿体长度大于 100m 的有 32 个，其中 ECr11 号矿体长度最长，长达 390m，长度为 50~100m 的矿体 30 个，小于 50m 的 137 个。矿体厚度以 1~3m 的为多，但在 ZK40 钻孔中所见的矿体视厚度达 46.33m。矿体沿倾向延伸一般在 100m 之内，10~50m 者居多。延伸最大的是Ⅶ号矿群中的 Cr57 号矿体，延伸达 300m。

Ⅱ铬矿群的 Cr31 号矿体是矿区主要矿体之一，铬矿体长 325m，宽 40~190m，厚 2.0~14.7m，埋深 0~162m。矿体向南南东倾斜，倾角 35°~45°，向南东 120°方向侧伏，侧伏角 25°。该矿体的储量占全矿区资源储量的 16.7%。

铬矿体形态复杂，一般以脉状、似脉状及透镜体状为主，较小的矿体为不规则的透镜状、囊状、扁豆状、串珠状、哑铃状、水滴状、饼状及阶梯状等。

（2）矿石矿物成分与结构构造

矿石矿物主要为铬矿和铬尖晶石，脉石矿物主要为橄榄石、斜方辉石及单斜辉石。其蚀变矿物为蛇纹石、绿泥石，偶见少量钙铬石榴子石、透闪石及镁铁云母。伴生有赤铁矿、褐铁矿、针镍矿、镍黄铁矿、铂族金属和金刚石等。据选矿试验材料分析，铬矿中见有方铅矿、黄铁矿、自然铜、自然金、自然铬、毒砂、闪锌矿、辉钼矿、自然铋和辉铋矿等矿物。

矿石结构主要为他形中粗粒结构和自形-半自形细粒结构，前者主要存在于致密块状铬矿石中，后者主要存在于浸染状铬矿石中。铬矿石主要为块状、浸染状、条带状、豆状、网环状、眼球状及角砾状等构造。

（二）新疆维吾尔自治区萨尔托海铬矿床

萨尔托海铬矿区位于新疆维吾尔自治区塔城地区托里县城东120km处，南距克拉玛依市64km。

新疆铬矿资源较为丰富，资源储量规模为中型，铬矿体产出相对集中，萨尔托海26矿区约占新疆铬矿已查明资源储量的46%。

1. 赋矿岩体

萨尔托海超基性岩体以斜辉辉橄岩为主，纯橄岩、二辉辉橄岩和橄榄岩次之，还有少量的超基性杂岩体。

岩体沿达尔布特深大断裂带分布，走向呈北东—南西，为一个狭长向北西向陡倾的单斜岩体，在东北段较窄，中段开阔，西南段分支，有晚期花岗质脉岩侵入。出露面积为19.4km^2，工业铬矿体集中分布在岩体东段，面积为4.8km^2。岩体下部围岩由凝灰质粉砂岩及砂岩组成，时代为中泥盆世。

岩体东西两端剥蚀程度不一，东端剥蚀深度要大于西端。岩体与围岩接触处存在一个由硅化、绿泥石化、黄铁矿化及碳酸盐化构成的热液蚀变带，与超基性岩浆后期热液作用有关。

2. 矿床地质特征

（1）矿体产状

萨尔托海铬矿区目前已勘探发现26个铬矿群，563个铬矿体，其中盲矿体445个，地表矿体118个，工业矿体456个，其中地表56个，盲矿体400个。

铬矿体空间分布具成群、带状分布，且相对集中的特点，矿体群在平面上呈雁行状，剖面上呈叠瓦状。多数工业铬矿体埋深150~400m。

铬矿体多产于杂岩带中，矿体产状形态复杂多变，主要有透镜状、似透镜状、囊状和脉状。地表矿体多为脉状，西部矿体主要为透镜状和拟透镜状。矿体一般长数米至数十米，延深数米至数十米，厚度为2~10m。轴向大于倾向长度，自地表向深部，矿体规模有增大的趋势。铬矿石平均品位为33.3%，多数为耐火级铬矿石。

（2）矿石矿物成分与结构构造

矿石矿物组分，金属矿物除铬尖晶石外，还有少量磁铁矿、针镍矿、硫镍矿和辉铜矿；脉石矿物主要为淡斜绿泥石，其次有纤维蛇纹石、菱镁矿、异剥石、水镁石和铬云母水铬榴石等。铬尖晶石类型主要为镁质铝铬矿和富铁铝铬矿的高铝型铬尖晶石。

铬尖晶石以半自形粒状为主，部分为自形晶，多呈紧密连生的块状体产出，其间分布有绿泥石等脉石矿物。铬矿石主要为致密块状和稠密浸染状，其次还有部分斑杂状和中等浸染状矿石。

（三）甘肃省大道尔吉铬矿床

大道尔吉矿区位于甘肃省肃北县池湾乡，西距县城 100km，东距池湾 40km。

大道尔吉矿区铬矿资源储量规模为中型，在中国 69 个铬矿区占据重要地位，大道尔吉矿区已查明保有铬矿资源储量 185.89×10^4t，约占全国保有铬矿资源储量的 16%。

1. 赋矿岩体

大道尔吉矿区位于祁连褶皱系内祁连中间隆起带的西端南侧，东北部为天山褶皱系北山褶皱带，西北部为塔里木地块敦煌地轴，中南部为祁连褶皱系。

海西期岩浆活动主要表现为超基性岩的侵入，铬矿体产于该岩体内。大道尔吉岩体为一个被肢解的蛇绿岩残片，长 8.4km，宽 0.5~0.9km，面积约 $8km^2$，呈一弯曲的长透镜状，主要由地幔橄榄岩和堆晶岩两类岩石组成。

2. 矿床地质特征

（1）矿体产状

大道尔吉堆晶岩自北向南分布 3 条纯橄榄岩带，分别为分布在北部的Ⅰ号岩带，位于中部的Ⅱ号岩带，发育在南部的Ⅲ号岩带。矿区内发现矿体 371 个，南部岩带（Ⅲ号纯橄榄岩带）发育矿体 356 个，北部和中部带（Ⅰ和Ⅱ带）仅发育矿体 15 个，北矿带矿体的规模一般较小，长度为 20~80m，厚度为 0.8~3m，延深 40m 左右。万吨以上的矿体规模一般稍大，长度为 60~160m，最长达 280m，厚度为 4~10m，最厚达 16m，延深 40~80m，最深达 157m。

矿区矿体集中分布在南矿带长 200m、宽 80m、埋深 0~600m 的范围内，显示矿化集中特征。东段（D6—D9 号）铬矿体集中分布在距南矿带上界面 20~80m，南北宽 23~65m，东西长 450m，垂深 300m 的狭窄地带内，而且主矿体规模较大，中富矿很少；北岩带万吨以上的矿体有 3 个，约占北岩带矿体个数的 20%，铬矿体分布在 60~172 勘探线间岩带的近上盘，全部由贫矿组成。

（2）矿体规模

地下铬矿体比地表矿体规模稍大，浅部矿体比深部矿体稍大，贫矿体比中富矿体稍大。

铬矿体形态主要为由贫矿所组成的透镜状和扁豆状。中富矿多为脉状、团块状及扁豆状。绝大多数矿体的延长大于延深。主要矿体均呈北西向展布，向南西陡倾，倾角一般为 70°~80°，并随深度的增加倾角有变陡之势。

（3）矿石类型及结构

铬矿石工业类型为耐火级块状铬矿石。金属矿物主要以铬尖晶石为主，并含少量的磁铁矿及微量的硫化物和铂族矿物。矿石的脉石矿物主要为橄榄石，次为辉石。因蚀变强烈，多蚀变成蛇纹石、绿泥石、次闪石和帘石类，仅局部地段零星可见橄榄石和辉石的残晶或保留其假象。

矿石结构以他形-半自形晶中粗粒状结构、半自形-细粒结构、半自形-自形细粒结构、包橄结构和斑状压碎结构。矿石构造主要有块状构造、稠密浸染状构造，中等、稀疏、星散浸染状构造和脉混合状构造。

矿石按自然类型可分为块状、浸染状、脉混合岩状和团块状等类型。按工业类型分为中富矿：$\omega(Cr_2O_3)$ 含量大于 30%；贫矿：$\omega(Cr_2O_3)$ 为 5%~25%，c/f 比值为 2~2.4。

（四）内蒙古赫格敖拉铬矿床

赫格敖拉矿区隶属于贺根山铬矿床，该矿床位于内蒙古自治区锡林浩特市朝克乌拉苏木乡北西 9km，为中型铬矿床，也是华北地区最大的铬矿床。截至 2013 年末，保有资源储量为 85.3×10^4t。

截至 1992 年末，累计探明铬矿储量 49.2×10^4t。矿石 $\omega(Cr_2O_3)$ 平均品位为 23.63%~27.26%，铬铁比值 $\omega(Cr_2O_3/FeO)$ 为 2.18~2.50。矿体主要为富铝型耐火级铬矿，仅有个别矿体为富铬型冶金级铬矿。

1. 赋矿岩体

赫格敖拉基性—超基性岩体主要由堆晶杂岩和局熔（亏损）地幔岩组成。该岩体分布于阿尤拉海-赫格敖拉-乌斯尼黑“S”形岩体群的中段，地表呈椭圆形，东西长约 9km，南北宽约 6km，面积大约 $50km^2$，岩体走向北东 30°，倾向 120°，倾角 67°~78°。

出露地表的堆晶岩由强蚀变的斜长石、橄榄石（镁贵橄榄石）及单斜辉石（透辉石）组成；而局部熔融地幔岩则由约 90% 的变形变质斜辉辉橄岩和 10% 的纯橄岩及基性岩脉组成，纯橄岩透镜体成群分布，与斜辉辉橄岩呈迅速变化或过渡接触关系。

2. 矿床地质特征

（1）矿体产状

赫格敖拉铬矿床有两种类型铬矿：一是产于蛇绿岩套剖面之岩石莫霍面下方，局部熔融程度较高的地幔橄榄岩（斜辉辉橄岩-透镜状纯橄岩）中的局部熔融型富铝铬矿床；二是产于超镁铁质-镁铁质堆积杂岩底部的岩浆堆晶型铬矿化（点）。

该矿床地表长 830m，宽 110~300m，面积约 $0.13km^2$，向北东东方向侧伏至垂深 440m，沿轴向最大延伸已控制 930m，沿倾斜最大延深 280m。主要矿体群在西南部，总体上形成一个北东走向的含矿带。由 186 个矿体群组成，20 余个出露地表，其余为盲矿体。矿体几乎产于Ⅳ岩相带的透镜状纯橄岩中。铬矿群总体轴向 50°~60°，倾向南东，倾角 20°~70°。矿体形态较复杂，以透镜体居多，似脉状矿体较稳定。

（2）矿石矿物成分与构造

矿石矿物：金属矿物以铬尖晶石为主，尘点状磁铁矿为次，极少量黄铁矿、黄铜矿和赤铁矿。脉石矿物以叶蛇纹石为主，绿泥石次之。

（3）矿石自然类型

以稠密浸染状为主，占比 62.04%；中等浸染状矿石占 29.69%；致密块状矿石占 4.1%；稀疏浸染状矿石占 3.67%。矿体呈透镜状、豆荚状、似脉状和囊状等产出。矿体有急剧变薄、尖灭再现的现象，产状陡缓变化大，从而造成复杂的矿体形态。

铬尖晶石多呈半自形晶、他形粒状集合体散布于蛇纹石、绿泥石等脉石矿物中。粒度多大于 1mm。尘点状磁铁矿石呈微粒集合体，沿铬尖晶石边缘、裂隙或与脉石矿物一起交代铬尖晶石，形成残余结构和网状结构。矿石构造包括豆斑状或瘤状构造，大部分属稠密浸染状矿石，少部分为块状矿石；浸染斑点状构造，稠密浸染状及细粒-中粒浸染状矿石具此类构造，为矿床的主要构造类型；条带状构造，条带宽 2~5mm，与纯橄岩相间排列，条带为密集程度不同的铬尖晶石集合体；含块状矿石的浸染状构造，多出现在深部矿体中。

（五）内蒙古索伦山地区铬矿

索伦山位于内蒙古自治区包头市白云鄂博区以北 140km，北距中蒙边界仅数千米。呈近东西向分布，其东段在呼和浩特市达尔罕茂明安联合旗（达茂旗）境内，西段则在巴彦淖尔市乌拉特中旗境内。矿区有草原公路与白云鄂博、达茂旗百灵庙及乌拉特中旗海流图镇相通，交通方便。

1. 赋矿岩体

矿区的超镁铁岩带属贺根山-索伦山超镁铁岩带的西亚带。索伦山一带超镁铁岩带东西长约 80km，自西向东主要分布着乌珠尔、阿布格、哈也、索伦山和平顶山等 5 个岩体。岩体以斜辉橄榄岩和二辉橄榄岩为主，含大量纯橄榄岩异离体，局部见二辉辉橄岩。3 个岩相带分带明显：块状斜辉辉橄岩岩相带，纯橄榄岩-斜辉辉橄岩相带、单辉斜辉辉橄岩-二辉橄榄岩相带。

该区铬矿床均赋存于超镁铁岩体的纯橄榄岩-斜辉辉橄岩岩相带内的纯橄榄岩异离体中。已发现的 24 条铬矿体分布在土克木矿区（4 个矿体）、察汗努鲁矿区（6 个矿体）、察汗胡勒矿区（两个矿体）和乌珠尔矿区（12 个矿体）。

2. 矿床地质特征

该矿床类型为岩浆晚期残余分异式（熔离）。铬矿体多呈脉状和透镜状。长度几十米至 300m，矿体厚度几十厘米至几米，最厚达 7.28m。沿倾向斜深一般几十米，最深 150m。铬矿体产状与含矿纯橄榄岩的产状完全一致，往往具侧伏现象。

矿石以中细粒半自形结构为主，浸染状、斑杂状及条带状构造较多，局部见致密块状，偶见豆状或瘤状。金属矿物为铬尖晶石，非金属矿物为蛇纹石、偶见水镁石、滑石及碳酸盐等。矿石的化学成分：$\omega(Cr_2O_3)$ 一般为 16.2%~30.5%，$\omega(MgO)$ 为 13.9%~31.68%，$\omega(FeO)$、$\omega(Fe_2O_3)$ 和 $\omega(Al_2O_3)$ 多在 3%~8%之间。铬矿石的可选性较好，铬精矿品位 $\omega(Cr_2O_3)$ 大于 39%，c/f 大于 2.5，回收率为 81%~87.71%。产品质量达到要求。

第二节　世界铬矿床地质特征

一、世界铬矿成矿地质条件

世界上所有具有工业价值的铬矿床均赋存于基性—超基性岩体中，地理分布较集中。原生铬矿床从成因上看属于岩浆分凝矿床。按铬矿体产状、含矿岩性特征和构造环境，将铬矿床分为层状、豆荚状和残积-坡积铬矿砂矿床 3 种。

（一）层状铬矿床

层状铬矿床是席状铬矿的堆积体。该类型矿床产于层状基性—超基性岩中，呈侵入状，侵入时代为前寒武纪。层状铬矿床占世界铬矿储量的98%以上。

层状铬矿床主要分布在南非、津巴布韦、芬兰和美国等国家，其与稳定克拉通环境的基性—超基性侵入岩体紧密相关。含有层状铬矿床的侵入体可划分为两种形态类型。具有重大经济意义的南非布什维尔德杂岩和津巴布韦大岩墙，由若干彼此相连的侵入体组成。侵入体内的火成岩构造以低角度向中心倾斜；而在其他情况下，侵入体的形态多为岩床（如静水杂岩体、芬兰盖密岩体等），若有后期构造作用也可使其发生倾斜和变形。在层状火成杂岩体内，铬矿主要呈厚度不等的铬矿岩层产出。铬矿通常由50%~90%的细粒堆晶铬铁组成，还有填隙的橄榄石、斜方辉石、斜长石和单斜辉石等。

（二）豆荚状铬矿床

豆荚状铬矿床形态不规则，且以透镜状为主的富铬矿体，产于阿尔卑斯型橄榄岩或蛇绿岩或蛇绿岩套中。

这类矿床主要分布于乌拉尔、地中海和太平洋带等褶皱区中，或古老地台和地盾上（巴西地盾、波罗的地盾和印度地台）。豆荚状铬矿床在国外较多，世界著名的肯皮尔赛铬矿床位于哈萨克斯坦西北部阿克托别州肯皮尔赛地区。该矿床具有如下特点：赋矿岩体以斜辉辉橄岩和斜辉橄榄岩为主，其次为纯橄岩。岩体面积变化大，形态和产状复杂多样，与围岩常呈不整合接触。铬矿体形态多样，呈透镜状、柱状、脉状和囊状等，大部分为板状透镜体。单个豆荚状铬矿体的储量规模变化大，但铬矿石储量超过百万吨的少见。豆荚状铬矿床与层状矿床的重要区别是：铬矿体本身不连续，许多地方与围岩产状不一致。铬矿石质量（品位）变化大，控矿结构构造复杂。

（三）残积–坡积铬矿砂矿床

铬矿砂矿为次要矿床类型，在世界铬矿资源储量中所占比例很小。这种砂矿是由于岩浆成因的原生铬矿露头长期遭受风化作用形成的。砂矿由未经分选的碎屑物等组成，铬矿石品位不高。这类矿床在津巴布韦、古巴、菲律宾、法国、越南等均有发现。最大的铬砂矿发育在津巴布韦索尔别里山区大岩墙上，沿水系发育，$\omega(Cr_2O_3)$ 平均品位为35%，经选矿可得到 $\omega(Cr_2O_3)$ 为53%~55%的商品级铬精矿。

二、世界主要铬矿床及其特征

世界上几乎所有具有工业价值的铬矿床均赋存于基性—超基性岩体中，铬矿床地理分布较集中。原生铬矿床从成因上看属于岩浆分凝矿床。按铬矿体产状、含矿岩性特征和构造环境，将铬矿床分为层状、豆荚状和残积–坡积铬矿砂矿床（红土型铬矿床）3种，其中残积–坡积铬矿砂矿床赋存的铬矿储量占比小。

（一）层状铬矿床

层状铬矿床规模巨大，赋存有世界上最主要的铬矿资源储量，铬矿体主要赋存于层状杂岩体中，呈层状，具有层位性和多层韵律性，矿层（体）厚度小，走向和倾向延伸稳定。

含铬矿层状杂岩体分布于稳定的大陆克拉通内部或边缘。杂岩体有 3 种不同产状：①呈大体整合的盆状岩体，如布什维尔德杂岩体；②半整合的倒锥状或漏斗状岩体，岩体上部呈盆状，下部有一个陡立的岩浆通道，如大岩墙和穆斯克科杂岩体；③不整合岩体，如静水杂岩体和凯米杂岩体。

层状杂岩体大致可分为两大岩石系列：下部超镁铁质岩系和上部镁铁质岩系。两大岩石系列均具有相同的层序：下部赋存具有韵律旋回的纯橄岩-斜辉橄榄岩-斜方辉石岩的超镁铁质岩带，向上为古铜辉石岩带，再往上部则为由条带状苏长岩、橄长岩和斜长岩组成的临界带，层序顶部为辉长岩-苏长岩带。

铬矿层主要产于各层序旋回开始的层位，铬矿既可能在下部橄榄岩带中与橄榄石一起沉淀结晶（大岩墙），也可在古铜辉石岩带与斜方辉石共生（布什维尔德杂岩体中的下矿组），或者在临界带中与斜长石一起结晶出来（布什维尔德杂岩体中的上矿组）。

赋存于杂岩体中的铬矿层平行呈多层，单矿层厚度一般小于 7m，局部膨胀，厚度可达 1~2m，矿体走向延伸很大，如大岩墙中单个铬矿层沿走向延伸达 185km。矿层与底部围岩的接触关系明显，与顶板围岩则多呈渐变接触关系。矿层与围岩交替产出，具有多层韵律性，如大岩墙杂岩体共有 11 层矿层，布什维尔德杂岩体有 12 层矿层，凯米杂岩体有 3 层矿层。矿层多呈单层，个别为组合层。各矿层由条带状、层纹状或块状铬矿石组成。

铬矿石多由细粒自形铬尖晶石组成，晶体呈网状排列，周围是堆积的橄榄石、辉石或斜长石。按脉石矿物成分可划分为 3 种类型：富橄榄石型铬矿石、富斜方辉石型铬矿石和富斜长石型铬矿石。

层状铬矿床在层状火成岩杂岩体中发现，特别是产于南非布什维尔德杂岩体和津巴布韦大岩墙中的层状铬矿床。

层状杂岩体中的镁铁质侵入岩部分由矿物成分迥然不同的层位组成，包括邻近的单矿物层，该层是铬矿的主要来源层。布什维尔德杂岩体是迄今为止世界上最大的层状铬矿床，包含层状镁铁质岩，厚度超过 9km，还有一条成因与长英质岩有关的厚层矿体。布什维尔德杂岩体大多数已遭剥蚀，岩体出露面积约 $6.6\times10^4km^2$。

布什维尔德杂岩体内发育 14 条铬铁矿层，其中 6 条已开采，特别是斯蒂尔普特和 UG-2 层。斯蒂尔普特铬铁矿层厚 1.06~1.8m，地表延伸 100km，地下延深至少超过 20km。UG-2 铬铁矿层铂族金属矿产品位为（6~7）$\times10^{-6}$，为主要开采对象。布什维尔德杂岩体的另外一层，叫麦伦斯基礁，也发育铬铁矿，但只开采铂族金属矿产等。

津巴布韦大岩墙的形成年龄为 2.5Ga，布什维尔德杂岩体为 2.0Ga，但其邻近和相似的富铬铁矿特征显示：在地质历史时期南部非洲下面的前寒武纪地幔是与众不同的。包括美国蒙大拿州静水杂岩体在内的其他层状铬矿床，也发育铬铁矿层，但储量小，因为其侵入体规模小，且遭受了断层的破坏，岩体部分倾斜且遭到剥蚀。该类矿床的最新研究对象为南极洲杜费克杂岩体，面积 $5\times10^4km^2$，它是世界上第二大层状杂岩体，目前禁止勘查。

布什维尔德杂岩体和津巴布韦大岩墙均产于元古宙的南部非洲大断裂体系内。南非布什维尔德杂岩体和美国斯特尔沃特杂岩体侵入上地壳岩石中。均为具有经济开发价值的层状铬矿床，其层状侵入体形成时代为太古宙和元古宙。含有层状铬矿床的侵入体可划分为两种形态类型。具有重大经济意义的南非布什维尔德杂岩和津巴布韦大岩墙由若干彼此相连的侵入体组成。侵入体内的火成岩构造以低角度向中心倾斜；而在其他情况下，侵入体的形态多为岩床（如斯提尔沃杂岩体、芬兰凯米岩体等），若有后期构造作用也可使其发生倾斜和变形。在层状火成杂岩体内，铬矿主要呈厚度不等的铬矿岩层产出。

层状铬矿床的成因学说有多种，主流观点是20世纪70年代提出的岩浆的周期性注入作用和两种岩浆的混合作用。欧文等人（1983）提出两种岩浆混合作用解释静水杂岩体和布什维尔德杂岩体的形成机制，即每次新岩浆的注入并与前次注入尚未完全结晶的残余岩浆发生混合作用，混合的岩浆沿着结晶前锋结晶而形成具有韵律性的不同岩层和铬矿层（《世界黑色金属矿产资源》，1995）。

此外，还有一种似层状铬矿床类型。在美国阿拉斯加和俄罗斯乌拉尔山脉西坡出露一种环带状超镁铁质杂岩体，系沿着大陆活动边缘侵位并在原地结晶而形成，具有环带状构造，中心为较新的纯橄榄岩，外侧依次环绕较老的二辉岩、角闪辉石岩、苏长岩和二辉辉长岩，表明发生多期次岩浆侵入作用。在杂岩体中央纯橄岩中赋存似层状铬铁矿体，由浸染状矿石组成，铬矿石为贫铬富铁矿石，铬矿体规模较小，经济利用价值小。中国华北地台边缘的燕山超基性岩带也发现类似的环带状超基性岩体和小型似层状铬铁矿床。

（二）豆荚状铬矿床

豆荚状铬矿床与蛇绿岩带具有密切的空间分布与成因关系。蛇绿岩套一般在洋中脊、弧后盆地或转换断层带3种张性构造环境下，由底辟上涌的上地幔热柱的局部熔融作用产生的玄武岩质岩浆和亏损的残留地幔岩形成的。豆荚状铬矿床发育在蛇绿岩套的两个赋矿部位：一是产于堆积岩底部的镁铁质岩系中，铬矿体围岩多为纯橄岩，次为橄榄岩或辉石岩。铬矿体呈似层状、扁豆状，多由浸染状、条带浸染状铬矿石组成，由于铬矿石品位低，矿体规模小，仅具次经济意义。二是产于变形的地幔橄榄岩和斜辉橄榄岩，铬矿体周围赋存一层纯橄榄岩薄壳，接触关系清晰。世界上所有重要的豆荚状铬矿床都赋存于此层位，铬矿石具有经济意义。

产于变形地幔橄榄岩系中的铬矿床由于受到强烈的剪切作用，往往发生塑性变形和构造错动，成为一系列大小不一的扁豆状、透镜状、不规则状的矿体，成群出露、呈带分布。单个矿体规模悬殊，铬矿体长度一般为几百米、几十米，最大长度可达1504m（哈萨克斯坦肯皮尔赛），矿体宽度一般为几十米，最宽200~300m；矿体厚度几米至几十米，最大厚度为145m。最大矿体储量几百万吨，多数为几千吨和几万吨。

豆荚状铬矿床的矿石类型有：块状、团块状、稠密浸染状和条带浸染状。常见豆荚状铬矿床特有的豆状或瘤状铬矿石构造，系地幔岩局部熔融形成的熔离成矿的产物；也有人认为：该构造系已结晶的矿石在高温变形时部分熔解再凝固形成的。矿石具有海绵陨铁结构、不等粒他形粒状结构和网环状结构，铬尖晶石颗粒大小不一，呈他形-半自形晶。脉石矿物主要为蛇纹石或橄榄石，还有少量的斜方辉石、滑石、铬绿泥石、铬云母和绿泥石等。

矿石的化学成分以富铬或富铝为特征，铬矿石 Cr_2O_3 和 Al_2O_3 含量呈负消长关系；具双峰分布特点，矿石铬铁比值（c/f）和镁铁比值（m/f）较高，分别为c/f为2.4~4.2和m/f为1.0~7.3。造矿尖晶石和副矿物铬尖晶石成分显示明显差异，前者富镁、铬，多属于铬铁矿和铝铬铁矿类型，后者富铁，多属于富铁铬铁矿和富铁铝铬铁矿类型。

豆荚状铬矿床成因观点：第一种是塞耶等（1969）提出的洋脊下巨型橄榄岩-辉长岩杂岩体内生成矿、后期塑性改造模式。第二种是卡斯沙尔德（1981）提出的层状堆积岩下部上地幔岩发生熔融作用，铬尖晶石在熔融残余体内富集形成模式。第三种是由加拿大 A. Doganpaktonc（1990）经综合研究提出的上地幔中的多阶段熔融作用、熔融体分凝作用和岩浆混合作用的成矿模式。上述观点说明蛇绿岩中的豆荚状铬矿床的形成与上地幔的局部熔融作用及其转换演化过程关系密切，而与玄武岩的结晶作用无关（《世界黑色金属矿产资源》，1995）。

（三）红土型铬矿床

红土型铬矿床主要发育在热带（靠近赤道地区），与含铬超镁铁质岩石的风化淋滤作用有关。该类矿床分为残积和冲积红土型铬矿床，前者常与镍矿、铁矿、铝土矿等矿产伴生，后者常与磁铁矿、金红石、锆石、钛铁矿等矿产伴生。红土型铬矿床具有一定的经济利用价值。主要产地为菲律宾、巴布亚新几内亚、法国与马达加斯加等。

三、世界主要铬矿床

截至 2019 年末，经综合汇总相关研究资料和文献（沈承珩等，1995），总结提出了加拿大伯德河铬矿床（Cr-01）、津巴布韦大岩墙（Great Dyke）铬矿床（Cr-12）等 42 个铬矿床地质特征，对其铬矿石质量、品位、累计查明资源储量规模，c/f 比值及开发利用状况进行了简述（表 3-3；附图 2）。

（一）津巴布韦塞卢奎铬矿区（Cr-11）

1. 基本概况

该矿区位于津巴布韦中部地区，含铁路区和舒鲁圭矿区。地理坐标：东经 30°01′，南纬 19°39′~19°43′。该矿床为豆荚状铬矿床。

截至 1990 年，该铬矿保有储量为 259. 2×10^4t，推定资源量为 3385. 8×10^4t。主要矿产地是铬矿采矿公司经营的铁路区铬矿山和舒鲁圭铬矿山。自 1906 年以来开采量达 1200×10^4t 铬矿石。

该铬矿床是唯一产于太古宙蛇绿岩带中的具有经济意义的大型铬矿床。铬矿体具有豆荚状矿床的产状特点和铬矿石成分特征。

舒鲁圭含矿超镁铁杂岩体出露面积为 250km^2，为一北西倾向的同斜褶皱透镜体，由一系列的叠瓦状岩片组成。杂岩体中出露岩石为强烈蚀变的蛇纹岩和滑石碳酸盐岩，恢复原岩为纯橄岩、斜辉橄榄岩和辉石岩。

2. 矿床地质特征

在纯橄岩和辉石岩接触带上出露一个宽度达 70~120m 的铬矿带，主要矿体均产于纯橄岩内部，呈透镜状和不规则状。矿体长度一般为 1000m，宽度为 120m，厚度为 25m，小矿体的平均规模是上述矿体的二分之一，已发现的主要铬矿体超过 100 个，主要出露于铁路区、Iron Ton、舒鲁圭山和铬山等地。

大矿体多由块状铬矿石组成，小矿体则多由条带状浸染矿石组成。致密块状铬矿石粒度较粗，为 0. 2~2. 5mm，为高铬铬矿石，矿石铬铁比值（c/f）高达 3. 8~4. 4。

表 3-3 世界主要铬矿床及其地质特征

矿床编号	矿床名称	地理位置	矿床类型	成矿时代	构造位置	矿床地质特征	矿石品位、c/f 比值	资源储量及规模	开发利用状况
Cr-01	加拿大伯德河铬矿床	加拿大曼尼托巴省东南部，西经 95°23′，北纬 50°23′	层状铬矿床	太古宙	地盾区	赋矿的伯德河镁铁-超镁铁层状侵入体长 25km，最宽 600m。铬矿层产于橄榄岩和纯橄岩中，共有 6 个铬矿层	主要为浸染状铬矿石	大型	
Cr-02	加拿大阿巴拉契亚群岛湾铬矿床	加拿大纽芬兰岛湾，西经 58°，北纬 49°	豆荚状铬矿床	早古生代（加里东期）	阿巴拉契亚褶皱带，位于板块聚敛边界	豆荚状铬矿床产于蛇绿岩下蛇纹石化橄榄岩中。位于堆积岩和地幔橄榄岩接触带附近	矿石品位：$\omega(Cr_2O_3)$ 为 44.5%~57.4%，c/f 比值为 2.08~3.00	大型	
Cr-03	美国基奈半岛权利油漆红山铬矿床	美国阿拉斯加州，西经 150°，北纬 59°	似层状铬矿床	110~100Ma		矿体产于环带状镁铁-超镁铁质岩体中，外带为辉长岩，内带为纯橄岩，矿体围岩为纯橄岩	浸染状矿石，Cr_2O_3 为 18%，c/f 比值为 1.4~1.7	大型 32.5×10^4t	
Cr-04	美国静水铬矿床	美国蒙大拿州，西经 109°54′，北纬 45°22′	层状铬矿床	中、新太古代	北美地台西缘	铬矿体共 13 层，呈多层状，产于层状杂岩体下部的嵌晶状斜辉橄榄岩和纯橄岩中，杂岩体呈北北西向延伸 48km，最大厚度为 7.8km。上部为闪长岩-辉长岩-易剥橄榄岩系；下部为古铜辉岩-橄榄岩-斜辉橄榄岩岩系。矿体单层厚度几厘米至几米，长度为 1750m	矿石品位：$\omega(Cr_2O_3)$ 约 20%	中型 514×10^4t	截至 20 世纪 90 年代，累计生产铬矿石 105×10^4t，当前未生产（据 USGS、铬矿石产量为零）
Cr-05	美国俄勒冈铬矿床	美国俄勒冈州。西经 122°，北纬 41°	豆荚状铬矿床	晚古生代（215~266Ma）	收敛的大陆边缘	沿内华达山脉西坡出露零星的镁铁-超镁铁质杂岩体。豆荚状铬矿床产于蛇纹石化橄榄岩中，呈透镜状	c/f 比值为 1.5~3.0	小型 矿石储量约 25×10^4t	

续表

矿床编号	矿床名称	地理位置	矿床类型	成矿时代	构造位置	矿床地质特征	矿石品位、c/f比值	资源储量及规模	开发利用状况
Cr-06	古巴卡马圭铬矿床	古巴奥连特省，西经 77°54′，北纬 21°30′	豆荚状铬矿床	晚白垩世—中始新世	岛弧带仰冲前弧基底	中新生代岛弧蛇绿岩带沿古巴北海岸延伸 500km，断续出露 6 个大的蛇绿岩块，在斜辉橄榄岩和纯橄榄岩中产有 100 多处铬矿体，一般规模为 220m×100m×39m	矿石主要为高铝耐火黏土级铬矿石，$\omega(Cr_2O_3)$为 38% ~ 40%，c/f 比值为 1.7~2.7	大型 (788~1288)×10^4t	
Cr-07	巴西福尔莫索铬矿床	巴西巴伊亚州，西经 40°20′，北纬 10°31′	层状铬矿床	新太古代—古元古代	圣弗朗西斯科稳定克拉通边缘	层状杂岩体延伸 20 余千米，宽 0.2~2km，由辉长岩和斜辉橄榄岩层状岩系组成。铬矿层产于岩系下部，有两个或更多矿层，单层厚度为 0.1~0.6m。矿层围岩为纯橄榄岩或透闪石-绿泥石-滑石片岩	为高铬铬矿石，$\omega(Cr_2O_3)$为 38%~46%	资源储量：720×10^4t。远景储量为 3300×10^4t	
Cr-08	埃及巴西米亚铬矿床	埃及东部	豆荚状铬矿床			超基性岩已蚀变为蛇纹岩、滑石碳酸岩。铬矿体多分布于岩体边缘，矿体为透镜状，最大矿体长度为 17m	铬矿石品位：$\omega(Cr_2O_3)$为 46.6%	单个矿体规模数千吨	
Cr-09	苏丹恩格森纳山铬矿床	苏丹北部，西经 34°，北纬 11°17′	豆荚状铬矿床	晚前寒武纪（480~650Ma）	东非造山带	铬矿体产于蚀变超基性岩中，围岩为蛇纹岩和滑石碳酸岩。矿体呈透镜状，（2~150）m×（20~65）m	铬矿石品位：$\omega(Cr_2O_3)$为 53.5%~57.4%	资源储量约 100×10^4t	间断性开采，年开采量约 3×10^4t
Cr-10	马达加斯加安德里阿米纳铬矿床	马达加斯加，东经 47°10′，南纬 20°20′	豆荚状铬矿床	前寒武纪（?），老于 1800Ma		铬矿体产于由蛇纹石化纯橄岩和滑石片岩组成的绿岩带中，其中超镁铁岩带长 45km，宽 25m，逆掩到辉石岩和角闪岩之上。矿带长 330m，宽 2~25m，共有十几个被肢解的透镜状矿体	铬矿石品位：$\omega(Cr_2O_3)$为 37%~53%. c/f 比值为 1.7~2.7。为冶金级和耐火材料级铬矿石	资源储量：1164×10^4t。远景储量 1000×10^4t	

续表

矿床编号	矿床名称	地理位置	矿床类型	成矿时代	构造位置	矿床地质特征	矿石品位、c/f比值	资源储量及规模	开发利用状况
Cr-11	津巴布韦塞卢奎（包括舒鲁圭矿区和铁路区矿区）铬矿床	津巴布韦，东经30°01′，南纬19°39′~19°43′	豆荚状铬矿床	太古宙（3340±60Ma）	南非罗德西亚克拉通裂谷带	铬矿床产于太古宙绿岩带下部的超镁铁岩系内。出露面积为250km²。含矿超镁铁杂岩体厚度大于1000m，由橄榄岩、纯橄岩和辉石岩组成，大部分已蚀变为蛇纹岩和滑石碳酸岩，铬矿带位于纯橄岩-辉石岩接触带附近，宽70~120m，共发现100多个透镜体。单矿体规模最长1000m，宽120m，厚25m。由块状矿石和条带状矿石组成	块状铬矿石品位：$\omega(Cr_2O_3)$为48%~62%. c/f比值为2.7~4.3。条带状铬矿石品位：$\omega(Cr_2O_3)$为10%~35%. c/f比值为2.7	3685.8×10^4t	自1906年以来开采量1200×10^4t铬矿石
Cr-12	津巴布韦大岩墙铬矿床	津巴布韦，东经29°~30°，南纬16°~19°	层状铬矿床	新太古代（2477±30Ma）	南非罗德西亚克拉通裂谷带	大岩墙长530km，平均宽度为8km，由4个互相连接的漏斗状杂岩体构成。层状岩系的总厚度在3000m以上，由上部镁铁质岩系组成。所有铬矿层均产于下部岩系中，共有14个具有韵律性的旋回单元，每个单元的层序自下而上为铬矿薄层，较厚的纯橄岩，斜辉橄榄岩，橄榄古铜辉岩和顶部的古铜辉岩。铬矿层可分为上、下两个矿组，上矿组含3层铬矿，下矿组含8层铬矿。单层厚度为5~100m，由块状和浸染状矿石组成，围岩为斜辉橄榄岩和纯橄榄岩	上矿组铬矿石品位：$\omega(Cr_2O_3)$为36%~49%. c/f比值为2.0~2.7。下矿组铬矿石品位：$\omega(Cr_2O_3)$为43%~54%. c/f比值为2.7~3.9	大型 22.27×10^8t	自1919年即开采铬矿石
Cr-13	津巴布韦马沙巴铬矿床	津巴布韦，东经30°33′，南纬20°07′	层状铬矿床	新太古代（2900Ma）	南非罗德西亚克拉通	系一变形层状杂岩体，由层状岩床状杂岩和墙状通道杂岩组成。铬矿层产于下部2000m厚的超镁铁质4个岩石单元中。有4层铬矿，单层厚度为2~3m，围岩为斜辉橄榄岩和纯橄榄岩，辉石岩	块状、条带状铬矿石品位：$\omega(Cr_2O_3)$为45.9%~49.4%。c/f比值为2.7~3.9	400×10^4t	

续表

矿床编号	矿床名称	地理位置	矿床类型	成矿时代	构造位置	矿床地质特征	矿石品位、c/f 比值	资源储量及规模	开发利用状况
Cr-14	南非布什维尔德铬矿床	南非北部，东经 26°~30°，南纬 24°~26°	层状铬矿床	古元古代（2~2.2Ga）	南非卡普瓦尔克拉通裂谷带	世界上规模最大的层状杂岩体，由一系列拉长的盆状岩体构成，在平面上呈 3 个弧形带出露，面积达 6.434×10^4km^2，层状岩系总厚度达 7~9km，由多个层状镁铁质和超镁铁质岩石组成。共发现 14 个铬矿层，其中下部带 7 层，中部带 5 层，上部带 2 层，分别称为下组、中组和上组。下矿组围岩为辉石岩和斜辉橄榄岩，矿层厚度为 0.1~0.8m；中矿组围岩为苏长岩和辉石岩，矿层厚度为 0.1~1m；上矿组围岩为斜长岩和辉石岩，矿层厚度为 1~3m；单层横向延伸非常稳定，可达几十千米至上百千米，矿层的主要特征是具有多层韵律性	矿石类型有两类：块状和条带浸染状，下矿组铬矿石品位：$\omega(Cr_2O_3)$为 65%~53%，c/f 比值为 1.9；中矿组：$\omega(Cr_2O_3)$为 42%~48.6%，c/f 比值为 1.3；上矿组：$\omega(Cr_2O_3)$为 38%~45.9%，c/f 比值为0.9~1.3	大型 67.31×10^8t	20 世纪 90 年代铬矿石年产量约 400×10^4t
Cr-15	西格陵兰菲斯克内塞铬矿床特	西格陵兰，西经 50° 40′，北纬 63°06′	层状铬矿床	古太古代	西格陵兰前寒武纪地质	含铬矿的层状斜长岩-闪长岩侵位于菲斯克内塞特片麻岩系（35 亿~38 亿年），杂岩体延长 200km，面积为 $3000km^2$，铬矿呈层状产于斜长岩中，单层厚度为 0.5~3m，累计厚度为 20m，长 120m，为高铁浸染状铬矿石，伴生 Ti 和 V，矿体围岩有斜长岩和斜长角闪岩	低品位铬矿石：$\omega(Cr_2O_3)$为 20%~33.4%，c/f 比值为 0.77~0.85	大型 1.38×10^8t	未开采，1964 年在地质填图时发现

续表

矿床编号	矿床名称	地理位置	矿床类型	成矿时代	构造位置	矿床地质特征	矿石品位、c/f 比值	资源储量及规模	开发利用状况
Cr-16	芬兰凯米铬矿床	芬兰埃尔加威区，东经 24°43′，北纬 65°47′	层状铬矿床	古元古代（2.1~2.2Ga）	前寒武纪稳定克拉通	凯米层状杂岩体北东向延伸 15km，宽 300~2500m，由上部带辉石辉长岩、斜长岩，中部苏长岩和下部带超镁铁岩组成。下部带最厚 1000m，为互层状橄榄岩，辉石岩和纯橄岩。其中产有连续的铬矿层，厚度一般为几厘米至几米，局部加厚至 30~90m，共有 6 个主要矿体，最大矿体长 670m，最大厚度为 90m，矿体围岩为由纯橄岩蚀变形成的滑石碳酸岩。有富滑石和富蛇纹石两种矿石	铬矿石品位（平均）：$\omega(Cr_2O_3)$ 为 26.5%~59%。c/f 比值为 1.54	大型 (3300~5000) $\times10^4$t	1966 年开始采矿，20 世纪 90 年代年产量 20 余万吨
Cr-17	哈萨克斯坦肯皮尔赛铬矿床	哈萨克斯坦乌拉尔地区，东经 58° 35′，北纬 50°15′	豆荚状铬矿床	晚古生代（404~380 Ma）	乌拉尔造山带板块碰撞带	乌拉尔蛇绿岩带南北延伸达 3000km，含矿的肯皮尔赛超镁铁岩体呈北北西向延长 65km，平均宽度为 10km，出露面积为 1000km^2，以斜辉辉橄岩为主，次为纯橄岩，橄榄岩和少量辉石岩及二辉橄榄岩等。主要工业铬矿田分布于岩体东南部，有 4 个大的铬矿田，可划分为东、西两个矿带，延伸 23km，矿带中已发现数百个大的铬铁矿，一般规模长几十米，厚几米，最大的单矿体长 1504m，宽 200~300m，最大厚度为 145m。矿体近矿围岩多为纯橄岩，次为斜辉辉橄岩。矿体多呈透镜状，扁豆状和不规则状。以块状和稠密浸染状矿石为主，属高铬铬矿石	块状铬矿石品位：$\omega(Cr_2O_3)$ 为 50% ~ 59%。c/f 比值为 2.1~3.9。条带状铬矿石品位：$\omega(Cr_2O_3)$ 为 20%~50%	大型 4.0$\times10^8$t	1920 年首次发现铬矿床，1938 年开采，20 世纪 90 年代年产量近 400$\times10^4$t

续表

矿床编号	矿床名称	地理位置	矿床类型	成矿时代	构造位置	矿床地质特征	矿石品位、c/f 比值	资源储量及规模	开发利用状况
Cr-18	哈萨克斯坦萨拉诺夫铬矿床	哈萨克斯坦乌拉尔彼尔姆区，东经 58°45′，北纬 58°10′	豆荚状铬矿床	早古生代（志留纪?）	中乌拉尔上隆带	小的超镁铁岩体，面积为 0.5km^2，出露岩相以蛇纹岩化橄榄岩为主，伴生有辉长岩，闪长岩和斜辉辉橄岩，呈南北向延伸的岩墙状，长 1700m，宽 200m。岩体产有 3 个陡立的铬矿层，矿层长 1100m，厚 3~10m，由高铝铬矿石组成	铬矿石品位：$\omega(Cr_2O_3)$ 为 30%~56%。c/f 比值为 1.5~1.9	大型 1.06×10^8t	已采 700×10^4t 铬矿石
Cr-19	阿尔巴尼亚布尔奇泽等铬矿床	阿尔巴尼亚东部，东经 20°23′，北纬 42°06′	豆荚状铬矿床	中生代（侏罗纪—白垩纪）	阿尔卑斯造山带缝合带	特提斯蛇绿岩带在阿尔巴尼亚境内出露两个超基性岩带，总面积达 3000km^2，主要铬矿床均产于东部岩带的布尔奇泽岩体和库克斯岩体内，岩体和矿体都发生塑性变形和褶皱，主要铬矿床位于岩体中部背斜轴部的纯橄岩-斜辉辉橄岩相中，呈似层状和透镜状，延伸 1~2km，厚度为几米至十几米，局部达几十米，由高铬铬矿石组成	铬矿石品位：$\omega(Cr_2O_3)$ 为 42%~50%。c/f比值为 3	大型 2150×10^4t	年产铬矿石 80×10^4~100×10^4t
Cr-20	希腊沃里诺斯（希拉里瓦多）铬矿床	希腊北部，东经 21°32′，北纬 40°10′	豆荚状铬矿床	中生代（侏罗纪）	阿尔卑斯造山带缝合带	沃里诺斯蛇绿岩体出露面积为 400km^2，由辉绿岩墙、堆积辉长岩、地幔岩和纯橄岩组成。主要铬矿床产于纯橄岩中，呈多层板状体，总厚度达 3~10m，为浸染状的高铬铬矿石	浸染状铬矿石品位：$\omega(Cr_2O_3)$ 为 18%~20%。c/f 比值为 3~3.4。铬精矿品位：$\omega(Cr_2O_3)$ 为 53%~56%	434×10^4t	

续表

矿床编号	矿床名称	地理位置	矿床类型	成矿时代	构造位置	矿床地质特征	矿石品位、c/f 比值	资源储量及规模	开发利用状况
Cr-21	土耳其古里曼铬矿床	土耳其东部，东经 39°54′，北纬 38°25′	豆荚状铬矿床	中生代（晚侏罗世—白垩纪）	阿尔卑斯造山带	土耳其境内广泛出露特提斯蛇绿岩体，主要是残留的蛇纹石化橄榄岩，可分为南北两个岩带。局部出露由纯橄岩、二辉岩、辉石岩、橄长岩和辉长岩组成的堆积岩。已经发现的铬矿床（点）700 余处，分布于 5～6 个主要铬矿区内：①东部古里曼矿区，有 5 个主要矿床，产于蛇绿岩体中部和东南部的地幔橄榄岩和混杂岩中，矿体呈似层状、透镜状，最大矿体长 500～1600m，厚 50m，延伸达 400m，主要由块状铬矿石组成	块状铬矿石品位：$\omega(Cr_2O_3)$ 为 40%～48%。浸染状铬矿石品位：$\omega(Cr_2O_3)$ 为 33%	大型 6130×10^4t	古里曼矿区 5 个主要矿床为古拉兰、鲁特、塔斯里特帕、巴特基夫和卡宾矿床。截至 20 世纪 90 年代初，已采出铬矿石 2300×10^4t
Cr-22	土耳其费斯耶-科杰基兹铬矿床	土耳其南部，东经 29°15′，北纬 36°21′	豆荚状铬矿床	中生代（晚侏罗世—白垩纪）	阿尔卑斯造山带	②费斯耶-科杰基兹铬矿区，该区橄榄岩体出露面积为 2000km^2，主要是蛇纹石化斜辉辉橄岩，局部有纯橄岩。区内发现 100 多个铬矿体（矿点），其中有 4 个主要矿床的规模较大，铬矿体多产于斜辉辉橄岩中，呈透镜状或似层状，矿体长度为 600～2500m，厚度为 2～10m，延深 150m，多为块状铬矿石，次为瘤状和浸染状铬矿石	铬矿石品位：$\omega(Cr_2O_3)$为 40%～45%。c/f 比值为 2.6~3		4 个主要铬矿床为埃里德尔-卡马坎、安迪里克-津巴拉里克、安尼克和坎达克

续表

矿床编号	矿床名称	地理位置	矿床类型	成矿时代	构造位置	矿床地质特征	矿石品位、c/f 比值	资源储量及规模	开发利用状况
Cr-23	土耳其费斯耶-卡尔桑特铬矿床	土耳其南部，东经 37°40′，北纬 37°20	豆荚状铬矿床	中生代（晚侏罗世—白垩纪）	阿尔卑斯造山带	③费斯耶-卡尔桑特矿区：该区橄榄岩体出露面积达 1500km²，已发现 100 余个铬矿床和矿点，大部分产于斜辉辉橄岩中，少数产于堆积岩纯橄岩中，主要铬矿层延伸 1200m，由块状和条带浸染状铬矿石组成	块状铬矿石品位：$\omega(Cr_2O_3)$ 为 44%。浸染状铬矿石品位：$\omega(Cr_2O_3)$ 为 42.83%		含德里奥卡克-卡瓦沙克和基兹里谢克矿床
Cr-24	土耳其布尔萨-埃斯谢希铬矿床	土耳其西北部，东经 31°30′，北纬 39°52′	豆荚状铬矿床	中生代（晚侏罗世—白垩纪）	阿尔卑斯造山带	④布尔萨-埃斯谢希铬矿区：该区橄榄岩体呈近东西向延伸，出露面积为 750km²，主要有斜辉辉橄岩，纯橄岩和少量辉石岩、二辉岩和辉长岩。已发现的 100 余个铬矿体大部分产于纯橄岩中，多呈似层状。一般长度为 100~750m，厚度为 4~5m，最厚可达 50m，延深超过 100m，由块状和浸染状铬矿石组成	铬矿石品位：$\omega(Cr_2O_3)$ 为 30% ~ 35%，最高可达 48%		
Cr-25	土耳其科普达格铬矿床	土耳其东北部，东经 40°28′，北纬 40°01′	豆荚状铬矿床	中生代（晚侏罗世—白垩纪）	阿尔卑斯造山带	⑤科普达格铬矿区：区内橄榄岩体呈东西向断续延伸 300 余千米，出露面积为 350km²，主要岩相为斜辉辉橄岩和纯橄岩，有少数堆积岩。已发现一个延长 20km 的铬矿带，产于堆积纯橄岩中，矿层厚度可达 10 ~ 15m，由块状和浸染状铬矿石组成			已产铬矿石 60×10^4t
Cr-26	塞浦路斯特罗多斯铬矿床	塞浦路斯中部，东经 33°，北纬 35°	豆荚状铬矿床	中生代（晚白垩世）	板块缝合带	特罗多斯蛇绿岩体东西长 70km，南北宽 40km，铬矿体主要产于纯橄岩中，呈扁豆状，矿石为块状和瘤状	高铝铬矿石品位：$\omega(Cr_2O_3)$ 为 48%~56.8% c/f 比值为 2.7	小型	已产铬矿石 150×10^4t

续表

矿床编号	矿床名称	地理位置	矿床类型	成矿时代	构造位置	矿床地质特征	矿石品位、c/f 比值	资源储量及规模	开发利用状况
Cr-27	伊朗法尔亚铬矿床	伊朗南部，东经 57°19′，北纬 27°32′	豆荚状铬矿床	中生代（白垩纪）	阿尔卑斯造山带板块缝合带	特提斯蛇绿岩带在伊朗境内分为南北两支，向东延伸到巴基斯坦。已发现几十个铬矿体和矿点。矿体多呈透镜状，管状和不规则状，多为块状矿石，围岩为斜辉辉橄岩	铬矿石品位：$\omega(Cr_2O_3)$为 40%~48% c/f 比值为 3~3.5	420×10^4t	
Cr-28	巴基斯坦莫斯林巴赫铬矿床	巴基斯坦中西部，东经 67°，北纬 30°40′	豆荚状铬矿床	古新世—始新世（70~30Ma）	阿尔卑斯造山带板块俯冲带	特提斯蛇绿岩带呈近南北向从卡拉奇经奏布河延至帕米尔。铬矿床产于蛇绿岩下部的斜辉辉橄岩和堆积岩底部，呈透镜状和似层状。单矿体规模几千吨几万吨。主要为块状和浸染状铬矿石	高铬铬矿石品位：$\omega(Cr_2O_3)$为 44.7%~59.1% c/f 比值为 1.5~3.7	大型 462×10^4t	已采矿石 150×10^4t
Cr-29	印度奥里萨（苏金达河谷）铬矿床	印度中部，东经 85°43′~86°，北纬 21°03′~21°35′	层状铬矿床	前寒武纪（太古宙）	稳定大陆克拉通（印度地盾）	苏金达河谷杂岩体呈北东向延伸，长 30 余千米，宽 3~5km，全部由超镁铁岩（纯橄岩和橄榄岩）和堆积岩组成，岩石强烈蛇纹石化和红土化。在层状堆积岩底部发现层状、透镜状或带状铬矿体，断续延伸 25km 以上，主要矿层长 1000m，厚 0.4~8m，最厚可达 10m，有 3~4 层主矿层，由块状，条带状和层纹状铬矿石组成	铬矿石品位：$\omega(Cr_2O_3)$为 48.45%~61.11% c/f 比值为 2.2~4.75	大型 库塔克区 6930×10^4t 凯翁贾尔区 940×10^4t	

续表

矿床编号	矿床名称	地理位置	矿床类型	成矿时代	构造位置	矿床地质特征	矿石品位、c/f 比值	资源储量及规模	开发利用状况
Cr-30	菲律宾三描礼士（阿科杰和马欣洛克矿床）铬矿床	菲律宾吕宋岛，东经 120°~120°04′，北纬 15°~15°34′	豆荚状铬矿床	中新生代（中新世—白垩纪）	岛弧带	菲律宾有两个主要的蛇绿岩带，西带从吕宋岛西侧向南延至巴拉旺岛，东带从吕宋岛东侧向南延至萨马岛和民都洛。两个带都产有铬矿床，主要矿区位于吕宋岛三描礼士蛇绿岩带的超镁铁岩中（阿科杰和马欣洛克矿床）。有 3 个成矿带部位：堆积岩底部，堆积岩之下的过渡带和地幔橄榄岩内部。单矿体多呈透镜状，扁豆状和似层状，规模相差悬殊，从数千吨至千万吨级，以块状铬矿石为主，为高铬铬矿石和高铝铬矿石	阿科杰高铬铬矿石品位（均值）：$\omega(Cr_2O_3)$为48% c/f 比值为 2.4 马欣洛克高铝铬矿石：$\omega(Cr_2O_3)$为 32.3%；$\omega(Al_2O_3)$为 29.38%	大型 阿科杰铬矿区：1285×10^4t 马欣洛克铬矿区：1230×10^4t	两个矿区已采铬矿石累计 1740×10^4t
Cr-31	菲律宾萨马铬矿床	菲律宾萨马岛，东经 125°50′，北纬 11°10′	残积、冲积红土型铬矿床	新生代	岛弧带	是一个由超镁铁岩经风化淋滤作用形成的残积-冲积红土型铬矿床，含铬矿红土层厚度大于 4m，共拥有 5670km^2 的含铬红土，可选出 280×10^4t 铬精矿	铬精矿品位：$\omega(Cr_2O_3)$为 42%~48% c/f 比值为 3.0	280×10^4t	
Cr-32	巴布亚新几内亚拉穆河铬矿床	巴布亚新几内亚，东经 145°11′，南纬 05°33′	残积红土型铬矿床	中新世	岛弧带	由含 Cr，Ni 的纯橄岩经风化淋滤作用形成的残积红土型铬、镍矿床。风化剖面上有 3 层风化红土层，分别富含 Cr、Ni-Ca 和 Ni		铬精矿 12.8×10^4t	

续表

矿床编号	矿床名称	地理位置	矿床类型	成矿时代	构造位置	矿床地质特征	矿石品位、c/f 比值	资源储量及规模	开发利用状况
Cr-33	新喀里多尼西亚蒂巴希铬矿床	新喀里多尼西亚，东经 167°30′，南纬 21°50′	豆荚状铬矿床	新生代（古近纪—始新世）	岛弧带	该岛国的 41%面积分布新生代蛇绿岩，达 8000km^2，主要是地幔橄榄岩，局部出露残留的堆积岩，铬矿床主要产于北部的蒂巴希超镁铁岩体中，岩体南北长 20km，宽 8km，面积为 160km^2	高铝和高铬矿石品位。$\omega(Cr_2O_3)$为 59%。c/f 比值为 3.2~3.3	500×10^{4}t	1867 年首次发现铬矿。1878 年开采，现年产量约 5×10^{4}t，累计生产 365×10^{4}t 的铬矿石
Cr-34	日本岩松广濑铬矿床	日本本州	豆荚状铬矿床	新生代	岛弧带	在日本本州岛南部分布一系列属于蛇绿岩套的橄榄岩岩体群，主要岩相为斜辉辉橄岩和纯橄岩，其中发育有小规模的透镜状、板状铬矿体，一般规模 100m×50m×10m，最大矿体 190m×80m×30m，多由块状和斑杂状矿石组成	高铝铬矿石品位：$\omega(Cr_2O_3)$为 18%~23%，$\omega(Al_2O_3)$为 23%~30%，$\omega(MgO)$为 18%~23%	大于 10×10^{4}t	已闭坑
Cr-35	中国西藏罗布莎铬矿床	中国西藏自治区南部	豆荚状铬矿床	燕山晚期	阿尔卑斯褶皱带	岩体长 43km，最宽 3~7km，面积为 70km^2，矿体产于斜辉辉橄岩相下部含纯橄岩较多的部位，围岩为纯橄岩和斜辉辉橄岩，共有矿体 200 余个，最大铬矿体长 325m，厚 10 余米	冶金级铬矿石品位（均值）：$\omega(Cr_2O_3)$为，c/f 比值为 4.5	中型	正在开采。2020 年铬矿石产量 14.63×10^{4}t
Cr-36	中国西藏东巧铬矿床	中国西藏自治区北部	豆荚状铬矿床	燕山中期	阿尔卑斯褶皱带	分东、西两个岩体，出露面积为 60km^2，岩相以斜辉辉橄岩为主，含较多纯橄岩异离体。铬矿床产于斜辉辉橄岩杂岩相带，共发现大小铬矿体 10 个	冶金级铬矿石品位（均值）：$\omega(Cr_2O_3)$为 48.32%，c/f 比值为 3.63	小型	已采

续表

矿床编号	矿床名称	地理位置	矿床类型	成矿时代	构造位置	矿床地质特征	矿石品位、c/f 比值	资源储量及规模	开发利用状况
Cr-37	中国内蒙古赫根山铬矿床	中国内蒙古自治区锡林郭勒市	豆荚状铬矿床	华力西期	华力西褶皱带	岩体出露面积为 $60km^2$，是一个杂岩体，以斜辉辉橄岩为主，在岩体西南部出露堆积岩相，其中含有大量纯橄榄岩条带。主要的 3756 矿床由 190 余个矿体组成，矿体与纯橄岩密切共生，由浸染状矿石组成，杂岩带中的矿体多由块状矿石组成	耐火黏土级铬矿石品位（均值）：$\omega(Cr_2O_3)$ 为 21.78%，c/f 比值为 2.03	小型	民采
Cr-38	中国内蒙古索伦山铬矿床	中国内蒙古自治区乌兰察布市	豆荚状铬矿床	华力西期	华力西褶皱带	岩体出露面积 70 余平方千米，由斜辉辉橄岩，橄榄岩和纯橄岩组成，产有大小矿床 10 余个，多为浸染状铬矿石，部分为块状矿石。矿体围岩为斜辉辉橄岩和纯橄岩	冶金级铬矿石品位（均值）：$\omega(Cr_2O_3)$ 为 12%~33%，c/f 比值为 3.06	中型	民采
Cr-39	新疆萨尔托海铬矿床	中国新疆维吾尔自治区	豆荚状铬矿床	华力西中期	华力西褶皱带	岩体长 22.5km，宽 0.1~1.6km，出露面积为 $19.44km^2$，大小矿体 500 余个，呈带、成群分布，分段集中，形成南、中、北 3 个矿带，最大矿体长 150 余米，矿体多呈不规则状和透镜状，围岩为纯橄岩和斜辉辉橄岩	耐火黏土级铬矿石品位（均值）：$\omega(Cr_2O_3)$ 为 26.33% ~ 35.12，c/f 比值为 2.23~2.67	小型	正在开采
Cr-40	甘肃大道尔吉铬矿床	中国甘肃省	似层状铬矿床	加里东期	加里东褶皱带	是一个长条状岩体，面积为 $10km^2$，出露岩相为单辉辉石岩和纯橄岩，已发现大小矿体 200 余个，均产于纯橄岩相带中，矿体长 20~40m，厚 1~3m，延伸 40 余米，最大矿体长 165m，厚 5.61m，延深 150m	化工级铬矿石品位（均值）：$\omega(Cr_2O_3)$ 为 14.41%~33.73，c/f 比值为 1.25~2.12	中型	未开采

续表

矿床编号	矿床名称	地理位置	矿床类型	成矿时代	构造位置	矿床地质特征	矿石品位、c/f 比值	资源储量及规模	开发利用状况
Cr-41	北京放马峪、平顶山铬矿床	中国北京市	似层状铬矿床	前震旦纪?	中朝准地台	为侵位于太古宙变质岩中的两个环带状超镁铁岩体，在岩体中心纯橄岩相中产出似层状铬矿体，矿体规模小，由浸染状铬矿石组成	化工级铬矿石品位（均值）：$\omega(Cr_2O_3)$为 9.6% ~ 34.71，c/f 比值为0.47~1.27	小型	曾经民采，后国营矿山开采。现划为禁止开采区
Cr-42	陕西省商南县松树沟铬矿床	中国陕西省商南县富水镇北 10km，距西安 216km。东经 110°56′，北纬 33°30′	豆荚状铬矿床	加里东期	秦岭褶皱带	岩体呈长条状，长 18.5km，宽 1.1km，出露面积为 20km^2，以纯橄岩为主，次为斜辉辉橄岩和透辉岩，已发现矿体 163 个，都产于纯橄岩-斜辉辉橄岩岩相中，矿体长度为 20 ~ 70m，最长 140m，一般厚度为 0.3 ~ 2m，最厚 5.37m	化工级铬矿石品位（均值）：$\omega(Cr_2O_3)$为 16.63% ~ 37.79%，c/f 比值为1.77~1.99	小型 累计查明资源储量：133.12×10^{4}t；保有资源储量 15.14×10^{4}t	1957 年区域地质调查发现，1970 年建矿开采铬矿石，1976 年闭坑。累计生产铬精矿 1.68×10^{4}t

注：为方便对比，将不同时期矿产资源（储量）分类，（折算）转换为资源储量（大体对应）。供参考使用。

（据沈承珩等，1995；朱明玉等，2014；《中国铬矿志》编辑委员会，1996）

（二）津巴布韦大岩墙铬矿床（Cr-12）

1. 杂岩体特征

大岩墙杂岩体由南向北纵贯津巴布韦，长 530km，均宽 8km，由 4 个相互连接的漏斗状分岩体组成。在上部镁铁质岩和下部超镁铁质岩系中共赋存 11 层铬铁矿体。自 1919 年开始开采铬矿资源。

大岩墙杂岩体赋存于花岗岩-绿岩体中。大岩墙的层状岩系为北东东向裂谷构造环境中形成的。

大岩墙的 4 个盆状杂岩体均由上部的镁铁质岩系和下部的超镁铁质岩系组成，总厚度超过 3000m，其中镁铁质岩系由苏长岩、辉长岩和橄榄辉长岩组成，厚度超过 1000m；超镁铁岩系由二辉岩、古铜辉岩、纯橄岩和斜辉橄榄岩组成，厚度超过 1000m。

4 个杂岩体均具有岩层层序特征。哈特利杂岩体规模最大，本书以其为例说明杂岩体层序特征。哈特利杂岩体下部超镁铁岩系共有 14 个韵律单元，每个单元的层序自下而上为：底部铬矿层、较厚的纯橄岩、斜辉橄榄岩、橄榄古铜辉岩和顶部古铜辉岩。有些单元缺失底部铬铁岩层或顶部古铜辉岩层。每个旋回单元的厚度从几十米到 200m 不等。

2. 铬矿体特征

哈特利铬矿层分为上、下两组，上组赋存 3 层铬矿层（No. 1~3），下组赋存 8 层铬矿层，其特征见表 3-4。4 个杂岩体中均可见 No. 1 和 No. 2 铬矿层。

表 3-4　津巴布韦大岩墙哈特利杂岩体铬矿体特征

指　标	上组铬矿层（No. 1~3）	下组铬矿层（No. 4~11）
品位 $\omega(Cr_2O_3)$/%	36~49	43~54
c/f 比值	2.0~2.7	2.7~3.9
形态与厚度	组合层，总厚度为 400cm，由一个或更多的层组成，单层厚度为 5~100cm	单层，厚度为 10~15cm
铬矿石类型	块状和浸染状矿石	块状矿石为主
围岩类型	斜辉橄榄岩（No. 2 层的底部为辉石岩）	纯橄岩（No. 4 层的底部为辉石岩）

资料来源：根据《世界黑色金属矿产资源》（1995）整理。

（1）上组铬矿层

哈特利杂岩体内的上组铬矿层显示明显的横向变化，单一铬矿层或由几个单个铬矿层构成的组合层均在不同部位发育。横向上每个铬矿层铬矿石构造发生变化，由块状变为浸染状橄榄石铬矿石，单层厚度为 5~100cm。组合层的总厚度达 400cm。有些地方，上组铬矿层在横向上组合层的数量、厚度及层内橄榄石与铬矿的比值迅速变化。在纵向上，从 No. 1 到 No. 3 层，矿石品位发生明显变化，铬矿石品位 $\omega(Cr_2O_3)$ 和 c/f 比值增加。

（2）下组铬矿层

下组铬矿层共赋存有 8 个铬矿层，由单一的块状铬矿层构成，厚度为 10~15cm。其中 No. 5 层的顶板围岩较特殊，为一层厚度为 1.5m 的浸染状橄榄石铬矿层；No. 4 层底板围岩为厚层状辉石岩，其余各铬矿层的围岩是纯橄岩。中部矿层铬矿石品位和 c/f 值较高。

（3）铬矿石结构构造

发育于大岩墙杂岩体中的铬矿层多数由致密块状和稠密浸染状铬矿石构成，一般与顶板围岩呈渐变关系，与底板围岩呈突变接触关系。块状铬矿层由他形、多角形铬铁矿晶体镶嵌而成，粒径为0.5~10mm，矿层底部粒度较大，向顶板粒度变小。浸染状铬矿层由橄榄石和铬铁矿组成，铬铁矿多呈半自形晶体，呈稠密星团状分布，通常集中分布于橄榄石的三结点上，晶体粒度较小，一般小于0.5~2mm。

3. 铬矿床成因

关于津巴布韦大岩墙铬矿床成因，比昌等（Bichan et al.，1976），威尔逊（Wilson，1976，1980，1982）等专家，提出大岩墙杂岩体及其赋存的铬矿体形成机制。大岩墙杂岩体的结晶系列：铬铁矿—橄榄石—斜方辉石—单斜辉石—斜长石+富铁橄榄石+斜方辉石。大岩墙杂岩体的韵律性旋回及其底部铬矿层，系间歇性岩浆注入作用，特别是由超镁铁岩系顶部的岩浆注入作用而形成（《世界黑色金属矿产资源》，1995）。

（三）南非布什维尔德杂岩中的铬矿床（Cr-14）

1. 概述

布什维尔德杂岩体位于南非北部，出露面积为$6.6\times10^4km^2$，地理坐标：东经26°~30°，南纬24°~26°。该杂岩体是世界上最大的层状杂岩体，赋存丰富的铬矿资源。具有悠久的开发历史，开采规模很大，20世纪80年代铬矿石产量约400×10^4t。

布什维尔德杂岩体位于南非德兰士瓦省普瓦尔克拉通内，侵入德兰瓦系的元古宙沉积岩和熔岩中，面积为$18.2\times10^4km^2$。超基性岩的铷-锶年龄为（2095±24）Ma。基性—超基性岩可分为4个带：下带、临界带、主带和上带。各带中又可划分为若干亚带。所有铬矿层和主要含铂族金属矿产层均限制在临界带中。德兰士瓦盆地在新太古代—古元古代（2~2.6Ga）经历了上升运动，并伴随大量的热流活动，引起布什维尔德杂岩体的侵入作用。

布什维尔德杂岩体侵位期间，由于底部的下陷和上升褶皱作用形成局部盆地，这对随后形成的临界带及其铬矿岩层的演化产生重要影响。侵位以后的脆性变形作用引起杂岩体中一系列大断层的发育。

2. 层状杂岩体特征

布什维尔德杂岩体由一系列盆状、拉长状的层状分岩体组成，在地表呈3个大致弧形带产出，分别划分为东部带杂岩（E）、西部带杂岩（W）、远西部杂岩（FW）和北部波系特斯勒杂岩（P）几部分。

布什维尔德杂岩体有两大岩石单元：鲁依堡长英岩系，厚度为6km；吕斯腾堡层状岩系，由基性—超基性岩组成，发育铬矿、铂族金属和钒等具有工业价值的矿床，厚度为7~9km。

霍尔（1932）将吕斯腾堡层状镁铁质—超镁铁质岩体，划分为上部带、主带、临界带、下部带和边缘带等5个带，共赋存14个铬矿层，这些厚度不大但延伸巨大的稳定矿层蕴藏着当时90%以上的资源量。截至20世纪80年代末，已探明铬矿储量9.13×10^8t，推定铬矿资源总量超过60×10^8t（《世界黑色金属矿产资源》，1995）。

临界带为铬矿层的主要赋存带，以苏长岩和斜长岩为主，赋存上组铬矿层，下临界带由古铜辉石、斜辉橄榄岩和少量辉长岩和斜长岩组成，赋存中组和下组铬矿层。

3. 铬矿层的特征

发育有规则状的层状构造是临界带的主要特征，可分为辉石岩下亚带和斜长岩上亚带。在 14 个铬矿层中，10 个赋存于临界带中，其中 5 个在东部带，7 个在西部带，在这西部杂岩体和北部杂岩体中各有 1 个。上组铬矿层位于上临界带，下组铬矿层位于下临界带，中部铬矿层位于上、下临界带间的边界上。铬矿层具有侧向连续的特点，由于 c/f 比值较高，铬矿层规则而稳定。

（1）下组铬矿层

下组铬矿层发育 LG1 至 LG7 等 7 个铬矿层。LG1 和 LG4 两个铬矿层与橄榄石共生，厚度均小于 0.3m，其他铬矿层橄榄石少。LG3 和 LG4 层走向延伸可达 63km。LG5 为一个组合层，由 5 个以上的铬矿薄层组成，走向上分支复合，厚度为 0.8m，脉石矿物辉石占比大，该层具有经济意义。布什维尔德杂岩体西段斯蒂尔波特层 LG6 铬矿层是最重要的铬矿层，走向连续，延伸 90km，矿体厚度为 0.6～1.3m。LG7 为一单层铬矿，厚 0.45m，位于 LG6 上部 110m 处。F 层走向延伸 35km，厚 1.3m，$\omega(Cr_2O_3)$ 平均品位为 46.0%～47.6%，c/f 比值约为 1.6。

（2）中组铬矿层

中组铬矿层发育 MG1 至 MG4 等 4 个铬矿层，位于下临界带和上临界带边界附近。MG1 由一层厚 1m 的主铬矿层及其下部的两个铬矿层组成；MG2 发育有一层厚 1m 的主矿层，其上、下部分别发育一层铬矿薄层；MG4 有两层较厚的主矿层，各伴生一层铬矿薄层。

（3）上组铬矿层

上组铬矿层通常发育 UG1 和 UG2 等两层铬矿层，在东部带的中心发育 UG3 层和 UG3a 层。UG1 的底板围岩为斜长岩，顶板围岩是辉石岩，向上发育两层铬矿薄层；辉长岩向上过渡为苏长岩，成为 UG2 的底板围岩，其顶板围岩是辉石岩，向上过渡到苏长岩至梅林斯基层，这一含铂族金属的矿层由伟晶辉石岩组成，其上、下各有一层铬矿薄层，上层铬矿层的厚度只有 4cm，位于巴斯达德层辉石岩的顶部。

（4）铬矿层的矿石品位

布什维尔德杂岩体下、中、上组铬矿岩体和北部地区铬矿岩体的成分。除了北部波希特斯勒地区上、下层铬矿层类似大岩墙的铬矿石，具有富铬、镁成分特点外，其他所有铬矿层的矿石都贫铬、镁，而富铁，从下组铬矿岩层到上组铬矿层，矿石成分具有明显的变化趋势。

1）铬矿石 Cr_2O_3 品位降低，下组 $\omega(Cr_2O_3)$ 为 46%～53%，均值为 47.65%；中组 $\omega(Cr_2O_3)$ 为 42%～48.6%，均值为 44.88%；上组 $\omega(Cr_2O_3)$ 为 38%～45.9%，均值为 43.13%。

2）矿石的 MgO 品位降低，下组 $\omega(MgO)$ 均值为 10.4%，中组为 8.8%，下组为 8.1%。

3）矿石的 FeO 品位增加，下组 $\omega(FeO)$ 均值为 26.81%，中组为 28.27%，下组为 30.1%。

4）c/f 比值降低，下组均值为 1.77，中组为 1.39，上组为 1.27。

4. 布什维尔德杂岩体铬矿床成因

欧文（1975，1977，1083）提出由两种不同成分岩浆发生混合作用产生一种位于铬矿原生相容积内的最后融合溶体的假设，认为在布什维尔德杂岩体的地质环境中，由原始的和演化的超基性岩浆之间的融合作用可以形成含橄榄石的铬矿层（LG1 至 LG4 层），但对于只含斜方辉石的铬矿层（LG5 至 LG7 和 MG1）或含斜方辉石和斜长石的铬矿层（MG2 至 MG4 和 UG）则需要两种完全不同的岩浆的混合作用才能形成。布什维尔德杂岩体不同地段的岩浆特征是控制铬铁矿结晶作用的基本因素。

（四）哈萨克斯坦肯皮尔赛杂岩体铬矿床（Cr-17）

1. 概述

肯皮尔赛杂岩体位于乌拉尔山脉南部哈萨克斯坦境内，地理坐标：东经 58°35′，北纬 50°15′。该铬矿床于 1920 年发现，1937 年勘查，1938 年开采。20 世纪 80 年代铬矿石产量约 400×10^4t。

2. 区域地质构造背景

肯皮尔赛超镁铁杂岩体是乌拉尔山东部蛇绿岩带的组成部分，该蛇绿岩带为欧洲板块与哈萨克-西伯利亚板块之间的碰撞缝合带。蛇绿岩带位于中央背斜核部位置，赋存于变质岩下。乌拉尔山西部蛇绿岩带可能在板块碰撞期间俯冲到一个东倾的俯冲带上，而东部蛇绿岩带则可能代表增生到哈萨克板块上的较老的岛弧。

肯皮尔赛杂岩体侵位于寒武系与奥陶系间，局部与变质辉长岩呈侵位接触关系，年龄为 440~375Ma，可能代表洋壳中的形成年龄。

3. 肯皮尔赛超镁铁杂岩体特征

肯皮尔赛杂岩体侵位于寒武系和奥陶系间，局部与变质辉长岩呈侵位接触关系。该杂岩体可能在洋壳中形成。杂岩体呈盘状，规模很大，呈北北西走向延伸 65km，平均宽度为 10km，最宽处 30km，地表出露面积 1000 余平方千米，岩体南部延伸最大，深达 4~5km。

岩石类型主要以斜辉橄榄岩为主，其次为纯橄榄岩、橄榄岩和少量二辉橄榄岩、异剥橄榄岩和角闪橄榄岩等。各类岩石在水平和垂直方向上交替出现，具有分带性。岩石普遍遭受蛇纹石化，边缘有碳酸盐化。东南部有几个平行的南北向的穹隆构造，控制了大型铬矿床的空间分布。

4. 铬矿床特征

在肯皮尔赛杂岩体中赋存 160 个铬矿体，按照其空间分布圈定了 4 个铬矿田，大致可划分呈南北向的东、西两个铬矿带，断续延伸达 23km，在南部合并到一个矿田上。主要铬矿体位于杂岩体东南部的较深部位，在构造上受穹隆构造控制，在岩相上与纯橄榄岩异离体群关系密切。

铬矿体的近矿围岩多为纯橄岩，其次为斜辉橄榄岩，产于斜辉橄榄岩的矿体也常包有一层纯橄岩薄壳，矿体与围岩多呈迅速过渡接触关系，两者界限较清楚。矿体多呈透镜状、扁豆状和不规则状，产状与围岩线理基本一致，多呈整合或半整合关系。

矿体规模大小不一，大多数矿体长度为数十米、厚度为1~2m，属于千吨级—万吨级矿体居多，但大型单矿体也不在少数，可达十几万吨至数百万吨级，最大的一个铬矿体长度为1504m，宽度为200~300m，最大厚度为145m。

矿石类型以致密块状和稠密浸染状矿石为主，矿石的结构、构造变化较大，一般特点是矿体内部多为块状矿石，以中粗粒为主，至矿体边部，矿石粒度变细。

位于东、西矿带中的4个大型铬矿田情况如下：

（1）哈萨克斯坦20周年铬矿田

该矿田产于西矿带北端，共由60个矿体组成，最大矿体长度为1900m，宽度为20~240m，延深40~320m，一般矿体长度为80~135m，宽度为33~130m，厚度为3~55m。大部分由块状矿石和稠密浸染状矿石组成，铬矿石品位：$\omega(Cr_2O_3)$为22%~62%，$\omega(SiO_2)$为1.3%~21.7%，$\omega(FeO)$为9.2%~15.1%，$\omega(CaO)$为0.22%~1.3%，$\omega(P_2O_5)$为0.03%。铬矿石储量为2500×10^4t。

（2）哈萨克斯坦40周年铬矿田

该矿田位于东矿带北端，地表出露的两个矿体在深处连为一体，矿田中共有23个矿体，矿石储量达9000×10^4t。部分矿体产状较平缓，近水平状，其余矿体西倾，北端矿体露出地表，南部矿体延深300~350m，规模最大的1号矿体长934m，宽200m，厚度为65m；其次为3号矿体，长664m，宽282m，厚度为85m。一般矿体长50~420m，宽50~100m，厚度为5~40m不等。大部分为块状矿石。铬矿石平均品位：$\omega(Cr_2O_3)$为19.3%~58.95%，$\omega(SiO_2)$为0.3%~30.03%，$\omega(FeO)$为9%~11.5%。

（3）米林诺耶铬矿田

该矿田位于东、西矿带南端的汇合部位。有两个主矿体，长度分别为1500m和700m，厚度变化较大，为3~131m，铬矿体延深562.7m以上，最大延深达1100m，铬矿石$\omega(Cr_2O_3)$平均品位为49.5%。

（4）阿尔玛兹-哲米楚智玛铬矿田

该矿田位于东矿带南部，发育4个铬矿体，矿体长度为500~1900m，延深159~1500m，厚度为3~80m，矿石$\omega(Cr_2O_3)$平均品位为49.45%。

（五）阿尔巴尼亚布尔奇泽铬矿床（Cr-19）

该矿田位于布尔奇泽超镁铁岩体中，为阿尔巴尼亚最大的铬矿床。含铬矿岩体出露面积为350km^2，呈椭圆形，走向北北西，侵位于褶皱带背斜构造的轴部。

岩体以斜辉橄榄岩和纯橄榄岩为主体，其次为辉岩和二辉橄榄岩。岩体边部发育少量橄长岩和辉长岩。蛇纹石化普遍。布尔奇泽铬矿床受岩相和构造控制，具有工业价值的铬矿体均产于倒转背斜的轴部及两翼，或者赋存于次一级褶曲的纯橄岩中，并且主要赋存在岩体背斜呈倒转背斜的轴部及两翼，或者赋存于次一级褶曲或挠曲构造中，铬矿体本身也发生挠曲现象，表明在构造前处于塑性状态下即已成矿。

该矿床共有186个铬矿体（点）赋存于岩体中，受背斜构造控制。铬矿体主要赋存于背斜轴部及其两侧的纯橄榄岩-斜辉橄榄岩相带内，铬矿体近矿围岩为纯橄榄岩，赋存于斜辉橄榄岩中的铬矿体发育一层纯橄榄岩薄壳。

铬矿体形态多呈单斜层状，从整体看，主要铬矿层呈一倒转的背斜状，发生过三级褶曲。矿层厚度较稳定。铬矿体多呈透镜状、袋状或不规则状，走向北西向，倾向南西，倾角 40°~80°，普遍具有侧伏现象，侧伏北西，侧伏角 10°~25°。

铬矿体规模变化较大，单个铬矿体长度从十几米到 1000 余米，厚度几米至十几米，最后可达几十米，延深几十米至几百米。主要工业铬矿体有布尔齐泽、巴特、什卡拉、采鲁亚和克拉思斯达等，该矿床累计已探明储量（矿石量）超过 1000×10^4t。

铬矿石呈块状、斑点状、瘤状和浸染状，以致密块状和稠密浸染状为主。铬铁矿呈半自形—他形不等粒晶体，具粒状镶嵌结构。铬矿石 $\omega(Cr_2O_3)$ 平均品位约 48%，c/f 比值大于 3，大部分为富铬的冶金级铬矿石。

布尔奇泽铬矿体的形状多为透镜状、扁豆状，袋状或层状，透镜状铬矿体长度从几米至 100m，厚度为 1~50m；层状铬矿体最大长度为 1600m，延深 500m。单个铬矿床规模从几十吨至数百万吨不等。

（六）土耳其铬矿床

1884 年，土耳其西部地区首次发现铬矿，直到 20 世纪 50 年代，土耳其推进铬矿资源勘查开发，1953—1955 年土耳其铬矿产量位居世界首位，占世界铬矿市场的 19.2%，20 世纪 90 年代铬矿石产量达 50×10^4t，1962 年建立铬铁合金厂，年初铬铁合金 6×10^4t，1987 年后增至 16×10^4t。据美国地质调查局［矿产品概要，截至 2020 年，世界铬矿储量（商品级铬矿石），按 $\omega(Cr_2O_3)$ 平均品位 45%折算］5.7×10^8t，土耳其铬矿储量 2600×10^4t，占世界的 4.56%，位居世界第四。

土耳其白垩纪侵位的蛇绿岩体分布广泛，大部分已解体，剩余的阿尔卑斯型蛇纹石橄榄岩体呈星罗棋布分布。蛇绿岩体分布不规则，可分为南、北两个蛇绿岩带。蛇绿岩中的变质橄榄岩主要为斜辉橄榄岩和纯橄岩，堆积岩系主要由纯橄岩、二辉岩、辉石岩、橄长岩和辉长岩组成。

土耳其铬矿床分布广泛，已发现的铬矿床（点）超过 700 处。在上述各橄榄岩岩体中均有分布。铬矿床没有明显的空间分布规律性，按矿床的重要性可分为 5 个铬矿成矿区。

铬矿体的围岩多为纯橄岩，少数产于斜辉橄榄岩中，但常被一层纯橄岩薄壳包围。铬矿体与围岩间存在原始接触和构造接触两种关系，在构造接触中，铬矿体和构造间发育一个蛇纹石带，常导致层状铬矿体破裂发育为透镜状铬矿体。

1. 东部古里曼铬矿床（Cr-21）

该铬矿床发育在古里曼蛇绿岩中，岩体出露面积为 $200km^2$，岩石类型为斜辉橄榄岩、纯橄岩、辉石岩、二辉岩和橄长岩等，变质橄榄岩位于蛇绿岩体的中心位置，周围及上覆岩石为堆积岩。1936 年至 20 世纪 90 年代初，该铬矿床已生产 700×10^4t 的高品位冶金级铬矿石。

铬矿床主要位于中心部位的变质橄榄岩和东南部混杂岩体中，共发育 4 个铬矿：①古拉兰；②鲁特·塔斯里特帕；③巴特·基夫；④卡宾。

1）古拉兰铬矿：位于蛇绿岩体东南部，铬矿体产于蛇纹石化斜辉橄榄岩中，上覆为堆积岩。大部分铬矿石为块状，矿石平均品位 $\omega(Cr_2O_3)$ 达 48%。

2）鲁特·塔斯里特帕铬矿：发育在蛇绿岩体中南部。6 个铬矿层发育在厚 2000m 的斜辉橄榄岩中，每个铬矿层几乎均呈连续性分布，走向延伸 500~1600m，延深 500m，厚度为 1cm 至 50m，铬矿层中单个矿体长度为 5m，个别长度可大于 200m，铬矿体外缘常有一层厚度为 10~15m（最厚 3~4m）的纯橄岩外壳。主要铬矿石类型为块状、次为瘤状和浸染状铬矿石，矿石 $\omega(Cr_2O_3)$ 品位为 40%~48%。，铬矿层长 1km，延深 400m，最大厚度为 50m，铬矿层走向北北东—南南西，平行于岩石层理。矿层西段厚度较小，向东厚度增加，条带状展布，浸染状铬矿石，矿石 $\omega(Cr_2O_3)$ 平均品位为 33%，同时发育部分高品位的块状铬矿石。

3）巴特·基夫铬矿：位于蛇绿岩体中南部。矿体围岩为斜辉橄榄岩和纯橄岩，南部为基夫纯橄岩，出露面积为 6km^2，厚度为 2500m，岩石新鲜。基夫纯橄岩以南出露堆积岩系，包括堆积纯橄岩、二辉岩、橄长岩和辉长岩等，在构造上与基夫纯橄岩呈接触关系。铬矿床沿斜辉橄榄岩和基夫纯橄岩的接触带产出，位于纯橄岩的底部。

4）卡宾铬矿：位于蛇绿岩体的东南部，周围出露岩石为蛇纹石和蛇纹石化斜辉橄榄岩，岩石层理走向北东，倾向南东。共有 4 个主矿层出露，矿层走向北西，倾向南西，倾角 65°，向南东侧伏，侧伏角 20°。铬矿层切割围岩的层理，与围岩呈构造接触关系。铬矿层最大长度可达 100m，厚度为 20m。矿石类型为耐火级块状铬矿石。

2. 西部费施耶–科杰基兹铬矿床（Cr–22）

橄榄岩体出露面积约 200km^2，主要为蛇纹石化斜辉橄榄岩，局部见条带状和透镜状纯橄岩，少量堆积岩纯橄岩和橄长岩在南部出露。铁矿床赋存于斜辉橄榄岩中，探明 100 多个铬矿体，发育 4 个铬矿。该矿床为豆荚状铬矿床。铬矿石品位 $\omega(Cr_2O_3)$ 为 40%~45%，c/f 比值为 2.6~3.0。

1）埃里德尔–卡马坎铬矿：位于北部斜辉橄榄岩岩体的中心位置，由数个平行排列的透镜状铬矿体组成，原属同一个大的铬矿层，原矿层长度为 2500m，延深 100m，平均厚度为 2m，局部厚度达 100m，多为块状矿石。

2）安迪里克–津巴拉里克铬矿：位于北部斜辉橄榄岩体的东南部位，铬矿主矿体与岩石层理平行，长度为 600m，延深 150m，平均厚度为 2~3m，最厚 10m，主要为块状铬矿石，还有少量浸染状和瘤状铬矿石。

3）安东尼铬矿：位于南部斜辉橄榄岩体的中部，铬矿体产于斜辉橄榄岩中，被一层纯橄岩外壳包裹，呈管状，在地表出露面积仅 48m^2，延深 150m，块状铬矿石，$\omega(Cr_2O_3)$ 品位为 45%，探明储量超过 15×10^4t。

4）坎达克铬矿：位于卡马坎铬矿床西北 6km 处，产于由斜辉橄榄岩构成的一个背斜构造中，铬矿体延伸 1000m，在背斜的北翼和南翼分别延深 35m 和 45m，厚度为 2m，局部厚度可达 8m，块状铬矿石，$\omega(Cr_2O_3)$ 品位为 40%。

3. 南部博赞特–卡尔桑特铬矿床（Cr–23）

橄榄岩体出露面积为 1500km^2，变质橄榄岩和堆积岩分布在中央部位和下伏的变质橄榄岩中与周边。共发现 100 多个铬矿体（点），大部分铬矿体产发育在斜辉橄榄岩中，少数产于堆积纯橄岩内，由两个铬矿组成。

1）德里奥卡克–卡瓦沙克铬矿：不连续的铬矿体（层）产于斜辉橄榄岩中，延伸 1200m，中部被断层错断为几段，西段矿层由浸染状铬矿石和条带状铬矿石组成，中段铬矿层由块状铬矿石组成，铬矿石 $\omega(Cr_2O_3)$ 品位为 28%~44%。

2）基兹里谢克-亚塔亚迪克铬矿：位于卡瓦沙克铬矿床西北 1km 处，铬矿层产于新鲜的纯橄岩中，由浸染状铬矿石组成，铬矿石品位低，$\omega(Cr_2O_3)$ 品位一般为 5%~6%，部分可达 30%。

4. 东北部科普达格铬矿床（Cr-25）

该矿床赋矿橄榄岩体出露面积为 350km，以斜辉橄榄岩为主，其次有纯橄岩、辉石岩和辉长岩互层状的堆积岩系。在堆积岩系的纯橄岩中发育一条断续延伸的铬矿带，其中出露 6 个主要铬矿体，铬矿石类型为块状和浸染状，厚度为 10~15m。

5. 西北部奥尔哈内利铬矿床

该矿床赋矿橄榄岩体出露面积为 750km^2，是一个东西向的逆冲岩席，厚度为 1km，推覆至泥盆纪变质岩之上。已发现铬矿体超过 100 个，大部分赋存于纯橄岩中，多呈层状，以块状和浸染状矿石为主。铬矿体多为组合矿层，厚度一般为 4~5m，最厚 50m，走向长度为 100~750m，延深多超过 100m。铬矿石 $\omega(Cr_2O_3)$ 品位为 30%~35%，较富铬矿石 $\omega(Cr_2O_3)$ 品位可达 48%。

（七）菲律宾铬矿床

20 世纪初，菲律宾的安比尔岛和民都洛等地发现铬矿，1925 年，沿拉威斯河谷发现了该国最大的三描礼士省马欣洛克铬矿床，1934 年开发，20 世纪 50 年代大规模开采，铬矿石年产量 85.8×10^4t，20 世纪 80 年代后的年产量稳定在 50×10^4t，1946—1981 年，累计生产耐火级铬矿石 1240×10^4t，冶金级铬矿石 352×10^4t。

菲律宾铬矿资源储量丰富，主要分布在三描礼士省、苏里高省和巴拉旺省。

1. 铬矿床特征

菲律宾位于西太平洋岛弧带，境内白垩纪—新近纪侵位的蛇绿岩带分布广泛，主要包括三描礼士、东比科尔-东棉兰老岛、三宝颜-苏禄和巴拉旺等 4 个蛇绿岩带。其中，三描礼士蛇绿岩带规模最大，且保存完整。

菲律宾铬矿床分布广泛，铬矿床均产于蛇绿岩带中，已发现的矿床（点）126 处，其中吕宋岛 70 处，中菲律宾岛 43 处。铬矿床（点）主要分布在三描礼士、巴拉旺、西民都洛、东萨马、迪纳加特岛和苏里高等省（区），少数分布在蒙霍岛、东达沃等地。

豆荚状铬矿床一般产于蛇绿岩带的超镁铁质岩体内，铬矿 床与岩相类型关系密切。由高铬矿石组成的矿床一般赋存于与苏长岩和辉长岩体伴生的变质橄榄岩中，而高铝铬矿石组成的矿床则赋存于与橄长岩、橄榄辉长岩伴生的变质橄榄岩中，三描礼士蛇绿岩体中的高铬矿床（阿科杰矿床）和高铝铬矿床（马欣洛克矿床）具有上述两种岩相类型的亲缘关系，而巴拉旺、东米萨米斯、东达沃和苏里高等地的高铬铬矿床则显示前一种岩相关系。

综合菲律宾各地铬矿床在蛇绿岩体中的产出部位，可以确认 3 个有利的成矿带部位：①位于下部变质橄榄岩内的第一矿带；②位于镁铁质—超镁铁质堆积岩之下的过渡带纯橄岩中的第二成矿带；③位于堆积岩底部的纯橄岩-易剥橄榄岩互层中的第三成矿带。

3 个铬成矿带中的铬矿床和岩石类型具有不同的特征：第一成矿带中的铬矿体多呈透镜状，被一层纯橄岩外壳包裹，铬矿体在变质橄榄岩中分布规则；第二成矿带以纯橄岩为主，厚度为200~500m，纯橄岩中发育高铬铬矿体；第三成矿带由厚100~500m的呈互层状的纯橄岩-易剥橄榄岩组成，其中产有整合的或半整合的条带状铬矿层或透镜状铬矿体，铬矿石常与Ni、Pt硫化物伴生。巴拉旺与萨马地区的铬矿床位于第一、二成矿带；东米萨米斯、东达沃、迪纳加特和民都洛的铬矿床位于第一成矿带；三描礼士省的铬矿床在3个成矿带中均有产出。

铬矿体近矿围岩大部分为蛇纹石化的纯橄岩和斜辉橄榄岩，少数为橄长岩或辉长岩。铬矿体主要呈透镜状、扁豆状，其次为层状、板状、铅笔状或不规则状。铬矿体与围岩呈整合或半整合接触关系，一般界线清楚；有的呈不整合接触关系，界限非常清晰。

3个成矿带中的铬矿体（铬矿层）的规模变化较大，第一成矿带中的透镜状铬矿体最大厚度为60m，各个成矿带中铬矿体长度和宽度均可达数百米；第二成矿带中板状和透镜状铬矿体厚度变大，为2cm至40m；第三成矿带中的条带状、透镜状矿体厚度小，仅2mm至10cm。

2. 三描礼士铬矿床（阿科杰和马欣洛克矿床；Cr-30）

（1）三描礼士阿科杰铬矿床

该矿床位于三描礼士省中北部斯塔、克鲁斯城东南18km。20世纪80年代产量为10×10^4t铬矿石。冶金级铬矿石储量为310余万吨，20世纪90年代年产量约10×10^4t。

阿科杰蛇绿岩体主要由苏长辉长岩、纯橄岩和斜辉橄榄岩组成，斜辉橄榄岩是杂岩体的主体，纯橄岩呈异离体赋存于斜辉橄榄岩中，或呈条带状、层状产于堆积岩底部，堆积岩上部为层状的苏长辉长岩和辉石岩，中部过渡带是橄长岩、斜长岩、橄榄辉长岩和苏长岩的韵律层，底部为纯橄岩。

铬矿体集中出露于斜辉橄榄岩与底部纯橄岩接触带附近的纯橄岩内侧200~1000m范围内，含矿带沿走向延伸8km，铬矿带中一系列的板状、透镜状铬矿体，以大致平行的雁行状方式排列。少数铬矿体产于斜辉橄榄岩中。在北部铬矿带走向北西，向南西陡倾，在南部矿带走向北东，向南东陡倾。单个铬矿体长度为10~600m，厚度从几厘米至40m，主要为块状、瘤状和条带浸染状矿石，$\omega(Cr_2O_3)$品位为20%~50%。

（2）三描礼士马欣洛克（科托）铬矿床

该矿床位于三描礼士省马欣洛克，北距阿科杰铬矿床16km。马欣洛克铬矿床于1925年被发现，是世界上最大的耐火级铬矿床，年产矿石量（30~40）$\times10^4$t（20世纪90年代），1937年最高曾达到61×10^4t。探明铬矿石储量500多万吨，总资源量超过1000×10^4t。

科托蛇绿岩体出露于阿科杰岩体的东南，中间以北东向的拉威斯断层为界，出露岩石为橄榄辉长岩、橄长岩、纯橄岩和斜辉橄榄岩。变质橄榄岩以斜辉橄榄岩为主体，分布于岩体的北部和西部；纯橄岩为层状，与上覆辉长岩接触，出露于岩体的东部和南部。

科托铬矿床的主矿体和其他12个铬矿体均赋存于斜辉橄榄岩中，沿橄长岩-橄榄辉长岩带与变质橄榄岩带之间的接触带分布。铬矿带沿北东向延伸2.5km，主矿体呈椭圆状，沿北东走向延伸550m，宽290m，垂直厚度为30~76m，铬矿体与围岩的层理呈不整合接触关系。其他铬矿体出露于褶皱构造的转折端。

铬矿石大多数为致密块状，少部分为浸染状铬矿石。铬矿石$\omega(Cr_2O_3)$平均品位为

32.33%，$\omega(Al_2O_3)$ 品位为29.88%。

3. 萨马铬矿床（Cr-31）

该矿床为残积-冲积含铬红土型铬矿床，位于东萨马岛伦特、埃尔诺尼和马卡尔茨海岸区。自20世纪50年代始对该矿床进行勘探，一直延续到70年代，铬矿石资源量为350×10^4t，一部分为4m以上的红土型铬矿，储量为$5670\times10^4m^3$（含红土型铬矿床），可选出280×10^4t的铬精矿，铬精矿$\omega(Cr_2O_3)$平均品位为45%，c/f比值为3。另一部分为4m以下赋存的铬矿层，储量70×10^4t。

萨马红土型铬矿床主要为由含铬超镁铁岩经风化作用形成红土残积铬矿，以及经过搬运沉积在近海地区的冲积铬矿，这些次生的铬矿床均来源于超镁铁岩中的稠密浸染状条带状铬矿和透镜状铬矿。在残积和冲积红土中的重矿物除了铬矿外，还伴生有金红石、锆石、钛铁矿和橄榄石。该矿床1983年进行试采，20世纪90年代初产能为1.5×10^4t，铬矿石平均品位$\omega(Cr_2O_3)$为42%~48%。

（八）新喀里多尼亚铬矿床

新喀里多尼亚41%的领土被蛇绿岩所覆盖，其中有几个厚度为3~4km的超镁铁岩体，其中已发现230处铬矿床（点）。截至20世纪90年代初，探明矿石储量365×10^4t，其中以北部的蒂巴希铬矿床规模最大，冶金级铬矿石储量为260×10^4t，其余分布在南部的达苏德岩体中。

新喀里多尼亚逆冲岩席是一个保存不完整的蛇绿岩杂岩体，堆积岩系只出露于该岛国的南部，主要为不连续的层状辉长岩和易剥橄榄岩，变质橄榄岩在全岛广泛分布，岩石类型从二辉橄榄岩、斜辉橄榄岩到纯橄岩，大致可划分为3个大的岩区，即南部苏德岩体群、西部岩体群和北部岩体群。

蒂巴希超镁铁岩体在北部岩体群中，长20km，宽8km，出露面积为$160km^2$，占蛇绿岩体总面积的2%，赋存了新喀里多尼亚铬矿总储量的80%。岩体中主要出露斜辉橄榄岩和二辉橄榄岩。从底部的纯橄岩、斜辉橄榄岩到顶部的斜长石二辉橄榄岩，铬矿石品位发生明显变化。

1. 蒂巴希铬矿床（Cr-33）

蒂巴希岩体中主要铬矿床和矿体均产于斜辉橄榄岩的顶部和含透辉石斜辉橄榄岩中，在岩体西翼岩石系列底部的纯橄榄岩中发育小型的浸染状铬矿体和透镜状铬矿体。在10个铬矿区中，蒂西希、加格林和范托西是3个主要的铬矿区。截至20世纪90年代初，分别生产了冶金级铬矿石209×10^4t、24×10^4t和22×10^4t，铬矿石$\omega(Cr_2O_3)$平均品位分别为55%、48%和52%。铬矿石c/f比值为3.2~3.3。

规模最大的蒂巴希铬矿床与相邻的菲利、蒙塔尼-2号铬矿体、莫拉齐尼铬矿体和彼拉柯西亚铬矿体构成一个矿带，沿围岩的层理分布。蒂巴希铬矿床由两个呈北西西向延伸达150m的柱状大矿体组成，单个矿体直径为30~40m，延深460m，西矿体以块状矿石为主，东矿体以瘤状矿石为主。

加格林铬矿床延长350m，延深180m，铬矿体围岩为斜辉橄榄岩。

2. 达苏德铬矿床

全岛60%的铬矿床（点）赋存于达苏德岩体中，铬矿体呈板状或透镜状，大小不一，从几千吨到几万吨，较大的 GR_2H 铬矿体呈板状，长 120m，厚度为 4~5m，最大宽度为 55m，矿石构造为块状、条带状和浸染状，$\omega(Cr_2O_3)$ 平均品位为 47.5%，铬矿石储量为 11×10^4t。截至 20 世纪 90 年代初，已生产 44×10^4t 的铬矿石。

（九）美国静水铬矿床（Cr-04）

美国的铬矿资源大多数分布在蒙大拿州的静水杂岩体中。该铬矿床共发育 13 层铬矿体，呈多层状，产于层状杂岩体下部的嵌晶状斜辉橄榄岩和纯橄岩中，杂岩体呈北北西向延伸 48km，最大厚度为 7.8km。上部为闪长岩-辉长岩-易剥橄榄岩系；下部为古铜辉石岩-橄榄岩-斜辉橄榄岩岩系。铬矿体单层厚度几厘米至几米，长度为 1750m。

四、中国铬矿床与世界铬矿床对比

与世界主要豆荚状铬矿床对比，中国铬矿床储量规模小，品位较高，$\omega(Cr_2O_3)$ 平均品位为 52.63%，c/f 高达 4.34，岩体形成的年代较晚（表 3-5）。

表 3-5　世界重要的铬矿床与中国铬矿床对比

序号	矿床名称	查明资源储量	时代	矿床类型	$\omega(Cr_2O_3)$/%	c/f	岩体面积/km^2
1	中国西藏罗布莎铬矿床	377.8×10^4t	白垩纪	豆荚状	52.63	4.34	29.10
2	南非布什维尔德铬矿床	数十亿吨	2095±24Ma	豆荚状	46.0~47.6	1.60	182000
3	哈萨克斯坦肯皮尔赛铬矿床	数亿吨	前寒武纪—古生代	豆荚状	50~60	2.1~3.9	100
4	芬兰凯米铬矿床	数千万吨	2436Ma	层状	26	1.55	—
5	菲律宾三描礼士铬矿床（阿科杰和马欣洛克）	数百万吨	中新生代（中新世—白垩纪）	豆荚状	32.3~48	2.40	—

第四章　中国铬矿勘查与资源储量特征

本章简述了我国铬矿地质矿产勘查历史与现状，分析了我国铬矿资源储量的数量、类型、结构、质量和空间分布等特征，概述了我国铬矿资源潜力。

第一节　铬矿资源勘查及阶段性特征分析

一、中国铬矿勘查历史与现状

从目前能搜集到的统计资料数据看，2004 年我国铬矿勘查没有经费投入。自 2005 年起，国内企（事）业单位（冶金部门）投入 220.81 万元，拉开了恢复期铬矿资源勘查的序幕，当年勘查人员仅 16 人，技术人员 8 人，无机械岩芯钻探工作量和坑探工作量。2017 年我国铬矿勘查投入 1250.05 万元，占全国总勘查投入的 0.016%（图 4-1；表 4-1）。

图 4-1　2005—2017 年我国铬矿勘查投入及占全国勘查投入的比例

从铬矿勘查投入结构上看，2017 年铬矿勘查投入，地方财政拨款和企（事）业经费投入分别为 706 万元和 544.05 万元，占比分别为 56.48%和 43.52%。

统计显示：2005—2017 年的 13 年间，我国铬矿累计勘查投入约 4.3 亿元，新发现铬矿产地两处；铬矿勘查投入占全国勘查总投入的比例仅为 0.002%~0.061%，占比很低，说明我国铬矿地质勘查投入相对偏低。2005 年企（事）业经费投入 220.81 万元，中央和地方财政均未投入；2006 年只有中央财政投入的 80 万元；2013 年铬矿勘查投入 7580.66 万元，

表 4-1　2004—2017 年中国铬矿地质勘查投入情况

年份	中央财政拨款/万元	地方财政拨款/万元	企（事）业资金/万元	勘查投入合计/万元	全国勘查总投入/亿元	机械芯钻探工作量/m	坑探工作量/m	勘查人员/人		新发现矿产地/处
								年末从业人员	技术人员	
2004	0	0	0	0	312. 91	0	0	—	—	0
2005	0	0	220. 81	220. 81	344. 41	0	0	16	8	0
2006	80	0	0	80. 00	495. 17	460	0	3	3	0
2007	300	250	1559. 61	2109. 61	622. 83	8268	2085	131	66	0
2008	791. 15	0	1612. 02	2403. 17	735. 76	3828	2900	181	89	1
2009	880. 00	1011. 00	1764. 86	3655. 86	830. 62	10008	613	—	—	0
2010	0	616. 16	3471. 47	4087. 63	1023. 61	11401	2167	—	—	0
2011	0	0	1712. 28	1712. 28	1118. 19	10109	1012	—	—	0
2012	0	619. 33	5823. 82	6443. 15	1296. 75	10984	3600	—	—	0
2013	1381. 54	9. 83	6189. 29	7580. 66	1246. 00	40575	300	—	—	0
2014	1820. 00	770. 00	4394. 66	6984. 66	1145. 00	29686	0	—	—	0
2015	0	2187. 00	3305. 89	5492. 89	929. 09	13870	1532	—	—	1
2016	187. 00	266. 00	482. 00	935. 00	774. 79	6423	1500	—	—	0
2017	0	706. 00	544. 05	1250. 05	795. 81	2901	0	—	—	0
合计	5439. 69	6435. 32	31080. 76	42955. 77	11670. 95	148513	15709	—	—	2

注：—表示没有数据。

数据来源：《中国国土资源统计年鉴》（2001—2018）。

达到这一阶段最高值，投入结构为：中央财政投入占比 18.23%、地方财政投入占比 0.13%、企（事）业经费投入占比 81.65%，企（事）业铬矿地质勘查经费不断增长，2013 年达到 6189.29 万元的最大值；之后我国铬矿地质勘查投入不断减少，2016 年降至 935 万元，2017 年回升至 1250.05 万元，2021 年增至 1739.9 万元。

二、中国铬矿地质勘查阶段性特征分析

综合考虑我国铬矿地质勘查与找矿历史、现状与特点、国家战略性产业的需求拉动等因素，将第二次世界大战前至今我国铬矿地质找矿分为萌芽期、会战期、辉煌期、萧条期和复苏期等 5 个阶段，各阶段均呈现出不同的特征与变化与发展演变规律与特征。

（一）萌芽期（第二次世界大战前至 1948 年）

20 世纪上半叶，为掠夺我国铬矿资源（产品），并为其侵略服务，日本帝国主义在中国境内开展了少量铬矿地质调查工作，主要在东北和华北地区。如中国已知最早发现的铬矿产地是吉林开山屯和宁县小松山，日本地质学家开展了相关铬矿地质调查工作。

第二次世界大战后，中国人独立开展过一些零星的铬矿地质调查工作。在我国早期的矿产地质调查工作中，有关铬矿的专门调查工作很少，成果寥寥无几。1946 年，黄劭显等人撰写的《宁夏小松山铬铁矿初步》，首次记载了我国铬矿地质调查成果。以后有据可查的仅有黄懿等人于 1947 年 7 月完成的《赣南大庾西华山生龙口九龙脑铬矿》调查(《中国铬矿志》编辑委员会，1996)。在这一时期，铬矿地质调查工作少而不系统，将其划定为我国铬矿地质调查与找矿的萌芽期。

（二）会战期（1949—1970 年）

1949 年 10 月 1 日中华人民共和国成立后，为立足国内地质找矿与勘查工作，快速探获铬矿储量，满足国民经济恢复和钢铁冶金工业发展对铬矿的迫切需求，铬矿地质勘查提到了重要的议事日程。

中国正式的铬矿资源勘查工作发轫于 20 世纪 50 年代初期，最早始于对吉林开山屯、宁夏小松山铬矿的地质调查工作。20 世纪 50 年代中后期以来，中国为优先发展重工业，部署开展了紧缺矿种铬矿的地质找矿工作。重点对内蒙古北部的索伦山和锡林郭勒盟的赫格敖拉铬矿床进行了地质找矿工作，随后利用综合手段逐渐扩展到内地诸省（区），推进全国层面的铬矿找矿工作。20 世纪 50 年代初，在东北及华北地区开展已知铬矿产地（矿点）地质工作，如对吉林开山屯、宁夏小松山的铬矿调查。1950 年 8 月，孙书山等人提交了《延吉县开山屯附近铬铁矿调查报告书》，这是我国现代铬矿地质工作的第一份地质调查报告。随后，西北地质局 621 队及黄劭显等于 1952—1954 年对小松山开展工作，提交了《宁夏小松山铬铁矿调查报告》《小松山铬铁矿调查队 1952 年工作报告》及《阿左旗小松山铬铁矿与镍铜矿勘探报告》等成果(《中国铬矿志》编辑委员会，1996)。

地质部于 1953—1963 年组成铬矿专业普查队，先后在内蒙古、青海、新疆等地区开展铬矿普查工作，通过航磁与地磁测量，发现了一大批航磁异常和超镁铁质岩体，为寻找铬矿资源提供了依据与找矿线索。1955 年，地质部东北地质局 126 队在内蒙古锡林浩特东北的贺根山发现了铬矿（化）点，1956—1963 年开展了对该矿区的普查勘探工作，探明铬矿储量（矿石量）为 16.7×10^4t。

1958年，第二机械工业部519地质队在进行放射性测量时，在新疆维吾尔自治区托里县发现了萨尔托海铬矿。同年，新疆地质局塔城地质队对该矿进行了勘查。为加快勘查评价该铬矿步伐，地质部于1963年组织了以新疆萨尔托海为中心的东、西准噶尔地区铬矿会战，调集内蒙古地质局、新疆地质局2000人参加会战，开动30台钻机，探明了铬矿储量为37×10^4t。之后，在内蒙古、青海、甘肃、陕西、湖北、安徽和北京等16个省（区、市）开展铬矿普查工作，均发现超镁铁质（超基性）岩体。分别于1961年和1965年，地质部组织召开两次全国铬矿找矿工作会议，交流经验，指导铬矿找矿工作。1965年，铬矿会战指挥部根据在西藏发现的罗布莎超镁铁质岩体和铬矿化（点）露头，以及东巧超镁铁质岩体线索，抽调新疆地质局、内蒙古地质局部分职工组成西藏第二地质大队，全面开展对罗布莎、东巧铬矿的普查和勘探工作。罗布莎铬矿是中国发现的规模最大、质量最好的铬矿床，铬矿石平均品位$\omega(Cr_2O_3)$一般大于20%，并伴生锇、铱、钌、铂等元素。

1952年8月10日，根据《关于调整中央人民政府机构的决议》，中央人民政府第十七次会议决定成立地质部，地质部的成立为我国铬矿地质找矿工作提供了有力的组织保障。从全国来说，当时整个地质勘查工作尚处于开创时期，地质力量薄弱，工作手段简单，铬矿找矿线索不多，铬矿地质与勘查工作仅局限于个别已知矿区（点）。从具体矿区来看，受地质条件所限，铬矿找矿没有重要发现。但通过上述工作，毕竟取得了铬矿地质工作方面的感性认识，积累了铬矿找矿实践经验。

地质部于1953—1963年组成铬铁矿专业普查队，先后在内蒙古、青海、新疆等地区开展铬矿普查，通过航磁与地磁测量，发现了一大批航磁异常和超镁铁质岩体（超基性岩），为之后的寻找铬铁矿提供了可靠依据与找矿线索。

1954年以来，中国先后内蒙古、河北、青海和新疆等地开展铬矿勘查工作。1963年对新疆萨尔托海、鲸鱼和陕西松树沟等矿进行了重点勘查，取得丰硕的找矿成果。

1955年，地质部东北地质局126地质队在内蒙古锡林浩特东北的贺根山发现了铬矿点，1956—1963年开展了矿区普查勘探，探明铬矿储量为16.7×10^4t。

随着我国经济社会的发展，钢铁工业和化工、耐火材料对铬矿的需求量越来越大。1958年，第二机械工业部519地质队21分队在进行放射性测量时，发现新疆维吾尔自治区托里县萨尔托海铬铁矿。同年，新疆地质局塔城地质队检查了该矿。20世纪50年代，随着整个矿产地质勘查工作的进展，铬矿勘查方法和手段也得到了改善，物（化）探手段开始在含铬超基性岩的找矿和评价中发挥重要作用。航空物探（磁法）在找矿中的应用，为某些地区含铬基性—超基性岩的发现和区域找矿评价发挥了重要的导向作用，尤其在内蒙古半沙漠地区，通过航磁圈定数千平方千米的超基性岩分布区，从宏观上指示了找矿范围与工作目标区。

为保障国民经济建设对铬矿的需要，经国家计划委员会和国家经济贸易委员会同意，地质部于1963年组建了铬矿会战指挥部，组织开展全国铬矿找矿勘查工作，取得了一定的成效。为加速评价铬矿，地质部于1963年组织了以新疆萨尔托海为中心的东、西准噶尔地区铬矿找矿会战，探明铬铁矿储量为37×10^4t。随后在内蒙古、青海、甘肃、陕西、湖北、安徽和北京等16个省（区、市）开展普查，均发现有超镁铁质（超基性）岩体。分别于1961年和1965年，地质部两次召开全国铬铁矿工作会议，交流经验，指导工作。

1965年，会战指挥部根据中国科学院西藏考察组发现的罗布莎超镁铁质（超基性）岩体和铬铁矿露头，以及在藏北地区发现的东巧超镁铁质岩体线索，决定抽调新疆地质局第三地质队和第五地质大队全面开展对该矿的普查勘探。罗布莎铬铁矿是中国发现的规模最大、质量最好的铬铁矿床，$\omega(Cr_2O_3)$ 品位一般大于45%，并伴生有锇、铱、钌、铑、铂等元素。我国经过十几年勘查，发现并查明安多东巧、曲松罗布莎、香卡山和那曲依拉山等规模较大的富铬矿床。1967年又在甘肃省勘查找矿，发现了甘肃大道尔吉铬矿床。

20世纪50年代中、后期及“二五”（第二个五年计划）期间，为满足优先发展重工业的需要，在普查找矿中强调国家急需的铬矿及其他急缺矿种的地质找矿。20世纪50年代中期至60年代初，随着矿产地质工作的进展，新发现了一批含铬基性—超基性岩体，使找矿范围和规模不断扩大，找矿目标逐渐明确。其间，铬矿找矿的勘探的重点为内蒙古北部（乌兰察布盟索伦山、锡林郭勒盟赫格敖拉）、小坝梁、乌拉特中后旗察汗胡勒、白音察汗、阿拉善右前旗呼和哈达，北京市密云放马峪，河北省承德高台寺、遵化毛家厂，吉林省永吉头道沟、延吉开山屯，黑龙江省虎饶红旗山，安徽省歙县伏川、霍山漫水河（龙门），河南省信阳卧虎，湖北省宜昌太平溪，四川省石棉刘家山，云南省阿墨江—李仙江，西藏自治区罗布莎，陕西省蓝田草坪、商南松树沟，甘肃省武山鸳鸯镇、安西玉石山、肃北红石山，青海省祁连百经寺、玉石沟、三岔、大柴旦绿梁山、都兰沙柳河，新疆维吾尔自治区托里萨尔托海、唐巴勒、萨雷诺海等地。

1958—1965年“大跃进”和经济调整时期的铬矿地质勘查。1958年，第二机械工业部519地质队在进行放射性测量时，发现新疆维吾尔自治区托里县萨尔托海铬矿床。同年，新疆地质局检查了该矿。为加速评价萨尔托海铬矿，地质部于1963年组织了以萨尔托海为中心的东、西准噶尔地区铬矿找矿会战，组织了2000余人参加会战，探明铬矿储量为 37×10^4t。嗣后，青海、甘肃、内蒙古、陕西、河北、北京、山西、吉林、黑龙江、山东、河南、安徽、浙江、江西、湖北、云南等16个省（区），相继开展铬矿普查工作，并均发现了超镁铁质岩体。地质部经认真研究分析，加强了内蒙古、新疆、青海、陕西、河北、湖北和安徽等省（区）大的铬矿普查勘探工作，并与1961年在包头市召开了“第一次全国铬矿工作会议”，交流了找矿经验，加强了工作指导，审查了内蒙古、青海、陕西、安徽和湖北等省（区）提交的少量铬矿储量。1958—1962年，我国铬矿勘查工作投入经费4378万元，完成钻探工程量 54×10^4m，这是除“四五”（第四个五年计划）以外的各个五年计划中铬矿勘查钻探工程投入最多的时期，5年年均勘查投入975.6万元，均值为1324.88亿元。1958年我国铬矿勘查投入占GDP的比例约为0.014%，所占比例很小。

1964—1966年，地质部召开了3次铬矿工作会议，研究拟定了找矿部署和有关工作措施，推动了铬矿地质及找矿工作的发展。1965—1967年，李四光对新疆铬矿会战及全国找铬工作方向多次作了指导性谈话并提出意见，对当时及以后找铬工作部署具有导向意义。1965年12月，李四光就铬矿工作问题提出“以新疆为重点”、“加速进行勘探”，“但工作应适可而止”；并建议以下几个地区或地带作为开展铬矿普查工作的对象。①阴山东西向构造带东段和西段，特别是卡瓦布拉克以西地带；②秦岭地带，特别要注重商南—留坝一线往西伸展的地带，若有能力，东海地区也可以做些踏勘工作；③由西藏地区的东巧、丁青直到滇西这一弧形地带，值得特别注意；④除上述3个地带外，还有若干由于受了强烈的新华夏构造运动，以致超基性岩体涌上的地区，也应该予以注意。李四光多次强调秦岭地带的找铬问题，1967年12月作出秦岭地区找铬“迟早要突破”的预言。

20世纪70年代初，为解决国家工业化对铬矿石的迫切需求，我国重新恢复和重视铬矿地质勘查工作，如何解决铬矿生产基地问题又一次提上日程。1970年5月，冶金工业部在河北省承德市召开了冶金地质铬矿座谈会，指出铬矿是急需的稀缺矿种，要求加强铬矿找矿工作；座谈会还就找矿指导思想、成矿理论、找矿方向和找矿方法进行了认真讨论，部署找矿工作。

总体来看，1964年开始的新疆铬矿会战及相继在全国开展的找铬矿高潮，是一项力图解决我国铬矿资源问题的专项找矿战略性行动。这次会议后的找矿勘查工作，使萨尔托海、鲸鱼等铬矿区储量有一定增长，在一定程度上深化了铬矿地质成矿规律的认识，但并未取得重大找矿突破。20世纪60年代后期，全国铬矿找矿工作受到“文化大革命”的干扰。这一时期全国铬矿找矿的主要成果表现为甘肃省肃北县大道尔吉铬矿的发现与勘查；1965年组队进入西藏，为东巧、罗布莎、香卡山及依拉山等铬矿床的发现与后续勘查工作奠定了基础。

（三）辉煌期（1971—1980年）

这一时期是我国铬矿探明储量增加最多的时期，共探明铬矿储量673.8×10^4t。

1970年5月，冶金工业部在河北省承德市召开了冶金地质铬矿座谈会，指出铬矿是我国急需的稀缺矿种，要求加强铬矿找矿工作；同时就铬矿找矿指导思想、成矿理论、找矿方向与找矿方法进行了认真讨论，进一步部署了找矿工作。

1974年6月，国家计划委员会地质局在陕西省西安市召开了全国铬矿地质工作会议，分析了铬矿找矿形势，介绍了找矿经验，提出了尽早实现铬矿资源“立足国内、自给有余”的奋斗目标，并就铬矿地质工作安排和长远规划交换了意见。同时，交流了铬矿地质科学研究方面的成果；重新分析了含铬基性—超基性岩带的分布特点，调整了找矿工作部署，加强了西藏自治区山南和那曲地区的铬矿地质找矿力度；为改善铬矿资源和矿山建设过分依赖西部边远地区的分布格局，对中部及东部各省的有关岩带及岩体也部署了找矿与重新评价工作。对20世纪60年代发现的具有大型矿床远景的岩体加速勘探，对已有一定储量的铬矿床进行深部找矿和扩大找矿范围，对已评价但仍未查清的矿区按照新的找矿思路重新评价和找矿，形成了新一轮铬矿找矿高潮。

20世纪70年代铬矿找矿取得重大突破的是西藏自治区的山南等地，但铬矿找矿的广度超过了1964年的铬矿会战时期。这一时期开展找矿或重新找矿的地区或岩体主要有：北京市密云平顶山和放马峪，河北省承德高台寺和遵化毛家厂等70多个铬矿床（体）。上述铬矿找矿布局说明，不仅对“秦岭地带”和“东海地区”投入了大量的工作量，而且对“受了强烈新华夏运动，以致超基性岩体涌上的地区”，勘查投入也较大。

20世纪70年代后期，通过多年的工作和资料积累，以及大量的区域地质调查和找矿工作，我国大部分地区基性—超基性岩带的分布轮廓已经查清，含铬基性—超基性岩体的评价与研究取得了系统性的成果，已发现的重要岩体及矿区周边地区外，均进行了详细工作。20世纪50年代以来，我国铬矿地质找矿均以岩浆分异理论为出发点，综合分析铬矿的形成与分布规律，作为找矿与评价的理论依据，所确立的各种标志虽有一定的局限性，但在某些铬矿区的找矿实践中仍具重要的指导意义。

1977 年 9 月，新疆维吾尔自治区地质局在克拉玛依市召开了“西北区铬铁矿成矿预测和找矿方法经验交流会”，对一些重点矿区和大道尔吉、玉石沟、松树沟、萨尔托海及内蒙古贺根山等超基性岩类型、铬矿地质特征与成矿规律、找矿方法及经验进行了总结和交流，基本上反映了当时我国铬矿地质勘查工作成果和认识水平。

1971—1980 年完成勘查和提交储量的铬矿区有：小绥河、萨尔托海、玉石沟、太平溪、舒坪、楼房沟、松树沟、大道尔吉、童子坝、双沟、东山、依拉山、东巧、切里湖、江错、桐峪、平顶山、放马峪、闫家沟、毛家厂、高台寺和呼和哈达等。

据统计，20 世纪 70 年代是我国铬矿勘查工作投入最多的时期，共投入找矿事业费 2.11 亿元，钻探 162.4×10^4m，其中，1971—1975 年投入经费 1.32 亿元，完成钻探 124.6×10^4m，创造了我国各个五年计划时期中找铬投入的最高峰。1971—1980 年，是我国铬矿探明储量最多的时期，共探明铬矿储量 673.8×10^4t；主要归因于西藏罗布莎、甘肃大道尔吉铬矿床的查明，以及新疆萨尔托海铬矿床的大幅度增加储量。萨尔托海铬矿床深部发现了 24#、25#和 26#等铬矿体，其铬矿石储量超过 100×10^4t，成为我国第 4 个超过百万吨级的铬矿区之一。

据中国统计年鉴（1972—1976 年），1971 年我国 GDP 为 2456.9 亿元；1972 年为 2552.4 亿元；1973 年为 2756.2 亿元；1974 年为 2827.7 亿元；1975 年为 3039.5 亿元。1971—1975 年 GDP 总额为 13632.7 亿元。1971—1975 年铬矿地质勘查投入占 GDP 的比例为 0.015%，占比很小，但所探获的铬矿资源储量为最多的时期。

1974—1980 年，我国铬矿找矿的重点安排在西藏自治区山南地区，其主要原因是罗布莎找矿取得重大突破和进展。此间，罗布莎探获 400 余万吨，近占全国铬矿储量的 60%。在对西藏开展重点找矿的同时，还对全国约 80 多个超基性岩体、地段等开展了找矿勘查工作。共投入钻探 162 万余米，投入事业费 2.11 亿元。这一期间，是我国铬矿找矿投入的最高峰。截至 1993 年，共投入事业费 3.356 亿元，投入钻探工作量达 233 万多米。可在西藏还有数千平方千米的超基性岩分布区未开展工作，新疆、内蒙古的铬矿找矿工作也还存在已勘查工作区工作程度不够，还有一些没有投入工作量的超基性岩体有待评价。

（四）萧条期（1981—2004 年）

截至 1981 年末，我国共探明铬矿储量 370×10^4t（朱训等，2003），但进入 20 世纪 80 年代，我国铬矿地质勘查经费投入进一步减少，找矿规模不断缩小，铬矿探明储量增长速度逐渐下降。我国铬矿找矿勘查工作逐步进入漫长而又寒冷的萧条期。

1982 年，地质部更名为“地质矿产部”，除了地质找矿外，增加了矿产资源管理职能。从铬矿找矿历史与经验分析，经过 20 世纪 60—70 年代两次找铬高潮和多年的地质总结，我国含铬基性—超基性岩及铬矿潜力集中于西部地区的分布格局已基本定型。20 世纪 80 年代初，地质部按照“坚持西藏铬矿普查，加强新疆铬矿的工作”原则，组织和部署有关地区的铬矿勘查任务。东部及中部地区，因历年找矿成效甚少和某些地区工作困难，铬矿地质找矿工作基本停止。

20世纪80年代，我国虽然已探明一定储量的铬矿资源，但数量和质量仍难以满足20世纪80年代迅速发展的钢铁工业的需要。铬矿资源和生产供应（一次资源）不足仍然是地质勘查中予以重视的问题。

从1983年开始，冶金地质部门按照以“铁、锰、铬、金及冶金配套资源为主”的地质工作方针与原则，在重新调整铬矿地质找矿布局的基础上，重视有关铬矿的找矿与科学研究工作。为尽快解决钢铁冶金工业对铬矿资源的需求，着手开展燕山及内蒙古地区的铬矿找矿工作，并结合该区的特点着重研究和探索了东部地区低品位铬矿的开发利用问题。

1986年5月，冶金地质学会在宜昌召开了“铬矿找矿讨论会”，按照“积极投身到找铬工作中”、“改变我国铬矿资源主要靠进口的局面”的要求（1986年冶金地质工作会议），交流和讨论了全国铬矿找矿进展情况、存在问题及今后找矿工作设想。针对我国铬矿类型及超基性岩的分布特点，认为主要应在西部地槽区寻找地槽型铬矿；考虑到冶金工艺的进步为铬铁比值低的贫矿的利用，开辟了新的途径，因此对东部高铁贫铬矿石的找矿也给予了一定的注意。

鉴于铬矿找矿难度较大，找矿形势严峻，按照“科研开路、促进找矿”的原则，20世纪80年代中期，冶金地质部门拨专款开展了内蒙古北部及燕山地区基性—超基性岩及铬铁矿的找矿研究，在陕西省南部冯家山、河北省承德高台寺及四川省会理地区开展了铬矿找矿评价工作。

20世纪70—80年代，我国铬矿地质及找矿工作处于一个重新认识与深化研究的阶段，野外地质找矿工作规模有所收缩。各部门和科研单位都重视用新的观点总结含铬岩带的区域特点，分析铬矿的成矿规律，总结重要的铬矿区的找矿工作经验。自20世纪80年代开始，多数学者、专家和野外地质人员，从板块构造、蛇绿岩带与铬矿关系的角度，重新分析和认识我国铬矿的地质分布特征，厘定雅鲁藏布江蛇绿岩、西准噶尔和内蒙古蛇绿岩等岩带，为铬矿找矿注入了新的理论。1986年9月，在承德市（隆化）召开的“第二次全国基性—超基性岩及有关矿产讨论会”，介绍了蛇绿岩套的发现和铬铁矿成因的新认识；区分了蛇绿岩中壳相结合“分凝-堆积型”和地幔相结合的“豆荚型”两种不同类型的矿床，进一步从构造环境、岩石学和矿床学方面澄清了相关铬铁矿的找矿目标和方向。反映了我国蛇绿岩研究和铬铁矿找矿方面的认识水平。

20世纪80年代，在基性—超基性岩研究和铬铁矿找矿方面的进展，①辽北地区首次发现两条超基性岩带；②沿雅鲁藏布江存在两条超基性岩带，其中一条隐伏超基性岩具有找铬矿的前景；③在西藏西部阿里地区发现了有一定规模的铬铁矿床；④在新疆托里县哈图山—达尔布列河地区1∶5万综合物（化）探调查中，发现了数条重磁异常带，划分出重要的基性—超基性岩分布区，圈定出重要的找铬靶区。

1981年以来，我国铬矿找矿主要是已知矿区或岩体的扩大，以及某些矿区的重新评价，包括赫格敖拉外围乌斯尼黑、鞍山陈台沟、五常龙凤山、红安永河、东巧（含砂铬矿）、丁青东西岩体、罗布莎（含I、II矿群勘探）、香卡山、仁布、绿梁山中段、萨尔托海（24#、25#矿群）、唐巴勒、清河苦水泉、陕南冯家山、高寺台东段和米易大槽等。其中完成勘查并提交储量的有萨尔托海24#、25#和26#矿区、洛绒、罗布莎和香卡山（141号、142号矿体）等。

我国铬矿及含铬岩体主要分布在边远地区（西藏、新疆、内蒙古、甘肃等），受自然条件和交通运输等条件的制约，难以进行大规模的勘查和开发，预计铬矿储量增长实现重大突破的难度很大。据有关资料综合分析，2000年我国铬矿储量增长了约90×10^4t。

20世纪80年代，由于我国铬矿地质勘查资金投入进一步减少，找矿规模不断缩小，储量增长速度逐渐下降。“六五”期间，铬矿找矿事业费为4009.74万元，钻探工程量为9.48×10^4m，探明储量为137.2×10^4t；“七五”期间，铬矿找矿经费为2335.19万元，钻探工程量为5.08×10^4m，探明储量为124×10^4；“八五”前3年（1991—1993年），铬矿找矿费用为1730.58万元，钻探工程量为2.33×10^4m，探明储量仅11.2×10^4t。

据统计，截至1993年，我国共投入铬矿找矿事业费3.356亿元，投入钻探工作量233万多米。可在西藏还有数千平方千米的超基性岩分布区未开展工作，新疆和内蒙古的铬矿找矿工作，也还存在已勘查工作区工作程度不够，还有一些没有投入工作量的超基性岩体有待评价。铬矿找矿工作的大量的历史欠账，为铬矿资源储量匮乏、大量依靠进口铬矿产品的中国来说，无异于雪上加霜。

20世纪90年代，我国地质勘查体制和勘查经济运行方式面临重大变化，按照市场经济的原则，各勘查单位自行投入找铬矿的经费难以实现。如国家无专项资金投入，铬矿找矿工作将难以开展。铬矿查明资源储量若无实质性增长，国内根本就无法提供更多矿山铬供应量，国内所需的铬矿石及其产品，在相当长的时间内，仍主要依靠进口解决。1993—2004年，国家基本没有开展铬矿的找矿勘查工作，几乎没有投入，查明资源储量几乎没有增加，处于停滞状态。需要指出的是，我国从第三个五年计划（1966—1970年）开始到第七个五年计划（1986—1990年）结束，铬矿始终作为重点矿种在加强勘查工作。这一时期，政府为铬矿找矿，共投入钻探工作量206万米，投资1.34亿元，探明铬矿储量近1000×10^4t，基本查明了中国铬矿的分布规律，即西部地区成矿条件有利，找矿前景基本清楚，东部地区找矿条件不好，无需投入大量工作。随着改革开放政策的调整，寻找铬矿的队伍由1980年的3297人，锐减至20世纪90年代的300余人，铬矿野外普查工作基本停顿（《中国矿床发现史·综合卷》编委会，2001）。这段时期，我国没有发现新的铬矿产地。

1998年3月10日，由地质矿产部、国家土地管理局、国家海洋局和国家测绘局共同组建“国土资源部”。组织开展了国土资源大调查，随着该项工作在全国的全面铺开。2016年，国务院批复同意发布《全国矿产资源规划（2016—2020年）》，要求深化矿产资源宏观管理，制定了24种战略性矿产目录，铬矿作为金属矿产列入，国土资源部将其作为矿产资源宏观调控和监督管理的重点对象，并在资源配置、财政投入、重大项目、矿业用地等方面加强引导和差别化管理，提高铬矿资源安全供应能力和开发利用水平。同时，提出加强国内外铬矿产资源供需和资源形势分析，强化应对国际重大资源安全预警能力等。这些规划政策的出台，促进了我国铬矿地质调查与找矿工作逐渐复苏。

（五）复苏期（2005年至今）

21世纪初，国务院决定开展危机矿山接替资源找矿工作，西藏自治区国土资源厅根据罗布莎铬矿两个生产矿山保有资源量不足以满足10年生产的需要，于2006年决定申请接替资源找矿项目，并于2007年正式启动，才重新有了铬矿找矿勘查工作。中国铬矿找矿勘查工作显示：截至2010年末，我国西藏、新疆、内蒙古和甘肃等14个省（区、市）

查明铬矿资源储量 1114.4×10^4t，其中基础储量 442.1×10^4t，资源量 672.3×10^4t，累计查明资源储量大于 100 万吨的省区市有 4 个，分别为西藏、新疆、内蒙古和甘肃。按探获富铬矿（Cr_2O_3>32%）的资源储量依次为西藏、新疆、甘肃和内蒙古等省（区）。

2006 年全国铬矿勘查经费 80 万元，均为中央财政投入。2017 年，铬矿地质勘查投入 1250.05 万元，其中地方财政拨款 706 万元，国内企（事）业地质勘查经费 544.05 万元，机械岩芯钻探工作量为 2901m。2018 年 3 月，自然资源部成立，铬矿再次被列入国家战略性矿产目录，铬矿地质勘查与找矿工作进入缓慢的复苏期。

第二节 铬矿查明资源储量特征及演变规律

本章对我国 1953—2020 年铬矿累计（保有）查明资源储量的历史演变进行了研究，简要分析了我国铬矿资源储量的数量、质量、结构和空间分布等特征，总结提出我国铬矿查明资源储量变化与演变规律。

一、铬矿储量总体变化情况

按照我国矿产资源储量分类演进规律，依据五年计划（规划），阐述铬矿勘查投入及探明储量（查明资源储量）的历史变化与现状。我国铬矿地质勘查与找矿工作在各个五年计划（规划）时期，经历了不同的发展过程，有起有落，探明储量总体上是增加的。“一五”计划期间，探明储量很少，仅有 18.1×10^4t。“二五”计划时期，探明储量增长明显。“四五”计划时期增长数量最大（净增 450.6×10^4t）；从 1953 年起算，铬矿探明储量年均增长 30×10^4t 左右。“四五”计划期间年均增长约 90×10^4t。“五五”计划时期相比“四五”计划储量增加 162.8×10^4t，年均增长 32.56×10^4t。“六五”计划后随着找矿勘探规模和投入的缩小，储量年均增长不足 20×10^4t。“九五”计划时期无铬矿数据资料。“十五”计划时期，我国铬矿查明资源储量不增反降，年均降幅为 1.47%，2004 年我国铬矿地质勘查投入为 0，2005 年投入 220.81 万元。“十一五”规划时期，我国铬矿地质勘查投入不断增加，年均增幅 167.36%，铬矿查明资源储量年均增幅为 2.47%。“十二五”规划时期，铬矿勘查投入年均增幅为 33.83%，铬矿查明资源储量年均增幅为 1.78%。“十三五”规划时期，2016—2019 年铬矿查明资源储量年均降幅为 0.46%。

（一）1953—1957 年（“一五”计划时期）

在我国“一五”计划经济时期，借鉴苏联《固体矿产储量分类》，铬矿累计探明储量也是以苏联的分类及勘探规范计算的，截至 1957 年末，我国铬矿勘查经费投入 877.4 万元，累计探明和保有铬矿储量均为 18.10×10^4t。虽然铬矿资源量很少，但实现了铬矿找矿从无到有的重大突破，填补了我国铬矿储量的空白。

（二）1958—1962 年（“二五”计划时期）

1959 年，中华人民共和国首个矿产储量分类规范出台，即《金属、非金属、煤炭储量分类规范（总则）》。按照该储量分类规范计算，截至 1962 年末，我国铬矿勘查投入 4378.77 万元，累计探明储量 186.3×10^4t，保有储量 185.8×10^4t，消耗储量 1.2×10^4t。

（三）1963—1965 年（调整时期）

这一时期，我国铬矿地质勘查投入 3744.64 万元，探明保有储量 225.1×10^4t。截至 1963 年末，我国共发现铬矿区 13 处，累计查明铬矿储量 186.3×10^4t，保有储量 185.8×10^4t。其中，勘查矿区 3 处，详查 5 处，普查 5 处。完成勘查并提交储量的矿区 10 处，其中，中型 1 处，小型 9 处。主要有百经寺矿区（初勘）、三岔矿区（初查）、绿梁山矿区（初勘）、赫格敖拉矿区（620 矿，普查）、赫白矿区（733 矿，初勘）、乌珠尔矿区（详查）和索伦山矿区（详查）。

1965 年，我国铬矿会战指挥部组建了西藏第二地质大队，全面展开对西藏罗布莎铬矿床的普查勘探。该矿是当时我国发现的铬矿床中规模最大、矿石质量最好的铬矿床，铬矿石 $\omega(Cr_2O_3)$ 平均品位为45%，伴生锇、铱、钌、铑、铂等铂族金属矿产。同时，找到了香卡山和依拉山两个铬矿床。总结出萨尔托海铬矿床矿体呈现“呈带分布、成群出现、分段集中”的赋存规律，增加萨尔托海铬矿的探明储量。还应用重力方法找到了萨尔托海铬矿以南隐伏的鲸鱼铬矿床，并进行了勘探（《中国矿床发现史·综合卷》编委会，2001）。

表 4-2　1953—2020 年中国铬矿资源储量变化

时　期	累计探明储量/10^4t	保有储量/10^4t	勘查投入/万元	备　注
1953—1957 年（“一五”计划期间）	18.10	18.10	877.4	借鉴苏联《固体矿产储量分类》计算
1957 年	18.10	18.10	—	
1958—1962 年（“二五”计划期间）	186.30	185.80	4378.77	按《金属、非金属、煤炭储量分类规范（总则）》计算（1959）
1962 年	186.30	185.80	—	
1963—1965 年（调整时期）	—	225.10	3744.64	
1966—1970 年（“三五”计划期间）	404.20	396.60	4582.10	
1971—1975 年（“四五”计划期间）	854.80	816.30	13203.07	
1976—1980 年（“五五”计划期间）	1053.10	979.10	7990.77	按 1977 年发布《金属、非金属矿床勘探规范总则》（ABCD 分类）计算
1981—1985 年（“六五”计划期间）	1190.70	1082.60	4009.74	
1986—1990 年（“七五”计划期间）	1294.10	1142.00	2335.19	
1991—1995 年（“八五”计划期间）	1305.30	1121.80	1730.58	
1996—2000 年（“九五”计划期间）	—	—	—	
1992 年	1314.20	—	—	
1993 年	1305.30	—	—	
1996 年	1314.90	1077.90	—	其中 A+B+C 占 34%

续表

时　期	储量 10^4t	查明资源 储量/10^4t	备注
2001—2005年（“十五”计划期间）	—	979.00	《固体矿产资源/储量分类》（GB/T 17766—1999）
2001年	—	1038.60	
2002年	—	1010.90	
2003年	—	1007.10	
2004年	—	985.35	
2005年	—	979.00	
2006—2010年（“十一五”规划期间）	—	1114.40	
2006年	—	1010.82	
2007年	—	1082.80	
2008年	—	1178.38	
2009年	—	1151.00	
2010年	—	1114.40	
2011—2015年（“十二五”规划期间）	—	1245.80	
2011年	—	1161.10	
2012年	—	1149.90	
2013年	—	1142.00	
2014年	—	1162.00	
2015年	—	1245.80	
2016—2020年（“十三五”规划期间）	276.97	—	
2016年	—	1233.19	
2017年	—	1220.24	
2018年	—	1193.27	
2019年	—	—	
2020年	276.97	—	《固体矿产资源/储量分类》（GB/T 17766—2020）西藏自治区 209.42×10^4t，甘肃省 49.1×10^4t，新疆维吾尔自治区 15.52×10^4t，河北省 2.93×10^4t

注：—表示无数据。

数据来源：《中国矿情（第二卷　金属矿产）》（2021）；《2020全国矿产资源储量统计表》（2021）；《中国矿产资源报告（2011—2021）》；《中国统计年鉴（2001—2021）》。

（四）1966—1970（“三五”计划时期）

在这一时期，我国铬矿地质勘查投入4582.1万元。截至1970年，全国铬矿储量表上表矿区27处（中型1处，小型26处），其中，勘查区10处，详查8处，普查9处。

铬矿累计探明储量为 404.2×10^{4}t，保有储量 396.6×10^{4}t，消耗量 7.6×10^{4}t。完成勘查和提交储量的矿区主要有：放马峪、平顶山、毛家厂、卡瓦布拉克、萨尔托海、鲸鱼、唐巴勒及萨雷诺海等。相比“二五”计划时期，“三五”计划期间我国铬矿保有储量增加了 210.8×10^{4}t。

1967 年下半年，新疆铬矿会战由于“文化大革命”运动被迫停止。同年 6 月，甘肃省地质局第二地质队在肃北县大道尔吉超基性岩体中首次发现铬矿，将其命名为大道尔吉铬矿床。

（五）1971—1975 年（“四五”计划时期）

我国在“四五”计划时期，铬矿地质勘查投入高达 13203.07 万元。截至 1975 年末，我国铬矿累计探明储量为 854.8×10^{4}t，保有储量 816.3×10^{4}t，消耗铬矿储量 38.5×10^{4}t。相比“三五”计划时期，我国铬矿保有储量约增加了 419.7×10^{4}t。

1971 年，新疆地质局组建第七地质队，再次对新疆萨尔托海铬矿进行勘查，终于在第 5 矿群下面又发现了隐伏铬矿群，命名为第 22 铬矿群，探获铬矿储量 43×10^{4}t。在这一时期，在河北遵化、北京密云等地也探明了贫铬矿储量约 90×10^{4}t。

（六）1976—1980 年（“五五”计划时期）

1977 年，我国实施了《金属、非金属矿床勘探规范总则》（ABCD 分类）。我国铬矿勘查投入 7990.77 万元，相比“五五”计划时期，减少了 5212.3 万元，减幅为 39.48%。截至 1980 年末，我国铬矿上储量平衡表的矿区 40 处，其中，勘探 16 处，占 40%；详查 12 处，占 30%；普查 12 处，占 30%。铬矿累计探明储量 1053.1×10^{4}t，首次突破千万吨大关，保有储量 979.1×10^{4}t，消耗量 74×10^{4}t。

（七）1981—1985 年（“六五”计划时期）

这一时期，我国铬矿地质勘查投入 4009.74 万元，相比“五五”计划时期，减少了 3981.03 万元，减幅高达 49.82%。截至 1985 年末，我国查明铬矿产地（上表矿区）37 处，累计探明储量 1190.7×10^{4}t，保有储量 1082.6×10^{4}t，再次突破千万吨级大关，铬矿消耗量 108.1×10^{4}t。相比“五五”计划时期，“六五”计划期间我国铬矿累计探明储量增加 137.6×10^{4}t，年均增加 27.52×10^{4}t。

（八）1986—1990 年（“七五”计划时期）

“七五”计划期间，我国铬矿地质勘查投入 2335.19 万元，相比“六五”计划时期，减少 1674.55 万元，减幅为 41.76%。截至 1990 年末，我国铬矿累计探明储量 1294.1×10^{4}t，保有储量 1142.0×10^{4}t，消耗量 152.1×10^{4}t。

截至 1987 年末，铬矿保有储量 1058.9×10^{4}t，储量少，没有大型矿产。多分布于边远的西藏、新疆、甘肃和内蒙古等省（区）。经评价，可供规划利用的储量为 574.5×10^{4}t，2000 年实际产量达到 20.8×10^{4}t。建议在西藏、新疆等成矿有利地区寻找富铬矿。铬矿石难以保证国民经济建设需求的矿种。截至 1988 年末，查明保有铬铁矿储量 1288.1×10^{4}t，资源主要集中分布在西藏、新疆、内蒙古和甘肃等省（区）。

（九）1990—1995年（“八五”计划时期）

截至1992年末，中国铬矿查明储量1314.2×10^4t，扣除历年开采消耗量，具有查明保有储量的矿产地（矿区）44处，铬矿储量为1074.6×10^4t。截至1993年末，列入全国储量表的铬矿区56处，其中勘探矿区27处，详查19处，普查10处。累计探明铬矿储量1305.3×10^4t，保有储量1121.8×10^4t，全国已查明中型矿区3处，即西藏的罗布莎，甘肃的大道尔吉和内蒙古的贺根山，合计保有储量560.4×10^4t，占全国总储量的52.1%。全国已查明小型铬矿区41处，合计保有储量514.2×10^4t，占全国的47.9%。

据统计，1953—1993年间，我国铬矿勘查工作共投入地质勘查费4.28亿元，钻探工作量292.6×10^4m，坑探5.8×10^4m。从找矿勘查成本和勘查经济效果看，平均每米钻获4.46t铬矿石，每吨矿石成本为32.83元，反映了我国铬矿的地质特点和勘查工作的难度。

截至1995年末，我国铬矿保有储量主要分布在西藏（占比39.6%）、内蒙古（15.5%）、新疆（15.2%）和甘肃（14.6%）等省（区）；其次为北京市（7.1%）、青海省（5.1%）和河北省（1.6%）。此外，陕西、吉林、湖北、山西、云南和四川等省有少量的储量。其中探明储量在100×10^4t以上的矿床4处。尤其是罗布莎矿铬矿储量达到400×10^4t，并有进一步增加储量的趋势。全国已发现的含铬岩体均做了不同程度的找矿及评价工作，某些重要含铬岩带或岩体的铬矿找矿取得了进展。

（十）2001—2005年（“十五”计划时期）

1999年，国土资源部颁布《固体矿产资源/储量分类》（GB/T 17766—1999），修订了系列《固体地质矿产勘查规范》，按照该资源（储量）分类标准和勘查规范，1999—2003年，国土资源部组织完成了全国矿产资源储量套改工作。铬矿也按要求进行了储量套改。套改后的结果显示：截至2001年末，我国铬矿查明资源储量1038.6×10^4t。截至2005年末，铬矿查明资源储量979.00×10^4t，比2004年净减少6.35×10^4t，减幅为0.64%。

“十五”计划时期，我国铬矿查明资源储量减少了59.6×10^4t，年均减少11.92×10^4t。这可能与我国铬矿地质勘查投入少有关。如2004年我国铬矿地质勘查投入为零，2005年只有企（事）业单位投入220.81万元。总体来看，“十五”计划时期，我国铬矿查明资源储量不增反降，年均降幅为1.47%（表4-2）。

（十一）2006—2010年（“十一五”规划时期）

截至2006年末，我国共有59个铬矿区，铬矿查明资源储量为1010.82×10^4t。截至2010年末，铬矿查明资源储量为1114.4×10^4t。

“十一五”规划时期与“十五”计划时期相比，我国铬矿查明资源储量增加了135.46×10^4t，年均增加27.09×10^4t。在这一时期，我国铬矿地质勘查投入不断增加，2006年为80万元，2010年猛增至4087.63万元，年均增幅高达167.36%。这在很大程度上促进了我国铬矿查明资源储量的增加。总体看，“十一五”规划时期，我国铬矿地质勘查投入不断增加，年均增幅为167.36%，铬矿查明资源储量年均增幅为2.47%。

（十二）2011—2015 年（“十二五”规划时期）

截至 2011 年末，我国铬矿查明资源储量为 1161.1×10^4t。截至 2015 年末，铬矿查明资源储量为 1245.8×10^4t。

统计表明：1999—2015 年间，中国地质调查局先后启动了铬矿调查评价和矿山接替资源找矿等 21 个项目，共有 16 家地质勘查单位参加，共投入勘查经费 1.2 亿元，施工钻探量为 3.6×10^4m，重点在西藏、内蒙古、新疆等省（区）开展铬矿地质找矿工作和综合研究工作。1999—2015 年，勘查新增铬矿石储量约 160×10^4t，1999—2015 年铬矿石累计产量约 300×10^4t，按照开采回采率 90%计算，消耗储量为 333×10^4t，实际新增查明资源储量为 493×10^4t（$160\times10^4t+333\times10^4t$），平均每米钻获 136.94t 铬矿石（中国地质调查局，2016）。

（十三）2016—2020 年（“十三五”规划时期）

截至 2016 年末，铬矿查明资源储量为 1233.19×10^4t；截至 2019 年末，我国铬矿查明资源储量为 1210.75×10^4t，其中富铬矿约占 23.84%。“十三五”规划时期，2016—2019 年我国铬矿查明资源储量年均降幅为 0.46%。

二、中国铬矿查明资源储量总体特征

我国铬矿资源匮乏，铬矿石质量较差。根据自然资源部（2021）公布的《2020 年全国矿产资源储量统计表》，截至 2020 年末，我国铬矿保有查明储量（矿石量，下同）为 276.97×10^4t，分布在西藏、甘肃、新疆和河北等四省（区），占比分别为 75.61%、17.73%、5.60%和 1.06%。

截至 2019 年末，我国共有铬矿区 63 个，查明资源储量为 1210.75×10^4t，主要分布在西藏、新疆、甘肃和内蒙古等 14 个省（区、市）。2006—2019 年，我国铬矿查明资源储量年均增长率为 1.42%，2019 年铬矿勘查增加查明资源储量 24.4×10^4t。2010—2019 年，我国铬矿查明资源储量略有增长，年均增幅为 0.93%。从铬矿石质量看，我国查明资源储量的平均品位 $\omega(Cr_2O_3)$ 为 27.13%（统计 54 个铬矿区累计查明资源储量加权平均数），平均品位 $\omega(Cr_2O_3)$ 大于 32%的富铬矿查明资源储量为 288.7×10^4t，约占全国的 23.85%。按规模分，中型铬矿床 $\omega(Cr_2O_3)$ 为 35.7%，小型为 20.69%。按铬矿床类型划分：蛇绿岩型豆荚状铬矿床铬矿平均品位 $\omega(Cr_2O_3)$ 为 34.67%，基性—超基性岩型似层状铬矿床平均品位 $\omega(Cr_2O_3)$ 为 14.16%，前者是后者的 2.45 倍。

我国铬矿查明资源储量主要分布在西藏、甘肃、内蒙古、新疆、青海、北京、河北、山西等 14 个省（区、市），前 5 省（区）铬矿查明资源储量占全国资源储量的 82.03%，其中西藏自治区占比为 32.06%，甘肃省为 18.14%，内蒙古自治区为 12.91%、新疆维吾尔自治区为 12.46%（图 4-2）。

铬矿中常伴生锇、铱、钌等铂族金属，如镍、钴、金等元素，铬矿体围岩纯橄榄岩、斜方辉石岩和蛇纹岩等可作耐火材料和钙镁磷肥的配料，当达到综合评价工业指标时，开展综合勘查、综合评价和综合利用，以提高铬矿资源综合利用率。

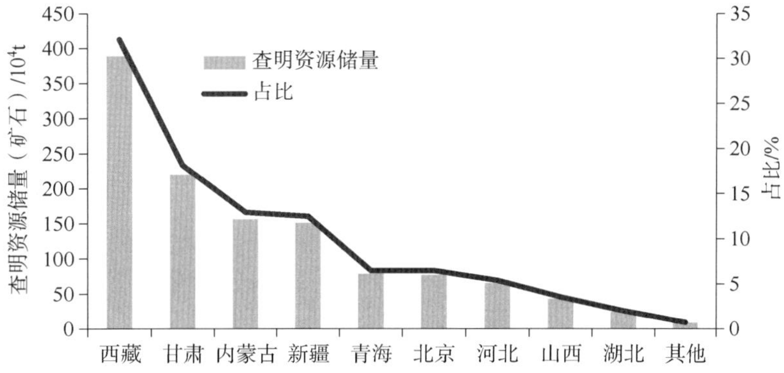

图 4-2　我国铬矿查明资源储量在各省（区、市）的分布

综上所述，我国铬矿资源的基本特点是：铬矿床类型少，只有两种类型；矿床规模小，无大型铬矿床，小型铬矿床数占比超过 98%；矿床（矿产地）分布零散；查明资源储量少且相对集中，主要在西藏、新疆、甘肃等省（区）。我国铬矿床共（伴）生矿产较多，且具有较大的综合利用价值。

三、中国铬矿石质量与品位变化

截至 2009 年末，我国铬矿查明资源储量为 1151×10^4t，其中基础储量 522.5×10^4t（储量 122.4×10^4t），资源量 628.5×10^4t，主要分布在西藏、内蒙古、甘肃、新疆等 14 个省（区、市），共有 67 个矿区。按照中国《铁、锰、铬地质勘查规范》中铬矿石品位及开采技术指标要求，依据全国铬矿利用现状调查项目组编制的中国铬矿保有资源储量品位-吨位图。计算出各不同品位铬矿保有资源储量及其占比：铬矿品位 $\omega(Cr_2O_3)$ 大于等于 32%（冶金级铬矿）查明资源储量为 220×10^4t，约占铬矿资源总量的 20%，化工等其他铬矿占 80%。总体看，我国铬矿查明资源储量的矿石质量较差，冶金级铬矿占全国资源储量的比例低，仅占全国资源储量的 20%，且主要分布在西藏自治区。根据截至 2019 年末数据，我国铬矿查明保有资源储量为 1210.75×10^4t，由于我国铬矿查明资源储量总体格局及质量未发生大的变化，按照 20%的比例测算，我国冶金级铬矿查明资源储量约为 242×10^4t。

从我国主要铬矿床铬矿石平均品位 $\omega(Cr_2O_3)$ 及其 c/f 比值散点图可看出（图 4-3）：铬矿床铬矿石平均品位 $\omega(Cr_2O_3)$ 和 c/f 比值均高的多分布在Ⅱ区，$\omega(Cr_2O_3)$ 和 c/f 相对较低的分布在Ⅰ区。Ⅱ区为铬矿石品位高、c/f 比值高的矿床，如西藏罗布莎铬矿床和康金拉铬矿床等，冶金级铬矿分布在Ⅱ区内。Ⅰ区为铬矿石品位相对较低的贫矿，耐火材料级铬矿石主要分布在该区内，如大道尔吉铬矿床等。

2013 年罗布莎铬矿区铬矿原矿平均品位 $\omega(Cr_2O_3)$ 为 50.62%（产量加权平均），新疆萨尔托海托里矿区原矿石的平均品位 $\omega(Cr_2O_3)$ 为 31.4%。

罗布莎铬矿石属于Ⅰ级冶金铬铁合金用富矿石，品位高（最高达 54%），质量好，可以直接加入炉内炼制合金。据对我国铬矿山实地调查研究，铬矿石原矿全部销售到青海西

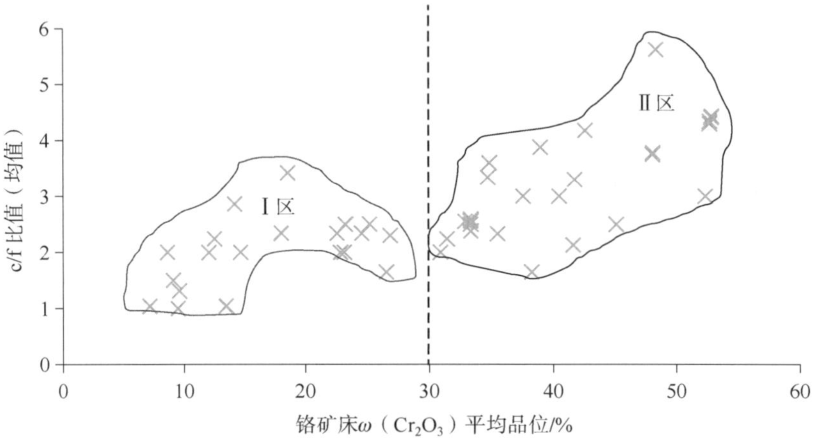

图4-3 我国主要铬矿床铬矿石平均品位 ω(Cr_2O_3) 及其 c/f 比值散点图

宁，冶炼成铬铁合金。新疆萨尔托海托里矿区铬矿石为耐火级产品，ω(Cr_2O_3) 品位低(31.4%)，铬矿石质量相对较差。

内蒙古自治区赫格敖拉铬矿区和甘肃省大道尔吉铬矿资源曾被开发利用，但由于矿石品级低，生产成本高，同时受生态环境保护外部性等技术经济的影响，导致竞争力弱，当前生产不稳定，如大道尔吉 2012 年前尚在生产，2013 年后就没有正常生产。

其他省（区）铬矿资源由于资源禀赋不佳，环境外部性等因素未被开发利用。如北京市由于首都生态文明建设需要，铬矿被北京市政府禁止开采，主要矿区为放马峪和平顶山，放马峪铬矿区位于密云水库自然保护区内，铬矿保有资源储量为 5.06×10^4t，未被开发利用。因其矿床开采条件简单，矿石可利用性较差，可作为铬矿资源原产地储备。

中国铬矿石中的伴生有益组分镍、钴、铂族金属和金刚石等，在铬矿区及其近矿围岩中共（伴）生的主要有用组分有：铂族金属矿产，即 Pt、Rh、Pd、Ir、Ru、Os 等 6 种金属矿产和 Co、Ni、Mo 及纯橄榄岩、菱镁矿、蛇纹岩等。这些有用组分或矿产除查明其含量及赋存规律外，有些还进行了可选性试验，计算了储量。为综合利用提供了地质依据。这部分有益组分尚未得到综合利用。在对主矿种铬矿进行资源调查评价与勘查时，应对其共（伴）生矿产进行综合勘查、综合评价和综合开发利用。

第三节　中国铬矿集区资源潜力及下一步勘查建议

一、铬矿集区资源潜力分析

铬矿集区是指通过铬矿区域成矿规律、成矿地质条件的综合研究，在Ⅳ级成矿区（带）内划定的铬矿田或矿产地集中区，铬矿集区大体反映了我国铬矿床（铬矿产地）在空间上的自然分布与赋存特征。在全国 17 个成矿区（带）划定了雅鲁藏布江东段（罗布莎）等13个铬矿集区（朱明玉等，2014；表4-3）。

表4-3 中国铬矿集区一览表

序号	7矿集区名称	成矿时代	截至2014年末查明资源储量（矿石）/10^4t	预测资源量（矿石）/10^4t	典型铬矿床
1	达拉布特（萨尔托海）	D-C、S	219.56	3661.90	萨尔托海、鲸鱼、唐巴勒、洪古勒楞
2	克拉麦里	D-C	1.07	—	清水
3	贺根山	D	213.42	878.43	赫格敖拉
4	索伦山	S-D	75.17		索伦山、阿布格、乌珠尔
5	北祁连山北缘	€	62.00	—	玉石沟、洋淇沟
6	北祁连山南缘	S	200.51	540.90	大道尔吉
7	商丹	Pt	23.77	48.56	松树沟
8	班公湖-怒江带中段	J	61.02	8315.00	东巧、依拉山
9	班公湖-怒江带东段	T	30.00		丁青（西）
10	雅鲁藏布江东段（罗布莎）	J	553.75		罗布莎、香卡山、康金拉
11	雅鲁藏布江西段	K	—	—	—
12	燕辽-密怀隆起	Ar-Pt	174.99	759.13（含北京和河北）	毛家厂、平顶山、高寺台
13	康滇裂谷带	T	12.31	—	大槽

注：—表示无数据。（据朱明玉等，2014）

二、铬矿勘查找矿布局建议

西藏南部的冈底斯-雅鲁藏布江构造带和北部的日土-丁青构造带属于世界级东西向阿尔卑斯成矿带的东延部分，成矿地质条件与阿尔巴尼亚的布尔齐泽和土耳其的古里曼等大型铬矿床相似。中国铬矿床规模最大、矿石质量最好的罗布莎铬矿赋存于其中。该带通过地质勘查工作，尚有扩大远景储量的可能。新疆准噶尔盆地北缘成矿构造带、青海祁连山中隆两侧成矿构造带和内蒙古索伦山-贺根山成矿构造带，铬矿资源都有一定的远景。华北地台北缘和秦岭中段成矿带虽已发现多处铬矿床，但都规模小，铬矿石品位低，开发利用价值不大。天山中隆-北山构造带中虽有超基性岩体，尚未发现铬矿床。20世纪90年代，我国铬矿资源格局已基本清楚。结合我国铬矿成矿条件、成因及成矿规律等，提出下一步铬矿地质勘查重点与方向。

1）以雅鲁藏布江东段（罗布莎）等13个铬矿集区为重点，开展铬矿地质勘查与找矿工作。从铬矿区域成矿地质条件和格局看，我国主要铬矿床（矿产地）发育在东西向的天山-兴蒙造山带、秦祁昆造山带（西段）和特提斯造山带等巨型缝合带（造山带）中，其中雅鲁藏布江蛇绿岩带成矿条件好，具有很高的成矿远景，应加大对岩带西段休古嘎布、普兰及东坡等已出露岩体的地质勘查与找矿工作。

在西藏自治区超镁铁岩带上部署铬矿资源勘查与找矿工作。利用新技术、新方法、新理论等加大对我国超镁铁岩体的重新评价。在矿产地质调查中加强对铬矿的公益性调查，加强商业性铬矿资源勘查工作。引导商业性铬矿资源综合勘查开发与保护。

2）塔里木-华北地台北缘造山带已发现多条蛇绿岩带，对新疆维吾尔自治区西准噶尔地区建议开展铬矿勘查与找矿工作。

3）在华北陆块应寻找与铜镍硫化物、铂族金属和金刚石等矿产相关的铬矿床（矿产地）。

4）在内蒙古自治区贺根山地区加强周边及深部地区铬矿找矿。

5）我国境内其他的超基性岩、蛇绿岩分布的地区，根据岩体和铬矿化等情况部署一定量的铬矿普查与勘探工作。

6）利用铬矿资源潜力评价与区划成果，加强青海、甘肃、新疆等省（区）铬矿勘查工作。

7）加强综合勘查、综合评价、综合开发利用铬矿石中的铂族金属、贵金属和镍钴等共（伴）生矿产。

第五章　中国铬需求分析

我国铬矿产品主要包括铬矿石（原矿）、铬铁合金、铬金属、二次铬和化工铬盐产品，其中不锈钢生产是铬消费主要部门。在“双碳”背景下，利用铬部门消费法、不锈钢人均产量“S”形法及 ARIMA 模型（不锈钢）法等，对我国 2021—2035 年铬需求量进行了预测，在中国形势方案下，2021—2030 年我国人均铬消费量呈先升后降趋势，人均铬消费量“S”形演进特征明显，2030 年到达峰值点，届时人均铬消费量为 5.95kg，铬表观消费量为 850.85×10^4t，之后逐渐下降，到 2035 年铬需求量为 727.6×10^4t，人均铬需求量降至 5.10kg。

第一节　铬消费结构分析

根据铬具有的质硬、耐磨、耐高温和抗腐蚀等性质，铬主要应用于钢铁冶金、耐火材料、化工和铸石等产业。按照终端用途消费，主要消费于钢（碳钢、高强度低合金钢、不锈钢和耐热钢、全合金钢、不明确终端用途的钢）、超级合金，以及其他合金和用途中。

铬为重要的合金元素，主要用于生产不锈钢，是最便宜的耐腐蚀金属。铬主要以铬铁形式生产不锈钢和各种合金钢。不锈钢主要用于家庭厨房用具、储存食物的容器、化工和汽车部件。不锈钢含铬为 11%~30%，不锈钢消费了世界上 68%的铬。尽管其他更昂贵的金属代替铬生产不锈钢，但在相同价格下，无法对铬产生替代。根据国际铬开发协会统计，27%的世界铬产量用于特种钢和几乎完全由铬（含镍）构成的合金中，如我们熟悉的闪闪发亮的镀铬用品都是高度抗腐蚀的。世界上有 5%的铬产量用于生产颜料、鞣革，以及木材防护。

2020 年世界铬矿石产量为 4000×10^4t（铬金属量 1142.86×10^4t），按照 180 美元/t 计，产值 21 亿美元；铬铁合金产量约为 1300×10^4t，按照 1800 美元/t 计，产值 234 亿美元。铬矿资源支撑起一个较长的产业链。

一、世界铬消费结构

北京安泰科信息股份有限公司（以下简称“安泰科”）统计数据显示：2020 年世界铬铁消费量为 1364×10^4t（折平均品位 $\omega(Cr_2O_3)$ 为 45%的铬矿石量为 3546.4×10^4t），同比增长 3%，中国和印度尼西亚的消费量均有增长，其他国家或地区的降幅明显，日本和韩国的降幅分别为 19%和 6%，印度降幅高达 30%。欧洲铬铁消费量降幅为 9%，其中西班牙和意大利降幅分别为 16%和 15%，芬兰增幅为 2%。

2020 年世界铬矿石消费结构：95.8%的冶金级铬矿石［$\omega(Cr_2O_3)$ 42%~46%］消费于高碳铬铁、中碳铬铁、低微碳铬铁和硅铬合金的生产中，2.5%的化工级铬矿石［$\omega(Cr_2O_3)$

40%~46.5%］消费于重铬酸钠等铬盐生产中，铸造用砂和耐火材料消费量占比分别为 1.5%和 0.2%。进一步细分终端消费领域，73%的高碳铬铁等合金用于不锈钢生产，27%的用于碳钢及其他特钢生产；皮革鞣剂消费了 32%的铬盐，电镀和化工分别消费了 20%铬盐，颜料生产消费了 15%的铬盐，木材防腐消费了 9%的铬盐（图 5-1，图 5-2）。

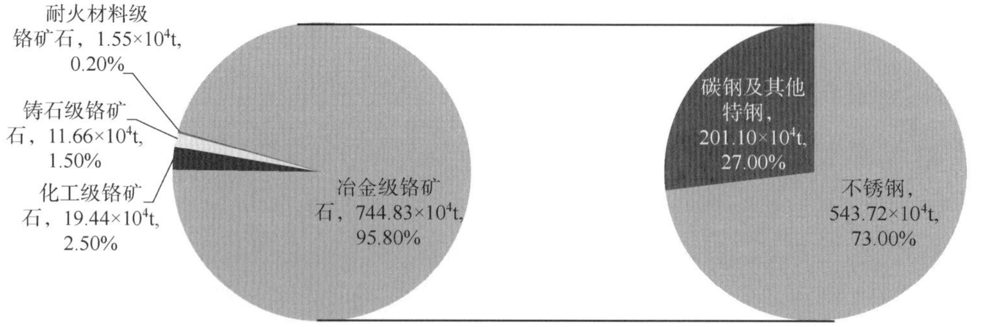

图 5-1　2020 年世界铬矿石消费结构

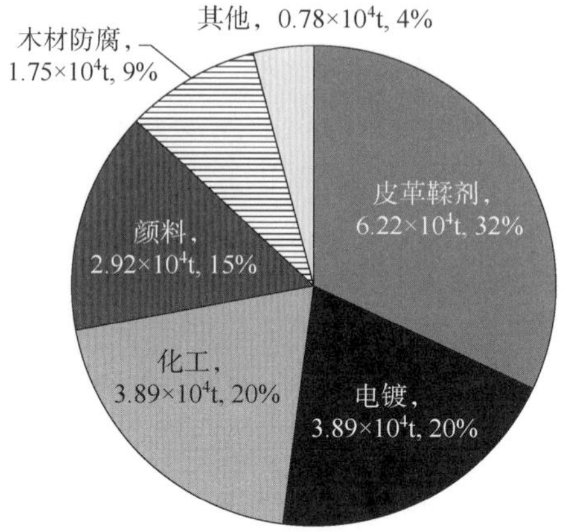

图 5-2　2020 年世界铬盐消费结构

二、美国铬消费结构

由于美国铬产业链齐全、系统，其铬消费结构具有很强的代表性，本书对其进行了深入研究与分析。

铬是美国最重要的战略性和关键矿产。铬大量用于金属、化工和耐火材料生产领域。铬用于钢铁和有色金属合金中可提升其硬度、抗腐蚀和抗氧化性能。铬用于生产不锈钢和有色金属合金只是其诸多用途中的两种，其他用途包括：合金钢、金属电镀、颜料、鞣革、催化剂、表面处理及耐火材料等。2019 年美国基于终端用途铬消费量为 27.1×10^4t（实物量 47×10^4t），对应的消费结构：钢占比为 96.43%，超级合金占比为 1.86%，其他合金占比为 1.71%。其中在钢的铬消费结构中，不锈钢和耐热钢的铬消费量占比为 89.02%，未明确终端用途钢中铬消费量占比为 6.88%。不锈钢和耐热钢的铬消费量占铬消费总量的 85.82%。总体看，美国的铬消费主要在钢和合金中，其他终端用途的铬消费量很小（图 5-3）。

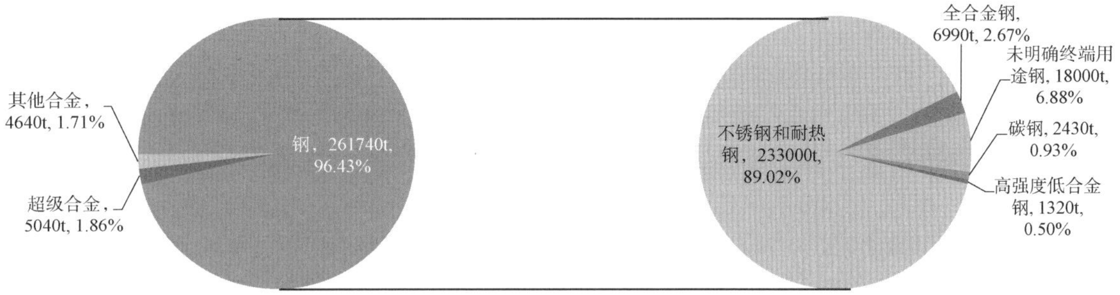

图 5-3　2019 年美国基于终端用途的铬消费结构

（据 USGS，2020）

2019 年美国基于铬原料生产的铬消费量为 27.1×10^4t（实物量为 47×10^4t），对应的消费结构：铬矿石主要用于铬铁、硅铬和铝铬合金，铬金属及用于其他合金材料的制造中。2020 年美国高碳合金铬消费量占比为 87.59%，低碳铬铁占比为 7.14%，其他铬材料铬消费量占比为 3.56%（图 5-4）。

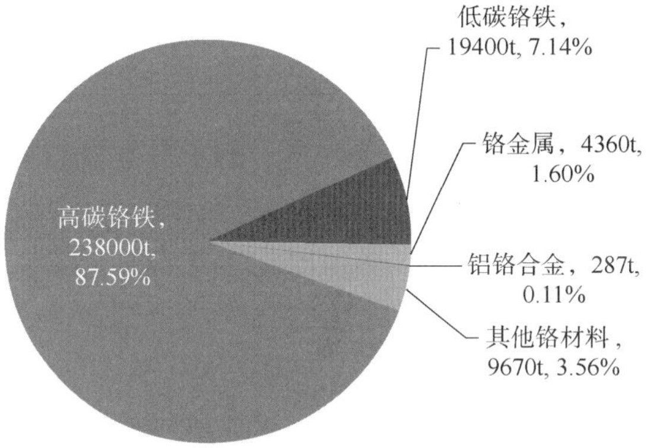

图 5-4　2019 年美国基于原料生产的铬消费结构

（据 USGS，2020）

从历史上看，美国铬消费结构发生很大变化。铬矿石终端用途消费结构演变规律为：

1）1940 年，冶金工业铬矿石量消费占比为 44.86%，耐火材料消费占比为 36.45%，化工消费占比为 18.69%。

2）20 世纪 50 年代，1950 年冶金工业消费占比为 50.60%，耐火材料消费占比为 36.15%，化工产品消费占比为 13.25%。1956 年铬矿石消费量达到这一阶段最高值，约 168×10^4t，消费结构为：冶金工业消费占比为 67.69%，耐火材料消费占比为 24.62%，化工消费占比为 7.69%。

3）20 世纪 70 年代，1970 年铬矿石消费结构：冶金工业消费占比为 64%，耐火材料消费占比为 20%，化工消费占比为 16%。

4）20世纪80年代，1980年冶金工业消费占比为61.11%，耐火材料消费占比为23.33%，化工消费占比为15.56%。

5）20世纪90年代，1990年冶金工业和化工产品消费（统计数据合并）占比为90%，耐火材料消费占比为10%。1994年冶金和化工消费占比超过95%，耐火材料占比降至5%以下。

综上，1940—2000年美国铬矿石终端用途消费结构变化规律：1940—1956年，冶金工业消费占比位居第一，且不断增加，由44.86%增至64%的最高值；耐火材料消费占比位居第二，消费占比较稳定，大约在36%左右波动；化工消费占比最低，消费占比下降，由18.69%降至7.69%。1957—1990年，冶金工业消费占比略有下降，但均超过60%，耐火材料占比在16%~23.33%间波动，仍居消费占比第二位。1986年后冶金工业和化工消费量数据合并，显示冶金和化工消费占比高达90%，耐火材料铬消费量占比降至5%以下。

6）2001—2019年，美国铬矿石消费结构发生一些变化。铬消费结构的对象变为由铬矿石变为铬铁合金和金属铬，基于终端用途的消费领域在钢（主要消费量在不锈钢和耐热钢中）、超级合金、其他合金和用途。

2001年美国铬终端用途消费量为19.6×10^4t。消费结构为：不锈钢和耐热钢的铬消费量为14.6×10^4t，占比74.49%；全合金钢的铬消费量为1.06×10^4t，占比5.41%；高强度低合金钢的铬消费量为0.996×10^4t，占比5.08%；超级合金的铬消费量为0.809×10^4t，占比4.13%；碳钢的铬消费量为0.489×10^4t，占比2.50%；工具钢的铬消费量为0.339×10^4t，占比1.73%；其他合金的铬消费量为1.2×10^4t，占比6.12%。

2005年美国铬终端用途消费量为25.7×10^4t。消费量结构为：不锈钢和耐热钢的铬消费量为20.5×10^4t，占比79.76%；全合金钢的铬消费量为1.20×10^4t，占比4.67%；高强度低合金钢的铬消费量为0.50×10^4t，占比0.95%；超级合金的铬消费量为1.26×10^4t，占比4.90%；碳钢的铬消费量为0.387×10^4t，占比1.51%；工具钢的铬消费量为0.325×10^4t，占比1.27%；其他合金的铬消费量为1.26×10^4t，占比4.90%。

2010年美国铬终端用途消费量为25.2×10^4t。铬消费量结构为：不锈钢和耐热钢的铬消费量为20.7×10^4t，占比82.14%；全合金钢的铬消费量为1.09×10^4t，占比4.33%；高强度低合金钢的铬消费量为0.184×10^4t，占比0.73%；超级合金的铬消费量为0.748×10^4t，占比2.97%；碳钢的铬消费量为0.443×10^4t，占比1.76%；未明确钢种的铬消费量为1.74×10^4t，占比6.91%；其他合金和用途的铬消费量为0.318×10^4t，占比1.26%。

2015年美国铬终端用途消费量为25.2×10^4t。铬消费量结构为：不锈钢和耐热钢的铬消费量为21.6×10^4t，占比85.71%；全合金钢的铬消费量为0.82×10^4t，占比3.25%；高强度低合金钢的铬消费量为0.131×10^4t，占比0.52%；超级合金的铬消费量为0.515×10^4t，占比2.04%；碳钢的铬消费量为0.299×10^4t，占比1.19%；未明确钢种的铬消费量为1.46×10^4t，占比5.79%；其他合金和用途的铬消费量为0.383×10^4t，占比1.52%。

2018年美国铬终端用途消费量为27.9×10^4t（实物量为42.4×10^4t）。铬消费量结构为：不锈钢和耐热钢的铬消费量为21.3×10^4t，占比76.34%；全合金钢的铬消费量为0.699×10^4t，占比2.51%；高强度低合金钢的铬消费量为0.136×10^4t，占比0.49%；超级合金的铬消费量为0.655×10^4t，占比2.35%；碳钢的铬消费量为0.349×10^4t，占比

0.25%；未明确钢种的铬消费量为 1.39×10^4t，占比 4.98%；其他合金和用途的铬消费量为 0.403×10^4t，占比 1.44%。

综上，2001—2019 年间，美国铬主要消费在不锈钢和耐热钢领域，铬消费占比在 74%~86%之间；全合金钢的铬消费占比在 2.51%~5.41%之间；高强度低合金钢中铬消费量占比变化较大，在 0.49%~5.08%之间；超级合金的铬消费量占比在 2.04%~4.90%之间；碳钢的铬消费量占比在 0.25%~1.76%之间；未明确钢种的铬消费量占比在 4.98%~6.91%之间。反映出美国“一超多极”的铬消费结构特征。

三、中国铬消费结构

铬是重要的金属材料，广泛应用于钢铁冶金工业、耐火材料和化工等领域。铬矿上游产业主要为铬矿资源开发利用，通过铬矿山开采出铬矿石原矿，供应中游产业生产铬铁合金、金属铬、耐火材料和重铬酸钠等各种铬盐产品；下游利用铬铁等生产不锈钢、合金，利用铬盐等进行电镀、鞣革及表面处理等工业活动。

（一）铬消费结构

2020 年我国铬消费结构为 94.42%的铬矿石被用于生产铬铁合金（其中大部分生产不锈钢），2.2%的铬矿石用于生产铬盐等化工产品，0.54%的铬矿石用于生产耐火材料和铸造，医学等其他领域消费微量的铬（表 5-1；图 5-5）。

表 5-1　2016—2020 年中国铬矿石消费量及结构

消费领域	2016 年		2017 年		2018 年		2019 年		2020 年	
	消费量/10^4t	占比/%	消费量/10^4t	占比/%	消费量/10^4t	占比/%	消费量/10^4t	占比/%	消费量/10^4t	占比/%
钢铁冶金工业	1149	93.57	1238	93.86	1269	93.79	1465	94.58	1405	94.42
铸石	39	3.18	40	3.03	42	3.10	42	2.71	41	2.76
化工	35	2.85	36	2.73	35	2.59	35	2.26	34	2.28
耐火材料	5	0.41	5	0.38	7	0.52	7	0.45	8	0.54
合计	1228	100.00	1319	100.00	1353	100.00	1549	100.00	1488	100.00

（据安泰科，2019，2020）

另外，通过不锈钢消费铬的测算（具体测算见本书第五章中国铬需求分析）。2020 年我国铬消费量约 569.29×10^4t，折铬矿石约 1861.57×10^4t（按 1t 铬折合 3.27t 铬矿石测算），大于 1488×10^4t（安泰科，2020）。

从铬矿石消费历史看，1985 年中国铬矿消费结构：合金钢及不锈钢（钢铁冶金）占 80%，化学工业占 16%，耐火材料占 4%。与 2020 年相比，我国铬矿石消费结构发生了变化，钢铁冶金工业铬消费量占比升至 94.42%，耐火材料、化学工业及铸造领域铬消费占比由 20%降至 5.58%。我国铬矿产品的消费结构与美国的发展演变趋势大体一致。

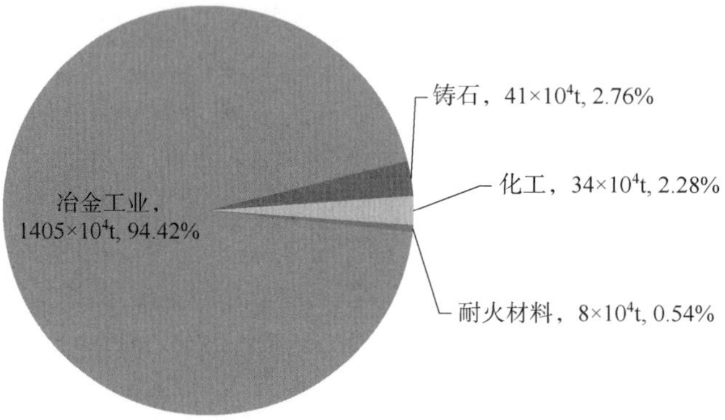

图 5-5　2020 年中国铬矿石消费量及结构

（二）铬铁消费结构

2020 年中国铬铁消费量为 470×10^4t（铬金属量），同比增长 0.4%。在铬铁终端消费结构中，不锈钢产业铬铁消费量为 427.7×10^4t，占比约 90%；特钢工业中铬消费量为 24.91×10^4t，占比 5.3%，主要铬铁消费企业为：东北特殊钢集团股份有限公司、宝钢特钢有限公司、长城特殊钢（集团）有限责任公司等；铸石工业中铬消费量为 17.39×10^4t，占比 3.7%。2016—2020 年，中国不锈钢中的铬铁消费量占比在 90.59%~93.1%之间，总体呈增长态势；特钢中铬消费量占比在 3.94%~5.32%之间，总体呈下降趋势；铸石中铬铁消费量占比在 2.96%~4.09%之间，呈先升后降趋势（表 5-2；图 5-6）。

表 5-2　2016—2020 年中国铬铁消费量及结构

消费领域	2016 年		2017 年		2018 年		2019 年		2020 年	
	消费量/10^4t	占比/%	消费量/10^4t	占比/%	消费量/10^4t	占比/%	消费量/10^4t	占比/%	消费量/10^4t	占比/%
不锈钢	402	91.36	433	90.97	400	90.70	443	90.59	472	93.10
特钢	23	5.23	25	5.25	23	5.22	26	5.32	20	3.94
铸石	15	3.41	18	3.78	18	4.08	20	4.09	15	2.96
合计	440	100.00	476	100.00	441	100.00	489	100.00	507	100.00

（据安泰科，2019，2020）

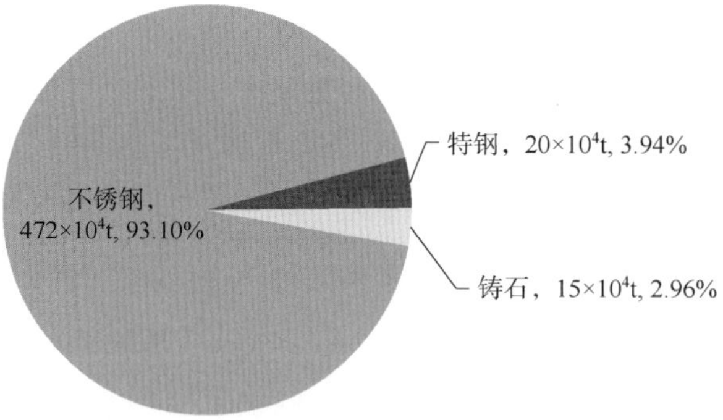

图 5-6　2020 年中国铬铁消费量及结构

第二节　世界主要铬消费国家和地区铬矿产品与消费规律

世界上约90%的铬矿石用于不锈钢生产领域，铬消费国主要是指不锈钢生产国（地区）。主要包括中国、印度尼西亚、日本、美国、韩国、比利时、意大利、西班牙、瑞典、德国、法国和英国等12个国家或地区。1980—2020年不锈钢产量见本书表5-13。测算2020年世界铬消费总量为961.75×10^4t，世界人均铬消费量1.243kg。

一、印度尼西亚

2016年印度尼西亚开始生产不锈钢，产量仅2.44×10^4t（含铬0.41×10^4t），2020年增至279.5×10^4t（含铬47.52×10^4t），占世界不锈钢产量的比例为5.49%，位居世界第3位；人均不锈钢产量10.58kg。

测算表明，2020年印度尼西亚铬消费量为52.8×10^4t。2016—2020年印度尼西亚铬消费量年均增幅达227.15%，是近10年铬消费量增幅最大的国家。

二、日本

2020年日本不锈钢产量为241.34×10^4t（含铬41.03×10^4t），占世界不锈钢产量的比例为4.74%，位居世界第4位，人均不锈钢产量19.28 kg（图5-7；表5-3）。

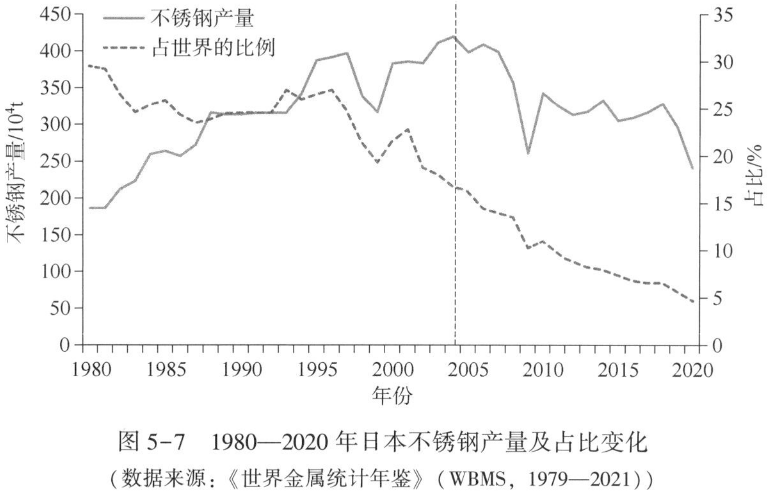

图5-7　1980—2020年日本不锈钢产量及占比变化

（数据来源：《世界金属统计年鉴》（WBMS，1979—2021））

（一）日本不锈钢产量及含铬量变化

1980—2020年日本不锈钢产量呈先升后降的态势，占世界的比例不断下降。可划分为两个阶段：

1）1980—2004年，日本不锈钢产量呈波动上升态势，年均增幅为3.45%。1980年不锈钢产量为186×10^4t（含铬31.62×10^4t），占世界不锈钢产量的比例为29.52%，人均不锈钢产量为15.92kg。1997年分别升至397×10^4t（含铬67.49×10^4t）和24.71%，人均不锈钢产量为31.48kg。2004年不锈钢产量升至历史最高值，达419.54×10^4t（含铬71.32×

10^4t），占比 16.74%，人均不锈钢产量为 31.48kg。

2）2005—2020 年，日本不锈钢产量呈波动下降态势，年均降幅为 3.28%。2005 年不锈钢产量为 398.28×10^4t（含铬 67.71×10^4t），占世界不锈钢产量的比例为 16.26%，人均不锈钢产量为 31.15kg。2009 年不锈钢产量降至 260.66×10^4t（含铬 44.31×10^4t），占比 10.24%，人均不锈钢产量为 20.42kg。2014 年不锈钢产量升至 332.85×10^4t（含铬 56.58×10^4t），占比 7.95%，人均不锈钢产量为 26.27kg。2019 年不锈钢产量降至 296.35×10^4t（含铬 50.38×10^4t），占比 5.66%，人均不锈钢产量为 23.61kg。

1980—2020 年日本不锈钢累计产量为 13157.74×10^4t（含铬 2236.8×10^4t）。

（二）日本铬消费量变化规律

测算表明：2020 年日本铬消费量为 45.59×10^4t，约占世界铬消费总量的 4.74%。

1980—2020 年，日本铬消费量呈现与不锈钢产量一样的变化曲线，即先升后降的态势。1980 年日本铬消费量为 35.13×10^4t，占世界铬消费总量的 29.52%；1985 年铬消费量为 49.83×10^4t，占比达历史最高值 33.33%；2004 年日本铬消费量达到历史最高值，为 79.24×10^4t，占比 16.73%；2009 年分别降至 49.23×10^4t 和 10.24%；2019 年分别升至 55.98×10^4t 和 5.66%（图 5-8；表 5-3）。

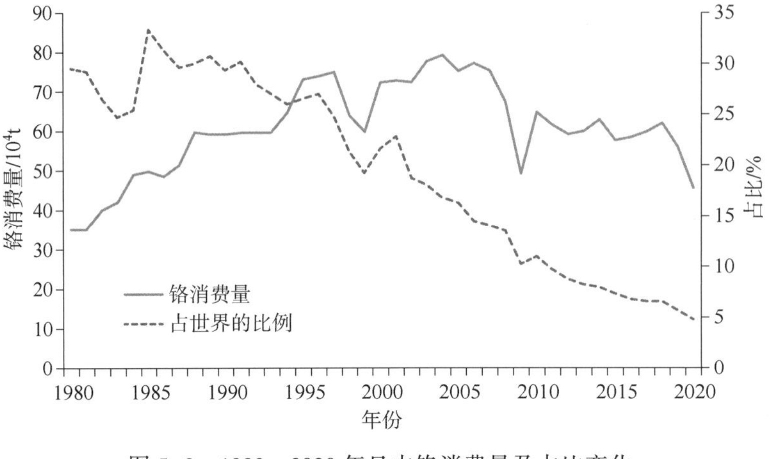

图 5-8　1980—2020 年日本铬消费量及占比变化

1980—2020 年日本铬累计消费量为 2485.33×10^4t，约占同期世界累计总量的 14.18%。日本是一个名副其实的铬消费大国。

表 5-3　1980—2020 年日本不锈钢产量（含铬量）、铬消费量及占比变化

年份	不锈钢产量/10^4t	占世界不锈钢产量的比例/%	不锈钢含铬量/10^4t	人均不锈钢产量/kg	铬消费量/10^4t	占世界铬消费总量的比例/%
1980	186.00	29.52	31.62	15.92	35.13	29.52
1981	186.20	29.21	31.65	15.83	35.17	29.21
1982	212.10	26.49	36.06	17.91	40.07	26.49
1983	223.00	24.62	37.91	18.70	42.12	24.62

续表

年份	不锈钢产量/10^4t	占世界不锈钢产量的比例/%	不锈钢含铬量/10^4t	人均不锈钢产量/kg	铬消费量/10^4t	占世界铬消费总量的比例/%
1984	259.50	25.41	44.12	21.62	49.02	25.41
1985	263.80	25.88	44.85	21.85	49.83	33.33
1986	257.00	24.33	43.69	21.15	48.54	31.31
1987	272.20	23.49	46.27	22.29	51.41	29.63
1988	316.00	23.87	53.72	25.77	59.69	30.02
1989	313.40	24.50	53.28	25.46	59.2	30.74
1990	313.00	24.37	53.21	25.34	59.12	29.32
1991	315.50	24.57	53.64	25.44	59.6	30.19
1992	314.80	24.67	53.52	25.29	59.47	27.98
1993	316.37	26.99	53.78	25.34	59.76	26.99
1994	342.04	25.98	58.15	27.32	64.61	25.98
1995	387.28	26.53	65.84	30.85	73.16	26.53
1996	391.60	26.99	66.57	31.13	73.97	26.99
1997	397.00	24.71	67.49	31.48	74.99	24.71
1998	338.70	21.29	57.58	26.79	63.98	21.29
1999	316.49	19.15	53.80	24.98	59.78	19.15
2000	383.05	21.63	65.12	30.18	72.36	21.63
2001	385.63	22.80	65.56	30.31	72.84	22.80
2002	383.52	18.69	65.20	30.08	72.44	18.69
2003	411.33	18.02	69.93	32.20	77.7	18.02
2004	419.54	16.74	71.32	32.82	79.24	16.73
2005	398.28	16.26	67.71	31.15	75.23	16.26
2006	408.70	14.46	69.48	31.97	77.2	14.46
2007	399.09	14.03	67.85	31.21	75.39	14.04
2008	356.65	13.51	60.63	27.91	67.37	13.51
2009	260.66	10.24	44.31	20.42	49.23	10.24
2010	342.69	10.98	58.26	26.87	64.73	10.98
2011	325.72	9.67	55.37	25.56	61.52	9.67
2012	313.23	8.72	53.25	24.64	59.17	8.72
2013	317.49	8.20	53.97	25.01	59.97	8.20
2014	332.85	7.95	56.58	26.27	62.87	7.95
2015	305.24	7.32	51.89	24.12	57.66	7.32
2016	309.35	6.78	52.59	24.49	58.43	6.78
2017	316.76	6.56	53.85	25.12	59.83	6.56
2018	328.29	6.45	55.81	26.09	62.01	6.45

续表

年份	不锈钢产量/10^4t	占世界不锈钢产量的比例/%	不锈钢含铬量/10^4t	人均不锈钢产量/kg	铬消费量/10^4t	占世界铬消费总量的比例/%
2019	296. 35	5. 66	50. 38	23. 61	55. 98	5. 66
2020	241. 34	4. 74	41. 03	19. 28	45. 59	4. 74
累计产量	13157. 74	—	2236. 8	—	2485. 33	14. 18

不锈钢数据来源：《世界金属统计年鉴》（WBMS，1979—2021）。

三、美国

美国为铬矿产品的主要消费国。从铬矿储量看，铬矿储量在世界上排名第6位，美国铬矿资源量主要分布在蒙大拿州的静水杂岩体中。美国是世界上生产铬矿石最早的国家之一，1890年铬矿石产量为3767t。1900—1961年间，美国铬矿石产量和占世界的比例变化幅度很大，占比在0. 01%～27%间波动。1974—1997年间美国公布铬铁合金产量数，之后便不再披露。铬消费量数据根据不锈钢产量和美国铬消费结构测算得出。

（一）美国不锈钢产量及含铬量变化

2020年美国不锈钢产量为241. 34×10^4t（含铬36. 45×10^4t），占世界不锈钢产量的比例为4. 21%，位居世界第5位，人均不锈钢产量为6. 40kg（图5-9；表5-4）。

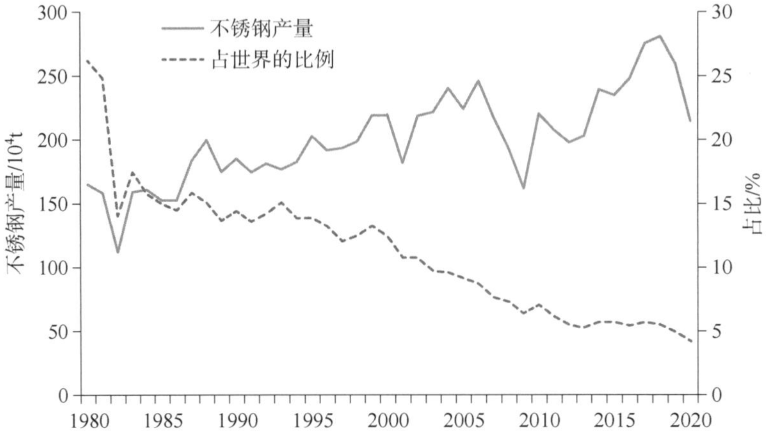

图5-9　1980—2020年美国不锈钢产量及占比变化

（数据来源：《世界金属统计年鉴》（WBMS，1979—2021））

1980—2020年美国不锈钢产量总体呈波动上升态势，年均增幅为0. 66%，占比不断下降。1980年不锈钢产量为165×10^4t（含铬量28. 05×10^4t），占比26. 19%，为历史最高值，人均不锈钢产量为7. 25kg。2006年美国不锈钢产量升至245. 99×10^4t（含铬69. 48×10^4t），占比8. 71%，人均不锈钢产量为8. 23kg。2009年不锈钢产量降至161. 79×10^4t（含铬27. 50×10^4t），占比降至6. 36%，人均不锈钢产量为5. 26kg。2018年美国不锈钢产量为280. 80×10^4t

（含铬量 47.74×10^4t），到达历史最高值，占比 5.51%，人均不锈钢产量为 8.51kg。

1980—2020 年美国不锈钢累计产量为 8226.19×10^4t。

（二）美国铬消费量变化规律

测算表明，2020 年美国铬消费量为 40.50×10^4t，约占世界铬消费总量的 4.21%（图 5-10；表 5-4）。

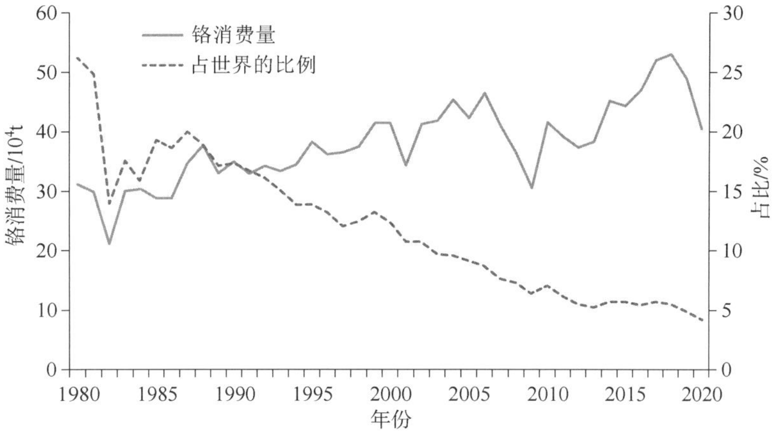

图 5-10　1980—2020 年美国铬消费量及占比变化

1980—2020 年，美国铬消费量呈现与不锈钢产量一样的变化曲线，即总体上呈现出波动上升的态势；而占世界的比例呈现波动下降的态势。

1980 年，美国铬消费量为 31.17×10^4t；占世界铬消费量的比例为 26.19%，为历史最高值。2006 年铬消费量和占比分别为 46.46×10^4t 和 8.71%。2009 年铬消费量和占比分别降至 30.56×10^4t 和 6.36%。2018 年铬消费量和占比分别升至 53.04×10^4t 和 5.51%。2019 年分别降至 48.98×10^4t 和 4.95%。

1980—2020 年，美国铬累计消费量为 1553.84×10^4t。

表 5-4　1980—2020 年美国不锈钢产量（含铬量）、铬消费量及占比变化

年份	不锈钢产量/10^4t	占世界的比例/%	含铬量/10^4t	人均不锈钢产量/kg	铬消费量/10^4t	占世界铬消费总量的比例/%
1980	165.00	26.19	28.05	7.25	31.17	26.19
1981	158.30	24.84	26.91	6.88	29.90	24.84
1982	111.90	13.97	19.02	4.82	21.14	13.97
1983	159.10	17.57	27.05	6.79	30.05	17.57
1984	160.80	15.74	27.34	6.80	30.37	15.74
1985	152.70	14.98	25.96	6.40	28.84	19.29
1986	152.90	14.48	25.99	6.35	28.88	18.63
1987	183.60	15.84	31.21	7.56	34.68	19.99

续表

年份	不锈钢产量/10^4t	占世界的比例/%	$\frac{含铬量}{10^4t}$	人均不锈钢产量/kg	$\frac{铬消费量}{10^4t}$	占世界铬消费总量的比例/%
1988	199. 60	15. 08	33. 93	8. 15	37. 70	18. 96
1989	174. 80	13. 66	29. 72	7. 07	33. 02	17. 15
1990	185. 10	14. 41	31. 47	7. 40	34. 96	17. 34
1991	174. 50	13. 59	29. 67	6. 88	32. 96	16. 70
1992	181. 30	14. 21	30. 82	7. 05	34. 25	16. 11
1993	176. 75	15. 08	30. 05	6. 79	33. 39	15. 08
1994	182. 54	13. 86	31. 03	6. 92	34. 48	13. 86
1995	202. 66	13. 88	34. 45	7. 60	38. 28	13. 88
1996	191. 70	13. 21	32. 59	7. 10	36. 21	13. 21
1997	193. 33	12. 03	32. 87	7. 08	36. 52	12. 03
1998	198. 46	12. 48	33. 74	7. 18	37. 49	12. 48
1999	218. 86	13. 24	37. 21	7. 83	41. 34	13. 24
2000	219. 64	12. 40	37. 34	7. 77	41. 49	12. 40
2001	181. 74	10. 74	30. 90	6. 36	34. 33	10. 74
2002	218. 49	10. 65	37. 14	7. 58	41. 27	10. 65
2003	221. 40	9. 70	37. 64	7. 62	41. 82	9. 70
2004	240. 09	9. 58	40. 82	8. 18	45. 35	9. 58
2005	223. 85	9. 14	38. 05	7. 56	42. 28	9. 14
2006	245. 99	8. 71	41. 82	8. 23	46. 46	8. 71
2007	217. 09	7. 63	36. 91	7. 19	41. 01	7. 63
2008	192. 52	7. 29	32. 73	6. 32	36. 36	7. 29
2009	161. 79	6. 36	27. 50	5. 26	30. 56	6. 36
2010	220. 08	7. 05	37. 41	7. 10	41. 57	7. 05
2011	207. 38	6. 16	35. 25	6. 64	39. 17	6. 16
2012	197. 70	5. 50	33. 61	6. 28	37. 34	5. 50
2013	202. 80	5. 24	34. 48	6. 40	38. 31	5. 24
2014	239. 01	5. 71	40. 63	7. 49	45. 15	5. 71
2015	234. 60	5. 62	39. 88	7. 30	44. 31	5. 62
2016	248. 22	5. 44	42. 20	7. 67	46. 89	5. 44
2017	275. 40	5. 71	46. 82	8. 41	52. 02	5. 71

续表

年份	不锈钢产量/10^4t	占世界的比例/%	含铬量 10^4t	人均不锈钢产量/kg	铬消费量 10^4t	占世界铬消费总量的比例/%
2018	280. 80	5. 51	47. 74	8. 51	53. 04	5. 51
2019	259. 30	4. 95	44. 08	7. 80	48. 98	4. 95
2020	214. 40	4. 21	36. 45	6. 40	40. 50	4. 21
累计产量	8226. 19	—	1398. 45	—	1553. 84	8. 86

基础数据来源：《世界金属统计年鉴》（WBMS，1979—2021）。

四、韩国

（一）韩国不锈钢产量及含铬量变化

2020 年韩国不锈钢产量为 213×10^4t，占世界不锈钢产量的比例为 4. 18%，位居世界第 6 位，人均不锈钢产量为 40. 93 kg（图 5-11；表 5-5）。

1980—2020 年韩国不锈钢产量总体呈波动上升态势，年均增幅为 14. 34%，占比呈先升后降的态势。1980 年不锈钢产量为 1×10^4t（含铬 0.17×10^4t），占比 0. 16%，人均不锈钢产量为 0. 26kg，均处于很低的状态。1997 年韩国不锈钢产量突破 100×10^4t，达 110.9×10^4t（含铬量 18.85×10^4t），占比增至 6. 9%，人均不锈钢产量为 24. 13kg。2004 年不锈钢产量突破 200×10^4t，达到 210.54×10^4t（含铬量 35.79×10^4t），占比 8. 4%，人均不锈钢产量为 43. 79kg。2018 年不锈钢产量升至历史最高值 240.71×10^4t（含铬量 40.92×10^4t），占比 4. 73%，人均不锈钢产量为 46. 59kg。2020 年不锈钢产量和占比分别降至 213×10^4t（含铬量 36.21×10^4t），占比 4. 18%，人均不锈钢产量为 40. 93kg。

1980—2020 年韩国不锈钢累计产量为 4968.42×10^4t。

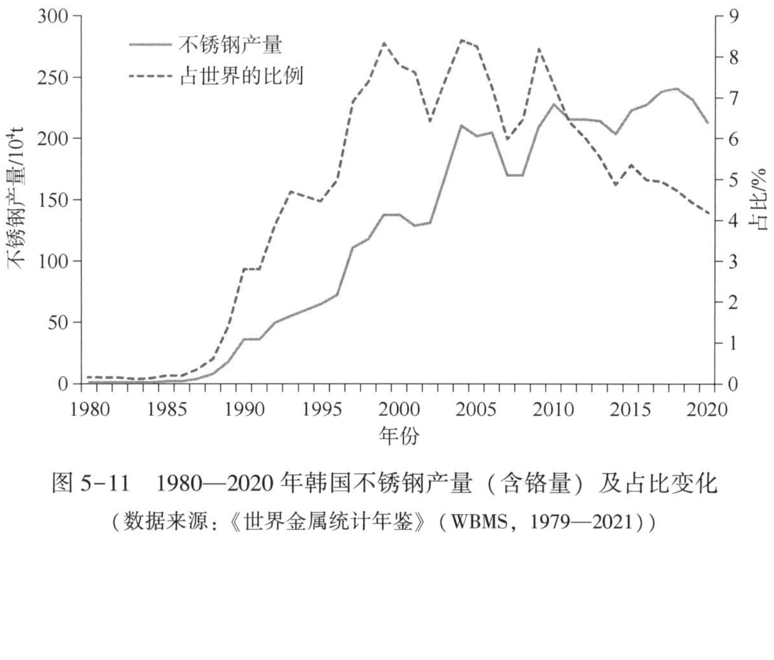

图 5-11　1980—2020 年韩国不锈钢产量（含铬量）及占比变化

（数据来源：《世界金属统计年鉴》（WBMS，1979—2021））

（二）韩国铬消费量变化规律

韩国不生产铬矿石和铬铁合金，但是重要的铬消费国。

测算表明，2020 年韩国铬消费量为 40.23×10^4t，约占世界铬消费总量的 4.18%（图 5-12；表 5-5）。

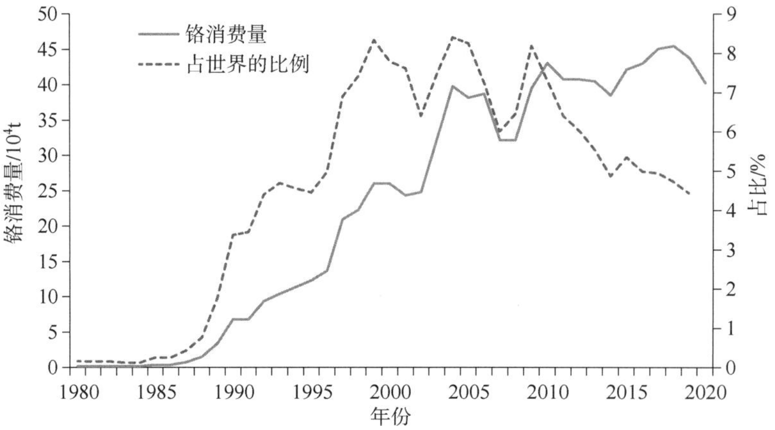

图 5-12　1980—2020 年韩国铬消费量及占比变化

表 5-5　1980—2020 年韩国不锈钢产量（含铬量）、铬消费量及占比变化

年份	不锈钢产量/10^4t	占世界的比例/%	含铬量/10^4t	人均不锈钢产量/kg	铬消费量/10^4t	占世界铬消费总量的比例/%
1980	1.00	0.16	0.17	0.26	0.19	0.16
1981	1.00	0.16	0.17	0.26	0.19	0.16
1982	1.00	0.12	0.17	0.25	0.19	0.12
1983	1.00	0.11	0.17	0.25	0.19	0.11
1984	1.50	0.15	0.26	0.37	0.28	0.15
1985	2.00	0.20	0.34	0.49	0.38	0.25
1986	2.00	0.19	0.34	0.49	0.38	0.24
1987	4.00	0.35	0.68	0.96	0.76	0.44
1988	8.00	0.60	1.36	1.90	1.51	0.76
1989	18.00	1.41	3.06	4.24	3.40	1.77
1990	36.00	2.80	6.12	8.40	6.80	3.37
1991	36.00	2.80	6.12	8.31	6.80	3.44
1992	49.50	3.88	8.42	11.31	9.35	4.40
1993	55.00	4.69	9.35	12.44	10.39	4.69
1994	60.00	4.56	10.20	13.44	11.33	4.56
1995	65.00	4.45	11.05	14.41	12.28	4.45
1996	72.20	4.98	12.27	15.86	13.64	4.98

续表

年份	不锈钢产量/10^4t	占世界的比例/%	含铬量 10^4t	人均不锈钢产量/kg	铬消费量 10^4t	占世界铬消费总量的比例/%
1997	110.90	6.90	18.85	24.13	20.95	6.90
1998	117.90	7.41	20.04	25.47	22.27	7.41
1999	137.67	8.33	23.40	29.53	26.00	8.33
2000	137.93	7.79	23.45	29.34	26.05	7.79
2001	128.77	7.61	21.89	27.18	24.32	7.61
2002	131.21	6.39	22.31	27.54	24.78	6.39
2003	170.55	7.47	28.99	35.61	32.22	7.47
2004	210.54	8.40	35.79	43.79	39.77	8.40
2005	201.96	8.25	34.33	41.91	38.15	8.25
2006	204.89	7.25	34.83	42.30	38.70	7.25
2007	170.00	5.98	28.90	34.92	32.11	5.98
2008	170.70	6.47	29.02	34.80	32.24	6.47
2009	209.00	8.21	35.53	42.39	39.48	8.21
2010	227.94	7.30	38.75	46.00	43.06	7.30
2011	215.70	6.41	36.67	43.19	40.74	6.41
2012	216.70	6.03	36.84	43.17	40.93	6.03
2013	214.30	5.54	36.43	42.50	40.48	5.54
2014	203.80	4.87	34.65	40.16	38.50	4.87
2015	223.10	5.35	37.93	43.73	42.14	5.35
2016	227.60	4.99	38.69	44.41	42.99	4.99
2017	238.59	4.94	40.56	46.37	45.07	4.94
2018	240.71	4.73	40.92	46.59	45.47	4.73
2019	231.76	4.43	39.40	44.68	43.78	4.43
2020	213.00	4.18	36.21	40.93	40.23	4.18
累计产量	4968.42	—	844.63	—	938.48	5.35

数据来源：《世界金属统计年鉴》（WBMS，1979—2021）。

1980—2020年，韩国铬消费量呈现与不锈钢产量一样的变化曲线，即总体上呈现出波动上升的态势；而占世界的比例则呈现先升后降的态势。

1980年，韩国铬消费量为0.19×10^4t，占世界铬消费量的比例仅0.16%。1998年铬消费量和占比分别升至22.27×10^4t和7.41%。2004年铬消费量和占比分别升至39.77×10^4t和8.4%。2018年铬消费量和占比分别升至45.47×10^4t和4.73%，2019年分别降至43.78×10^4t和4.43%。

1980—2020年，韩国铬累计消费量为938.48×10^4t，占同期世界铬消费总量的5.35%。

五、比利时

（一）比利时不锈钢产量及含铬量变化

2020 年比利时不锈钢产量为 135.69×10^4t，占世界不锈钢产量的比例为 2.66%，位居世界第 7 位，人均不锈钢产量为 117.18 kg，比利时是世界上人均不锈钢产量最高的国家（图 5-13；表 5-6）。

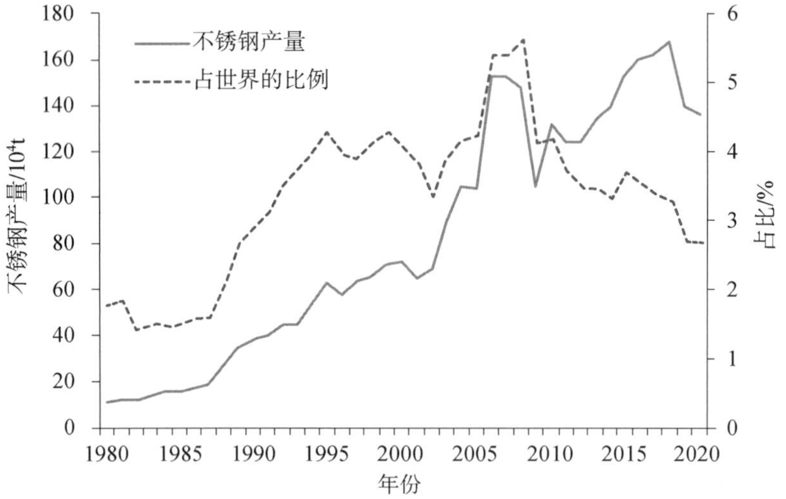

图 5-13　1980—2020 年比利时不锈钢产量（含铬量）及占比变化

（数据来源：《世界金属统计年鉴》（WBMS，1979—2021））

1980—2020 年比利时不锈钢产量总体呈波动上升态势，年均增幅 6.48%，不锈钢产量占世界的比例呈先升后降的态势。1980 年不锈钢产量为 11×10^4t（含铬量 1.87×10^4t），占比 1.75%，人均不锈钢产量为 11.17kg。2004 年比利时不锈钢产量突破 100×10^4t，达到 104.51×10^4t（含铬量 17.77×10^4t），占比 4.17%，人均不锈钢产量达 100.27kg。2008 年不锈钢产量升至 147.07×10^4t（含铬量 25×10^4t），占比升至历史最高值 5.57%，人均不锈钢产量为 137.29kg。2009 年不锈钢产量降至 104.49×10^4t（含铬量 17.76×10^4t），占比降至 4.1%，人均不锈钢产量降至 96.76kg。2018 年不锈钢产量升至历史最高值 167.3×10^4t（含铬量 28.44×10^4t），占比 3.29%，人均不锈钢产量为 146.11kg。2019 年不锈钢产量降至 139.15×10^4（含铬量 23.66×10^4t），占比 2.66%，人均不锈钢产量为 120.76kg。

（二）比利时铬消费量变化规律

比利时无铬矿石和铬铁合金生产活动，由于生产不锈钢，其成为重要的铬消费国。

测算表明，2020 年比利时铬消费量达 25.63×10^4t，约占世界铬消费总量的 2.66%（图 5-14；表 5-6）。

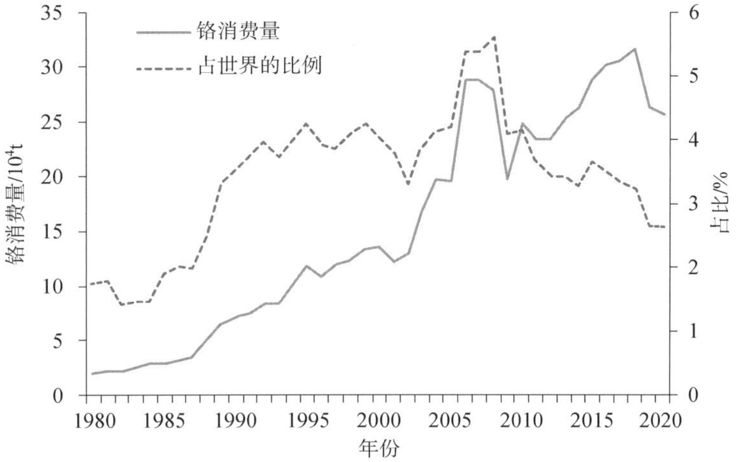

图 5-14　1980—2020 年比利时铬消费量及占比变化

表 5-6　1980—2020 年比利时不锈钢产量（含铬量）、铬消费量及占比变化

年份	不锈钢产量/10^4t	占世界的比例/%	含铬量 10^4t	人均不锈钢产量/kg	铬消费量/10^4t	占世界铬消费总量的比例/%
1980	11.00	1.75	1.87	11.17	2.08	1.75
1981	11.40	1.79	1.94	11.57	2.15	1.79
1982	11.30	1.41	1.92	11.46	2.13	1.41
1983	13.30	1.47	2.26	13.49	2.51	1.47
1984	14.90	1.46	2.53	15.12	2.81	1.46
1985	15.10	1.48	2.57	15.32	2.85	1.91
1986	16.50	1.56	2.81	16.73	3.12	2.01
1987	18.20	1.57	3.09	18.44	3.44	1.98
1988	26.40	1.99	4.49	26.71	4.99	2.51
1989	33.70	2.63	5.73	33.91	6.37	3.31
1990	37.20	2.90	6.32	37.31	7.03	3.48
1991	39.50	3.08	6.72	39.47	7.46	3.78
1992	44.52	3.49	7.57	44.31	8.41	3.96
1993	43.51	3.71	7.40	43.14	8.22	3.71
1994	52.24	3.97	8.88	51.63	9.87	3.97
1995	62.19	4.26	10.57	61.34	11.75	4.26
1996	57.25	3.95	9.73	56.36	10.81	3.95
1997	62.55	3.89	10.63	61.42	11.82	3.89
1998	65.26	4.10	11.09	63.95	12.33	4.10
1999	70.00	4.23	11.90	68.44	13.22	4.23
2000	71.40	4.03	12.14	69.64	13.49	4.03

续表

年份	不锈钢产量/10^4t	占世界的比例/%	含铬量 10^4t	人均不锈钢产量/kg	铬消费量/10^4t	占世界铬消费总量的比例/%
2001	64.40	3.81	10.95	62.59	12.16	3.81
2002	68.79	3.35	11.69	66.56	12.99	3.35
2003	88.83	3.89	15.10	85.59	16.78	3.89
2004	104.51	4.17	17.77	100.27	19.74	4.17
2005	103.18	4.21	17.54	98.45	19.49	4.21
2006	152.23	5.39	25.88	144.29	28.75	5.39
2007	152.05	5.35	25.85	143.07	28.72	5.35
2008	147.07	5.57	25.00	137.29	27.78	5.57
2009	104.49	4.10	17.76	96.76	19.74	4.10
2010	130.60	4.18	22.20	119.57	24.67	4.18
2011	124.13	3.69	21.10	112.43	23.45	3.69
2012	124.10	3.45	21.10	111.71	23.44	3.45
2013	133.22	3.44	22.65	119.36	25.16	3.44
2014	138.82	3.32	23.60	123.82	26.22	3.32
2015	153.65	3.68	26.12	136.26	29.02	3.68
2016	160.00	3.51	27.20	141.17	30.22	3.51
2017	162.10	3.36	27.56	142.48	30.62	3.36
2018	167.30	3.29	28.44	146.11	31.60	3.29
2019	139.15	2.66	23.66	120.76	26.28	2.66
2020	135.69	2.66	23.07	117.18	25.63	2.66
累计产量	3331.73	—	566.39	—	629.33	3.59

数据来源：《世界金属统计年鉴》（WBMS，1979—2021）。

1980—2020年，比利时铬消费量呈现与不锈钢产量相近的变化曲线，即总体上呈现出波动上升的态势；而占世界的比例则呈现先升后降的态势。

1980年，比利时铬消费量为2.08×10^4t，占世界铬消费量的比例为1.75%。2004年铬消费量和占比分别升至19.74×10^4t和4.17%。2008年铬消费量和占比升至27.78×10^4t和5.57%（历史最高值）。2009年铬消费量和占比分别降至19.74×10^4t和4.1%。2018年铬消费量升至历史最高值31.6×10^4t，占比3.29%；2019年则分别降至26.28×10^4t和2.66%。

1980—2020年，比利时铬累计消费量为629.33×10^4t，占同期世界铬消费总量的3.59%。

六、意大利

（一）意大利不锈钢产量及含铬量变化

2020年意大利不锈钢产量为128.45×10^4t（含铬量21.84×10^4t），占世界不锈钢产量

的比例为 2. 52%，位居世界第 8 位，人均不锈钢产量为 21. 25kg。

1980—2020 年意大利不锈钢产量总体呈波动上升态势，年均增幅为 6. 48%，不锈钢产量占世界的比例呈波动下降态势，两条曲线形成“剪刀形”。1980 年意大利不锈钢产量为 39×10^4t（含铬量 6. 63×10^4t），占世界不锈钢产量的比例为 6. 19%，人均不锈钢产量为 6. 91kg。1995 年不锈钢产量为 102. 2×10^4t（含铬量 17. 37×10^4t），占比 7%，人均不锈钢产量为 17. 97kg。2006 年不锈钢产量达到历史最大值 181. 37×10^4t（含铬量 30. 83×10^4t），占比 6. 42%，人均不锈钢产量升至 31. 18kg。2009 年不锈钢产量和占比分别降至 121. 58×10^4t（含铬量 20. 67×10^4t）和 4. 78%，人均不锈钢产量为 20. 56kg。2018 年不锈钢产量和占比分别为 150. 4×10^4t（含铬量 25. 57×10^4t），占比 2. 95%，人均不锈钢产量为 24. 84kg（图 5-15；表 5-7）。

1980—2020 年意大利不锈钢累计产量为 4436. 81×10^4t。

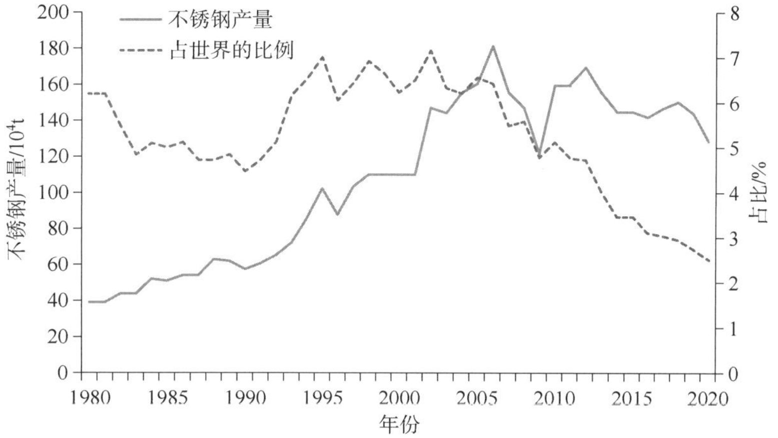

图 5-15　1980—2020 年意大利不锈钢产量（含铬量）及占比变化

（数据来源：《世界金属统计年鉴》（WBMS，1979—2021））

（二）意大利铬消费量变化规律

意大利没有生产过铬矿石，但在 1974—1999 年间曾生产铬铁合金，累计产量约 106×10^4t。由于意大利生产不锈钢，已成为重要的铬消费国。

测算表明，2020 年意大利铬消费量为 24. 26×10^4t，约占世界铬消费总量的 2. 52%（图 5-16）。

1980—2020 年，意大利铬消费量呈现与不锈钢产量相近的变化曲线，即总体上呈现出波动上升的态势；而占世界的比例则呈下降态势；两条曲线形成“剪刀形”。

1980 年，意大利铬消费量为 7. 37×10^4t，占世界铬消费量的比例为 6. 19%。1995 年铬消费量和占比分别升至 19. 3×10^4t 和 7%。2006 年铬消费量升至历史最高值 34. 26×10^4t，占比为 6. 42%。2008 年铬消费量和占比分别降至 27. 79×10^4t 和 5. 57%。2019 年分别降至 27. 21×10^4t 和 2. 75%。

1980—2020 年，意大利铬累计消费量为 838. 06×10^4t，占同期世界铬消费总量的 4. 78%。

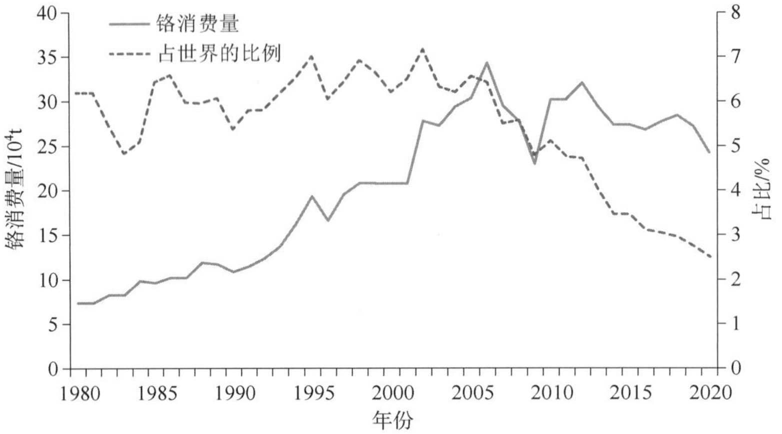

图 5-16　1980—2020 年意大利铬消费量及占比变化

表 5-7　1980—2020 年意大利不锈钢产量（含铬量）、铬消费量及占比变化

年份	不锈钢产量/10^4t	占世界的比例/%	含铬量/10^4t	人均不锈钢产量/kg	铬消费量/10^4t	占世界铬消费总量的比例/%
1980	39. 00	6. 19	6. 63	6. 91	7. 37	6. 19
1981	39. 30	6. 17	6. 68	6. 96	7. 42	6. 17
1982	43. 80	5. 47	7. 45	7. 75	8. 27	5. 47
1983	43. 80	4. 84	7. 45	7. 73	8. 27	4. 84
1984	52. 00	5. 09	8. 84	9. 17	9. 82	5. 09
1985	50. 90	4. 99	8. 65	8. 97	9. 61	6. 43
1986	54. 00	5. 11	9. 18	9. 52	10. 20	6. 58
1987	54. 70	4. 72	9. 30	9. 64	10. 33	5. 96
1988	62. 90	4. 75	10. 69	11. 09	11. 88	5. 98
1989	61. 90	4. 84	10. 52	10. 91	11. 69	6. 07
1990	57. 40	4. 47	9. 76	10. 12	10. 84	5. 38
1991	60. 60	4. 72	10. 30	10. 67	11. 45	5. 80
1992	65. 30	5. 12	11. 10	11. 49	12. 33	5. 80
1993	72. 30	6. 17	12. 29	12. 72	13. 66	6. 17
1994	85. 90	6. 52	14. 60	15. 11	16. 23	6. 52
1995	102. 20	7. 00	17. 37	17. 97	19. 30	7. 00
1996	87. 80	6. 05	14. 93	15. 43	16. 58	6. 05
1997	103. 30	6. 43	17. 56	18. 15	19. 51	6. 43
1998	110. 00	6. 91	18. 70	19. 32	20. 78	6. 91
1999	109. 90	6. 65	18. 68	19. 30	20. 76	6. 65
2000	109. 90	6. 21	18. 68	19. 29	20. 76	6. 21
2001	109. 90	6. 50	18. 68	19. 28	20. 76	6. 50
2002	147. 12	7. 17	25. 01	25. 77	27. 79	7. 17
2003	144. 27	6. 32	24. 53	25. 16	27. 25	6. 32

续表

年份	不锈钢产量/10^4t	占世界的比例/%	含铬量 10^4t	人均不锈钢产量/kg	铬消费量/10^4t	占世界铬消费总量的比例/%
2004	155.52	6.20	26.44	26.95	29.38	6.20
2005	160.55	6.56	27.29	27.68	30.33	6.56
2006	181.37	6.42	30.83	31.18	34.26	6.42
2007	155.80	5.48	26.49	26.65	29.43	5.48
2008	147.10	5.57	25.01	25.00	27.79	5.57
2009	121.58	4.78	20.67	20.56	22.97	4.78
2010	159.65	5.11	27.14	26.92	30.16	5.11
2011	160.24	4.76	27.24	26.97	30.27	4.76
2012	169.62	4.72	28.84	28.48	32.04	4.72
2013	155.64	4.02	26.46	25.83	29.40	4.02
2014	144.83	3.46	24.62	23.82	27.36	3.46
2015	145.11	3.48	24.67	23.88	27.41	3.48
2016	141.90	3.11	24.12	23.40	26.80	3.11
2017	146.80	3.04	24.96	24.24	27.73	3.04
2018	150.40	2.95	25.57	24.84	28.41	2.95
2019	144.06	2.75	24.49	23.80	27.21	2.75
2020	128.45	2.52	21.84	21.25	24.26	2.52
累计产量	4436.81	—	754.26	—	838.06	4.78

数据来源：《世界金属统计年鉴》（WBMS，1979—2021）。

七、中国

（一）中国大陆地区

1. 中国大陆不锈钢产量及含铬量变化

2020年中国大陆不锈钢产量为3004.79×10^4t（含铬量510.81×10^4t），占世界不锈钢产量的比例为59.01%，位居世界首位，人均不锈钢产量为21.38kg（图5-17；表5-8）。

1980—2020年中国大陆不锈钢产量总体呈上升态势，年均增幅13.65%，不锈钢产量占世界的比例也呈上升态势，两条曲线的发展演变趋势基本一致，但明显分为两个发展阶段。

1980—2001年不锈钢产量在（18~73）×10^4t间平稳演进，年均增幅不到7%，属于低增长期，1980年不锈钢产量约18×10^4t（含铬量3.06×10^4t），占世界的比例仅为2.86%，人均不锈钢产量仅为0.18kg；2001年不锈钢产量为73.00×10^4t（含铬量12.41×10^4t），人均不锈钢产量0.57kg，占世界的比例升至4.32%，但不锈钢总产量、占比和人均产量在世界上均居很低的水平。

2002—2020年不锈钢产量呈大幅增长态势，迎来了我国不锈钢产业的快速发展期，年均增幅19.88%。2002年不锈钢产量升至115.00×10^4t（含铬量19.55×10^4t），占世界的比例升至5.60%；2010年不锈钢产量超过1000×10^4t，达到1125.60×10^4t，占比升至

36.06%，人均不锈钢产量 8.39kg；2014 年不锈钢产量突破 2000×10^4t，达到 2169.20×10^4t，占世界的比例升至 51.84%，占据世界不锈钢产量的半壁江山，人均不锈钢产量升至 15.86kg；2019 年不锈钢产量接近 3000×10^4t，达到 2939.98×10^4t，占世界的比例升至 56.15%，人均不锈钢产量 21.00kg。

1980—2020 年中国大陆不锈钢累计产量为 28434.31×10^4t。

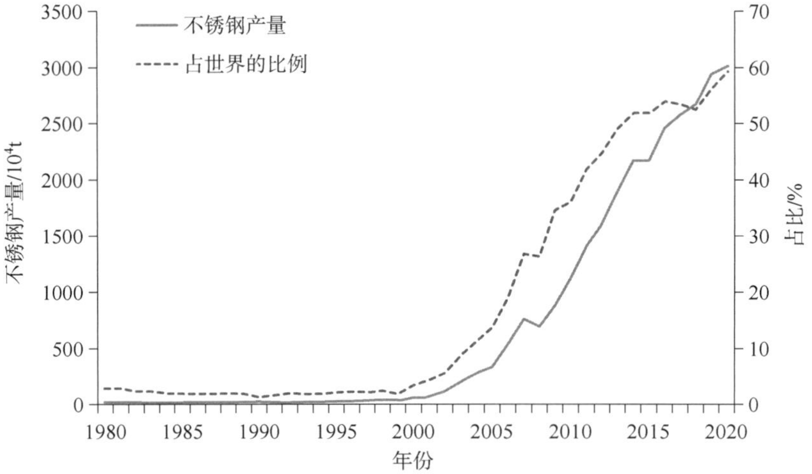

图 5-17　1980—2020 年中国大陆不锈钢产量（含铬量）及占比变化

（数据来源：《世界金属统计年鉴》（WBMS，1979—2021））

2. 中国大陆铬消费量变化规律

中国大陆铬矿石产量一直很低，但进入 21 世纪我国成为不锈钢大国，铬消费量随之快速增加，为世界最大铬消费国。

测算表明：2020 年中国大陆铬消费量为 569.29×10^4t，占世界铬消费总量的 59.19%（图 5-18；表 5-8）。

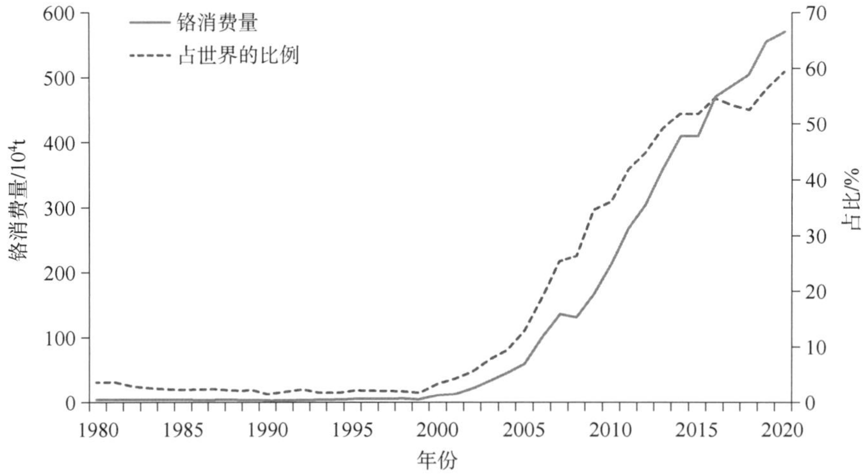

图 5-18　1980—2020 年中国大陆铬消费量及占比变化

1980—2020 年，中国大陆铬消费量呈现与不锈钢产量相近的曲线，总体呈上升态势，但明显分为两个发展演变阶段。

1980—1999 年铬消费量在（4.40 ~ 5.71）$\times 10^4$ t 间，呈波动变化态势，年均增幅 1.38%，属于低增长期。1980 年铬消费量仅为 4.40$\times 10^4$t，占世界铬消费总量的 3.70%；1999 年铬消费量为 5.71$\times 10^4$t，占比 1.83%。中国大陆铬消费量和占比均处于低水平状态。

2000—2020 年铬消费量呈快速增长态势，年均增幅高达 21.63%，这一阶段是中国大陆铬消费量增长最快的时期，且仍具增长潜力。2000 年铬消费量为 11.33$\times 10^4$t，占比世界铬消费总量的 3.39%；2019 年增至 555.33$\times 10^4$t，占比增至 56.15%。

1980—2020 年，中国大陆铬累计消费量为 5356.22$\times 10^4$t，占同期世界铬消费总量的 31.56%。

表 5-8　1980—2020 年中国大陆不锈钢产量（含铬量）、铬消费量及占比变化

年份	不锈钢产量 10^4t	占世界的比例 %	含铬量 10^4t	人均不锈钢产量 kg	铬消费量 10^4t	占世界铬消费总量的比例/%
1980	18.00	2.86	3.06	0.18	4.40	3.70
1981	18.00	2.82	3.06	0.18	4.44	3.68
1982	18.50	2.31	3.15	0.18	4.47	2.95
1983	19.00	2.10	3.23	0.18	4.50	2.63
1984	19.00	1.86	3.23	0.18	4.53	2.35
1985	19.00	1.86	3.23	0.18	3.59	1.86
1986	20.55	1.95	3.49	0.19	3.80	1.91
1987	22.23	1.92	3.78	0.20	4.03	1.84
1988	24.04	1.82	4.09	0.22	4.28	1.71
1989	24.00	1.88	4.08	0.21	4.53	1.88
1990	16.40	1.28	2.79	0.14	3.10	1.28
1991	20.50	1.60	3.49	0.18	3.87	1.60
1992	25.80	2.02	4.39	0.22	4.87	2.02
1993	21.20	1.81	3.60	0.18	4.00	1.81
1994	26.00	1.97	4.42	0.22	4.91	1.97
1995	32.44	2.22	5.51	0.27	6.13	2.22
1996	31.34	2.16	5.33	0.26	5.92	2.16
1997	33.22	2.07	5.65	0.27	6.27	2.07
1998	38.44	2.42	6.53	0.31	5.37	1.79
1999	30.22	1.83	5.14	0.24	5.71	1.83
2000	60.00	3.39	10.20	0.47	11.33	3.39
2001	73.00	4.32	12.41	0.57	13.79	4.32
2002	115.00	5.60	19.55	0.90	21.53	5.56
2003	200.00	8.76	34.00	1.55	33.58	7.79

续表

年份	不锈钢产量 10^4t	占世界的比例 %	含铬量 10^4t	人均不锈钢产量 kg	铬消费量 10^4t	占世界铬消费总量的比例/%
2004	280.50	11.19	47.69	2.16	44.65	9.43
2005	335.00	13.68	56.95	2.56	59.69	12.90
2006	536.30	18.98	91.17	4.08	100.11	18.76
2007	761.00	26.76	129.37	5.76	136.11	25.34
2008	694.30	26.31	118.03	5.23	131.15	26.31
2009	880.46	34.59	149.68	6.60	166.31	34.59
2010	1125.60	36.06	191.35	8.39	212.61	36.06
2011	1409.10	41.85	239.55	10.46	266.16	41.85
2012	1608.70	44.77	273.48	11.88	303.87	44.77
2013	1898.40	49.04	322.73	13.95	358.59	49.04
2014	2169.20	51.84	368.76	15.86	409.74	51.84
2015	2156.22	51.70	366.56	15.69	407.28	51.70
2016	2460.83	53.91	418.34	17.80	471.05	54.63
2017	2577.37	53.41	438.15	18.54	486.84	53.41
2018	2670.68	52.44	454.02	19.14	504.46	52.44
2019	2939.98	56.15	499.80	21.00	555.33	56.15
2020	3004.79	59.01	510.81	21.38	569.29	59.19
累计产量	28434.31	30.04	4833.83	—	5356.22	31.56

数据来源：《世界金属统计年鉴》（WBMS，1979—2021）。

（二）中国台湾地区

1. 中国台湾不锈钢产量及含铬量变化

2020年中国台湾不锈钢产量为85.87×10^4t（含铬量14.6×10^4t），占世界的比例1.69%，位居世界第10位，人均不锈钢产量36.65kg。

1984—2020年中国台湾不锈钢产量总体呈先升后降的态势，年均增幅6.48%。可分为两个发展阶段（图5-19；表5-9）。

1984—2006年为波动上升阶段，不锈钢产量年均增幅达20.73%。1984年不锈钢产量为2.6×10^4t（含铬量0.44×10^4t），占世界不锈钢总产量的的0.25%，人均不锈钢产量为1.37kg；1995年不锈钢产量为66.11×10^4t（含铬量11.24×10^4t），占比升至4.53%，人均不锈钢产量为31.31kg；1996年分别降至47.47×10^4t（含铬量8.07×10^4t）和3.27%，人均不锈钢产量为22.3kg；2000年不锈钢产量升至113.6×10^4t（含铬量19.31×10^4t），占比达6.41%的历史最高值，人均不锈钢产量为51.57kg；2006年不锈钢产量升至164.05×10^4t（含铬量27.89×10^4t）的历史最高值，占比5.81%，人均不锈钢产量达到72.52kg的历史最高值。1984—2006年中国台湾不锈钢累计产量1513.27×10^4t。

2007—2020年为波动下降阶段，不锈钢产量年均降幅4.27%。2007年不锈钢产量为151.5×10^4t（含铬量25.76×10^4t），占比5.33%，人均不锈钢产量为66.74kg；2013年不锈钢产量和占比分别降至 106.7×10^4t（含铬量 18.14×10^4t）和 2.76%，人均不锈钢产量为 46.17kg；2017 年不锈钢产量升至 137.6×10^4t（含铬量 23.39×10^4t），占比 2.85%，人均不锈钢产量为 59.04kg；2019 年不锈钢产量和占比分别降至 99.74×10^4t（含铬量 16.96×10^4t）和 1.9%，人均不锈钢产量为 42.68kg。2007—2020 年中国台湾不锈钢累计产量 1703.17×10^4t。

1984—2020 年中国台湾不锈钢累计产量为 3216.4×10^4t，约占同期世界不锈钢累计产量的 3.51%。

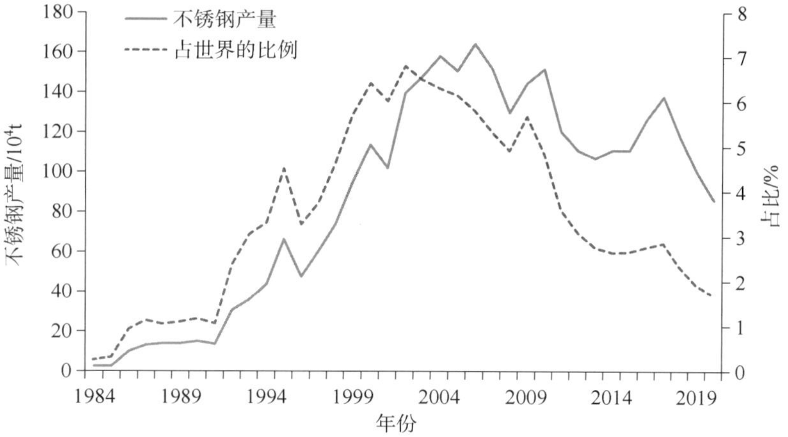

图 5-19　1984—2020 年中国台湾不锈钢产量（含铬量）及占比变化

（数据来源：《世界金属统计年鉴》（WBMS，1983—2021））

2. 中国台湾铬消费量变化规律

中国台湾未生产过铬矿石和铬铁合金，由于生产不锈钢，已成为重要的铬消费地区。

测算表明：2020 年中国台湾铬消费量为 16.22×10^4t，约占世界铬消费总量的 1.69%（图 5-20；表 5-9）。

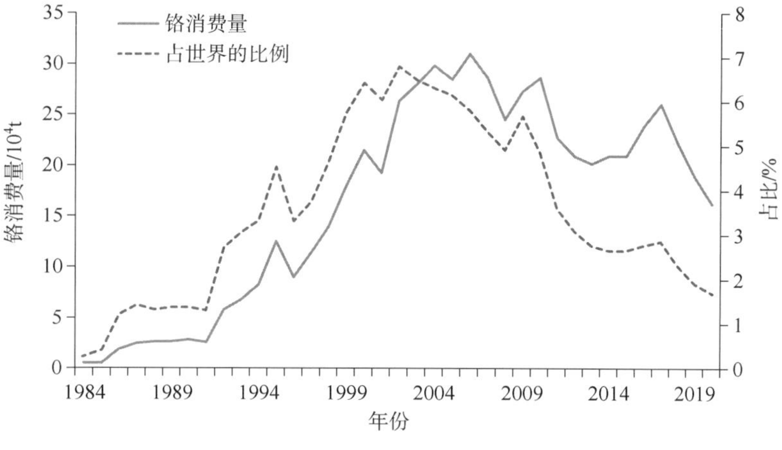

图 5-20　1984—2020 年中国台湾铬消费量及占比变化

1984—2020 年，中国台湾铬累计消费量为 607.54×10^4t，约占同期世界铬累计消费量的 3.58%。

1984—2020 年，中国台湾铬消费量和占比呈现与不锈钢产量和占比相近的变化曲线，即总体上呈现出先升后降的态势。1984 年铬消费量为 0.49×10^4t，占世界铬消费总量的比例 0.25%；2002 年铬消费量为 26.33×10^4t，占比 6.79%，达到历史最高水平；2006 年铬消费量升至历史最高值 30.99×10^4t，占比 5.81%；2013 年铬消费量和占比分别为 20.15×10^4t 和 2.76%；2017 年分别升至 25.99×10^4t 和 2.85%；2019 年降至 18.84×10^4t 和 1.9%。

表 5-9 1984—2020 年中国台湾不锈钢产量（含铬量）、铬消费量及占比变化

年份	不锈钢产量 / 10^4t	占世界的比例 / %	含铬量 / 10^4t	人均不锈钢产量 / kg	铬消费量 / 10^4t	占世界铬消费总量的比例/%
1984	2.60	0.25	0.44	1.37	0.49	0.25
1985	3.20	0.31	0.54	1.67	0.60	0.40
1986	10.00	0.95	1.70	5.17	1.89	1.22
1987	13.10	1.13	2.23	6.71	2.47	1.43
1988	13.90	1.05	2.36	7.04	2.63	1.32
1989	14.00	1.09	2.38	7.02	2.64	1.37
1990	15.00	1.17	2.55	7.44	2.83	1.41
1991	13.63	1.06	2.32	6.69	2.57	1.30
1992	30.56	2.39	5.20	14.86	5.77	2.72
1993	35.78	3.05	6.08	17.24	6.76	3.05
1994	43.53	3.31	7.40	20.79	8.22	3.31
1995	66.11	4.53	11.24	31.31	12.49	4.53
1996	47.47	3.27	8.07	22.30	8.97	3.27
1997	60.33	3.75	10.26	28.06	11.40	3.75
1998	73.72	4.63	12.53	34.00	13.92	4.63
1999	94.96	5.74	16.14	43.47	17.94	5.74
2000	113.60	6.41	19.31	51.57	21.46	6.41
2001	101.88	6.02	17.32	45.99	19.24	6.02
2002	139.40	6.79	23.70	62.60	26.33	6.79
2003	148.00	6.49	25.16	66.22	27.96	6.49
2004	157.90	6.30	26.84	70.38	29.83	6.30
2005	150.55	6.15	25.59	66.87	28.44	6.15
2006	164.05	5.81	27.89	72.52	30.99	5.81
2007	151.50	5.33	25.76	66.74	28.62	5.33
2008	129.70	4.91	22.05	56.94	24.50	4.91
2009	144.40	5.67	24.55	63.17	27.28	5.67
2010	151.40	4.85	25.74	66.11	28.60	4.85
2011	120.30	3.57	20.45	52.39	22.72	3.57

续表

年份	不锈钢产量 10^4t	占世界的比例 %	含铬量 10^4t	人均不锈钢产量 kg	铬消费量 10^4t	占世界铬消费总量的比例/%
2012	110.70	3.08	18.82	48.02	20.91	3.08
2013	106.70	2.76	18.14	46.17	20.15	2.76
2014	110.80	2.65	18.84	47.82	20.93	2.65
2015	110.90	2.66	18.85	47.74	20.95	2.66
2016	126.30	2.77	21.47	54.26	23.86	2.77
2017	137.60	2.85	23.39	59.04	25.99	2.85
2018	117.22	2.30	19.93	50.23	22.14	2.30
2019	99.74	1.90	16.96	42.68	18.84	1.90
2020	85.87	1.69	14.60	36.65	16.22	1.69
累计产量	3216.40	3.51	546.79	—	607.54	3.58

数据来源：《世界金属统计年鉴》（WBMS，1984-2021）。

八、西班牙

（一）西班牙不锈钢产量及含铬量变化

西班牙不生产铬矿石，1974—2000年间曾生产铬铁合金，累计产量约 32×10^4t，西班牙生产不锈钢。

2020年西班牙不锈钢产量为 81.99×10^4t（含铬量 13.94×10^4t），占世界不锈钢产量的比例为1.61%，位居世界第11位，人均不锈钢产量为36.65kg（图5-21；表5-10）。

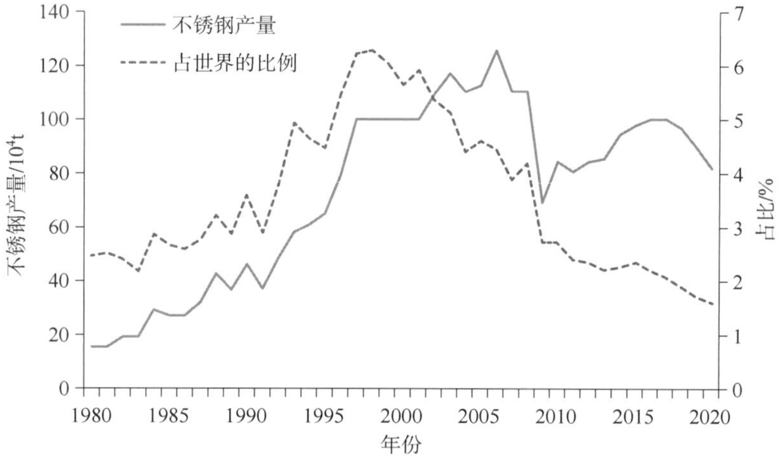

图5-21 1980—2020年西班牙不锈钢产量（含铬量）及占比变化
（数据来源：《世界金属统计年鉴》（WBMS，1979—2021））

1980—2020年西班牙不锈钢产量总体呈先升后降的态势。可分为两个发展阶段。

1）1980—2006年为西班牙不锈钢产量波动增长阶段，年均增幅为8.38%。1980年不锈钢产量为 15. 5×10^4t（含铬量 2. 64×10^4t），占世界不锈钢总产量的 2. 46%，人均不锈钢产量为 4. 13kg。1998 年不锈钢产量为 100×10^4t（含铬量 17×10^4t），占比升至历史最高值 6. 29%，人均不锈钢产量升至 34kg。2006 年不锈钢产量为 125. 67×10^4t（含铬量 21. 36×10^4t），占比降至 4. 45%，人均不锈钢产量达到历史最高值 72. 52kg。1980—2006 年西班牙不锈钢累计产量为 1735. 65×10^4t。

2）2007—2020 年为西班牙不锈钢产量波动下降阶段，年均降幅为 2. 27%。2007 年不锈钢产量为 110. 46×10^4t（含铬量 18. 78×10^4t），占比 3. 88%，人均不锈钢产量为 66. 74kg。2009 年不锈钢产量和占比分别降至 69. 29×10^4t（含铬量 11. 78×10^4t）和 2. 72%，人均不锈钢产量为 63. 17kg。2017 年不锈钢产量和占比分别为 100. 3×10^4t（含铬量 17. 05×10^4t）和 2. 08%，人均不锈钢产量为 59. 04kg。2019 年分别降至 89. 81×10^4t（含铬量 15. 27×10^4t）和 1. 72%，人均不锈钢产量为 42. 68kg。2007—2020 年西班牙不锈钢累计产量为 1286. 84×10^4t。

1980—2020 年西班牙不锈钢累计产量为 3022. 49×10^4t，约占同期世界不锈钢累计产量的 3. 30%。

（二）西班牙铬消费量变化规律

由于西班牙生产不锈钢，是世界重要的铬消费国家之一。

测算表明，2020 年西班牙铬消费量为 15. 49×10^4t，约占世界铬消费总量的 1. 61%（图 5-22；表 5-10）。

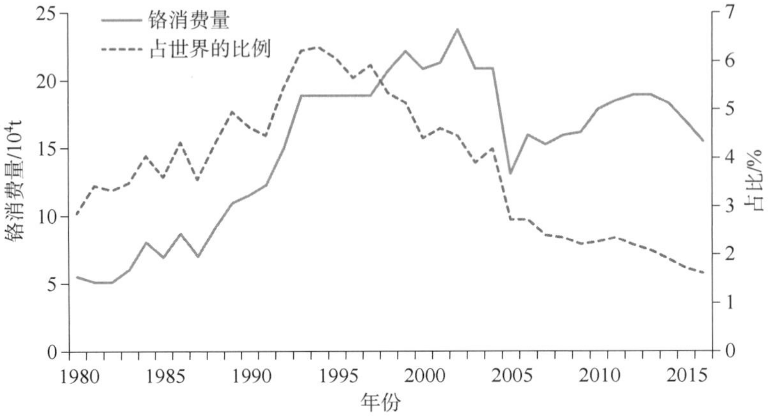

图 5-22 1980—2020 年西班牙铬消费量及占比变化

表 5-10 1980—2020 年西班牙不锈钢产量（含铬量）、铬消费量及占比变化

年份	不锈钢产量/10^4t	占世界的比例/%	含铬量/10^4t	人均不锈钢产量/kg	铬消费量/10^4t	占世界铬消费总量的比例/%
1980	15. 50	2. 46	2. 64	4. 13	2. 93	2. 46
1981	16. 00	2. 51	2. 72	4. 24	3. 02	2. 51
1982	19. 20	2. 40	3. 26	5. 05	3. 63	2. 40
1983	19. 70	2. 18	3. 35	5. 16	3. 72	2. 18

续表

年份	不锈钢产量/10^4t	占世界的比例/%	含铬量 10^4t	人均不锈钢产量/kg	铬消费量/10^4t	占世界铬消费总量的比例/%
1984	29. 20	2. 86	4. 96	1. 37	5. 52	2. 86
1985	27. 10	2. 66	4. 61	1. 67	5. 12	3. 42
1986	27. 30	2. 58	4. 64	5. 17	5. 16	3. 33
1987	32. 00	2. 76	5. 44	6. 71	6. 04	3. 48
1988	42. 60	3. 22	7. 24	7. 04	8. 05	4. 05
1989	36. 70	2. 87	6. 24	7. 02	6. 93	3. 60
1990	46. 10	3. 59	7. 84	7. 44	8. 71	4. 32
1991	37. 10	2. 89	6. 31	6. 69	7. 01	3. 55
1992	48. 30	3. 79	8. 21	14. 86	9. 12	4. 29
1993	58. 00	4. 95	9. 86	17. 24	10. 96	4. 95
1994	61. 00	4. 63	10. 37	20. 79	11. 52	4. 63
1995	65. 00	4. 45	11. 05	31. 31	12. 28	4. 45
1996	79. 30	5. 46	13. 48	22. 30	14. 98	5. 46
1997	100. 00	6. 22	17. 00	28. 06	18. 89	6. 22
1998	100. 00	6. 29	17. 00	34. 00	18. 89	6. 29
1999	100. 00	6. 05	17. 00	43. 47	18. 89	6. 05
2000	100. 00	5. 65	17. 00	51. 57	18. 89	5. 65
2001	100. 08	5. 92	17. 01	45. 99	18. 90	5. 92
2002	109. 57	5. 34	18. 63	62. 60	20. 70	5. 34
2003	117. 20	5. 14	19. 92	66. 22	22. 14	5. 14
2004	110. 33	4. 40	18. 76	70. 38	20. 84	4. 40
2005	112. 70	4. 60	19. 16	66. 87	21. 29	4. 60
2006	125. 67	4. 45	21. 36	72. 52	23. 74	4. 45
2007	110. 46	3. 88	18. 78	66. 74	20. 86	3. 88
2008	110. 50	4. 19	18. 79	56. 94	20. 87	4. 19
2009	69. 29	2. 72	11. 78	63. 17	13. 09	2. 72
2010	84. 42	2. 70	14. 35	66. 11	15. 95	2. 70
2011	80. 71	2. 40	13. 72	52. 39	15. 25	2. 40
2012	84. 36	2. 35	14. 34	48. 02	15. 93	2. 35
2013	85. 49	2. 21	14. 53	46. 17	16. 15	2. 21
2014	94. 53	2. 26	16. 07	47. 82	17. 86	2. 26
2015	97. 88	2. 35	16. 64	47. 74	18. 49	2. 35
2016	100. 20	2. 20	17. 03	54. 26	18. 93	2. 20
2017	100. 30	2. 08	17. 05	59. 04	18. 95	2. 08
2018	96. 90	1. 90	16. 47	50. 23	18. 30	1. 90

续表

年份	不锈钢产量/10^4t	占世界的比例/%	含铬量/10^4t	人均不锈钢产量/kg	铬消费量/10^4t	占世界铬消费总量的比例/%
2019	89.81	1.72	15.27	42.68	16.96	1.72
2020	81.99	1.61	13.94	36.65	15.49	1.61
累计产量	3022.49	3.30	501.86	—	570.91	3.36

数据来源：《世界金属统计年鉴》（WBMS，1979—2021）。

1980—2020 年，西班牙铬消费量和占比呈现与不锈钢产量和占比相近的变化曲线，即总体上呈现出先升后降的态势。1980 年铬消费量为 2.93×10^4t，占世界铬消费量的比例为 2.46%。1998 年铬消费量为 18.89×10^4t，占比升至历史最高值 6.29%。2006 年铬消费量升至历史最高值 23.74×10^4t，占比 4.45%。2009 年铬消费量和占比分别降至 13.09×10^4t 和 2.72%。2017 年铬消费量和占比分别升至 18.95×10^4t 和 2.08%。2019 年铬消费量和占比分别降至 16.96×10^4t 和 1.72%。

1980—2020 年西班牙铬累计消费量为 570.91×10^4t，约占同期世界铬累计消费量的 3.36%。

九、瑞典

瑞典生产铬铁合金和不锈钢，是世界上重要的铬消费国。2020 年瑞典铬铁合金产量为 11.82×10^4t，占世界铬铁合金总产量的 0.84%，1974—2020 年瑞典累计生产铬铁合金 529.78×10^4t。

（一）瑞典不锈钢产量及含铬量变化

2020 年瑞典不锈钢产量为 58.31×10^4t（含铬量 9.91×10^4t），占世界不锈钢产量的比例为 1.15%，位居世界第 12 位，人均不锈钢产量为 56.42kg（图 5-23；表 5-11）。

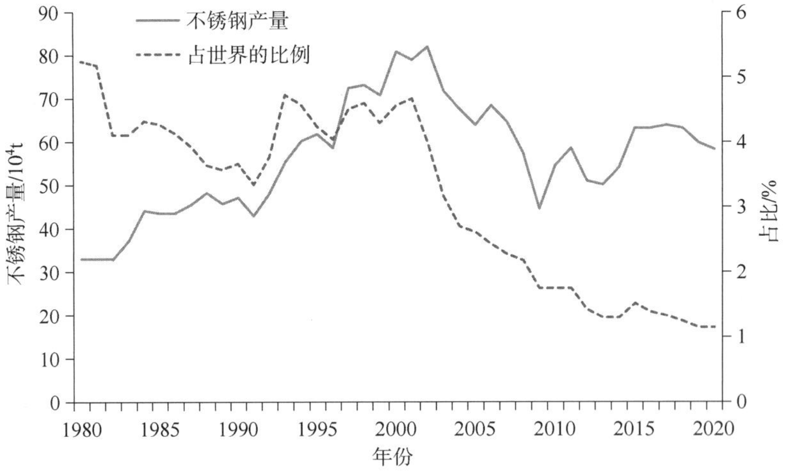

图 5-23　1980—2020 年瑞典不锈钢产量及占比变化

（数据来源：《世界金属统计年鉴》（WBMS，1979—2021））

1980—2020 年瑞典不锈钢产量总体呈先升后降的态势。可分为两个发展演变阶段。

1）1980—2002 年为不锈钢产量波动增长阶段，年均增幅 4.22%。1980 年不锈钢产量为 33×10^4t（含铬量 5.61×10^4t），占世界不锈钢总产量的比例为 5.24%，达到历史最高值，人均不锈钢产量为 39.71kg。1991 年不锈钢产量为 42.9×10^4t（含铬量 7.29×10^4t），占比 3.34%，人均不锈钢产量为 49.78kg。1980—2002 年不锈钢累计产量为 1238.52×10^4t。

2）2003—2020 年为不锈钢产量波动下降阶段，年均降幅为 1.21%。2003 年不锈钢产量为 71.77×10^4t（含铬量 12.2×10^4t），占比 3.14%，人均不锈钢产量为 80.11kg。2009 年不锈钢产量降至 44.55×10^4t（含铬量 7.57×10^4t），占比降至 1.75%，人均不锈钢产量为 47.91kg。2017 年不锈钢产量和占比分别升至 63.9×10^4t（含铬量 10.86×10^4t）和 1.32%，人均不锈钢产量为 63.53kg。2019 年不锈钢产量和占比分别降至 59.86×10^4t（含铬量 10.18×10^4t）和 1.14%，人均不锈钢产量为 58.31kg。2003—2020 年不锈钢累计产量为 1078.18×10^4t。

1980—2020 年瑞典不锈钢累计产量为 2316.70×10^4t，约占同期世界不锈钢累计产量的 2.53%。

（二）瑞典铬消费量变化规律

瑞典生产不锈钢，是世界重要的铬消费国家之一。

测算表明，2020 年瑞典铬消费量为 11.01×10^4t，约占世界铬消费总量的 1.15%（图 5-24；表 5-11）。

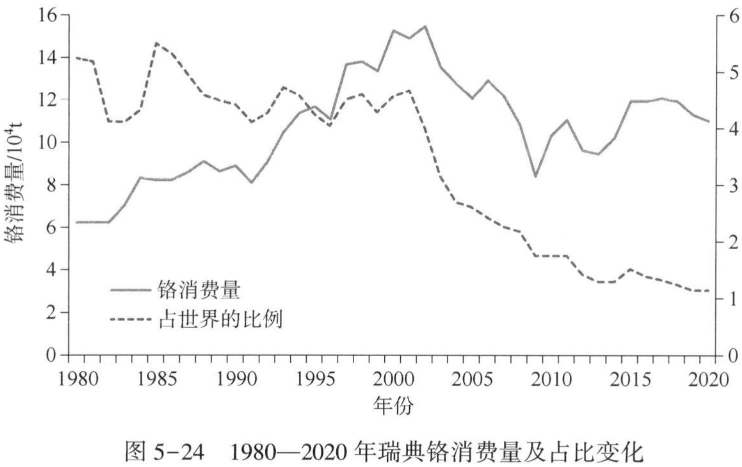

图 5-24　1980—2020 年瑞典铬消费量及占比变化

表 5-11　1980—2020 年瑞典不锈钢产量（含铬量）、铬消费量及占比变化

年份	不锈钢产量/10^4t	占世界的比例/%	含铬量/10^4t	人均不锈钢产量/kg	铬消费量/10^4t	占世界铬消费总量的比例/%
1980	33.00	5.24	5.61	39.71	6.23	5.24
1981	33.00	5.18	5.61	39.66	6.23	5.18
1982	32.90	4.11	5.59	39.52	6.21	4.11
1983	37.20	4.11	6.32	44.66	7.03	4.11

续表

年份	不锈钢产量/10^4t	占世界的比例/%	含铬量 10^4t	人均不锈钢产量/kg	铬消费量/10^4t	占世界铬消费总量的比例/%
1984	44. 10	4. 32	7. 50	52. 90	8. 33	4. 32
1985	43. 50	4. 27	7. 40	52. 10	8. 22	5. 50
1986	43. 60	4. 13	7. 41	52. 09	8. 24	5. 31
1987	45. 50	3. 93	7. 74	54. 18	8. 59	4. 95
1988	48. 20	3. 64	8. 19	57. 14	9. 10	4. 58
1989	45. 70	3. 57	7. 77	53. 81	8. 63	4. 48
1990	47. 10	3. 67	8. 01	55. 03	8. 90	4. 41
1991	42. 90	3. 34	7. 29	49. 78	8. 10	4. 11
1992	48. 02	3. 76	8. 16	55. 40	9. 07	4. 27
1993	55. 35	4. 72	9. 41	63. 48	10. 46	4. 72
1994	60. 20	4. 57	10. 23	68. 56	11. 37	4. 57
1995	61. 80	4. 23	10. 51	70. 01	11. 67	4. 23
1996	58. 63	4. 04	9. 97	66. 31	11. 07	4. 04
1997	72. 40	4. 51	12. 31	81. 84	13. 68	4. 51
1998	73. 10	4. 60	12. 43	82. 59	13. 81	4. 60
1999	70. 75	4. 28	12. 03	79. 87	13. 36	4. 28
2000	80. 78	4. 56	13. 73	91. 05	15. 26	4. 56
2001	78. 90	4. 66	13. 41	88. 69	14. 90	4. 66
2002	81. 89	3. 99	13. 92	91. 75	15. 47	3. 99
2003	71. 77	3. 14	12. 20	80. 11	13. 56	3. 14
2004	67. 60	2. 70	11. 49	75. 16	12. 77	2. 70
2005	63. 90	2. 61	10. 86	70. 77	12. 07	2. 61
2006	68. 44	2. 42	11. 63	75. 37	12. 93	2. 42
2007	64. 49	2. 27	10. 96	70. 49	12. 18	2. 27
2008	57. 45	2. 18	9. 77	62. 31	10. 85	2. 18
2009	44. 55	1. 75	7. 57	47. 91	8. 42	1. 75
2010	54. 61	1. 75	9. 28	58. 23	10. 32	1. 75
2011	58. 56	1. 74	9. 96	61. 97	11. 06	1. 74
2012	50. 95	1. 42	8. 66	53. 52	9. 62	1. 42
2013	50. 08	1. 29	8. 51	52. 16	9. 46	1. 29
2014	54. 11	1. 29	9. 20	55. 80	10. 22	1. 29
2015	63. 20	1. 52	10. 74	64. 49	11. 94	1. 52
2016	63. 20	1. 38	10. 74	63. 69	11. 94	1. 38
2017	63. 90	1. 32	10. 86	63. 53	12. 07	1. 32
2018	63. 20	1. 24	10. 74	62. 19	11. 94	1. 24

续表

年份	不锈钢产量/10^4t	占世界的比例/%	含铬量 10^4t	人均不锈钢产量/kg	铬消费量/10^4t	占世界铬消费总量的比例/%
2019	59.86	1.14	10.18	58.31	11.31	1.14
2020	58.31	1.15	9.91	56.42	11.01	1.15
累计产量	2316.70	2.53	370.70	—	437.60	2.58

数据来源：《世界金属统计年鉴》（WBMS，1979—2021）。

1980—2020 年，瑞典铬消费量和占比均呈现与不锈钢产量和占比相近的变化曲线，即总体上呈现出先升后降的态势。1980 年瑞典铬消费量为 6.23×10^4t，占世界铬消费总量的比例为 5.24%。1985 年铬消费量为 8.22×10^4t，占比达到历史最高值 5.5%。2002 年铬消费量达到历史最高值 15.47×10^4t，占比 3.99%。2009 年铬消费量和占比分别降至 8.42×10^4t 和 1.75%。2017 年铬消费量和占比分别升至 12.07×10^4t 和 1.32%。2019 年又分别降至 11.31×10^4t 和 1.14%。

1980—2020 年，瑞典铬累计消费量为 2316.7×10^4t，约占同期世界铬累计消费量的 2.53%。

十、德国

德国不生产铬矿石，但生产铬铁合金和不锈钢。2020 年德国铬铁合金产量约为 1.7×10^4t，约占世界铬铁合金总产量的 0.12%。1976 年至今生产铬铁合金，累计铬铁合金产量约为 166.4×10^4t。

（一）德国不锈钢产量及含铬量变化

2020 年德国不锈钢产量为 39.45×10^4t，占世界不锈钢产量的比例为 0.77%。位居世界第 14 位，人均不锈钢产量为 4.66kg（图 5-25；表 5-12）。

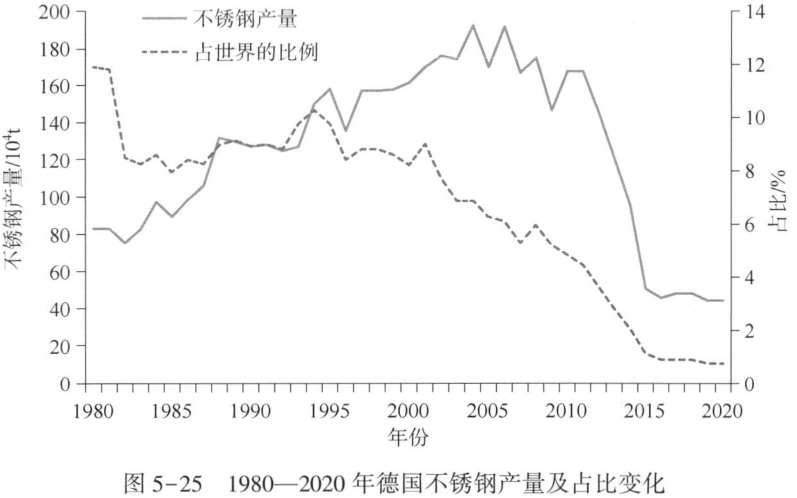

图 5-25　1980—2020 年德国不锈钢产量及占比变化

（数据来源：《世界金属统计年鉴》（WBMS，1979—2021））

1980—2020 年德国不锈钢产量总体呈先升后降的态势。可分为两个发展演变阶段。

1）1980—2004 年为德国不锈钢产量波动上升阶段，年均增幅为 3. 54%。1980 年德国不锈钢产量为 75×10^4t（含铬量 12.75×10^4t），占世界不锈钢总产量的比例为 11. 9%，人均不锈钢产量为 9. 58kg。1988 年不锈钢产量和占比分别升至 118.7×10^4t（含铬量 20.18×10^4t）和 8. 97%，人均不锈钢产量为 15. 21kg。1995 年不锈钢产量和占比分别升至 142.4×10^4t（含铬量 24.21×10^4t）和 9. 75%，人均不锈钢产量为 17. 45kg。2004 年德国不锈钢产量达到历史最高值 172.9×10^4t（含铬量 29.39×10^4t），占比 6. 9%，人均不锈钢产量达到历史最高值 20. 97kg。1980—2004 年德国不锈钢累计产量为 2948.88×10^4t。

2）2005—2020 年为德国不锈钢产量波动下降阶段，年均降幅为 8. 64%。2005 年德国不锈钢产量为 152.9×10^4t（含铬量 25.99×10^4t），占比 6. 24%，人均不锈钢产量为 18. 55kg。2015 年不锈钢产量和占比分别降至 45.86×10^4t（含铬量 7.8×10^4t）和 1. 1%，人均不锈钢产量降至 5. 53%。2019 年不锈钢产量和占比分别降至 40.12×10^4t（含铬量 6.82×10^4t）和 0. 77%，人均不锈钢产量降至 4. 74kg。2005—2020 年年德国不锈钢累计产量为 1646.52×10^4t。

1980—2020 年德国不锈钢累计产量为 4595.4×10^4t，约占同期世界不锈钢累计产量的 4. 69%。

（二）德国铬消费量变化规律

德国历史上是重要的不锈钢生产国，尽管目前德国不锈钢产量和占世界的比例降至历史最低值，但其仍为世界上重要的铬消费国家之一。

测算表明，2020 年德国铬消费量为 7.45×10^4t，约占世界铬消费总量的 0. 77%（图 5-26；表 5-12）。

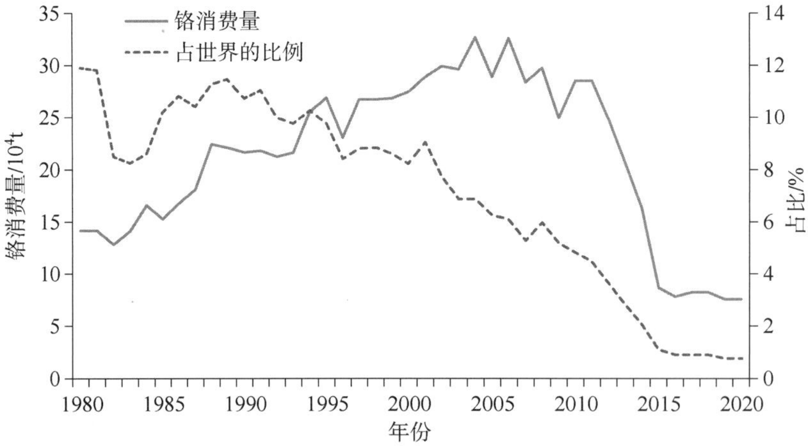

图 5-26　1980—2020 年德国铬消费量及占比变化

表 5-12　1980—2020 年德国不锈钢产量（含铬量）、铬消费量及占比变化

年份	不锈钢产量/10^4t	占世界的比例/%	含铬量 10^4t	人均不锈钢产量/kg	铬消费量/10^4t	占世界铬消费总量的比例/%
1980	75.00	11.90	12.75	9.58	14.17	11.90
1981	75.30	11.81	12.80	9.60	14.22	11.81
1982	68.00	8.49	11.56	8.68	12.84	8.49
1983	74.70	8.25	12.70	9.56	14.11	8.25
1984	87.80	8.60	14.93	11.28	16.58	8.60
1985	80.80	7.93	13.74	10.40	15.26	10.21
1986	88.80	8.41	15.10	11.43	16.77	10.82
1987	95.70	8.26	16.27	12.31	18.08	10.42
1988	118.70	8.97	20.18	15.21	22.42	11.28
1989	116.90	9.14	19.87	14.86	22.08	11.47
1990	114.60	8.92	19.48	14.44	21.65	10.74
1991	115.40	8.99	19.62	14.43	21.80	11.04
1992	112.40	8.81	19.11	13.95	21.23	9.99
1993	114.40	9.76	19.45	14.11	21.61	9.76
1994	135.20	10.27	22.98	16.61	25.54	10.27
1995	142.40	9.75	24.21	17.45	26.90	9.75
1996	122.00	8.41	20.74	14.90	23.04	8.41
1997	141.50	8.81	24.06	17.26	26.73	8.81
1998	140.90	8.86	23.95	17.18	26.61	8.86
1999	142.10	8.60	24.16	17.32	26.84	8.60
2000	145.40	8.21	24.72	17.70	27.46	8.21
2001	152.90	9.04	25.99	18.58	28.88	9.04
2002	158.32	7.72	26.91	19.21	29.90	7.72
2003	156.76	6.87	26.65	19.01	29.61	6.87
2004	172.90	6.90	29.39	20.97	32.66	6.90
2005	152.90	6.24	25.99	18.55	28.88	6.24
2006	172.40	6.10	29.31	20.94	32.56	6.10
2007	150.20	5.28	25.53	18.27	28.37	5.28
2008	157.40	5.96	26.76	19.18	29.73	5.96
2009	132.05	5.19	22.45	16.13	24.94	5.19
2010	150.94	4.84	25.66	18.49	28.51	4.84
2011	150.17	4.46	25.53	18.43	28.37	4.46
2012	131.26	3.65	22.31	16.08	24.79	3.65
2013	109.10	2.82	18.55	13.33	20.61	2.82
2014	86.37	2.06	14.68	10.51	16.31	2.06

续表

年份	不锈钢产量/10^4t	占世界的比例/%	含铬量 10^4t	人均不锈钢产量/kg	铬消费量/10^4t	占世界铬消费总量的比例/%
2015	45.86	1.10	7.80	5.53	8.66	1.10
2016	41.40	0.91	7.04	4.95	7.82	0.91
2017	43.60	0.90	7.41	5.20	8.24	0.90
2018	43.30	0.85	7.36	5.14	8.18	0.85
2019	40.12	0.77	6.82	4.74	7.58	0.77
2020	39.45	0.77	6.71	4.66	7.45	0.77
累计产量	4595.40	5.01	731.41	—	868.02	5.12

数据来源：《世界金属统计年鉴》（WBMS，1979—2021）。

1980—2020年，德国铬消费量和占比均呈现与不锈钢产量和占比相近的变化曲线，即总体上呈现出先升后降的态势。1980年德国铬消费量为14.17×10^4t，占世界铬消费总量的比例为11.9%，为历史最高值。1988年铬消费量升至22.42×10^4t，占比降至11.28%。2000年铬消费量和占比分别为27.46×10^4t和8.21%。2004年德国铬消费量达到历史最高值32.66×10^4t，占比降至6.9%。2009年铬消费量和占比分别降至24.94×10^4t和5.19%。2019年铬消费量和占比分别降至7.58×10^4t和0.77%。

1980—2020年，德国铬累计消费量为868.02×10^4t，约占同期世界铬累计消费量的5.12%。

十一、法国、英国

英国、法国等国家也生产不锈钢，2020年的不锈钢产量、占世界的比例、人均不锈钢产量及铬消费量等均较低。

（一）法国

1）不锈钢产量及占比：2020年法国不锈钢产量为25.3×10^4t（含铬量4.3×10^4t），占世界不锈钢产量的比例为0.5%，位居世界第16位，人均不锈钢产量为3.73kg。1980—2020年不锈钢产量呈先升后降的态势。1980年法国不锈钢产量为50×10^4t（含铬量9.44×10^4t），占世界不锈钢总产量的7.94%，人均不锈钢产量为9.07kg。2000年不锈钢产量和占比分别升至119.35×10^4t（含铬量20.29×10^4t）和6.74%，人均不锈钢产量为19.62kg。2019年不锈钢产量为28.09×10^4t（含铬量4.78×10^4t），占比0.54%，人均不锈钢产量为4.16%。1980—2020年法国不锈钢累计产量为2378.64×10^4t。

2）铬消费量及占比：2020年法国铬消费量为4.78×10^4t，占世界铬消费总量的0.5%。1980—2020年法国铬消费量呈先升后降的态势。1980年法国铬消费量为9.44×10^4t，占比7.94%。2000年铬消费量为22.54×10^4t，占比6.74%。2009年铬消费量和占比分别为3.81×10^4t和0.79%。2019年铬消费量与占比分别达5.31×10^4t和0.54%。1980—2020年法国铬累计消费量为449.30×10^4t。

（二）英国

1）不锈钢产量及占比：2020年英国不锈钢产量为22.47×10^4t（含铬量3.82×10^4t），

占世界不锈钢产量的比例为 0.44%，位居世界第 17 位；人均不锈钢产量为 3.32kg。1980—2020 年英国不锈钢产量呈波动上升，到达峰值后波动下降的态势。1980 年英国不锈钢产量为 24×10^4t（含铬量 4.08×10^4t），占比 3.81%，人均不锈钢产量为 4.26kg。1988 年不锈钢产量为 42.8×10^4t（含铬量 7.28×10^4t），占比 3.23%，人均不锈钢产量为 7.49kg。1996 年不锈钢产量达到历史最高值 55.68×10^4t（含铬量 9.47×10^4t），占比 3.84%，人均不锈钢产量为 9.53kg。2009 年不锈钢产量和占比分别降至 22.45×10^4t（含铬量 3.82×10^4t）和 0.88%，人均不锈钢产量为 3.59kg。2019 年不锈钢产量和占比分别降至 23.23×10^4t（含铬量 3.95×10^4t）和 0.44%，人均不锈钢产量为 3.45kg。1980—2020 年英国不锈钢累计产量为 1393.22×10^4t。

2）铬消费量及占比：2020 年英国铬消费量为 4.53×10^4t，占世界铬消费总量的 3.81%。1980—2020 年英国铬消费量呈先升后降的态势。1980 年铬消费量为 4.53×10^4t，占世界铬消费量的比例为 3.81%。1987 年铬消费量为 7.42×10^4t，占比达到历史最高值 4.28%。1996 年铬消费量达到历史最高值 10.52×10^4t，占比 3.84%。2009 年铬消费量和占比分别降至 4.24×10^4t 和 0.88%。2019 年铬消费量和占比分别为 4.39×10^4t 和 0.44%。

第三节　中国铬消费规律

一、铬消费历史与现状

2020 年我国铬表观消费量为 569.29×10^4t。铬消费结构：不锈钢铬消费量占比 90%，合金钢占比 4%，耐火材料与铸造占比 3.39%，化学工业占比 2.25%，其他占比 0.33%。本书采取两种方法对我国铬消费量进行测算。

（一）利用铬矿石表观消费量测算

铬矿石表观消费量=国内铬矿石产量+铬矿石进口量-铬矿石出口量±铬矿石库存变化量

其中，铬矿石产量和进出口量数据均能得到，而库存及其变化量一般难以收集，以零计算。这种测算方法存在的一个缺陷是：铬矿石表观消费量只代表铬消费量的一部分，铬铁合金和生产不锈钢终端产品的铬消费量未计入（特别是无铬矿石生产、但生产铬铁合金和不锈钢的国家或地区，这些国家或地区的这部分铬消费量就缺失了），这就导致铬表观消费量相对较低。如 2020 年通过铬矿石折算的铬消费量为 485.11×10^4t，利用不锈钢产量测算出的铬消费量为 569.29×10^4t，前者比后者低 84.18×10^4t。利用这种方法测算出的铬矿石表观消费量的结果仅可做参考（表 5-13；图 5-27）。

表 5-13　1978—2020 年我国铬矿石（铬）表观消费量表　　单位：10^4t

年度	铬矿石表观消费量	折铬表观消费量（铬金属量）*
1978	1.50	4.60
1980	5.00	1.53
1985	36.47	11.15

续表

年度	铬矿石表观消费量	折铬表观消费量（铬金属量）*
1990	63.88	19.54
1995	157.50	48.16
2000	131.84	40.32
2005	324.08	99.11
2010	887.43	271.39
2011	965.86	295.37
2012	951.21	290.89
2013	1230.72	376.37
2014	939.76	287.39
2015	1041.18	318.40
2016	1060.02	324.17
2017	1387.02	424.16
2018	1432.03	437.93
2019	1586.31	485.11
2020	1446.83	442.46

*按 1t 铬金属量折 3.27t 铬矿石量。

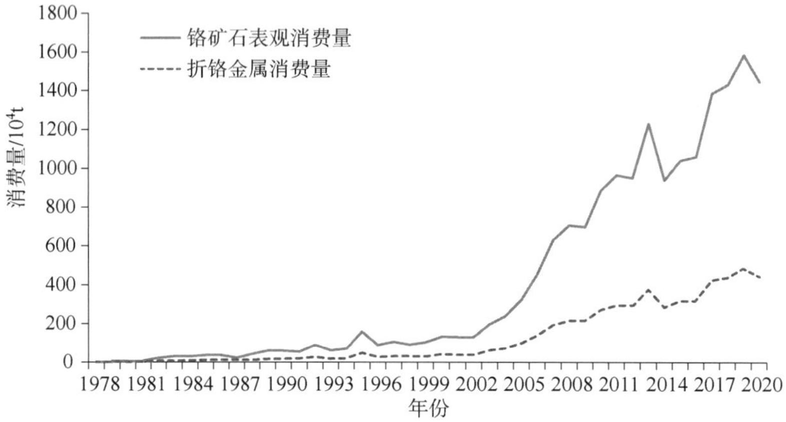

图 5-27　1978—2020 年我国铬矿石（铬金属）表观消费量

（二）利用不锈钢产量与部门消费法测算

在铬的消费结构中，用于生产不锈钢的铬消费量占比为 90%；不锈钢中铬平均含量约 17%，生产 1t 不锈钢大约消费 0.17t 的铬。

经测算，2020 年我国铬表观消费量（折铬金属量）为 569.29×10^4t。在本书中，铬消费量以不锈钢产量所消费的铬金属量测算而得。这种方法测算出来的铬消费量较准确。

测算公式为：铬表观消费量=不锈钢产量×0.17÷0.90，下同。

通过这种测算方法，预测结果相对较为准确，本书采用这种方法测算出的铬消费量见

表 5-14 和图 5-27。

测算结果表明，2020 年我国铬表观消费量为 569. 29×10^4t，同比增长 2. 51%。1952—2020 年的 69 年间，我国累计铬表观消费量为 5356. 22×10^4t，年均增长率为 7. 74%。

二、铬消费的阶段性特征与规律

我国铬消费历史与不锈钢的生产历史紧密相关。根据我国铬表观消费量发展演变与不锈钢生产历史与现状，将铬消费发展历史划分为启动期和发展期，各期具有不同的特征，体现出不同的发展演变规律（图 5-28；表 5-14）。

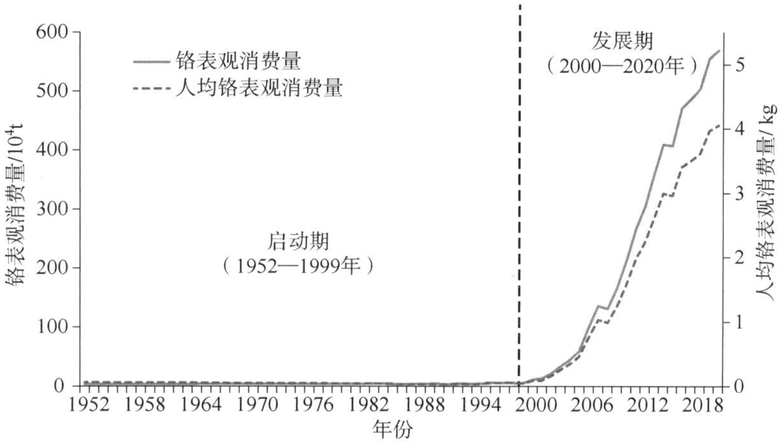

图 5-28　1952—2020 年我国铬表观消费量及人均消费量变化

表 5-14　1952—2020 年我国不锈钢产量、铬表观消费量测算表

年度	不锈钢产量/10^4t	不锈钢中含铬量/10^4t	用于生产不锈钢的铬消费量占比/%	铬表观消费量/10^4t	人均铬消费量/kg
1952	19. 00	3. 23	0. 90	3. 59	0. 06
1955	19. 42	3. 30	0. 90	3. 67	0. 06
1960	20. 14	3. 42	0. 90	3. 80	0. 06
1965	20. 89	3. 55	0. 90	3. 95	0. 05
1970	21. 67	3. 68	0. 90	4. 09	0. 05
1975	22. 47	3. 82	0. 90	4. 24	0. 05
1978	22. 97	3. 90	0. 90	4. 34	0. 05
1980	18. 00	3. 06	0. 90	4. 40	0. 04
1985	19. 00	3. 23	0. 90	3. 59	0. 03
1990	16. 40	2. 79	0. 90	3. 10	0. 03
1995	32. 44	5. 51	0. 90	6. 13	0. 05
1999	30. 22	5. 14	0. 90	5. 71	0. 05
2000	60. 00	10. 20	0. 90	11. 33	0. 09

续表

年度	不锈钢产量/10^4t	不锈钢中含铬量/10^4t	用于生产不锈钢的铬消费量占比/%	铬表观消费量/10^4t	人均铬消费量/kg
2005	316.00	53.72	0.90	59.69	0.46
2010	1125.60	191.35	0.90	212.61	1.59
2011	1409.10	239.55	0.90	266.16	1.98
2012	1608.70	273.48	0.90	303.87	2.24
2013	1898.40	322.73	0.90	358.59	2.64
2014	2169.20	368.76	0.90	409.74	3.00
2015	2156.20	366.55	0.90	407.28	2.96
2016	2493.78	423.94	0.90	471.05	3.41
2017	2577.37	438.15	0.90	486.84	3.50
2018	2670.68	454.02	0.90	504.46	3.62
2019	2940.00	499.80	0.90	555.33	3.97
2020	3013.90	512.36	0.90	569.29	4.05
1952—2020 年累计量	28434.31	4833.83	—	5356.22	—

数据来源：《世界金属统计年鉴》（WBMS，1979—2021），部分不锈钢数据来自相关论文整理。

（一）启动期（1952—1999 年）

这一时期为我国铬表观消费量低增长期，主要特征是不锈钢产量很低、增幅低，如 1952 年不锈钢产量约 19×10^4t，1970 年增长至 21.67×10^4t，1999 年增至 30.22×10^4t。也反映出我国铬表观消费量很小，大约在（3.59~6.27）$\times10^4$t 范围内波动。

1952—1999 年我国铬表观消费量的年均增幅为 0.99%，属于铬表观消费量的低增长期。1952 年铬表观消费量为 3.23×10^4t，人均铬表观消费量为 0.06kg；1980 年铬表观消费量升至 4.4×10^4t，人均消费量降至 0.04kg；1990 年分别降至 3.1×10^4t 和 0.03kg；1995 年分别增至 6.13×10^4t 和 0.05kg；1999 年铬表观消费量增至 5.71×10^4t，人均消费量为 0.05kg。

1952—1999 年我国累计铬表观消费量为 203.83×10^4t，仅占 1952—2020 年累计铬表观消费量的 3.73%。

（二）发展期（2000—2020 年）

这段时期是我国铬表观消费量快速发展时期，2000—2020 年我国铬表观消费量年均增长率高达 21.63%。2000 年后，随着我国不锈钢产量的快速增加，铬表观消费量相应地不断攀升，步入高增长期，2000 年不锈钢产量为 60×10^4t，2010 年增至 212.61×10^4t，2019 年增至 555.33×10^4t。

2020 年我国铬表观消费量为 569.29×10^4t，人均消费量为 4.05kg，均具历史最高值。2000—2020 年我国铬表观消费量和人均消费量均呈快速上升态势，年均增幅达 21.63%。2000 年铬表观消费量为 11.33×10^4t，人均消费量为 0.09kg；2006 年铬表观消费量突破 100×10^4t，达到 100.11×10^4t，人均消费量增至 0.76kg；2010 年铬表观消费量突破 $200\times$

10^4t，达到 212.61×10^4t，人均消费量增至 1.59kg；2018 年铬表观消费量增至 504.46×10^4t，人均消费量为 3.62kg。

2000—2020 年我国累计铬表观消费量为 5263.48×10^4t，占 1952—2020 年累计铬表观消费量的 96.27%。

1952—2020 年我国累计铬表观消费量为 5356.22×10^4t。

第四节　中国铬需求量预测

一、2021—2035 年我国铬需求量预测

利用我国铬部门消费法、人均不锈钢产量“S”形法、ARIMA 模型法（不锈钢）等预测方法，对我国 2021—2035 年铬需求量进行预测。本书以 2010 年为铬需求量预测基准年。

（一）铬部门消费法

利用铬部门消费法，将铬消费量占比 90%的不锈钢产量进行预测，分别采用了不锈钢人均产量“S”形法和 ARIMA 模型（不锈钢）法等预测方法，经综合研究与客观分析，预测出 2021—2035 年我国不锈钢产量，其中所消费的铬，可折算为全国铬需求量，同时为确定铬需求起飞点、转折点、零增长点等位置提供支撑。

（二）人均不锈钢产量“S”形法

1. 预测指标的选取

（1）人口指标

中国的人口历史数据采用中国国家统计局的，测算国家或地区的采用联合国经济和社会事务部人口司数据。因测算人均 GDP、人均铬消费量等人均指标时，需要人口数据的支撑。

（2）GDP 及其增长率指标

GDP 增速参考世界银行（The World Bank，WB）和国际货币基金组织（IMF）预测指标，结合《中华人民共和国国民经济和社会发展第十四个五年规划和 2035 年远景目标纲要》中的相关发展指标，本书确定 2021—2025 年 GDP 增长率为 5%，2026—2030 年为 4%，2031—2035 年为 3%；3 个预测时段人均 GDP 年均增长率分别为 4.8%、3.9%和 3.1%。世界主要国家年度 GDP 采用 1999 年盖凯美元（1999GK），下同。

（3）铬需求量预测指标

1980—2020 年世界主要国家或地区的不锈钢产量，不锈钢中铬平均含量（17%）等。

（4）国家或地区选择

2020 年世界上共有 22 个国家或地区生产不锈钢，不锈钢总产量 5091.61×10^4t。因为不锈钢规模化生产历史较短，不锈钢产量数据采集时段为 1980—2020 年共 41 年，选择了日本、美国、韩国、比利时、意大利、芬兰、中国、西班牙、瑞典、德国、法国和英国等 12 个国家或地区，主要为经济发达国家或地区，2020 年上述 12 个国家或地区不锈钢产量占世界不锈钢总产量的 85.82%（表 5-15）。

表 5-15　2016—2020 年世界主要国家或地区不锈钢产量及占比

国家或地区		2016 年		2017 年		2018 年		2019 年		2020 年		
		产量/10^4t	占比/%	产量/10^4t	占比/%	产量/10^4t	占比/%	产量/10^4t	占比/%	产量/10^4t	占比/%	排名
中国	大陆地区	2460. 83	53. 91	2577. 37	53. 41	2670. 68	52. 44	2939. 98	56. 15	3004. 79	59. 01	1
	中国台湾	126. 30	2. 77	137. 60	2. 85	117. 22	2. 30	99. 74	1. 90	85. 87	1. 69	10
印度		332. 40	7. 28	348. 60	7. 22	373. 98	7. 34	393. 30	7. 51	315. 65	6. 20	2
印度尼西亚		2. 44	0. 05	68. 00	1. 41	219. 60	4. 31	228. 00	4. 35	279. 50	5. 49	3
日本		309. 35	6. 78	316. 76	6. 56	328. 29	6. 45	296. 35	5. 66	241. 34	4. 74	4
美国		248. 22	5. 44	275. 40	5. 71	280. 80	5. 51	259. 30	4. 95	214. 40	4. 21	5
韩国		227. 60	4. 99	238. 59	4. 94	240. 71	4. 73	231. 76	4. 43	213. 00	4. 18	6
比利时		160. 00	3. 51	162. 10	3. 36	167. 30	3. 29	139. 15	2. 66	135. 69	2. 66	7
意大利		141. 90	3. 11	146. 80	3. 04	150. 40	2. 95	144. 06	2. 75	128. 45	2. 52	8
芬兰		141. 20	3. 09	137. 20	2. 84	134. 20	2. 64	131. 38	2. 51	118. 58	2. 33	9
西班牙		100. 20	2. 20	100. 30	2. 08	96. 90	1. 90	89. 81	1. 72	81. 99	1. 61	11
瑞典		63. 20	1. 38	63. 9	1. 32	63. 20	1. 24	59. 86	1. 14	58. 31	1. 15	12
南非		58. 20	1. 28	59. 00	1. 22	55. 02	1. 08	46. 91	0. 90	45. 31	0. 89	13
德国		41. 40	0. 91	43. 60	0. 90	43. 30	0. 85	40. 12	0. 77	39. 45	0. 77	14
巴西		45. 00	0. 99	40. 00	0. 83	38. 60	0. 76	36. 00	0. 69	37. 20	0. 73	15
法国		28. 70	0. 63	29. 30	0. 61	31. 00	0. 61	28. 09	0. 54	25. 30	0. 50	16
英国		28. 30	0. 62	31. 10	0. 64	31. 00	0. 61	23. 23	0. 44	22. 47	0. 44	17
其他 6 个国家		49. 27	1. 08	49. 98	1. 04	50. 27	0. 99	49. 16	0. 94	44. 31	0. 88	—
合计		4564. 51	100. 00	4825. 60	100. 00	5092. 47	100. 00	5236. 20	100. 00	5091. 61	100. 00	—

数据来源：《世界金属统计年鉴》（WBMS，2016—2020）。

2020 年中国不锈钢产量为 3090.66×10^4t，占世界不锈钢总产量的 60.70%，位居世界第一。印度不锈钢产量为 315.65×10^4t，占世界不锈钢总产量的 6.20%，位居世界第二。印度尼西亚 2016 年才开始不锈钢生产，2020 年产量增至 279.50×10^4t，占世界不锈钢总产量的 5.49%，位居世界第三。日本不锈钢产量为 241.34×10^4t，占比 4.74%，位居世界第四位。不锈钢产量前 10 位的国家或地区的总产量占世界总产量的 93.03%。

本书选择了日本、美国、韩国、比利时、意大利、芬兰、中国、瑞典、德国、法国、西班牙和英国等 12 个国家或地区，主要为发达经济体，按照横坐标为人均 GDP（1999GK，美元）、纵坐标为人均不锈钢产量（kg/人），编制人均不锈钢产量与人均 GDP 散点图，通过对每个国家或地区趋势线的描绘，显示出与我国大宗矿产资源（铁、铜、铝）“S”形消费规律和倒“U”形变化规律相似的变化曲线（图 5-29，图 5-30）。

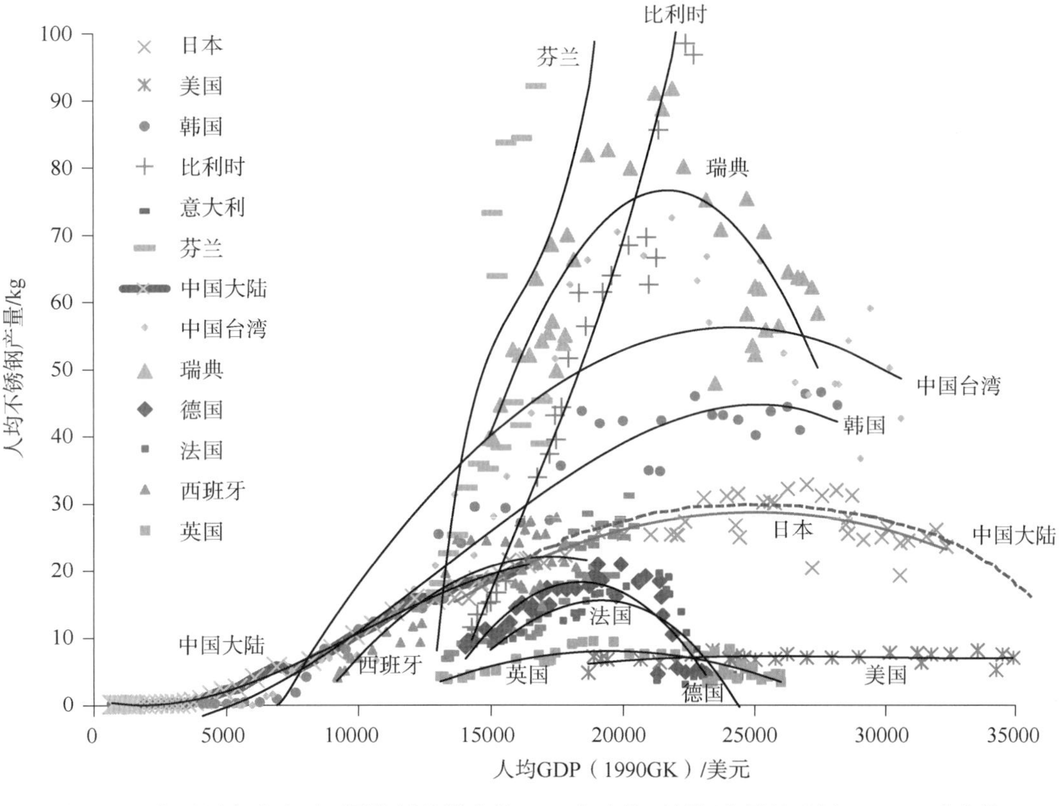

图 5-29　主要国家或地区不同发展阶段人均 GDP 与人均不锈钢产量关系图（“S”形曲线）

虚线为中国大陆未来人均不锈钢产量演进趋势线

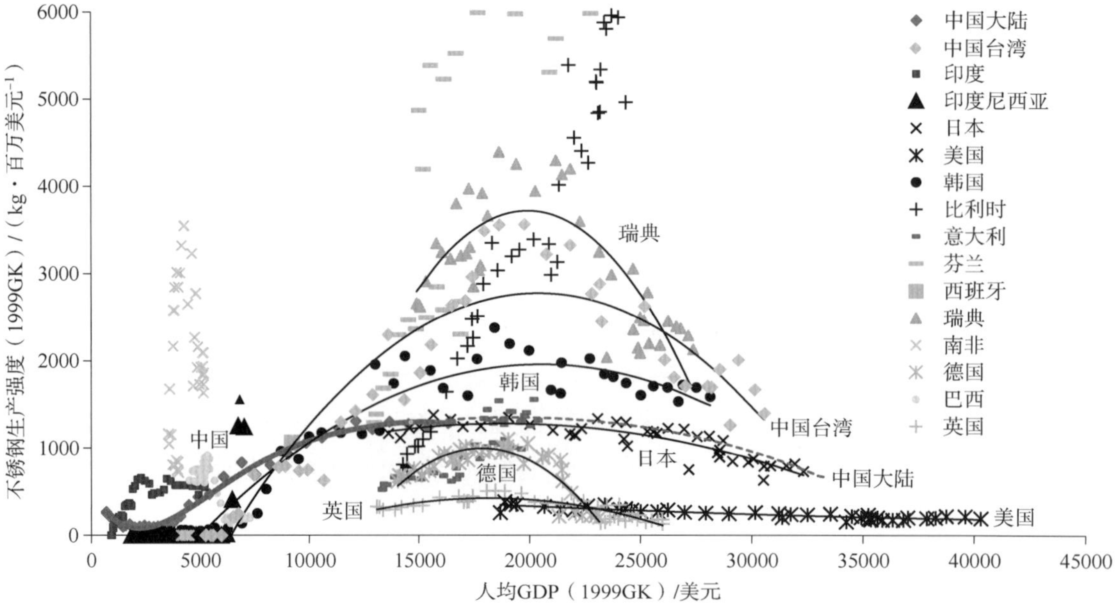

图 5-30　典型国家或地区不锈钢生产强度和人均 GDP 的关系图（倒“U”形曲线）

虚线为中国大陆未来人均不锈钢生产强度演进趋势线

2. 3 种不同人均不锈钢产量“S”形曲线特征分析

人均不锈钢产量“S”形情景曲线高低刻画出人均不锈钢产量在不同发展阶段的产量强度，位置越高表示在某一发展阶段人均产量越高，据此可划分为 3 类国家或地区，具体特征见表 5-16。

表 5-16　3 种“S”形情景下典型国家或地区人均不锈钢产量、人均 GDP 及人均铬需求量

序号	情　景	参考国家或地区	峰值点 年	人均 GDP（1990GK） 万美元·人$^{-1}$	人均不锈钢产量/kg	人均铬需求量/kg
1	高情景（高“S”形）	瑞典	2001	2.12~2.18	75~78	12.75~13.26
		中国台湾	2007	2.1~2.3	55~58	9.35~9.86
		韩国	2015	2.56~2.75	43~46	7.31~7.82
2	中情景（中“S”形）	日本	2000	2.44~2.56	29~33	4.93~5.61
3	低情景（低“S”形）	德国	2001	1.8~1.9	19~21	3.23~3.57
		法国	1994	1.86~1.89	15~17	2.55~2.89
		英国	1994	1.81~1.88	8~9	1.36~1.53

（1）高“S”形国家和地区

人均 GDP 和人均产量经过了峰值点。这类国家或地区包括：瑞典、中国台湾和韩国。如瑞典在 2001 年前后到达峰值点，人均 GDP 为 2.12 万~2.18 万美元，人均不锈钢产量为 75~78kg，之后沿“S”形轨迹下降，2020 年人均不锈钢产量降至 56.42kg，人均 GDP

为2.59万美元。中国台湾地区在2007年前后到达峰值点，人均GDP为2.1万~2.3万美元，人均不锈钢产量约55~58kg，之后沿“S”形轨迹下降，2020年人均不锈钢产量降至36.65kg，人均GDP为2.9万美元。韩国于2015年前后到达峰值点，人均GDP为2.56万~2.75万美元，人均不锈钢产量为43~46kg，之后沿“S”形轨迹下降，2020年降至40.93kg，人均GDP为2.67万美元。比利时和芬兰由于是不锈钢强国，生产历史长，人口总量少，显示出其特殊性，为高人均GDP、高人均产量，且仍显示增长的趋势。比利时不锈钢产量由1980年11×10^4t升至2020年的135.73×10^4t，人均产量由11.17kg升至117.18kg；芬兰不锈钢产量由1980年8×10^4t升至2020年的118.58×10^4t，人均产量由16.74kg升至213.06kg。作为不锈钢主要生产国，两个国家生产的不锈钢有相当大的比例用于出口。1999—2020年，比利时不锈钢出口量峰值为34×10^4t（2000年），低谷时仅有6866t（2014年），人均出口量约为6kg。芬兰不锈钢产业链体系完整，生产铬矿石、铬铁和不锈钢产品。1990—2020年，芬兰不锈钢出口量峰值达到40×10^4t（2004年），低谷时不足百吨，人均出口量可达到66kg（UN Comtrade，2022）。

（2）中“S”形国家或地区

主要以日本为典型国家。日本于2000年左右达到峰值点，人均GDP为2.44万~2.56万美元，人均不锈钢产量为28~30kg，之后沿“S”形轨迹下降，2020年人居不锈钢产量降至19.28kg，人均GDP为3.05万美元。日本曾于1910—1993年间生产过铬矿石，1974—2020年一直生产铬铁合金，铬铁合金产量由1974年的54.2×10^4t降至2020年的1.3×10^4t左右。中国铬矿资源产业发展的路径与日本具有一定的相似性，只是中国尚有少量的铬矿石产量（能），日本则没有。

（3）低“S”形国家或地区

以德国、法国和英国最为典型。德国于2001年前后到达人均不锈钢产量的峰值点，人均GDP为1.8万~1.9万美元，人均不锈钢产量为18~19kg，之后沿“S”形轨迹快速下降，2020年人均不锈钢产量降至4.66kg，人均GDP为2.13万美元。法国大约于1994年到达峰值点，人均GDP为1.86万~1.89万美元，人均不锈钢产量为15~17kg，之后沿“S”形轨迹下降，2020年人均不锈钢产量降至3.73kg，人均GDP为2.13万美元。英国大约于1994年到达峰值点，人均GDP为1.81万~1.88万美元，人均不锈钢产量为8~9kg，之后沿较偏平的“S”形下降，2020年人均不锈钢产量降至3.32kg，人均GDP为2.32万美元。美国人均不锈钢产量与人均GDP的轨迹几乎呈一条直线，分析认为与美国铬矿产业结构较稳定有关，美国1900—1962年有铬矿石生产，特别是“第一次世界大战”、“第二次世界大战”及朝鲜战争时期铬矿石产量位居世界前列；1974—1997年美国有铬铁合金生产，目前已不生产；不锈钢生产所需铬几乎依靠进口，1980—2020年不锈钢产量呈稳定低速增长。

通过对比3种“S”形情景下典型国家或地区不同发展阶段不锈钢产量曲线，结合铬矿资源产业发展现状与趋势，我国2021—2035年不锈钢产量的发展曲线（图5-27，图5-28）参考借鉴日本的不锈钢产量“S”形曲线。根据文献（Anjian Wang，2014）“S-curve”模型构建方法，编制了日本人均不锈钢产量和人均GDP的“S”形拟合图，构建了日本人均不锈钢产量“S”形拟合函数（图5-31）。

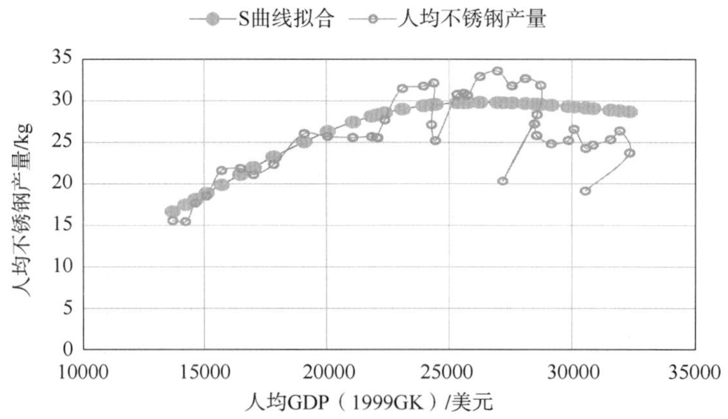

图 5-31　日本人均不锈钢产量和人均 GDP 的“S”形拟合图

日本人均不锈钢产量“S”形拟合函数如下：

$$S=26+50\frac{\exp\left[-5.67\times10^{-5}\left(G-20000\right)\right]-\exp\left[1.02\times10^{-4}\left(G-20000\right)\right]}{2\cosh\left[1.22\times10^{-4}\left(G-20000\right)\right]}$$

式中：S 表示预测年份的需求量；G 表示预测年份的人均 GDP（美元，1999GK）。

对 2021—2035 年中国人均不锈钢产量预测值的讨论。从高、中、低“S”形人均不锈钢产量模型和函数（日本），得出我国高情景、中情景和低情景 3 种预测方案，并得出预测结果（图 5-32）。

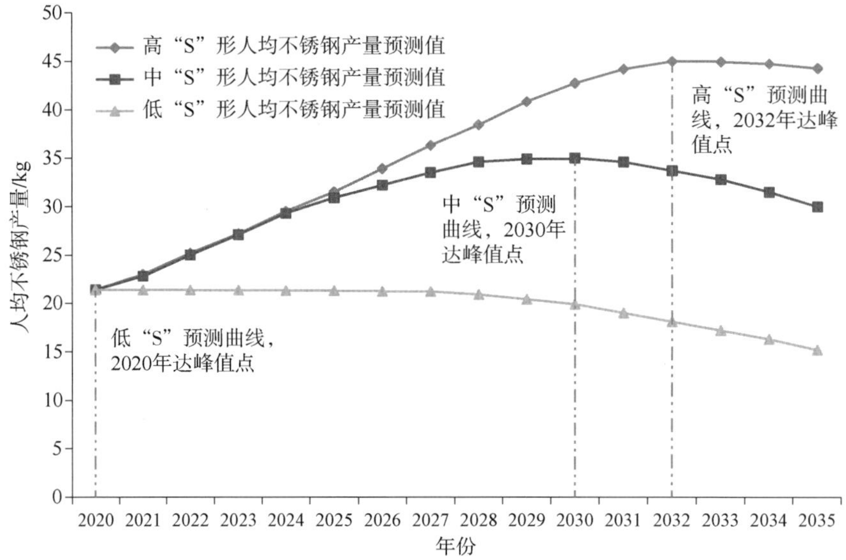

图 5-32　三种情景下 2021—2035 年中国人均不锈钢产量预测值

1）高情景方案：主要参考借鉴了中国台湾地区和韩国的人均不锈钢产量高“S”形曲

线进行预测。结果表明：中国大约在 2032 年前后达到峰值点，届时人均不锈钢产量为 45.00kg，人均 GDP 为 1.43 万美元；不锈钢产量为 6434×10^4t，折铬需求量为 1093.78×10^4t。2035 年人均不锈钢产量为 30kg，人均 GDP 为 1.4267 万美元；不锈钢产量为 4280×10^4t，折铬需求量为 727.6×10^4t。

2）中情景方案：主要参考了日本的人均不锈钢产量中“S”形曲线，利用了“S”形拟合函数，预测出不锈钢产量。结果表明：中国大约在 2030 年前后到达峰值点，届时人均不锈钢产量为 35kg，人均 GDP 为 1.43 万美元；不锈钢产量为 5005×10^4t，折铬需求量为 850.85×10^4t。2035 年人均不锈钢产量为 30kg，人均 GDP 为 1.4267 万美元；不锈钢产量为 4280×10^4t，折铬需求量为 727.6×10^4t。

3）低情景方案：主要参考了德国、法国、英国和美国的人均不锈钢产量低“S”形曲线预测出不锈钢产量。结果表明：中国大约在 2020 年已到达峰值点，人均不锈钢产量为 21.38kg，人均 GDP 为 1.405 万美元；不锈钢产量为 3004.79×10^4t，折铬需求量为 510.81×10^4t。低情景下，中国人均不锈钢产量低“S”形曲线形态类似于美国的，但中国人均不锈钢产量相比美国要高（图 5-29，图 5-32）。

（三）ARIMA 模型（不锈钢）法

整合移动平均自回归模型（Autoregressive Integrated Moving Average，ARIMA）是一种应用时间序列的过去式、当期值及之后扰动项的加权来“解释”时间序列变化规律的一种模型。通过平稳性检验、模型选取和参数估计，选取了 ARIMA（2，2，1）模型，预测了 2021—2035 年我国不锈钢产量（表 5-17，表 5-18）。从 ARIMA（2，2，1）模型拟合结果看，模型的拟合效果较好、优度较高、误差较小（图 5-33）。

表 5-17　中国人均不锈钢产量 ARIMA 模型拟合统计量

模型	预测变量数	模型拟合统计量							
		平稳的 R 方	R 方	均方根误差	平均绝对百分比误差	平均绝对误差	最大绝对百分比误差	最大绝对误差	正态化的贝叶斯信息准则
ssconsumption-模型 1	1	0.340	0.995	49.232	36.895	28.946	85.18	214.552	8.107

表 5-18　基于 ARIMA 模型的 2021—2035 年中国不锈钢产量预测结果 单位：10^4t

年份	拟合值（不锈钢产量）	置信下限**	置信上限**
2021	3126.06	3027.87	3224.25
2022	3383.07	3231.93	3534.2
2023	3646.11	3453.44	3838.78
2024	3919.96	3692.11	4147.81
2025	4205.72	3946.68	4464.75

续表

年份	拟合值（不锈钢产量）	置信下限**	置信上限**
2026	4503.78	4216.31	4791.26
2027	4814.44	4500.54	5128.33
2028	5137.92	4799.17	5476.67
2029	5474.49	5112.14	5836.84
2030	5824.38	5439.47	6209.3
2031	6187.84	5781.23	6594.45
2032	6565.11	6137.56	6992.65
2033	6956.43	6508.6	7404.26
2034	7362.05	6894.52	7829.58
2035	7782.21	7295.49	8268.93

**95%的置信水平。

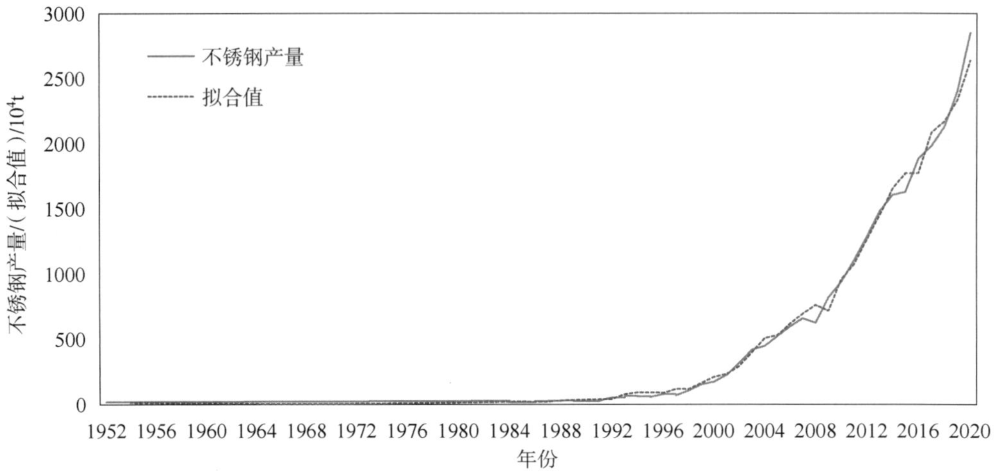

图 5-33　基于 ARIMA 模型的 1952—2020 年中国不锈钢产量拟合结果

二、2021—2035 年我国铬需求量预测结果及分析

综合我国人均不锈钢产量预测的两种方法、三种情景，得出 2021—2035 年我国不锈钢产量综合预测结果（表 5-19）。需要说明的是，ARIMA 模型（不锈钢）法预测出的不锈钢产量一直是增长的，没有峰值点，采用了其前半段（2021—2030 年）的预测结果，与“S”形法预测结果进行了平均（中情景方案）。其他两种情景均采用“S”形法预测结果。

表 5-19　2021—2035 年中国不锈钢产量预测结果

情景	年份	人均不锈钢产量“S”形法		ARIMA（2，2，1）模型法		不锈钢综合预测结果	
		人均产量/kg	产量/10^4t	人均产量/人	产量/10^4t	人均产量/人	产量/10^4t
高情景方案（参考高“S”形预测）	2020	21.38	3004.79	21.38	3004.79	21.38	3004.79
	2021	23.00	3244	22.17	3126.06	22.58	3185
	2022	25.20	3564	23.92	3383.07	24.56	3474
	2023	27.20	3857	25.71	3646.11	26.46	3751
	2024	29.50	4192	27.59	3919.96	28.54	4056
	2025	31.50	4484	29.54	4205.72	30.52	4345
	2026	33.90	4833	31.59	4503.78	32.74	4669
	2027	36.30	5181	33.73	4814.44	35.01	4998
	2028	38.45	5493	35.96	5137.92	37.21	5316
	2029	40.85	5839	38.30	5474.49	39.57	5657
	2030	42.75	6113	40.73	5824.38	41.74	5969
	2031	44.20	6320	43.27	6187.84	43.74	6254
	2032①	**45.00**	**6434**	**45.92**	**6565.11**	**45.46**	**6499**
	2033	44.95	6424	48.68	6956.43	44.95	6424
	2034	44.75	6391	51.55	7362.05	44.75	6391
	2035	44.30	6320	54.55	7782.21	44.30	6320
中情景方案（参考中“S”形预测，利用了日本人均不锈钢预测函数）	2020	21.38	3004.79	21.38	3004.79	21.38	3004.79
	2021	22.80	3215	3126.06	22.17	22.80	3215
	2022	25.00	3536	3383.07	23.92	25.00	3536
	2023	27.10	3843	3646.11	25.71	27.10	3843
	2024	29.30	4164	3919.96	27.59	29.30	4164
	2025	30.90	4399	4205.72	29.54	30.90	4399
	2026	32.20	4591	4503.78	31.59	32.20	4591
	2027	33.50	4782	4814.44	33.73	33.50	4782
	2028	34.60	4943	5137.92	35.96	34.60	4943
	2029	34.90	4989	5474.49	38.30	34.90	4989
	2030②	**35.00**	**5005**	**5824.38**	**40.73**	**35.00**	**5005**
	2031	34.60	4948	6187.84	43.27	34.60	4948
	2032	33.70	4818	6565.11	45.92	33.70	4818
	2033	32.80	4687	6956.43	48.68	32.80	4687
	2034	31.50	4498	7362.05	51.55	31.50	4498
	2035	30.00	4280	7782.21	54.55	30.00	4280

续表

情景	年份	人均不锈钢产量“S”形法		ARIMA（2，2，1）模型法		不锈钢综合预测结果	
		人均产量/kg	产量/10^4t	人均产量/人	产量/10^4t	人均产量/人	产量/10^4t
低情景方案（参考低“S”形预测）	**2020③**	**21.38**	**3004.79**	**21.38**	**3004.79**	**21.38**	**3004.79**
	2021	21.36	3012	3126.06	22.17	21.36	3012
	2022	21.35	3020	3383.07	23.92	21.35	3020
	2023	21.34	3026	3646.11	25.71	21.34	3026
	2024	21.33	3031	3919.96	27.59	21.33	3031
	2025	21.32	3035	4205.72	29.54	21.32	3035
	2026	21.22	3025	4503.78	31.59	21.22	3025
	2027	21.20	3026	4814.44	33.73	21.20	3026
	2028	21.00	3000	5137.92	35.96	21.00	3000
	2029	20.88	2985	5474.49	38.30	20.88	2985
	2030	20.77	2970	5824.38	40.73	20.77	2970
	2031	20.55	2939	6187.84	43.27	20.55	2939
	2032	20.35	2909	6565.11	45.92	20.35	2909
	2033	20.00	2858	6956.43	48.68	20.00	2858
	2034	19.88	2839	7362.05	51.55	19.88	2839
	2035	19.55	2789	7782.21	54.55	19.55	2789

注：①高情景方案下的峰值点。②中情景方案下的峰值点。③低情景方案下的峰值点。

中情景方案铬需求量预测结果为：2021—2030年我国人均铬（消费）需求量总体呈先升后降趋势，人均不锈钢产量“S”形演进特征明显，2030年到达峰值点，届时人均不锈钢产量为35kg，相应的不锈钢产量为5005×10^4t。之后逐渐沿“S”形轨迹下降，到2035年人均不锈钢产量降至30kg，相应的不锈钢产量为4280×10^4t。

2021—2035年我国铬（消费）需求量预测结果为：2021—2030年我国人均铬（消费）需求量呈先升后降趋势，人均铬消费量“S”形演进特征明显，2030年到达峰值点，届时人均铬（消费）需求量为6.61kg，铬总需求量为945.31×10^4t，折铬矿石需求量为3091.18×10^4t，之后逐渐下降，到2035年人均铬需求量降至5.67kg，铬总需求量为808.47×10^4t，折铬矿石需求量为2643.69×10^4t（表5-20）。

表5-20　中情景下2021—2035年我国铬（消费）需求量预测结果

年份	人均不锈钢产量/kg	人口/亿人	不锈钢求量/10^4t	铬总需求量/10^4t	人均铬需求量/kg	折铬矿石需求量/10^4t
2020	21.38	14.05	3004.79	567.59	4.04	1856.01
2021	22.80	14.10	3215.00	607.34	4.31	1986.01
2022	25.00	14.14	3536.00	667.91	4.72	2184.06

续表

年份	人均不锈钢产量/kg	人口/亿人	不锈钢求量/10^4t	铬总需求量/10^4t	人均铬需求量/kg	折铬矿石需求量/10^4t
2023	27.10	14.18	3843.00	725.84	5.12	2373.49
2024	29.30	14.21	4164.00	786.45	5.53	2571.70
2025	30.90	14.24	4399.00	830.91	5.84	2717.08
2026	32.20	14.26	4591.00	867.17	6.08	2835.63
2027	33.50	14.27	4782.00	903.23	6.33	2953.56
2028	34.60	14.29	4943.00	933.69	6.54	3053.16
2029	34.90	14.29	4989.00	942.32	6.59	3081.40
2030	35.00	14.30	5005.00	945.31	6.61	3091.18
2031	34.60	14.30	4948.00	934.56	6.54	3056.01
2032	33.70	14.30	4818.00	910.07	6.37	2975.94
2033	32.80	14.29	4687.00	885.37	6.20	2895.18
2034	31.50	14.28	4498.00	849.69	5.95	2778.50
2035	30.00	14.27	4280.00	808.47	5.67	2643.69

注：人口数据来自联合国经济和社会事务部人口司（2020）；铬消费量按照部门不锈钢消费结构的 90%计；1t 铬折铬矿石 3.27t 测算。

在中情景下，对我国铬（消费）需求量起飞点、转折点和峰值点的确定见图 5-34。

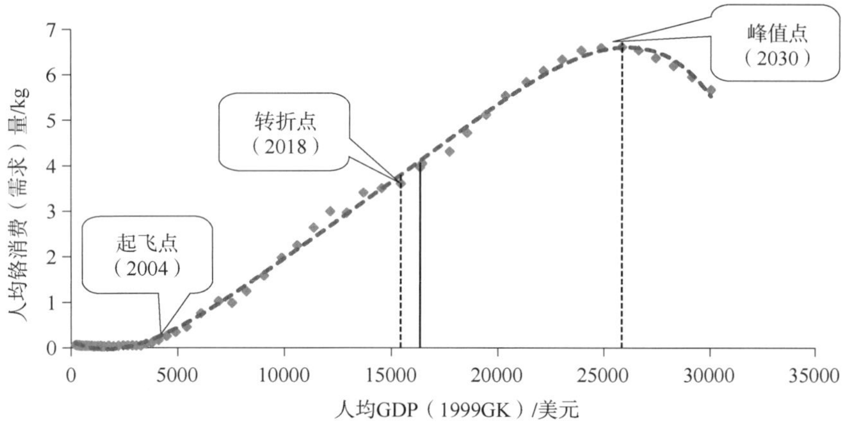

图 5-34　我国人均 GDP 和铬（消费）需求量的“S”形轨迹曲线（多项式趋势线）

从铬需求的驱动机制看，不锈钢产量是拉动铬（消费）需求量变化的主要因素。实际上铬（消费）需求量起飞点、转折点和峰值点（零增长点）的确定与不锈钢产量的变化紧密相关。

从我国人均铬（消费）需求量“S”形曲线（多项式趋势线）可得出，我国铬（消费）需求量起飞点大约在 2004 年，转折点发生在 2018 年，预计铬（消费）需求量零增长点（峰值点）大约在 2030 年。

（一）铬消费起飞点（2004 年）

2004 年为我国人均铬消费的起飞点，人均铬表观消费量为 0.34kg，人均 GDP（1999GK，美元）为 4898.87 美元；铬表观消费量为 44.65×10^4t（折铬矿石量 146.01×10^4t）。所表现出来的特征是：1952—2003 年 52 年间，由于我国不锈钢产量很低，人均铬表观消费量均很低（0.03～0.26kg），2004 年随着不锈钢产量的增加，人均不锈钢产量由 1980 年的 0.18kg 增至 2003 年的 1.55kg（1980—2003 年年均增幅为 9.81%，为不锈钢产量的低速增长时期），2004 年人均不锈钢产量增至 2.16kg，铬表观消费量也开始步入“起飞”模式。也就是说，自 2004 年起，我国铬表观消费量不断增加，大约到 2018 年已经步入转折点。

（二）铬消费转折点（2018 年）

2018 年为我国人均铬消费增长的起飞点，人均铬表观消费量为 3.62kg，人均 GDP（1999GK，美元）为 15427.00 美元；铬表观消费量为 504.46×10^4t（折铬矿石量 1949.58×10^4t）。所表现出来的特征是：2005—2018 年间，我国不锈钢产量年均增幅达 17.31%，铬消费量由 2005 年的 59.69×10^4t 增至 2018 年的 504.46×10^4t，年均增幅为 17.84%，人均铬表观消费量由 2005 年的 0.46kg 增至 2018 年的 3.62kg。表现出不锈钢产量的快速增长驱动铬表观消费量的增长。2019 年后我国铬表观消费量沿着“S”形轨迹发展，预计于 2030 年前后逐渐步入峰值点（“需求拐点”或称“需求零增长点”）。

（三）铬需求峰值点（2030 年）

预测 2030 年我国铬需求量达到峰值点，人均铬表观需求量为 6.61kg，人均 GDP（1999GK，美元）为 25838.62 美元；铬表观需求量为 945.31×10^4t（折铬矿石量需求量 3091.18×10^4t）。所表现出来的特征是：2019—2030 年间（其中 2021—2030 年为预测值），我国不锈钢产量年均增幅为 4.96%，铬表观需求量由 2019 年的 555.33×10^4t 增至 2030 年的 945.31×10^4t，年均增幅为 4.95%，人均铬需求量由 2019 年的 3.97kg 升至 2030 年的最高值 6.61kg。之后，铬需求量沿“S”形轨迹逐渐下降。

（四）铬需求下降阶段（2030—2035 年）

预测 2030—2035 年我国铬需求量呈下降趋势，2035 年人均铬需求量为 5.67kg，人均 GDP 为 30020.81 美元；铬表观需求量为 808.47×10^4t。2030—2035 年我国铬需求量年均降幅为 3.08%。

第六章　中国铬供应能力分析

本章分矿山铬和二次铬回收量，分别对其铬矿产品供应能力进行了预测分析。研究认为：我国矿山铬供应能力较弱，二次铬具有一定的潜力。预测2021—2035年我国铬矿石产量在$14\times10^4\sim20\times10^4$t（折铬产量$4.28\times10^4\sim6.12\times10^4$t）间，呈现先升后降的态势，2021年预计$15\times10^4$t（折铬产量$4.59\times10^4$t），2028年升至$20\times10^4$t（折铬产量$6.12\times10^4$t），2035年降至$14\times10^4$t（折铬$4.28\times10^4$t）。利用对比法，预测我国2021年、2025年、2030年和2035年二次铬回收量分别为：182.2×10^4t，249.27×10^4t，283.59×10^4t和242.5×10^4t。

第一节　铬矿产品生产与供应

一、中国矿山铬供应量分析

矿山铬矿石产量的发展演变情况。1949年前，我国没有铬矿资源与生产基地，更没有铬矿山。20世纪50年代末，大约在1958年，勘查发现了一批铬矿产地，铬矿资源逐渐被开发利用。1958年，我国铬矿石产量1.6×10^4t，约占当时世界铬矿石总产量的0.42%，可以说微乎其微，可忽略不计，但毕竟结束了我国无铬矿开采的历史，进入了开发我国自己的铬矿资源开发的历史阶段，这应该说是中国铬矿业发展的发轫阶段。

我国最早开发利用的铬矿区（床）有：呼和哈达（1958年）、内蒙古贺根山733矿（1962年）、北京放马峪（1970年）、新疆鲸鱼（1970年）、河北毛家厂（1973年）和陕西松树沟（1970年）等。这些铬矿区大部分因储量小、铬矿石品位低，需要选矿导致成本高，以及保护生态环境等原因，截至1995年，多已闭坑或停采。

20世纪70年代后，我国曾计划建设贺根山（3756铬矿）、索伦山、玉石沟、萨尔托海、东巧和罗布莎等铬矿山，其中除新疆萨尔托海，西藏东巧和罗布莎铬矿山建成投产外，其他铬矿区由于多种技术经济与基础设施建设等条件的限制而无法实施或中途停建。总体看，我国目前开采的铬矿石主要为罗布莎和萨尔托海铬矿山。由于铬矿资源禀赋条件及铬矿石质量较差等方面的限制，我国铬矿石产量很低，根本无法满足经济社会发展的需要。

我国铬矿石产量很少，2020年我国铬矿石产量为14.63×10^4t（折铬产量4.47×10^4t），占世界铬矿石产量的0.36%。1958—2020年63年间，铬矿石（原矿）累计产量为612.94×10^4t（折铬187.44×10^4t），铬矿石产量呈现波浪式增长与下降的曲线，1958—1987年为低增长阶段，产量在（0.3~7.5）$\times10^4$t间波动，1978年产量为5.5×10^4t。

1988—2007年为我国铬矿石产量快速增长阶段，铬矿石产量由3.7×10^4t增长到历史最高值28.15×10^4t，之后逐渐下降，2018年降至2.3×10^4t（图6-1）。

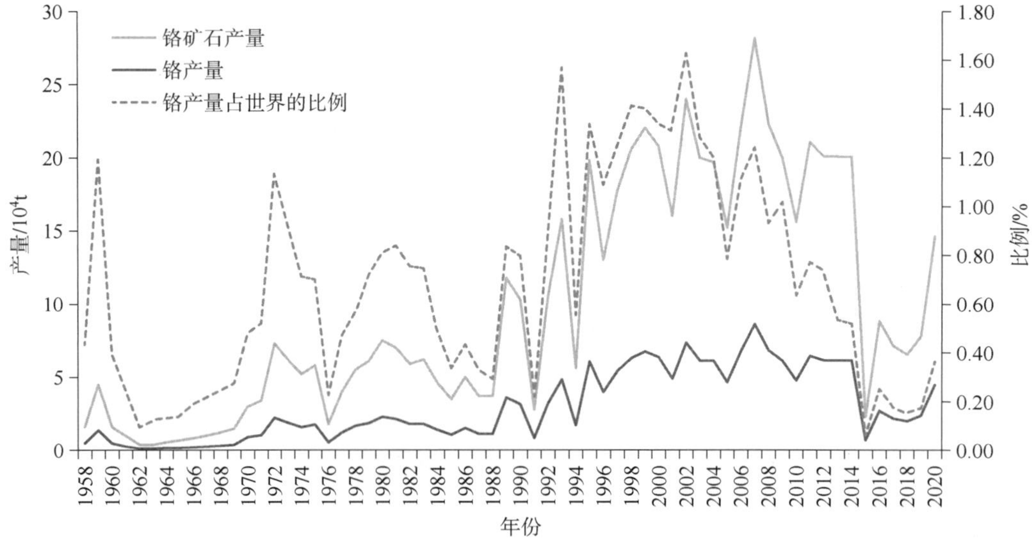

图 6-1　1958—2020 年我国矿山铬矿石（铬）产量及其在世界的比例

二、主要省（区、市）矿山铬生产情况

1995 年我国开采铬矿石的省份有河北、内蒙古、山东、陕西、甘肃、新疆和西藏等 7 省（区）。1996 年生产铬矿石的省份有内蒙古、甘肃、新疆、西藏和青海等 5 省（区），增加了青海，减少了河北、山东、陕西等省。我国铬矿资源主要分布在西藏、甘肃、内蒙古、新疆、青海、北京、河北和山西等 14 省（区、市），均不同程度地被勘查开发与利用。当前只有西藏和新疆铬矿床处于开采状态。分述如下：

1. 西藏自治区

铬矿是西藏自治区的优势矿产与特色矿产，在全国占有主要地位，铬矿业曾一度成为西藏的支柱产业，铬矿资源的开发利用取得了很好的经济效益与社会效益，为西藏经济社会发展做出了重要贡献。

铬矿产于超基性岩体中，西藏超基性岩分布广泛，规模巨大，发育有南北两条巨型超基性岩带。南部雅鲁藏布江超基性带沿雅鲁藏布江东西向绵延超过 1600km，其中发育有罗布莎-香噶山铬矿，规模为中型，超过我国三分之一的铬矿查明资源储量赋存其中。

西藏北部的班公湖-怒江超基性岩带长度超过 1800km，在东巧和依拉山分别查明了两个小型铬矿床，并已被开发利用。西藏的铬矿石类型均以致密块状为主，品位高，是冶金级优质铬矿石，铬矿查明资源储量和质量在全国均位列前茅。

早在 20 世纪 50 年代，就在西藏南部发现了铬矿，60 年代初，对铬矿点进行了矿点普查工作。罗布莎铬矿床的发现，为今后该矿床的普查评价提供了最早的地质记录与依据。

1966—1978 年间，由内地成建制抽调组建铬矿专业队伍，开展铬矿找矿工作，西藏自治区第二地质大队先后评价了西藏北部安多县东巧铬矿床和南部罗布莎铬矿床，并提供工业部门和地方开采，在当时取得了巨大的经济效益。早在20世纪70年代，西藏已开发利用铬矿资源，在安多县东巧铬矿区建设了东风铬矿山，专门开采铬矿石。

1979—1991年间，这一时期正处于我国改革开放与经济体制改革的转型发展期。铬矿作为重点矿种，找矿取得了重要成果。如，西藏自治区第二地质大队在完成了罗布莎铬矿床的详查和勘探工作后，于1989年在罗布莎中段的香噶山铬矿区评价了1处中型铬矿床，由地方和地质大队分别开采。20世纪80年代，以铬矿业为代表的采矿业得到迅速发展，西藏那曲安多县东风矿产公司从东巧转移到罗布莎铬矿区，开展建设罗布莎铬矿山。同时，山南地区、曲松县及拉萨市的一些企业在罗布莎建立了地方或集体的铬矿开采企业；西藏自治区第二地质大队、物探队以及曲松县和贡嘎县乡镇企业等在罗布莎东侧的香噶山开采铬矿。至1991年，西藏有铬铁有效采矿单位15家。

目前，西藏有两家铬矿开采企业在罗布莎矿区设立了两个采矿权，即西藏矿业发展股份有限公司和江南矿业集团有限公司，2016—2020年两家公司共生产铬矿石41.74×10^4t。2020年西藏铬矿石产量为14.63×10^4t。

西藏是我国铬矿石原矿的主要产区。自1967—1993年的26年间，西藏地方矿山和群众性的开采共生产铬矿石77.7×10^4t，年均生产铬矿石2.49×10^4t。截至1993年末，西藏保有铬矿储量444×10^4t，其中，已利用和可利用储量356.8×10^4t，1993年铬矿石产量为6.7×10^4t，1996年西藏铬矿开采企业26家，其中有国有企业13家、乡镇及其他企业3家，年产铬矿能力约10×10^4t。

（1）罗布莎铬矿床

1990年5月正式开始矿山建设。设计铬矿石原矿产能5×10^4t，1993年建成，1994年铬矿石产量为7×10^4t，其中国营罗布莎各铬矿为5×10^4t，曲松县铬矿为1×10^4t，山南地区铬矿为1×10^4t，国营矿山产量较稳定。地方及民采矿从事采矿的人员随季节变化，矿山产量变化较大。矿山出售原矿石，铬矿石的伴生组分均未被回收利用。当时铬矿石一直由冶金工业部按照国家计划价收购，1955年计划内铬矿石的价格为500元/t，计划外价格，泽当交货价为1000~1100元/t，格尔木交货价为1350元/t，当时计划内、外价差较大。

当前，罗布莎铬矿区设置两个矿业权，分别为西藏矿业发展股份有限公司和江南矿业集团有限公司铬矿采矿权。2016—2020年两家公司均有铬矿石生产。2020年西藏矿业发展股份有限公司铬矿石产量为3.39×10^4t，江南矿业集团有限公司矿石产量为7.59×10^4t，合计10.98×10^4t。2014年铬矿石产量为4.65×10^4t。2016—2020年两家公司累计生产铬矿石39.22×10^4t（表6-1）。

表6-1　2016—2020年西藏罗布莎铬铁矿Ⅰ、Ⅱ矿群铬矿石生产情况 单位：10^4t

年度	西藏矿业发展股份有限公司	江南矿业集团有限公司	合计
2016	2.98	3.80	6.78
2017	3.00	4.13	7.13
2018	2.24	4.30	6.54
2019	3.19	4.60	7.79
2020	3.39	7.59	10.98
合计	14.80	24.42	39.22

（2）东巧铬矿床

1967 年 5 月，被誉为“生命禁区”的海拔 4800m 的西藏那曲地区安多县东巧区依托东巧铬矿区，建立了西藏第一座冶金铬矿山——西藏东风铬矿，当时为人工小型露天开采，矿石未做选矿试验，设计年产 1×10^4t 的铬矿石量。1968—1970 年，铬矿开采方式转变为机械化开采与人工露天开采结合作业，设计年产 3×10^4t 铬矿石量，1970 年生产铬矿石 2×10^4t。1972 年扩建，开采能力 5×10^4t/a，1979 年正式投产，当年铬矿石产量为 3×10^4t，1980 年年产 5×10^4t 铬矿石量，至 1984 年采矿结束，并闭坑，实际采出铬矿石约 34×10^4t。

（3）山南 7 号铬矿

该矿山位于罗布莎铬矿区的 7 号矿群内。自 1998 年开始对矿山浅部矿体进行小型露天开采，随着浅部露天铬矿资源的枯竭，1990 年开始筹备地下开采，并于 1992 年动工，1994 年建成投产，设计规模为 2×10^4t/a，矿山服务年限 7 年。

（4）香卡山铬矿

于 1996 年正式动工建设，1997 年建成投产，设计规模为 2×10^4t/a。

（5）依拉山铬矿

该铬矿山地处藏北高原，气候恶劣，运输距离较远，矿床开发利用条件差。大部分铬矿石品位较低，需经选矿后才能被利用。20 世纪 90 年代群众开采富矿，累计开采矿石量为 4×10^4t。

2. 新疆维吾尔自治区

铬矿是新疆维吾尔自治区的优势矿产之一，20 世纪 60 年代后，根据国家和地方经济建设对矿产资源的需求，新疆对铬矿等国家急缺矿种组织会战或重点评价。1964—1966 年，地质部在新疆组织铬铁矿会战。从各省调动铬矿地质队伍，重新组建新疆铬矿勘探队伍，对萨尔托海、唐巴勒、玛依拉山、克拉麦里和卡瓦布拉克等铬矿带（矿床）进行了检查评价。但因种种原因，会战没有取得重大突破，铬矿专业队伍调往内地。1971 年，新组建的第七地质大队，再次对托里县萨尔托海铬矿进行中深部找矿，发现中部盲铬矿群数处，储量增加数倍，使其成为全国第二个较大的铬矿床。

新疆铬矿累计探明资源储量及产量仅次于西藏，位居全国第二位。新疆已发现的矿产地主要分布于东、西准噶尔及天山，其中，有中、小型铬矿床各 1 处，其余为矿化点。探明储量的 98%集中在西准噶尔的萨尔托海及鲸鱼矿床，前者占近 80%，后者约 20%（已闭坑）。已发现的铬矿床均属于晚期岩浆矿床，铬矿石以高铝低铬耐火级矿石为主，高铬低铝冶金级矿石很少，全区累计探明铬矿储量为 229.3×10^4t，保有储量为 170 万余吨，其中可供利用储量为 138×10^4t。

新疆开展铬矿地质工作始于 20 世纪 50 年代后期，1958 年萨尔托海铬矿床被发现，同时开展普查评价工作，新疆铬矿找矿勘探工作开始。1959—1964 年，利用重力、磁力和钻探技术方法，勘查发现了鲸鱼铬矿床。1964—1966 年，地质部在新疆组织了全国铬铁矿会战，对西准噶尔、东准噶尔、天山东段等地区的铬矿带和矿床进行了检查评价，基本上查清了新疆铬矿前景。

1968 年，由于最大的专业队伍——地质三大队整体调往内地，铬矿地质工作中断。1971 年，新疆重新组织队伍，对萨尔托海的成矿规律、重力、磁力等物探成果进行了综合研究，铬矿找矿工作实现新突破，铬矿储量成倍增加。萨尔托海铬矿床自1958年发现至1990年，共投入钻探工作量40×10^4m，提交储量报告12份，各类地质报告及研究报告10份，还有大量的研究论文发表，这些工作对我国铬矿地质工作做出了重要贡献。

萨尔托海铬矿床是国内仅次于西藏的第二大铬矿，因交通条件好，1968年，萨尔托海铬矿由新疆维吾尔自治区冶金局建井开采，到1987年共采出铬矿石近10×10^4t。20世纪90年代，铬矿石开采规模居全国首位。截至1995年，该区建有国有、地方企业4家建井采矿，年产铬矿石量5万余吨。所采铬矿石销往国内外，主要销往河南、辽宁、山东、上海及湖南等地冶金、耐火材料厂。国外销往日本铬铁精矿2.5×10^4t。

20世纪60年代末，建成了我国第一座现代化的铬矿山鲸鱼铬矿。1991年全区国营铬矿山1处，民办乡镇铬矿山9处，年产铬矿石3万余吨。主要供应内地省区，少数出口。鲸鱼铬矿探明储量27.21×10^4t，1966年新疆维吾尔自治区冶金局施工建立矿山，1970年建成投产，为我国当时唯一正规建井开拓的铬矿山，设计生产规模为100t/d，实际生产规模为67t/d（1982年闭坑），开采储量为24.72×10^4t，实际采出铬矿石原矿量为17.63×10^4t。鲸鱼铬矿生产时期，正值我国10年动乱及后续的经济恢复期，当时我国几乎断绝了铬矿石的国外进口来源，鲸鱼铬矿山的生产及时解决了我国合金、耐火材料厂铬矿石的短缺困难，解决了我国铬矿石短缺的燃眉之急。铬矿山虽然为小型规模，但却创造了较好的经济和社会效益。

20世纪90年代初，我国铬矿80%以来国外进口，萨尔托海铬矿床的开发利用减少了铬矿石进口量，降低了铬矿产品的对外依存度。同时，也促进了地方脱贫致富，取得了很好的经济效益与社会效益。

新疆是我国第二大铬矿产区，1991年全区有国营铬矿山1座，民办乡镇矿山9座，年产铬矿石量3万余吨，1996年增至5万余吨。

（1）萨尔托海铬矿

萨尔托海铬矿是我国仅次于罗布莎的第二大铬矿山，当时有4家国营、地方企业采矿，年产铬矿石量5万余吨。2014年经对萨尔托海的铬矿山的实地调查研究，该矿山处于开采状态，生产规模小于5×10^4t/a，实际产量不足2×10^4t，且铬矿石质量相对较差。

（2）鲸鱼铬矿

鲸鱼铬矿1970年建成投产，为我国当时唯一正规建井开采的铬矿，设计生产规模为100t/a，实际生产67t/a，该铬矿于1982年闭坑。实际采出铬矿石量17.63×10^4t。

3. 内蒙古自治区

内蒙古自治区铬矿地质工作始于1953年，时年开展了巴彦淖尔盟超基性岩区的地质工作。1954年在贺根山、朝根山一带发现面积较大的超基性岩体，并在贺根山发现了铬铁矿化，大规模的铬矿普查找矿工作由此展开。经过10余年的地质工作，1963年提交了《内蒙古锡林郭勒盟赫格敖拉地区铬铁矿床最终勘探报告》，对贺根山、朝根山、崇根山、白音山、赫白、乌斯尼黑、小坝梁、满莱庙、阿尔登格勒庙、交其尔及红格尔庙等地的超基性岩体进行铬矿普查工作。1974年对贺根山3756矿床断续开展外围第二次普查找矿达5~6年，到20世纪80年代初结束铬矿地质找矿工作。

1957—1958年间，在索伦山组织开展铬矿普查与勘探工作，1963年完成《内蒙古西部索伦山铬铁矿察罕胡勒矿区地质勘探报告》、《索伦山地区超基性岩铬铁矿详细普查评价地质报告》，共探明铬矿储量为 49.2×10^4t。铬矿开发利用情况，20 世纪 70 年代末，乌拉特中旗政府对索伦山铬矿进行小规模的开采，1984 年达到年产量万吨，多销往天津等地，后因铬矿石品位低，销路不畅而停采。

贺根山赫格敖拉 3756 铬矿床，从普查到详细勘探，投入钻探工作量为 10.20×10^4m，浅井 6375.31m，小平巷 5611.32m，槽探 89.85m^3。勘探深度为 440m，探明铬矿石储量为 123×10^4t。截至 1992 年末，累计探明铬矿储量 129.9×10^4t。对 3756 铬矿床的地质研究和勘探程度已基本满足铬矿山设计要求。1989 年锡林浩特市铬铁矿矿山重新组建。1989—1990 年铬矿石收入 150 万元，1991 年开采铬矿石原矿量 0.2×10^4t。

4. 甘肃省

甘肃省是我国第三大铬矿石生产省（区），1996 年大道尔吉是该省主要的生产矿山。

通过可选性试验证明，大道尔吉铬矿选矿效果好。中富矿石与贫矿混合样选矿效果更好；入选品位 $\omega(Cr_2O_3)$ 为 18.5%，铬精矿品位 $\omega(Cr_2O_3)$ 为 42.91%，选矿回收率为 95.70%，铬精矿产品满足直接入炉要求。

1980 年经甘肃省储量委员会批准铬矿石储量为 156×10^4t，其中富铬矿石储量为 45×10^4t。批准与铬矿石共生的化肥用蛇纹岩矿石储量为 1.38×10^8t。

1971—1996 年，当地政府和乡镇企业组织小规模铬矿开采。1971—1973 年初，甘肃省肃北县曾对南矿带西段地表中、富铬矿体开展过露天开采，采出铬矿石近 1×10^4t，少量铬矿石运至北京生产铬铁合金，大部分仍堆置于矿区。

20 世纪 80 年代中期，肃北县盐池湾乡办企业对南矿带东段中及富矿体开展过露天开采与地下开采，铬矿石多运往沈阳等地，历年产量不清。

1988 年甘肃省曾立项开发，完成矿山厂址水文工程地质勘测等工作，后因资金困难而缓建。

5. 青海省

铬矿是青海省开展地质勘查工作较早的一个矿种，北祁连地区是我国铬矿找矿的重点区域之一。

（1）基本概况

1980 年以前青海省的铬矿找矿投入工作大，总体收效不大。截至 1991 年末，全省发现和探明小型铬矿床 4 处，主要分布在北祁连和柴达木盆地北缘两个地区。探明铬矿石储量仅几十万吨，且以北祁连地区探明的储量为多，约占全省铬矿储量的 77.80%，石沟铬矿区的储量占全省储量的 61.20%。绿梁山地区探明储量位居第二，约占全省储量的 22.20%。铬矿发育在晚加里东期超基性岩体中，属岩浆型铬矿床，又可分为岩浆晚期分异型和岩浆晚期分异-贯入型等。铬矿石为单一的铬铁矿石，$\omega(Cr_2O_3)$ 为 13.23～42.59%，铬铁比值（c/f）多在 2.5 以上，其中 $\omega(Cr_2O_3)$ 品位高于 32%的富矿石占比 60.70%，可作为冶金级铬矿石用。

已探明的铬矿床，从 1958 年始多被地方露天开采，产生了较好的经济效益和社会效益，历年开采出铬矿石超过 2×10^4t，部分矿区地表矿已开采殆尽。截至 1992 年末，仅有玉石沟在小规模开采。总之，青海省铬矿产地不多，且储量规模小，但在西北乃至全国仍占一席之地，已探明铬矿储量占西北地区的 14.14%，占全国铬矿储量的 4.86%，位居全国第 6 位。

（2）玉石沟铬矿床

玉石沟铬矿位于祁连县西北160km的托勒山中段。自兰新铁路张掖站经祁连县至矿区公路距离约376km，交通方便。玉石沟铬矿区位于海拔4300m以上的高山区，冰蚀地形地貌发育，铬矿群处于不同的冰斗内，几乎常年降雪（雨），属于内陆高原高寒气候带。

该矿区位于北祁连加里东期地槽褶皱带托勒山复向斜西段，玉石沟超基性岩体群受该向斜轴部断裂带控制，属北祁连超基性岩体托勒山亚带的主要超基性岩体群。岩体群由南、小、中、北4个较大的岩体和数个零星分布的岩体组成。

1954年，西北地质局在祁连县西北160km的托勒山中段，发现了一个分布范围长14.5km，宽2.4~5km的超基性岩体群。北京地质学院等单位对该岩体群进行了地质调查，对超基性岩体岩石类型进行了划分与研究。1957年，地质部青海办事处百经寺地质队，在开展1：20万普查时，进入玉石沟。经实地测量地质剖面和找矿时，在玉石沟和西玉石沟首次发现了3处铬矿露头，划为Ⅰ、Ⅱ、Ⅲ号铬含矿带，并在Ⅲ号含矿带发现了工业铬矿体。这一重要发现引起了国家的重视，开启了玉石沟铬矿勘查的序幕。玉石沟铬矿床勘查分为两个阶段：

1）1958—1967年（第一阶段）：青海省地质局牵头开展勘查工作，利用综合探矿，就矿找矿，点面结合的方法，全面普查岩体群，结合发现的铬矿化信息，划分出南、北两个岩带和3个含矿带。在全国铬矿会战指挥部的指导下，重点对玉石沟铬矿的岩体地质构造、岩相、岩石类型及含矿性、成矿部位及找矿方向等进行了调查研究。通过10年的工作得出了“矿区成矿条件较好，具有一定远景”。

2）1972—1980年（第二阶段）：鉴于当时国家对铬矿资源急需形势，1971年青海省地质局决定再上玉石沟。1972年初，重点对南岩带Ⅲ含矿带（后划分为Ⅲ、Ⅴ矿群）和303矿点进行中深部找矿，次年，在Ⅴ矿群中发现隐伏工业铬矿体后即转入以钻探为主、硐探为辅的勘探工作。1975年，为加速矿区勘查，对其他各含矿带（矿群）开展以钻探为主的详查评价。1977年完成Ⅴ矿群（主矿群）勘探，1978年和1979年分别提交《青海省祁连县玉石沟铬矿区Ⅴ矿群地质勘探总结报告》和《青海省祁连县玉石沟铬矿区地质详查总结报告》。在此阶段，将含矿的超基性岩体群重新划分为南、小、中、北4条含矿带和6个矿群。

在断续开展玉石沟铬矿地质勘查工作的20多年中，矿区累计投入主要工作量：机械岩芯钻探6.06×10^4m，取样钻探2484m，平硐2017m，浅井609m，槽探$5.42\times10^4m^3$等，并进行了各种比例尺的矿区、矿带和矿群的地形地质与物（化）探等测量。共投入地勘费1453万元。提交各种地质和科研报告39份。

对玉石沟铬矿床Ⅴ矿群的贫矿和表外铬矿石进行过初步可选性试验。玉石沟铬矿石原矿品位分别为6.99%和19.64%。通过重选法回收铬矿石及伴生的铂族金属矿物，再从铬精矿中通过浮选回收铂族金属矿产的选矿方法。铬精矿品位$\omega(Cr_2O_3)$为35.91%~45.15%，铂族金属品位$\omega(\Sigma Pt)$为0.221%~0.2655%。

1958年，青海省祁连县曾用土法开采铬矿石，铬矿石原矿在国内销售。青海省西宁市化工二厂继续开采，铬矿石主要用于生产化工产品重铬酸钠。共开采11年，地表铬矿资源基本采完。累计采出铬矿石1万多吨。1989年祁连县铬矿采矿队50余人对玉石沟铬矿进行小规模开发，1991年采出铬矿石700t，当年产值42万元。未回收利用铂族金属等共（伴）生矿产。祁连县通过对该矿的开发，成为青海省第一个依靠矿产资源致富并实现财政自给的县。

6. 北京市

北京市铬矿仅有 2 个小型矿区，为北京市短缺矿产。密云区放马峪铬矿（Cr-11），累计探明储量为 23.7×10^4t；密云区平顶山铬矿，累计探明储量为 35.5×10^4t；其他均为矿化点，20 世纪 90 年代初，被地方开采利用。

（1）放马峪铬矿区

放马峪铬矿位于密云区高岭乡放马峪村东，距密云区至高岭公路 1km，矿区通汽车，交通方便。该矿床规模为小型，矿床成因为早期岩浆矿床。

1958 年以来，密云区曾多次开展铁矿勘查工作，为一中型沉积变质铁矿区，1960 年，为满足首都工业发展需要，提供特种钢材原料需求，北京市地质局组织队伍在该区进行1：1 万地质测量，重点寻找与超基性岩有关的矿产。1961 年在检查超基性岩体过程中发现铬矿化岩体，后转入初步普查，年底提交《北京市密云县放马峪 II 号地区物探精测及外围普查报告》。1962 年开展详查工作，提交《北京市密云放马峪超基性岩体详查报告》，提交远景储量 2.59×10^4t（品位>10%），由于铬矿体规模不大，铬铁比值低，未达冶金工业标准，故未做进一步工作。1969 年，由于国家铬矿资源短缺，北京市地质局又对该矿进行了详查补充工作，补充提交了Ⅰ号主矿体毗连部分 III 号铬矿体远景储量 9153t，另按 5%的边界品位在Ⅰ号和Ⅱ号铬矿体圈定了表外矿石量 10787t，并在控矿地质条件上有了新的认识与进展，提出铬矿体不完全受纯橄榄岩相的控制，矿体还位于辉石橄榄岩中。1970—1971 年转入勘探阶段，1970 年 8~9 月，北京铁合金厂将该矿区品位小于 30%的铬矿石直接入炉试验，冶炼成功 4 种牌号的铬铁，开启了成果利用国内铬矿的开端。铬矿石原矿产品质量符合冶金工业标准。肯定了放马峪铬矿的工业价值。矿石中 MgO 含量高达 34%，可考虑作为钙镁磷肥综合利用。1971 年提交《北京市放马峪铬矿勘探总结报告》，核实铬矿工业储量为 23.6×10^4t。

放马峪铬矿床的赋矿岩体为辉石橄榄岩、橄榄辉石岩和辉石岩组成的超基性杂岩体，铬矿体产于杂岩体东部的转折部位，主矿体平面形态呈似鱼头状，长 150m，最大厚度为 30.5m，最小厚度地表见仅 0.18m，最大延深 90m。铬矿体在剖面上呈楔形或似脉状。

矿石类型有 3 类：①稠密浸染-致密块状铬矿石（Cr_2O_3为 30%~41.8%）；②中等—星散浸染状铬矿石（Cr_2O_3为 5%~30%），这一类型矿石构成铬矿床主体；③不规则细脉浸染状铬矿石。矿床铬矿石平均品位 $\omega(Cr_2O_3)$ 为 9.60%。

矿区水文地质条件简单，可露天开采铬矿石。矿石经过选矿后形成铬精矿。经鞍山黑色冶金矿山设计院选矿结果：入选原矿品 $\omega(Cr_2O_3)$ 为 18.40%，铬精矿品位 $\omega(Cr_2O_3)$ 为 39.35%，尾矿品位 $\omega(Cr_2O_3)$ 为 5.87%，选矿回收率 Cr_2O_3为 80.18%，损失率为 19.82%。

1969 年筹建矿山，1970 年由密云县工业局放马峪矿开采，1970—1978 年开采，累计采出铬矿石 19×10^4t。1974 年采出矿石 8.3×10^4t。1978 年闭坑。截至 1992 年末富铬矿储量已开采完毕。

（2）平顶山铬矿区

平顶山铬矿矿区位于北京市密云区北东 12km，有公路、铁路相通，交通方便。

平顶山超基性岩体位于燕山超基性岩南岩带西段的密云岩区中，该岩带受密云-喜峰口大断裂带控制。铬矿体主要赋存于平顶山超基性岩体中、下部的橄榄岩相中，辉橄-纯橄岩相带中发育少量铬矿体。

铬矿体产状与规模：矿区内发育7条铬矿体（群），其中Ⅴ、Ⅵ、Ⅶ号铬矿体为盲矿体，Ⅰ、Ⅲ、Ⅴ号铬矿体是由2~3条铬矿体组成的矿体群，I号矿体群出现分支矿体。矿体主要呈脉状、扁豆状和似层状产出。

铬矿石质量：稠密浸染状铬矿石品位 $\omega(Cr_2O_3)$ 为22.99%~29.21%；中等浸染状铬矿石 $\omega(Cr_2O_3)$ 为8.04%；星散状铬矿石 $\omega(Cr_2O_3)$ 为5.65%。截至1995年末，矿区累计铬矿储量为 71.7×10^4t，铬矿石平均品位 $\omega(Cr_2O_3)$ 为7.1%，为低品位铬矿石。c/f比值较低，仅为1.379。伴生矿产钴品位较高，ω(Co) 为0.013%，ω(Mo) 为0.114%。该矿区毗邻密云水库，铬矿体大部分位于水库水位标高以下，水文地质条件较复杂。为保护水库水质及水资源，该矿区未开采。

综上所述，我国已查明铬矿资源储量，主要分布在浅部，埋深浅，采用的开拓方式大多数为露天开采，对于一些埋深较大的铬矿区，则采用先露天后地下，如西藏罗布莎、新疆萨尔托海、甘肃大道尔吉等3个铬矿山。而内蒙古贺根山矿区则采用地下开采（坑采）方式。

从历史上看，除罗布莎、东巧、萨尔托海等矿区，均建立了铬矿山，且采用正规的开采方式，其余绝大多数为民间开采，也就是将地表的大、小铬矿体开采殆尽，大多数铬矿区的深部和外围则没有进一步的勘查开发。西藏罗布莎矿区的两个矿山目前生产能力都大于 5×10^4t/a，只是考虑到保有资源储量有限，现在实行的是限产措施，两个矿山2013年实际产量均约为 6×10^4t。新疆萨尔托海矿山也在开采，规模小于 5×10^4t/a。我国含铬超基性岩的地表矿体已基本开采殆尽。

第二节　矿山铬供应能力预测分析

在当前的技术经济条件下，中国铬矿资源的开发利用主要为西藏罗布莎、新疆萨尔托海托里等矿区。据《中国国土资源年鉴（2018）》，2013年中国铬矿石产量为 10.51×10^4t，2017年铬矿石产量为 7.13×10^4t，铬矿石产量在下降。其中，2019年西藏矿业发展股份有限公司开采铬矿石量为 5.678×10^4t。经调查研究，2020年我国铬矿石产量为 14.63×10^4t。

2021—2035年我国矿山铬供应情况：主要依据历史与现有产量（能）进行的分析预测的，因我国铬矿产能低，产量少，且生产集中，根据我国铬矿生产趋势，进行大致的预测也是可行的。

据对西藏、新疆铬矿山实地调查研究，结合我国铬矿资源及其开发利用特点，预测2021—2035年我国矿山铬矿石供应量大约在（15~20）$\times10^4$t内，按照截至2020年末我国铬矿保有储量 225.26×10^4t测算（加上部分查明资源储量转化的储量），依据国土资源部公布的矿产资源合理开发利用“三率”指标，铬矿地下矿山开采回采率不低于85%计算，2021—2035年我国铬矿石产量在（14~20）$\times10^4$t［折铬产量（4.28~6.12）$\times10^4$t］间，呈现先升后降的态势，2021年预计为 15×10^4t（折铬产量 4.59×10^4t），2028年升至 20×10^4t（折铬产量 6.12×10^4t），2035年降至 14×10^4t（折铬 4.28×10^4t），如图6-2、表6-2所示。这与铬矿山生产的全生命周期基本相符，若没有新增储量，到2033年末，这部分查明铬矿保有储量将消耗殆尽。需要说明的是，部分铬矿资源量转化为储量后才能满足2021—2035年铬矿石产量要求。

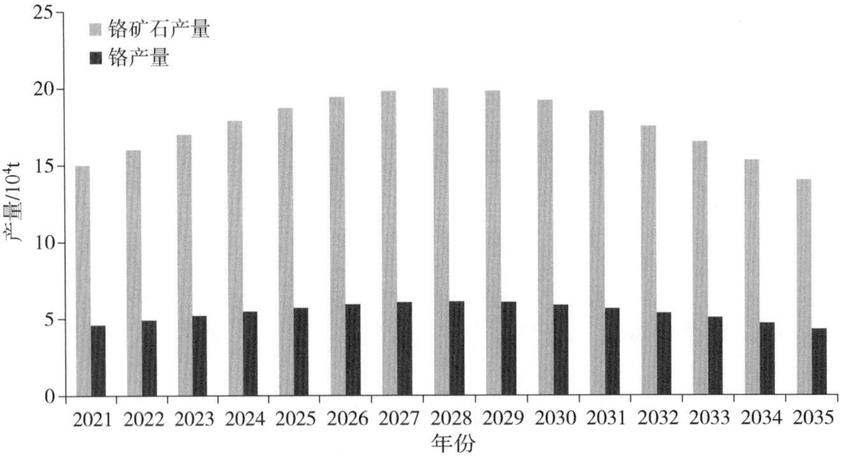

图 6-2　2021—2035 年我国铬矿石（铬）产量（能）预测结果

表 6-2　2021—2035 年我国铬矿石（铬）产量（能）预测结果

年　度	2021	2022	2023	2024	2025	2026	2027	2028
铬矿石产量/10^4t	15.00	16.00	17.00	17.90	18.70	19.40	19.80	20.00
折铬金属量/10^4t	4.59	4.89	5.20	5.47	5.72	5.93	6.06	6.12
年　度	2029	2030	2031	2032	2033	2034	2035	
铬矿石产量/10^4t	19.80	19.20	18.50	17.50	16.50	15.30	14.00	
折铬金属量/10^4t	6.06	5.87	5.66	5.35	5.05	4.68	4.28	

预测 2021—2025 年我国铬矿石累计产量为 84.6×10^4t（折铬产量 25.87×10^4t），预测 2021—2030 年我国累计铬矿石产量为 182.8×10^4t（折铬产量 55.9×10^4t），预测 2021—2035 年我国累计铬矿石产量为 264.6×10^4t（折铬产量 80.92×10^4t）。

第三节　二次铬回收量分析预测

一、基本概况

许多国家很重视含铬材料的回收利用，并开展铬替代品的研究。美国 1983 年回收不锈钢废料，占美国铬表观消费量的 23%。铬替代也有一些进展。如，用钛合金钢或特种陶瓷制品来代替部分不锈钢；在一些合金中，用钼来替代铬等。

按照不锈钢的一般技术指标，不锈钢铬含量约 17%，铬的二次回收主要通过不锈钢的回收而得到。美国不锈钢回收历史较长，且 1962—2020 年二次铬回收量数据资料齐全。我国尚无二次铬回收量的数据，因此参考美国的数据资料推断我国二次铬回收利用情况。

二、类比法测算我国二次铬回收量及结果

通过该类比法分析预测我国二次铬产量。本书利用美国二次铬产量与铬表观消费量的比

例（比值），类比我国在其相同发展阶段的比例（比值），从而测算出我国二次铬回收量。

2020 年我国人口为 14.05 亿，GDP 总值 101.6 万亿元（折 23.09 亿美元，1990GK 美元），人均 GDP7.2 万元（折 1.63 万美元/人）。1972 年美国人均 GDP 约 1.63 万美元，与中国 2020 年人均 GDP 大致相当，当年美国二次铬回收量占铬消费总量的比例为 23.92%，中国按照 25%的回收量测算（图 6-3）。考虑到不锈钢回收技术进步、铬产业发展和科技创新等驱动发展因素对铬二次回收利用的影响，2021—2035 年预测中国二次铬回收量时，该比例适当取高，取 30%。

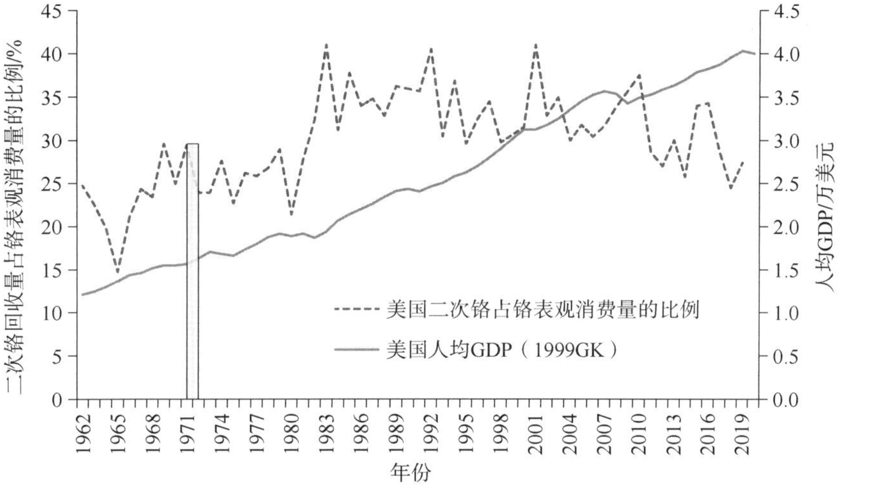

图 6-3　1962—2020 年美国二次铬回收量占铬表观消费量的比例与人均 GDP 关系

二次铬回收量测算结果：中国 2020 年二次铬回收量为 142.32×10^4t。1952—2020 年二次铬累计回收量为 1366.83×10^4t，铬主要从废不锈钢中回收。1952—2003 年我国二次铬回收量很低，大约（0.7~5.38）$\times10^4$t 范围，2004 年二次铬回收量超过 10×10^4t，2010 年升至 53.15×10^4t，2019 年增至 138.83×10^4t。2000—2020 年二次铬回收量年均增长率为 20.44%（图 6-4；表 6-3）。

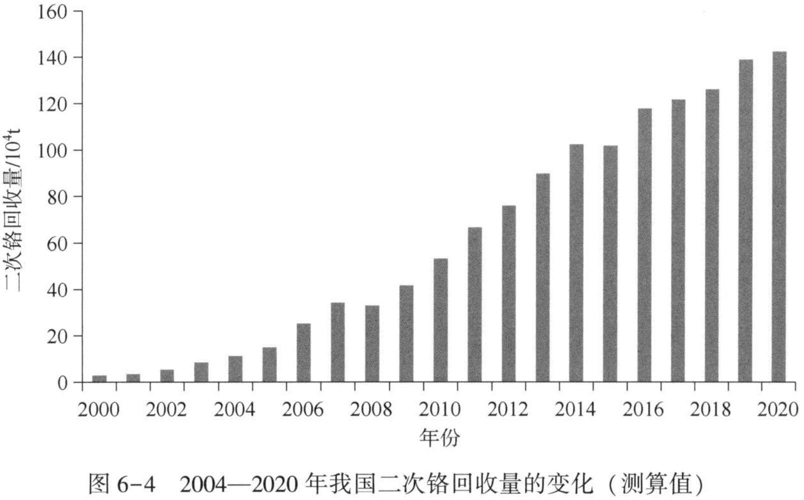

图 6-4　2004—2020 年我国二次铬回收量的变化（测算值）

表 6-3　2000—2020 年我国二次铬回收量（测算值）

年度	铬表观消费量/10^4t	二次铬回收量占铬表观消费量的比例/%	二次铬回收量/10^4t
2000	11. 33	25. 00	2. 83
2001	13. 79	25. 00	3. 45
2002	21. 53	25. 00	5. 38
2003	33. 58	25. 00	8. 40
2004	44. 65	25. 00	11. 16
2005	59. 69	25. 00	14. 92
2006	100. 11	25. 00	25. 03
2007	136. 11	25. 00	34. 03
2008	131. 15	25. 00	32. 79
2009	166. 31	25. 00	41. 58
2010	212. 61	25. 00	53. 15
2011	266. 16	25. 00	66. 54
2012	303. 87	25. 00	75. 97
2013	358. 59	25. 00	89. 65
2014	409. 74	25. 00	102. 43
2015	407. 28	25. 00	101. 82
2016	471. 05	25. 00	117. 76
2017	486. 84	25. 00	121. 71
2018	504. 46	25. 00	126. 12
2019	555. 33	25. 00	138. 83
2020	569. 29	25. 00	142. 32

我国不锈钢产量从 1952 年的不足 $20×10^4$t 上升至 1978 年的 $22.97×10^4$t，2000 年增至 $60×10^4$t，这一阶段为我国不锈钢的启动期，产量低、品种不全。2001—2020 年为我国不锈钢的发展期，从 2001 年开始，我国不锈钢产量进入快速增长阶段，当年不锈钢产量为 $73×10^4$t，2010 年增至 $1125.6×10^4$t，2020 年达到 $3013.9×10^4$t。2001—2020 年不锈钢产量年均增长率达 21. 63%。1952—2020 年我国不锈钢累计产量约 $2.9×10^8$t，其中 2011—2020 年累计产量为 $2.29×10^8$t，约占总累计产量的 78. 97%。随着我国不锈钢累计产量的增加，按照不锈钢生命周期约 20 年测算，废不锈钢回收量将逐渐增加，由于不锈钢社会蓄积量的不断增加，加上不锈钢回收利用科技的发展与进步，二次铬回收量将会相应增加（图 6-5；表 6-4）。

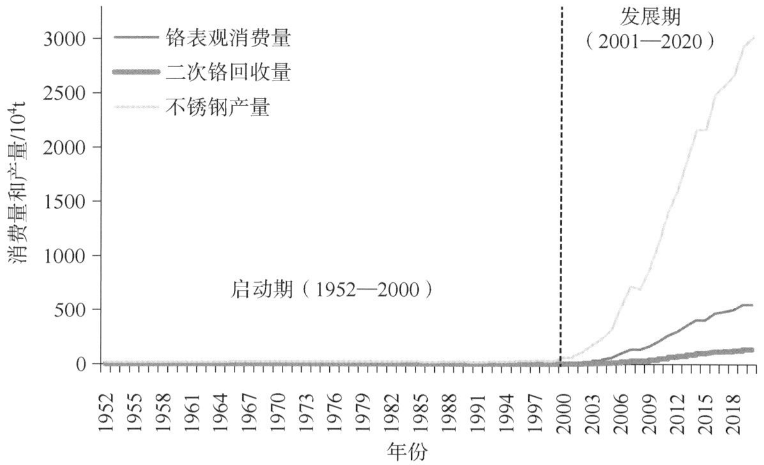

图 6-5　1952—2020 年我国二次铬回收量、铬表观消费量和不锈钢产量的关系

表 6-4　2000—2020 年我国二次铬回收量、铬表观消费量和不锈钢产量

年度	二次铬回收量/10^4t	铬表观消费量/10^4t	不锈钢产量/10^4t
2000	2. 83	11. 33	60. 00
2001	3. 45	13. 79	73. 00
2002	5. 38	21. 53	114. 00
2003	8. 40	33. 58	177. 80
2004	11. 16	44. 65	236. 40
2005	14. 92	59. 69	316. 00
2006	25. 03	100. 11	530. 00
2007	34. 03	136. 11	720. 60
2008	32. 79	131. 15	694. 30
2009	41. 58	166. 31	880. 47
2010	53. 15	212. 61	1125. 60
2011	66. 54	266. 16	1409. 10
2012	75. 97	303. 87	1608. 70
2013	89. 65	358. 59	1898. 40
2014	102. 43	409. 74	2169. 20
2015	101. 82	407. 28	2156. 20
2016	117. 76	471. 05	2493. 78
2017	121. 71	486. 84	2577. 37
2018	126. 12	504. 46	2670. 68
2019	138. 83	555. 33	2940. 00
2020	142. 32	569. 29	3013. 90

三、2021—2035年我国二次铬回收量预测结果

利用类比法，2021—2035年我国二次铬回收量占当年铬消费（需求）量的30%测算，得出二次铬回收量和人均二次铬回收量的结果（图6-6；表6-5）。

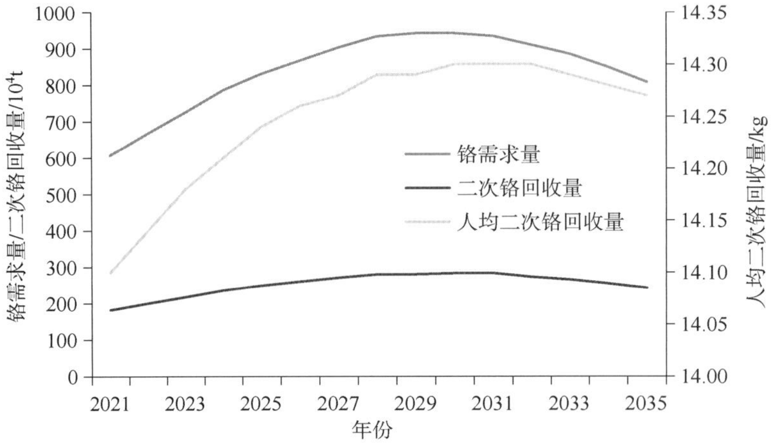

图6-6　2021—2035年我国二次铬回收量、人均二次铬回收量变化

表6-5　2021—2035年我国二次铬回收量、人均二次铬回收量测算表

年份	铬（消费）需求量/10^4t	二次铬占铬需求量的比例/%	二次铬回收量/10^4t	人口数据/亿人	人均二次铬回收量/kg
2020	567.59	25.00	142.32	14.05	1.01
2021	607.34	30.00	182.18	14.10	1.29
2022	667.91	30.00	200.37	14.14	1.42
2023	725.84	30.00	217.77	14.18	1.54
2024	786.45	30.00	235.96	14.21	1.66
2025	830.91	30.00	249.28	14.24	1.75
2026	867.17	30.00	260.16	14.26	1.82
2027	903.23	30.00	270.98	14.27	1.90
2028	933.69	30.00	280.10	14.29	1.96
2029	942.32	30.00	282.71	14.29	1.98
2030	945.31	30.00	283.62	14.30	1.98
2031	934.56	30.00	280.39	14.30	1.96
2032	910.07	30.00	273.02	14.30	1.91
2033	885.37	30.00	265.60	14.29	1.86
2034	849.69	30.00	254.89	14.28	1.79
2035	808.47	30.00	242.53	14.27	1.70
2021—2035年累计量	12598.33	—	3779.56	—	1.77（均值）

2021 年我国铬消费量为 607. 34×10^4t，二次铬回收量为 182. 18×10^4t，人均二次铬回收量为 1. 29kg。预测 2025 年铬需求量为 830. 91×10^4t，二次铬回收量为 249. 28×10^4t，人均二次铬回收量为 1. 75kg。预测 2030 年铬需求量为 945. 31×10^4t，二次铬回收量为 283. 62×10^4t，人均二次铬回收量为 1. 98kg。预测 2035 年我国铬需求量为 808. 47×10^4t，二次铬回收量为 242. 53×10^4t，人均二次铬回收量为 1. 70kg。

2021—2025 年，预计我国二次铬回收量为 1085. 86×10^4t，人均二次铬回收量为 14. 17kg；2021—2030 年二次铬累计回收量为 2463. 13×10^4t，人均二次铬回收量为 14. 23kg；2021—2035 年二次铬累计回收量为 3779. 56×10^4t，人均二次铬回收量为 14. 25kg。

第七章　中国铬供需形势分析与展望

本章提出中国铬供需形势分析研究技术路线，利用 2021—2035 年我国铬供应量和铬需求量预测结果，对我国铬矿供需形势进行分析与综合研究。研究提出：2021—2035 年，我国矿山铬供应量很小，随着我国不锈钢产量的增加，铬总需求量大不断增长，在中情景下 2030 年我国铬需求量到达峰值点。若不含二次铬回收，我国铬供需形势严峻，对外依存度 99%以上；若含二次铬回收，则对外依存度有望降至 69%。

第一节　中国铬供需形势分析研究方法及技术路线

本书利用不同预测方法，分铬供应侧和铬（消费）需求侧开展供需形势分析（图 7-1）。

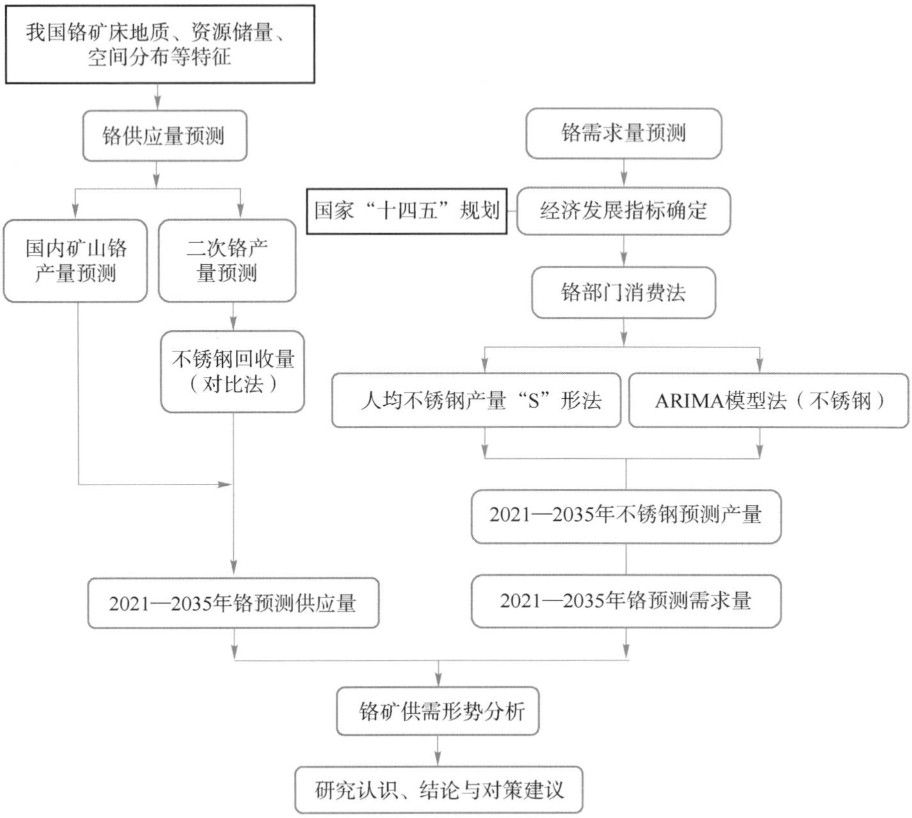

图 7-1　中国铬矿供需形势分析研究技术路线与方法

一、2021—2035 年我国铬供应量预测方法

就铬需求预测而言，已有文献预测时间较短，且结果也不尽合理，如类比法预测结果认为 2020 年我国不锈钢产量达到滞胀（鹿宁，2018），也就是所说的零增长点，但由于选取对比参数存在一定的不确定性，导致预测结果与 2020 年的现状产生了偏差；灰色神经网络预测法的预测结果基本上是线性增长（黄大荣等，2009），与我国不锈钢产业发展的现状不符。本书利用铬部门消费法、人均不锈钢产量“S”形法、ARIMA 模型（不锈钢）等预测方法，互相印证，对我国 2021—2035 年铬需求量进行预测，在一定程度上弥补前人研究方法的不足。

（一）铬供应量预测

在综述我国铬矿床地质、资源储量和空间分布特征的基础上，对我国铬矿石供应量进行预测：①对国内铬矿石产量进行预测。利用我国铬矿石产量发展变化历史与现状，利用专家经验和对比分析法，结合我国铬矿山生产的生命周期，综合预测我国 2021—2035 年铬矿石产量，折算出矿山铬产量。②二次铬产量预测。美国等不锈钢回收历史较长，利用这些国家不锈钢回收利用的历史经验及相关数据，结合我国铬消费量历史与现状数据，利用对比法，测算出我国不锈钢 2021—2035 年回收量，折算为预测的二次铬产量。③矿山铬产量与二次铬产量相加，得到 2021—2035 年全国预测的铬供应总量。

（二）铬需求量预测

利用铬部门消费法、人均不锈钢产量“S”形法、ARIMA 模型（不锈钢）等预测方法，对我国 2021—2035 年铬需求量进行了预测。其中，参考借鉴人均矿产资源消费“S”形法成果（陈其慎等，2010；高芯蕊等，2010；王安建等，2010a，2010b，2002，2008）等。

本书探索性地利用人均不锈钢产量“S”形法，预测了不锈钢非线性的预测产量。ARIMA 模型（不锈钢）也是首次在不锈钢产量预测中探索使用。

本书不锈钢产量采集时段为 1980—2020 年，共 41 年，选择了日本、美国、韩国、比利时、意大利、芬兰、中国（大陆，1952—2020 年，BMWS，USGS 等；台湾地区为 1980—2020 年）、瑞典、法国、西班牙等 10 个国家和地区。

二、2021—2035 年我国铬需求量预测

根据《中华人民共和国国民经济和社会发展第十四个五年规划和 2035 年远景目标纲要》（以下简称国家“十四五”规划）等，确定开展需求预测所需的经济发展指标为：相关国家或地区 GDP 总量及年均增长率、人均 GDP 及年均增长率、人口、人均铬消费量和单位 GDP 铬消费量等。

利用铬部门消费法，将铬消费量占比达 90% 的不锈钢产量进行预测，分别采用了 ARIMA 模型法（不锈钢）和不锈钢人均产量“S”形法，综合预测 2021—2035 年我国不锈钢产量，折合为全国铬需求量，确定铬需求的起飞点、转折点、零增长点等位置。

三、2021—2035 年我国铬供需形势分析

利用 2021—2035 年我国铬供应量和需求量预测结果，对我国铬矿供需形势进行分析，

明确铬供需缺口，测算未来我国铬需求的对外依存度、铬矿资源保障程度等，形成若干研究认识与结论，提出相关对策建议。

第二节　我国 2021—2035 年铬供需形势分析

利用本书“第五章 中国铬需求分析”和“第六章 中国铬供应能力分析”中对 2021—2035 年我国铬供应量和铬需求量预测结果，对我国铬供需形势进行分析与综合研究（图 7-2，图 7-3；表 7-1）。分析预测结果如下：

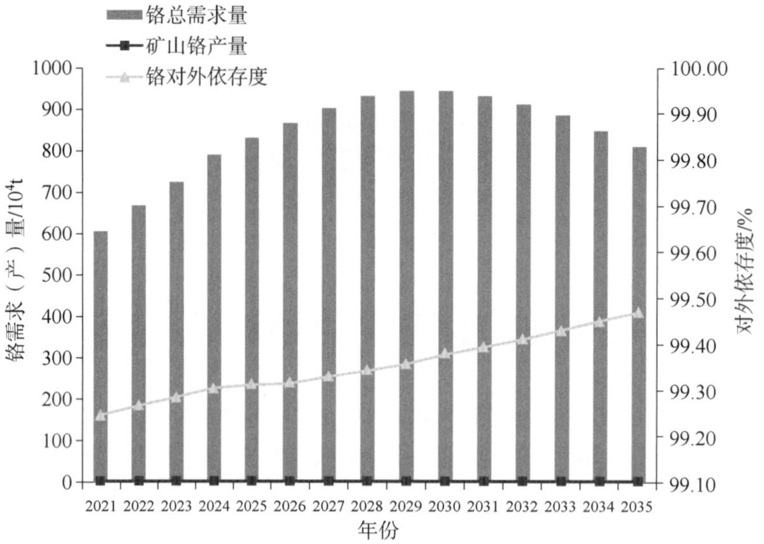

图 7-2　中国 2021—2035 年铬供需趋势（不含二次铬产量）

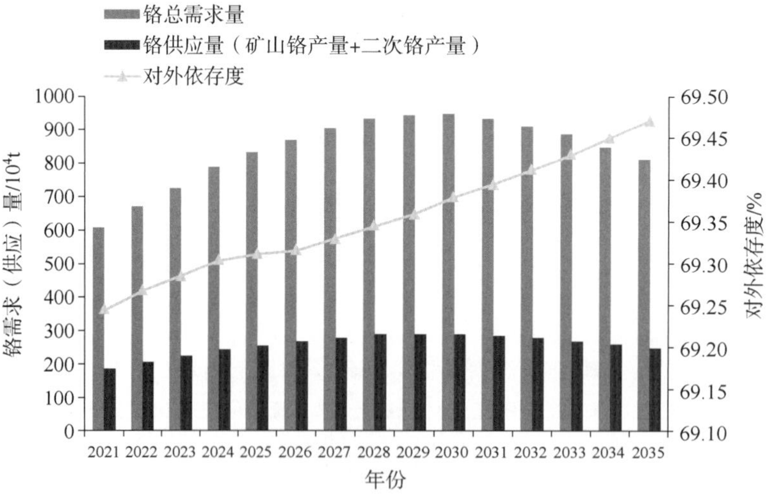

图 7-3　中国 2021—2035 年铬供需趋势（含二次铬产量）

表 7-1　2021—2035 年中国铬矿供需形势综合分析表

项目（中情景）	铬预测结果	2021 年	2025 年	2030 年	2035 年
铬需求侧	不锈钢需求量/10^4t	3215	4399	5005	4280
	折铬需求量/10^4t①	546. 55	747. 83	850. 85	727. 60
	铬总需求量②/10^4t	607. 28	830. 92	945. 39	807. 33
	累计铬需求量/10^4t	607. 28	19157（2021—2025）	43467（2021—2030）	66698（2021—2035）
铬供给侧	矿山铬产量/铬 10^4t	4. 59	5. 72	5. 87	4. 28
	累计矿山铬产量/铬 10^4t	4. 59	25. 87（2021—2025）	55. 90（2021—2030）	80. 92（2021—2035）
	二次铬产量/10^4t③	182. 18	249. 27	283. 62	242. 20
	累计二次铬产量/10^4t	182. 18	1085. 86（2021—2025）	2463. 13（2021—2030）	3779. 55（2021—2035）
综合	对外依存度（不含二次铬产量）/%	99. 24	99. 31	99. 38	99. 47
	对外依存度（含二次铬产量）/%	69. 24	69. 31	69. 38	69. 47
	供需缺口（不含二次铬产量）/铬 10^4t	602. 69	825. 20	939. 52	804. 16
	供需缺口（含二次产量）/铬 10^4t	420. 51	575. 93	655. 90	561. 63
	铬对需求的保障率（不含二次铬产量）/%	0. 76	0. 69	0. 62	0. 53
	铬对需求的保障率（含二次铬产量）/%	30. 76	30. 69	30. 62	30. 53

注：①不锈钢中的含铬量按 17%测算；②按铬在不锈钢中消费量占比 90%测算；③按二次铬产量占铬表观消费量比例的 30%测算。需求的保障率=国内供应量/总需求量×100%，对外依存度=1-国内供应量/总需求量×100%。

一、2021—2035 年我国铬供需形势严峻，铬对外依存度高企，铬矿资源保障程度极低

2021—2035 年，我国矿山铬供应量很小，随着我国不锈钢产量的增加，铬总需求量不断增长，在中情景下，预测 2030 年需求量到达峰值点，基本符合“S”形需求曲线规律。下面以中情景的预测结果讨论我国铬供需形势等有关问题。

（一）铬对外依存度变化趋势

1）仅考虑我国矿山铬供应量，也就是不含二次铬回收量。2021—2035 年我国铬供需形势异常严峻，铬对外依存度在 99%以上。预测 2025 年、2030 年和 2035 年对外依存度分别达到 99. 31%、99. 38%和 99. 47%。

2）考虑我国矿山铬供应量，加上二次铬回收量，2021—2035 年我国铬对外依存度降至69%以上。预测 2025 年、2030 年和 2035 年我国铬对外依存度分别降至 69.31%、69.38%和69.47%。

（二）铬供需缺口变化趋势

1）仅考虑我国矿山铬供应量，也就是不含二次铬回收量。预测 2021—2035 年我国铬供需缺口在（600~940）$\times10^4$t 间，呈现先升后降的态势。预测 2025 年、2030 年和 2035 年我国铬供需缺口分别为 825.2$\times10^4$t、939.52$\times10^4$t 和 804.16$\times10^4$t，分别折铬矿石量为 2698.4$\times10^4$t、3072.23$\times10^4$t 和 2629.6$\times10^4$t。

2）考虑我国矿山铬供应量，加上二次铬回收量。预测 2021—2035 年我国铬供需缺口降至（420~656）$\times10^4$t 间。预测 2025 年、2030 年和 2035 年我国铬供需缺口分别为 575.93$\times10^4$t、655.9$\times10^4$t 和 561.63$\times10^4$t，分别折铬矿石量为 1883.29$\times10^4$t、2144.79$\times10^4$t 和 1836.53$\times10^4$t。

（三）铬对需求的保障程度变化趋势

1）仅考虑我国矿山铬供应量，也就是不含二次铬回收量。预测 2021—2035 年我国铬对需求的保障率呈先升后降的态势，2021—2035 年，我国矿山铬对需求的保障率仅为 0.53%~0.76%。预测 2025 年、2030 年和 2035 年我国铬对需求的保障率分别为 0.69%、0.62%和 0.53%。反映出我国铬对需求的保障程度极低的铬矿资源国情。

2）考虑我国矿山铬供应量，加上二次铬回收量。预测 2021—2035 年我国铬对需求的保障率呈先升后降的态势，2021—2035 年，我国铬对需求的保障率升至 30.53%~30.76%。预测 2025 年、2030 年和 2035 年我国铬（矿山铬产量+二次铬回收量）对需求的保障率分别为 30.69%、30.62%和 30.53%。

总体看，我国矿山铬对需求的保障率极低，若考虑二次铬回收量，则铬对需求的保障率升至 30.53%~30.76%。通过回收废不锈钢实现对铬的回收利用，可增加二次铬回收量，能补充一部分的铬缺口量，是提高我国铬保障率的有效途径。

二、提高我国铬矿资源保障程度的政策措施

我国铬矿资源保障程度极低，这一方面是由于我国铬矿成矿地质条件不理想，另一方面也与我国铬矿找矿投入、不锈钢产业结构等有关。

1）加强铬矿公益性地质调查、商业性铬矿勘查工作：加大勘查投入，利用新技术、新方法、新手段，重点在西藏、新疆、内蒙古等具有铬矿资源潜力的地区和铬重要成矿区（带），开展公益性地质调查工作，引导和鼓励铬矿商业性勘查工作。同时加强铬矿地质、矿床、成矿规律等方面的基础科学研究工作。聚焦铬矿成矿、成因等科学问题，破解铬矿找矿科学瓶颈。我国铬矿资源匮乏，对外依存度高，保障程度低，建议将其列为战略性新兴矿产，并发起全国铬矿资源找矿小会战。建议应以西藏的藏南岩带为主，尽快开展藏南、藏北两个岩带的新一轮铬铁矿找矿，辅助以新疆西准格尔达拉布特岩带的铬矿找矿工作。西藏是我国优质冶金级铬矿的主产区，也是我国铬矿资源储量最大的省区，但地质工作程度仍然很低，还不能满足经济社会发展对地质工作的需要。目前已发现的铬铁矿床，有些矿区矿产勘查处于预查或普查阶段，必须创造一个和谐、良好的矿产资源勘查投资的

社会环境，鼓励、支持企业开展商业性矿产资源勘查工作。加大勘查投入力度，提高勘查工作程度，努力实现找矿突破。

2）大力调整铬矿产品结构：我国铬铁合金和不锈钢产能过大，分别占世界的比例超过50%。2020年我国不锈钢产能占世界的50%以上，不锈钢产量占世界总产量的59.01%。截至2019年底，我国不锈钢行业前10位的产能占比超过81%，总体竞争较为激烈，且随着未来新增炼钢产能的集中释放，中国不锈钢行业集中度也将进一步提高。不锈钢头部企业包括青山控股集团有限公司、山西太钢不锈钢股份有限公司等。青山控股集团公司是目前全球不锈钢龙头企业，产量约占世界总产量的20%。太钢不锈钢股份有限公司是国内老牌的不锈钢企业，位居行业领军位置，产品多为高端不锈钢产品，但青山控股集团有限公司依托自身掌控的资源优势和一体化低成本冶炼方式，规模不断扩张，大有追赶之势。在我国"双碳"目标背景下，适当降低铬铁合金和不锈钢产能，增加高附加值不锈钢产量，对实现减碳目标具有重要的现实意义。

3）增加二次铬回收量：预测我国2021—2035年二次铬累计回收量为3779.55×10^4t，满足同期我国铬需求的30%。通过回收废不锈钢实现对铬的回收利用，可增加二次铬回收量，是提高我国铬保障率的有效途径。

4）由于我国铬矿资源保障程度低，铬矿企业还有扩大规模的冲动和动力。西藏铬矿资源质量好、品位高，建议实行鼓励性的勘查政策、采取限制性的开采政策。建议在限制开采区内实行像稀土资源一样的总量调控管理政策，将铬矿石的生产总量控制在15×10^4~20×10^4吨范围内，走可持续利用铬矿资源的路子。

5）研究替代铬不锈钢新材料，扩大其他特种钢利用。由于经过60多年的研究利用其他特种钢替代用铬生产的不锈钢，基本没有任何进展。因此希望加快研究替代铬不锈钢的新材料，以降低我国目前铬矿对外依存度高居不下的局面。大力支持替代不锈钢新材料研发，减少铬钢的使用，扩大其他特种钢的利用，降低铬矿产品的对外依存度。

6）优化铬矿资源勘查开发利用布局：规划西藏地区的乃东-加查等5个铬矿集区和5个重点勘查区，为调整和优化我国铬矿资源开发利用空间布局，实现铬矿资源优化配置。根据中国铬矿资源赋存状态，全国矿产资源利用现状调查后铬矿资源储量分布、质量和结构特征、开发利用现状等，全国共划分出西藏乃东-加查，新疆萨尔托海，内蒙古贺根山-柯单山，燕辽-密怀（含北京和河北），北祁连等5个铬矿集区，为矿产资源勘查、生产和科研等提供支撑。

第八章　世界铬矿资源及其开发利用状况分析

按照铬矿产品（铬矿石、铬铁合金、不锈钢、化工产品等）生产、进出口贸易和消费（需求）等因素，将世界铬矿勘查开发利用的国家或地区分为两类：①铬矿产品输出国家或地区；②铬矿产品输入国家或地区。前者包括铬矿上游产品生产国家或地区：南非、哈萨克斯坦、印度、芬兰、土耳其等；后者包括中下游铬矿产品（铬铁合金、铬金属、铬化工产品）生产国或进口国家或地区：如美国、中国、韩国、日本、德国等。

第一节　世界主要国家铬矿资源

按照美国地质调查局（USGS）资源量和储量分类标准：截至2020年末，世界商品级铬矿资源量超过120×10^8t，完全可以满足世界数个世纪的对铬的需求。世界铬矿资源在地理上高度集中，主要分布于哈萨克斯坦、南非、印度及土耳其等国家，其中哈萨克斯坦和南非铬矿储量占世界铬矿储量的四分之三以上。

哈萨克斯坦等6个国家（地区）商品级铬矿储量（矿石量）约57238.97×10^4t，其中哈萨克斯坦23000×10^4t，占比40.18%；南非20000×10^4t，占比34.94%；印度10000×10^4t，占比17.47%；土耳其2600×10^4t，占比4.54%；芬兰1300×10^4t，占比2.27%；中国276.97×10^4t，占比0.48%；美国62×10^4t，占比0.11%。其他国家或地区无数据（表8-1；图8-1）。2020年世界主要国家铬矿储量和产量分布见附图3。

表8-1　截至2020年末世界主要国家铬矿储量及占比

序号	国家或地区	储量/10^4t（矿石）	占比/%
1	哈萨克斯坦	23000.00	40.18
2	南非	20000.00	34.94
3	印度	10000.00	17.47
4	土耳其	2600.00	4.54
5	芬兰	1300.00	2.27
6	中国	276.97	0.48
7	美国	62.00	0.11
合计		57238.97	100.00

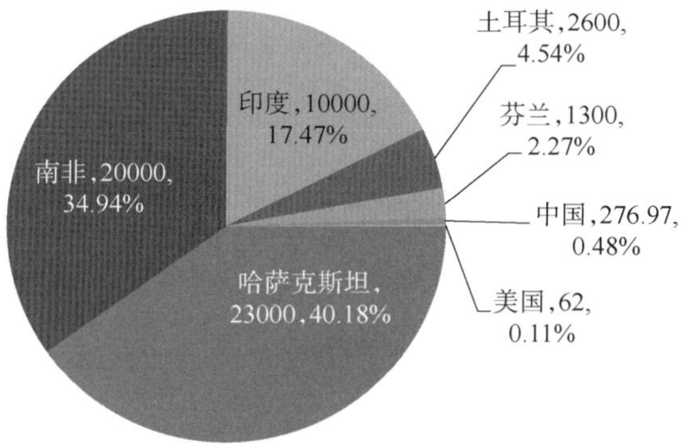

图 8-1 截至 2020 年末世界主要国家铬矿储量及占比（储量单位：铬矿石 10^4t）

（铬矿储量单位为商品级铬矿石量，矿石量按照铬矿石品位 Cr_2O_3 为 45%归一化所得，美国和芬兰铬矿储量分别按照 Cr_2O_3 为 7%和 36%归一化处理，中国的铬矿储量数据来自中国自然资源部，其他数据来自美国地质调查局）

第二节 世界铬矿资源开发利用

在此主要按世界和主要国家或地区铬矿石、铬铁合金和不锈钢产量等铬矿产品分述。

一、1900—2020 年世界铬矿石产量变化规律

2020 年世界铬矿石生产国与铬矿床赋存国家或地区基本一致，铬矿石总产量为 4000×10^4t（折铬产量 1142.86×10^4t），同比减少 10.71%。按照铬矿石产量及发展速度，将 1900—2020 年世界铬矿石生产划分为启动期、低增长期和高增长期 3 个时期，每个时期均表现出不同的特征与发展变化规律（图 8-2）。

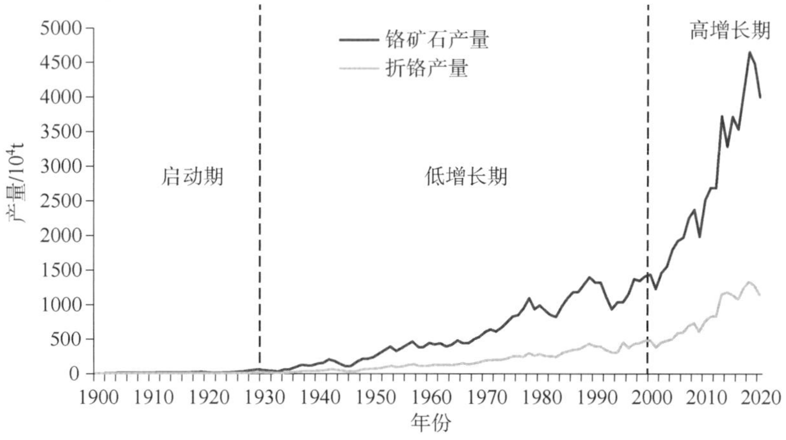

图 8-2 1900—2020 年世界铬矿石产量（折铬产量）变化

（数据来源：《矿产品概要》（美国地质调查局，1996—2021））

（一）启动期（1900—1930 年）

这一时期特点是：铬矿石产量小，且年均增幅较小为特征。1900 年世界铬矿石产量

为 5.32×10^4t（折铬产量 1.65×10^4t），1920 年增至 17.2×10^4t，1929 年 63.50×10^4t 的铬矿石产量创这一时期最高，1930 年铬矿石产量降至 55.90×10^4t。1900—1930 年 30 年间世界铬矿石产量年均增幅为 8.16%。1900 年、1920 年和 1930 年世界主要铬矿石生产国产量断面数据分析情况如下：

1）1900 年世界报告的 7 个铬矿石生产国中，俄罗斯帝国产量为 1.91×10^4t，占世界总产量的比例高达 35.9%，位居世界第一；新喀里多尼亚（产量，占比，下同）（1.3×10^4t，24.44%）；土耳其（0.975×10^4t，18.33%）；希腊（0.56×10^4t，10.53%）；澳大利亚（0.334×10^4t，6.28%）；美国和南斯拉夫产量分别为 143t 和 100t，占比很小。

2）1920 年主要铬矿石生产国增至 11 个，铬矿石总产量为 17.2×10^4t，折铬产量 5.32×10^4t。主要包括：印度（5.47×10^4t，31.8%）、津巴布韦（3.72×10^4t，21.63%）、新喀里多尼亚（3.13×10^4t，18.20%）、土耳其（2.5×10^4t，14.53%）、希腊（0.738×10^4t，4.29%）、日本（0.397×10^4t）、苏联（0.277×10^4t）、美国（0.254×10^4t）、澳大利亚（0.164×10^4t）、古巴（721t）、南斯拉夫（10t）。1900—1920 年经过 20 年时间的铬矿石生产与发展，印度和津巴布韦后来者居上，分别位居世界前两位；日本和古巴有了铬矿石的生产。

3）1930 年主要铬矿石生产国增至 13 个，铬矿石产量为 55.9×10^4t，折铬产量 17.3×10^4t。主要包括：津巴布韦（20.16×10^4t，30.06%）、苏联（6.67×10^4t，11.93%）、新喀里多尼亚（6.19×10^4t，10.07%）、南斯拉夫（5.16×10^4t，9.23%）、印度（5.15×10^4t，9.21%）、古巴（4.16×10^4t，7.44%）、土耳其（2.82×10^4t，5.04%）、希腊（2.34×10^4t，4.12%）、南非（1.37×10^4t，2.45%）、日本（1.13×10^4t，2.34%）、塞浦路斯（0.157×10^4t）、澳大利亚（171t,）、美国（81t）。未报告产量的国家铬矿石产量约 0.16×10^4t。1921—1930 年经过 10 年的发展，世界铬矿石生产格局又发生变化：津巴布韦产量超过 20×10^4t，占比超过 30%，位居世界第 1 位；苏联铬矿石产量占比 11.93%，位居世界第 2 位；南斯拉夫产量猛增至 5.16×10^4t，占比达 9.23%；印度占比降至 9.21%，位居世界第 5 位；古巴、希腊增幅较大；日本铬矿石产量超过 1×10^4t。1930 年产量前 10 位国家的铬矿石产量集中度为 91.89%，世界铬矿石产量的集中度很高。

（二）低增长期（1931—2000 年）

这一时期的特点是：铬矿石产量较启动期要高，但总体上产量相对较低，年均增幅相对较小。1931 年世界铬矿石产量为 38.3×10^4t（折铬产量 12.7×10^4t），2000 年增至 1440×10^4t（折铬产量 475×10^4t），为这一时期的最高值。1931—2000 年，世界铬矿石产量呈波动上升的趋势，年均增幅为 5.40%。1940 年、1960 年、1980 年和 2000 年世界主要铬矿石生产国产量断面数据分析情况如下：

1）1940 年世界报告产量的主要铬矿石生产国增至 16 个，铬矿石产量为 146×10^4t（折铬产量 45.7×10^4t）。主要包括：苏联（29.9×10^4t，20.48%）、菲律宾（20.4×10^4t，13.97%）、土耳其（17×10^4t，11.64%）、南非（16.4×10^4t，11.23%）、南斯拉夫（7.1×10^4t，4.86%）、日本（5.67×10^4t，3.88%）、印度（5.64×10^4t，3.86%）、新喀里多尼亚（5.58×10^4t，3.82%）、古巴（5.23×10^4t，3.58%）、希腊（2.97×10^4t，2.03%）、津巴布韦（2.48×10^4t，1.7%）、塞拉利昂（1.78×10^4t，1.22%）、阿尔巴尼亚（1.4×10^4t，0.96%）、美国（0.271×10^4t）、塞浦路斯（0.254×10^4t）、澳大利亚（500t）。未报告产量国家 1.19×10^4t，0.82%。与 1930 年相比，世界铬矿石生产格局又发生了一些变化：苏联

铬矿石产量占世界的比例升至世界第 1 位；津巴布韦产量锐减，占比由 30.06%降至 1.7%；菲律宾后来者居上，该国从 1935 年开始生产铬矿石，到 1940 年产量占比 13.97%，位居世界第 2 位；土耳其、南非、南斯拉夫、古巴、日本等国的产量和占比均有不同程度的增长；阿尔巴尼亚、塞拉利昂两国生产铬矿石，占比分别为 1.78%和 0.96%。1931—1940 年世界铬矿石产量年均增幅为 16.03%，这一阶段增幅较大。1940 年产量前 10 位国家的铬矿石产量集中度呈现弱化的特征，集中度为 79.35%。

2）1960 年世界报告产量的主要铬矿石生产国增至 23 个，铬矿石产量为 443×10^4t（折铬产量 125×10^4t）。主要包括：苏联（91.6×10^4t，20.67%）、南非（77.2×10^4t，17.43%）、菲律宾（73.4×10^4t，16.57%）、津巴布韦（60.6×10^4t，13.68%）、土耳其（48.1×10^4t，10.86%）、阿尔巴尼亚（28.9×10^4t，6.52%）、南斯拉夫（10.1×10^4t，2.28%）、印度（10×10^4t，2.26%）、美国（9.71×10^4t，2.19%）、伊朗（6.8×10^4t，1.53%）、日本（6.75×10^4t，1.52%）、新喀里多尼亚（3.92×10^4t，0.89%）、希腊（3.49×10^4t，0.79%）、古巴（2.97×10^4t，0.67%）、越南（1.94×10^4t，0.44%）、巴基斯坦（1.84×10^4t，0.42%）、塞浦路斯（1.42×10^4t，0.32%）、巴西（5670t）、塞拉利昂（5460t）、澳大利亚（537t）、埃及（300t）、危地马拉（181t）、哥伦比亚（70t）。未报告产量国家 3.08×10^4t，0.70%。相比 1940 年，世界铬矿石生产格局并未发生大的变化，苏联、南非、菲律宾、土耳其人均世界前列，阿尔巴尼亚铬矿石产量增幅较大，位居世界第 6 位；伊朗开始生产铬矿石，产量占比 1.53%，位居世界第 10 位。这一阶段世界铬矿产量集中度进一步加强，前 10 个国家铬矿石产量集中度高达 92.46%。

3）1980 年世界报告产量的主要铬矿石生产国降至 19 个，铬矿石产量为 990.2×10^4t（折铬产量 283×10^4t,）。主要包括：南非（341.4×10^4t，34.48%）、苏联（290.3×10^4t，29.32%）、阿尔巴尼亚（76.2×10^4t，3.66%）、津巴布韦（55.3×10^4t，5.59%）、菲律宾（49.6×10^4t，5.01%）、土耳其（37.3×10^4t，3.77%）、芬兰（36.2×10^4t，3.66%）、印度（31.9×10^4t，3.22%）、巴西（31.3×10^4t，3.16%）、马达加斯加（18×10^4t，1.82%）、伊朗（8.2×10^4t，0.83%）、希腊（4.2×10^4t，0.42%）、古巴（2.8×10^4t，0.28%）、塞浦路斯（1.6×10^4t,）、越南（1.5×10^4t，0.16%）、日本（1.4×10^4t，0.14%）、新喀里多尼亚（2000t）、巴基斯坦（3000t）。相比 1960 年，世界铬矿石产量格局没有发生大的变化，阿尔巴尼亚占比和排位提升。这一阶段世界铬矿石产量集中度进一步加强，前 10 个国家铬矿石产量集中度高达 93.69%。

4）2000 年世界报告产量的主要铬矿石生产国增至 23 个，铬矿石产量为 1440×10^4t（折铬产量 475×10^4t）。主要包括：南非（662.08×10^4t，45.98%）、哈萨克斯坦（260.7×10^4t，18.10%）、印度（150×10^4t，10.42%）、土耳其（100×10^4t，6.94%）、芬兰（64×10^4t，4.44%）、巴西（40×10^4t，2.78%）、伊朗（31×10^4t，2.15%）、中国（20.8×10^4t，1.44%）、澳大利亚（13×10^4t，0.90%）、马达加斯加（10×10^4t，0.69%）、俄罗斯（10×10^4t，0.69%）、阿尔巴尼亚（7×10^4t，0.47%）、阿联酋（6×10^4t，0.42%）、越南（5.5×10^4t，0.22%）、古巴（4×10^4t，0.16%）、巴基斯坦（2.66×10^4t，0.11%）、阿曼（1.51×10^4t）、菲律宾（1.5×10^4t）、希腊（1.2×10^4t）、苏丹（1×10^4t）、印度尼西亚（0.64×10^4t）、马其顿（0.5×10^4t）、缅甸（0.3×10^4t）。相比 1980 年，这一阶段世界铬矿石产量格局发生了一些变化，主要表现在苏联解体，哈萨克斯坦铬矿石产量位居世界第 2 位，占

比 18.1%；中国铬矿石产量占比 1.44%，位居世界第 8 位；俄罗斯位居第 10 位，占比 0.69%；菲律宾产量和占比均大幅下降；阿联酋、阿曼、缅甸开始铬矿石生产，但产量和占比均不大；日本自 1995 年起不再生产铬矿石。这一阶段世界铬矿产量集中度保持稳定，前 10 个国家铬矿石产量集中度为 93.84%。

（三）高增长期（2001—2019 年）

这一时期的特点是：铬矿石产量较低增长期要高，产量年均增幅大，生产国在 19~25 个之间。2001 年世界铬矿石产量为 1220×10^4t（折铬产量 374×10^4t），2020 年增至 4000×10^4t（折铬产量 1142.86×10^4t），2018 年铬矿石产量达到这一时期的最高值 4660×10^4t。2001—2020 年，世界铬矿石产量呈波动上升的趋势，年均增幅为 6.45%。2010 年和 2019 年世界主要铬矿石生产国产量断面数据分析情况如下：

2010 年世界报告产量的主要铬矿石生产国由 2001 年的 25 个降至 21 个，铬矿石产量为 2520×10^4t（折铬产量 751×10^4t）。主要包括：南非（1134×10^4t，45%）、哈萨克斯坦（376×10^4t，14.92%）、印度（342.6×10^4t，13.6%）、土耳其（190.45×10^4t，7.56%）、阿曼（80.19×10^4t，3.18%）、芬兰（59.8×10^4t，2.37%）、巴西（52.01×10^4t，2.06%）、津巴布韦（51×10^4t，2.02%）、伊朗（39.4×10^4t，1.56%）、阿尔巴尼亚（32.83×10^4t，1.30%）、巴基斯坦（25.7×10^4t，1.02%）、澳大利亚（18×10^4t，0.71%）、中国（15.6×10^4t，0.62%）、马达加斯加（13.45×10^4t，0.53%）、俄罗斯（6.99×10^4t，0.28%）、苏丹（5.68×10^4t，0.23%）、越南（4×10^4t，0.16%）、阿联酋（2.5×10^4t，0.1%）、菲律宾（1.48×10^4t，0.06%）、阿富汗（5727t）、希腊（1400t）。相比 2000 年，这一阶段世界铬矿石产量总格局变化不大，但也发生了一些变化，主要表现为：芬兰产量和占比下降，阿尔巴尼亚产量和占比均有所上升等。这一阶段世界铬矿产量集中度保持稳定，前 10 个国家铬矿石产量集中度为 93.57%。

2019 年世界报告产量的主要铬矿石生产国由 2010 年的 25 个降至 19 个，铬矿石产量为 4480×10^4t（折铬产量 1280×10^4t）。主要包括：南非（1639.51×10^4t，36.6%）、土耳其（1000×10^4t，22.32%）、哈萨克斯坦（701.89×10^4t，15.67%）、印度（413.88×10^4t，9.24%）、芬兰（241.53×10^4t，5.39%）、津巴布韦（155.01×10^4t，3.46%）、阿尔巴尼亚（110×10^4t，2.46%）、阿曼（69×10^4t，1.54%）、俄罗斯（51.1×10^4t，1.14%）、菲律宾（51×10^4t，1.14%）、巴西（45×10^4t，1.00%）、伊朗（20×10^4t）、巴基斯坦(16×10^4t)、阿联酋（15.9×10^4t）、巴布亚新几内亚（9×10^4t）、马达加斯加（7.61×10^4t）、中国（5.7×10^4t）、苏丹（3×10^4t）、阿富汗（0.45×10^4t）。与 2010 年比较，这一阶段世界铬矿石产量总体格局变化不大，但也发生了一些变化，主要表现为：土耳其由世界第 4 位升至世界第 2 位，菲律宾排名进入世界前 10 位，巴布亚新几内亚自 2012 年开始生产铬矿石，产量 8250t，2019 年增至 9×10^4t 等，前 10 个国家铬矿石产量集中度为 98.96%，铬矿石生产集中度进一步扩大。

据不完全统计，2020 年主要生产国的铬矿石产量和占比为：南非（1600×10^4t，40%）、哈萨克斯坦（632.65×10^4t，15.82%）、土耳其（630×10^4t，15.75%）、印度（400×10^4t，10%）、芬兰（240×10^4t，6%）、马达加斯加（2.4×10^4t，0.06%），合计占比 87.63%；其他国家占比 12.37%。

二、1974—2019 年世界铬铁合金产量变化规律

2019 年世界有报告的 19 个国家或地区生产铬矿石，铬铁合金是铬矿产品的中间产

品，部分欠发达经济体（国家或地区）铬铁产量大致与传统铬矿资源国和生产国一致，铬铁合金总产量为 1410×10^4t（铬含量 846×10^4t），同比增长 3.55%。

1974—2019 年，世界共有 14~26 个国家或地区生产铬铁合金，铬铁合金产量总体呈波动 上升态势，年均增幅为 4.16%（图 8-3）。

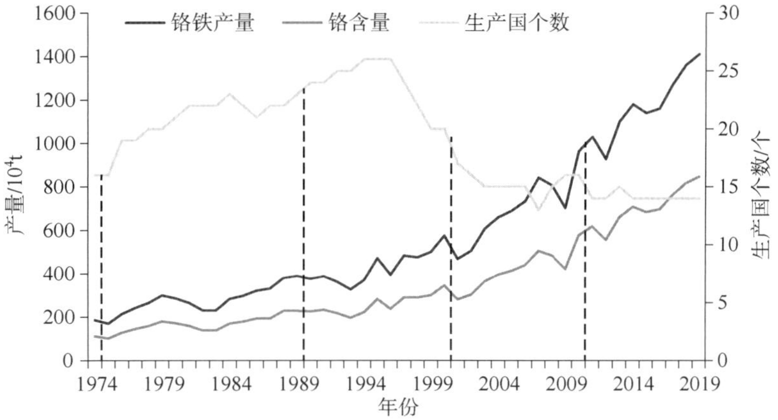

图 8-3 1974—2019 年世界铬铁合金产量（含铬量）变化

（数据来源：《矿产品概要》（美国地质调查局，1996—2021））

1974 年、1990 年、2000 年、2010 年和 2019 年世界主要铬铁合金生产国产量断面数据分析情况如下：

1）1974 年，世界铬铁合金生产国有 16 个，铬铁合金产量合计 185.5×10^4t（含铬量 111.3×10^4t）。主要包括：日本（54.2×10^4t，29.22%）、美国（30.6×10^4t，16.50%）、苏联（18.4×10^4t，9.92%）、南非（18.4×10^4t，9.92%）、津巴布韦（18.1×10^4t，9.76%）、法国（11.2×10^4t，6.03%）、瑞典（10.1×10^4t，5.44%）、芬兰（4.8×10^4t，2.59%）、意大利（4×10^4t，2.16%）、南斯拉夫（3.9×10^4t，2.1%）、巴西（3.8×10^4t，2.05%）、挪威（3.1×10^4t，1.67%）、西班牙（2.2×10^4t，1.19%）、印度（1.5×10^4t，0.81%）、土耳其（0.9×10^4t）、澳大利亚（0.4×10^4t）。铬铁产量格局特征：日本、美国、法国、瑞典、芬兰、意大利、挪威、西班牙和澳大利亚等 9 个发达经济体铬铁产量和占比高，铬铁产量和占比分别为 119.17×10^4t 和 64.24%；南非、苏联等其他经济体产量为 66.33×10^4t，占比 35.76%。世界上大多数传统铬矿石生产大国同时生产铬铁合金，如苏联、南非、津巴布韦、南斯拉夫、土耳其等。世界铬铁合金生产集中度高，前 10 个国家铬铁合金产量集中度为 93.64%。

2）1990 年，世界铬铁合金生产国增至 24 个，铬铁合金产量合计 376×10^4t（铬含量 225.6×10^4t）。主要包括：南非（102×10^4t，27.13%）、苏联（70×10^4t，18.62%）、中国（34×10^4t，9.04%）、日本（30.4×10^4t，8.09%）、津巴布韦（22.2×10^4t，5.9%）、印度（16.9×10^4t，4.49%）、芬兰（15.7×10^4t，4.18%）、瑞典（11.8×10^4t，3.14%）、美国（10.9×10^4t，2.9%）、巴西（8.38×10^4t，2.23%）、南斯拉夫（8.27×10^4t，2.2%）、土耳其（6.2×10^4t，1.65%）、挪威（6×10^4t，1.6%）、德国（5.85×10^4t，1.56%）、菲律宾（5.57×10^4t，1.48%）、意大利（5.3×10^4t，1.41%）、希腊（4.36×10^4t，1.16%）、法国（2.5×10^4t，0.66%）、阿尔巴尼亚（2.4×10^4t，0.64%）、罗马尼亚（2.06×10^4t，

0.55%）、西班牙（1.5×10^4t）、波兰（1.37×10^4t）、智利（1870t）、墨西哥（275t）。与1974年相比，世界铬铁合金产量格局发生了一些变化：以南非、苏联、中国、津巴布韦、印度、巴西、南斯拉夫等国为代表的欠发达经济体铬铁合金产量和占比超过发达经济体，铬矿石产量和占比分别为277.98×10^4t和73.93%，反映出主要传统铬矿石生产国通过拉长铬矿产业链，增加附加值、促进其工业化的历程。南非利用其自产的铬矿石生产铬铁合金，铬铁产量超过百万吨，达102×10^4t，占比27.13%，近占世界铬铁产量的三分之一，位居世界第1位。中国铬铁合金生产异军突起，成为铬铁合金生产领域不可忽视的力量，1990年中国铬矿石产量10.3×10^4t，而铬铁合金产量达34×10^4t（铬含量20.4×10^4t），占比9.04%，位居世界第3位。日本、美国、法国等发达经济体铬铁合金产量减幅明显，主要考虑生态环境保护及产业升级所致，其中法国1992年后不再生产铬铁。前10个国家铬铁合金产量集中度为84.08%，较1974年集中度下降。

3）2000年世界铬铁合金生产国降至17个，铬铁合金产量合计575×10^4t（铬含量345×10^4t）。主要包括：南非（257.4×10^4t，44.77%）、哈萨克斯坦（79.98×10^4t，13.91%）、中国（45×10^4t，7.83%）、印度（37.67×10^4t，6.55%）、俄罗斯（27.4×10^4t，4.77%）、芬兰（26.06×10^4t，4.53%）、津巴布韦（24.63×10^4t，4.28%）、巴西（17.24×10^4t，3.00%）、挪威（15.35×10^4t，2.67%）、瑞典（13.58×10^4t，2.36%）、日本（13.01×10^4t，2.26%）、土耳其（9.76×10^4t）、斯洛伐克（1.77×10^4t）、克罗地亚（1.58×10^4t）、阿尔巴尼亚（1.25×10^4t）、伊朗（1.15×10^4t）、波兰（0.35×10^4t）、斯洛文尼亚（600t）、西班牙（905t）。1998年后美国不再提供铬铁合金产量数据。与1990年相比，世界铬矿生产格局发生了一些变化，并体现出如下特征：铬铁合金生产国减少7个，前10个国家铬铁合金产量集中度为88.2%，较1990年的集中度有所上升。1991年苏联解体，哈萨克斯坦铬矿石产量位居世界第2位，占比13.91%，俄罗斯位居第5位。中国铬铁合金产量仍位居第3位。日本、美国等发达经济体降低铬铁产量或者不再生产铬铁，如日本铬铁产量由1990年的30.4×10^4t降至2000年13.01×10^4t。铬铁生产主要以传统铬矿资源国或欠发达经济体为主。

4）2019年世界铬铁合金生产国降至14个，铬铁合金产量合计1410×10^4t（铬含量846×10^4t,）。主要包括：中国（603×10^4t，42.77%）、南非（360×10^4t，25.53%）、哈萨克斯坦（180×10^4t，12.77%）、印度（93×10^4t，6.6%）、芬兰（50.5×10^4t，3.58%）、俄罗斯（38.41×10^4t，2.72%）、津巴布韦（30.86×10^4t，2.19%）、巴西（13.68×10^4t，0.97%）、瑞典（11.82×10^4t，0.84%）、阿曼（8.51×10^4t，0.6%）、土耳其（8.17×10^4t，0.58%）、阿尔巴尼亚（6.9×10^4t，0.49%）、德国（1.7×10^4t）、日本（1.3×10^4t）。与2000年相比，铬铁合金生产格局发生了如下变化：中国铬铁产量和占比位居世界第1位，南非和哈萨克斯坦则分别降至第2位和第3位。日本产量和占比进一步下降，仅为1.3×10^4t。铬铁合金生产主要以传统铬矿资源国或欠发达经济体为主。前10个国家铬铁合金产量集中度为98.57%，铬铁生产的集中度进一步强化。

三、1980—2020年世界不锈钢产量变化规律

世界上大约90%的铬用于不锈钢的生产。2020年世界不锈钢产量为5091.61×10^4t（含铬量865.57×10^4t），同比减幅为2.76%。1980—2020年，世界不锈钢产量呈波动上升态势，年均增幅为5.36%（图8-4）。

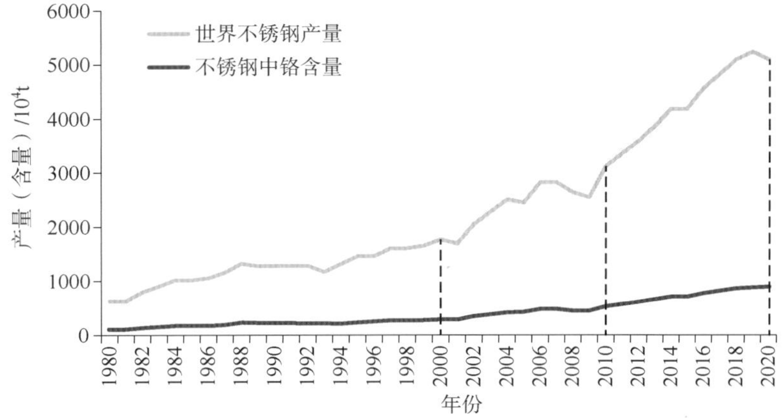

图 8-4　1980—2020 年世界不锈钢产量（铬含量）变化

（数据来源：《世界金属统计年鉴》（WBMS，1979—2021））

2000 年、2010 年和 2020 年世界主要不锈钢生产国（地区）不锈钢产量断面数据分析情况如下：

1）2000 年世界不锈钢生产国（地区）16 个，不锈钢产量合计 1771×10^4t（铬含量 301.07×10^4t）。主要包括：日本（383.05×10^4t，21.63%）、美国（219.64×10^4t，12.4%）、德国（145.4×10^4t，8.21%）、韩国（137.93×10^4t，7.79%）、法国（119.35×10^4t，6.74%）、意大利（109.9×10^4t，6.21%）、西班牙（100×10^4t，5.65%）、瑞典（80.78×10^4t，4.56%）、比利时（71.4×10^4t，4.03%）、印度（66.48×10^4t，3.75%）、芬兰（63.6×10^4t，3.59%）、中国（大陆 60×10^4t，3.39%；台湾地区 113.6×10^4，6.41%）、南非（53.24×10^4t，3.01%）、英国（45.06×10^4t，2.57%）、巴西（29.52×10^4t，1.67%）、奥地利（4×10^4t，0.23%）。世界不锈钢生产格局的特点是：前十大不锈钢生产国（地区）均为发达经济体，且无铬矿石和铬铁合金生产，日本、美国、德国依次位居世界前 3 位。中国不锈钢产量位居世界第 13 位。印度、南非、巴西是铬矿石和铬铁合金生产国，不锈钢产量相对较少。前 10 个国家（地区）不锈钢产量集中度为 83.63%，产量集中度相对较高。

2）2010 年世界不锈钢生产国（地区）增至 22 个，不锈钢产量合计 3121.45×10^4t（铬含量 530.65×10^4t）。主要包括：中国（大陆 1125.6×10^4t，36.06%；台湾地区 151.4×10^4t，4.85%）、日本（342.69×10^4t，10.98%）、韩国（227.94×10^4t，7.3%）、美国（220.08×10^4t，7.05%）、印度（190×10^4t，6.09%）、意大利（159.65×10^4t，5.11%）、德国（150.94×10^4t，4.84%）、比利时（130.6×10^4t，4.18%）、芬兰（99.83×10^4t，3.2%）、西班牙（84.42×10^4t，2.7%）、瑞典（54.61×10^4t，1.75%）、南非（47.8×10^4t，1.53%）、巴西（40.72×10^4t，1.3%）、英国（27.91×10^4t，0.89%）、法国（27.56×10^4t，0.88%）、斯洛文尼亚（8.75×10^4t，0.28%）、乌克兰（11.8×10^4t，0.38%）、俄罗斯（7.75×10^4t，0.25%）、奥地利（5.26×10^4t，0.17%）、塞尔维亚（4.92×10^4t，0.17%）、捷克（1×10^4t，0.03%）、波兰（0.21×10^4t，0.01%）。世界不锈钢生产格局的特点是：

在前十大不锈钢生产国（地区）中，除中国和印度外，均为发达经济体，且多数无铬矿石和铬铁合金生产。中国、日本和韩国依次位居世界前3位，其中中国不锈钢产量由2000年第13位升至第1位。印度、巴西等国家（地区）不锈钢产量不同程度地增加。捷克、乌克兰、斯洛文尼亚、塞尔维亚等国开始生产不锈钢，并形成了一定的产量规模。前10个国家（地区）不锈钢产量集中度为86.67%，集中度相对较高。

3）2020年世界不锈钢生产国（地区）增至23个，不锈钢产量合计 5091.61×10^4t（铬含量 865.57×10^4t）。主要包括：中国（大陆 3004.79×10^4t，59.01%；台湾 85.87×10^4t，1.69%）、印度（315.65×10^4t，6.2%）、印度尼西亚（279.5×10^4t、5.49%）、日本（241.34×10^4t，4.74%）、美国（214.4×10^4t，4.21%）、韩国（213×10^4t、4.18%）、比利时（135.69×10^4t、2.66%）、意大利（128.45×10^4t、2.52%）、芬兰（118.58×10^4t，2.33%）、西班牙（81.99×10^4t，1.61%）、瑞典（58.31×10^4t，1.15%）、南非（45.31×10^4t，0.89%）、德国（39.45×10^4t，0.77%）、巴西（37.2×10^4t，0.73%）、法国（25.3×10^4t，0.50%）、英国（22.47×10^4t，0.44%）、斯洛文尼亚（13.74×10^4t，0.27%）、俄罗斯（10.68×10^4t，0.21%）、乌克兰（7.73×10^4t，0.15%）、奥地利（6.5×10^4t，0.13%）、塞尔维亚（4.92×10^4t，0.10%）等。世界不锈钢生产格局的特点是：2020年中国不锈钢产量及占比占据世界重要地位，占世界不锈钢总产量的60.70%。印度尼西亚后来者居上，不锈钢自2016年开始生产，目前已位居世界第3位，2016—2020年年均增幅为227.15%。哈萨克斯等传统铬矿石、铬铁合金生产大国，尚无不锈钢生产活动。前10个国家（地区）不锈钢产量集中度为93.04%，集中度相对较高，主要集中在中国。

第三节　世界铬矿山及矿业公司

一、世界主要铬矿业公司

据SNL·Financial公司数据，世界主要铬矿业公司约276家，主要布局于在铬矿资源丰富及下游加工能力强的国家或地区，大约有21个国家或地区勘查开发利用铬矿及其共（伴）生矿产。主要国家为：南非、哈萨克斯坦、加拿大、新喀里多尼亚、芬兰、澳大利亚、印度、美国、土耳其、津巴布韦、俄罗斯、菲律宾、阿尔巴尼亚、马达加斯加、阿曼、越南、巴西、澳大利亚、挪威、阿联酋、苏丹、中国、巴布亚新几内亚、格陵兰、塞拉利昂、乌干达、几内亚、加蓬和埃塞俄比亚等。

主要铬矿业公司有：嘉能可股份有限公司、萨曼科铬矿股份公司，主要铬矿石和铂族金属等矿种的生产业务在南非。欧亚资源集团公司铬矿石业务主要在哈萨克斯坦和俄罗斯等。

二、世界主要铬矿山

世界主要铬矿山226家（含镍、铂族金属共、伴生综合利用矿山），现有276家矿业公司（包括勘探公司）经营运作（表8-2）。

表 8-2　世界主要国家 226 个铬矿山生产等概况

序号	国别	铬矿山数/个	开采矿种	生产开发阶段（含扩大生产）的矿山数/个	生产开发阶段矿山数占比/%	矿山活跃数/个	矿山活跃数占比/%	2019 铬矿石年产量/10^4t	原始储量和资源量（铬矿石）/10^8t①	原地价值（现价）/亿美元②	运营风险	备注
1	南非	75	铬矿石、铂族金属、镍、金、镍、铜等	47	62.67	44	58.67	1639.5	25.41	1128.1	中等风险	
2	哈萨克斯坦	2	铬矿石	2	100.00	2	100.00	670.0	3.286	492.9	中等风险	
3	印度	25	铬矿石、铬铁、铂族金属	24	96.00	2	8.00	413.8817	2537.10（1 个矿山）	38.1（1 矿山）	中等风险	
4	土耳其	7	铬矿石、铬铁	4	57.14	5	71.42	1000.0	—	—	中等风险	
5	津巴布韦	5	铬矿石	2	40.00	1	20.00	155.0064	—	—	高风险	
6	阿尔巴尼亚	11	铬矿石、钨、镍	1	9.09	2	18.18	110.00	$33×10^4$t（1 个矿山）	0.5（1 个矿山）	高风险	
7	阿曼	4	铬矿石	4	100.00	4	100.00	69.00	—	—	低风险	
8	俄罗斯	3	铬矿石	1	33.33	1	100.00	51.00	—	—	中风险	
9	菲律宾	18	镍、钴、铂族金属、铬矿石等	5	27.77	6	33.33	3.1743	—	—	中风险	
10	芬兰	3	铬矿石、铂族金属、钒等	1	33.33	1	33.33	241.5	—	—	不显著	
11	马达加斯加	8	铬矿石、金、铜、铂族金属等	1	12.50	1	12.50	7.6126	—	—	中风险	
12	巴布亚新几内亚	3	镍、钴、金、铂族金属、铬矿石等	1	33.33	2	66.67	9.00	—	—	高风险	

续表

序号	国别	铬矿山数/个	开采矿种	生产开发阶段（含扩大生产）的矿山数/个	生产开发阶段矿山数占比/%	矿山活跃数/个	矿山活跃数占比/%	2019 铬矿石年产量/10^4t	原始储量和资源量（铬矿石）/10^8t①	原地价值（现价）/亿美元②	运营风险	备注
13	加拿大	28	铬矿石、镍、钴、铂族金属、铁、铜、金、银、钒等	4	14.29	12	42.86		—	—	低风险	
14	巴西	6	铬矿石、铂族金属、镍、钴、铜铁等	2	33.33	2	33.33	45.00	—	—	中风险	
15	澳大利亚	7	铬矿石、铂族金属、镍、钴、金、铜、锌等	0	0	5	71.43		—	—	不显著	
16	苏丹	1	铬矿石	1	100.00	—	—	3.00	—	—	高风险	
17	美国	5	铬矿石、铂族金属、镍、钴、金、锆、钛等	1	20.00	—	—	0	—	—	低风险	
18	中国	3	铬矿石等	1	33.33	1	33.33	5.70	—	—	中风险	
19	其他国家	5	铬矿石等	2		2			—	—	—	越南、挪威、乌干达等
世界铬矿石总产量		226						4480.00				

注：①原始储量和资源量数据系指最近的矿业权的数据。②值指以金属和矿业名义价格，按照所有矿产品的储量和资源量价值合并而成。

数据来源：标普全球市场财智（2019）。铬矿石产量（总重量）来源于《矿产品概要》（美国地质调查局，2021）。

总体看，世界铬矿供给结构朝着向铬矿、铂族金属等矿产资源、产业集中的趋势发展。当前逐步形成嘉能可和萨曼科两大矿业公司垄断格局；其中嘉能可在布什维尔德东、西两翼均拥有大量铬矿资产，拥有瓦特瓦尔、克朗达尔双子等在产矿山。

（一）勘查开发利用矿种

矿业公司矿业权涉及的主矿种为铬矿石（铬金属、铬铁合金），勘查开发铂族金属（铂、钯、铑、钌、铱、锇）镍、铜、铅、锌、铁矿石（磁铁矿）、钒、钛（金红石、钛铁矿）、金、锂、铀、锆、钨、钴、锰、铷、金刚石、重砂矿物及石榴子石等。铬矿业公司也在不断转型发展中，如以开采铬矿石为主，生产铬铁为主，转为综合利用铂族金属、贵金属和稀有金属矿产等，部分矿山甚至“反客为主”，将铬矿石作为废石尾矿开发利用。

（二）铬矿开发利用状况

在226家矿山中，有22个铬矿开发阶段未知。按照铬矿开发阶段划分：草根勘探22个，占比9.73%；靶区圈定3个，占比1.33%；勘探36个，占比15.93%；预可行性研究与概略研究4个，占比1.77%；开展可行性研究的9个，占比3.98%；生产矿山114个，占比50.44%；闭坑矿山11个，占比4.87%；其他26个，占比11.5%（表8-3；图8-5）。

表8-3　世界铬矿山处于开发阶段的矿山数及其占比

序号	开发阶段	矿山数/个	占比/%	备注
1	草根勘探	22	9.73	
2	靶区圈定	3	1.33	
3	勘探	36	15.93	含勘探和高级勘探
4	预可行性研究与概略研究	4	1.77	
5	可行性研究	9	3.98	可行性研究从开始到结束
6	基建矿山	1	0.44	
7	生产矿山	114	50.44	含储量开发、扩大生产和有限生产
8	闭坑矿山	11	4.87	
9	其他	26	11.50	含开发阶段未知等
合　计		226	100.00	

基础数据来源：标普全球市场财智（2019）。

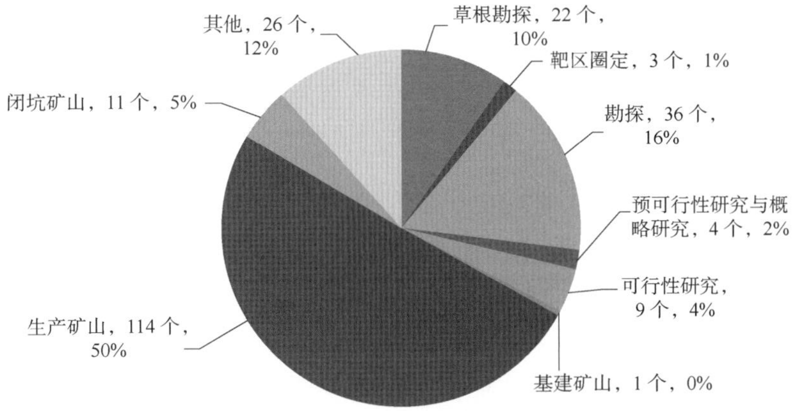

图8-5　世界铬矿山处于开发阶段的矿山数及其占比图
（数据来源：标普全球市场财智，2019）

可见，世界铬矿山的开发利用程度相对较高，半数矿山（产地）步入开发利用阶段。同时，草根勘探和勘探工作逐步加强，占比超过四分之一，表明世界铬矿勘探态势良好。铬矿生产处于稳定期，铬矿勘探不断加强，以弥补开发利用中所消耗的铬矿资源储量。

第四节　生产国铬矿资源开发利用

世界传统铬矿资源国与生产国主要有：南非、哈萨克斯坦、土耳其、印度、芬兰、津巴布韦、俄罗斯、阿尔巴尼亚、巴基斯坦、巴布亚新几内亚、巴西、伊朗、马达加斯加和菲律宾等国家。下面分国别就铬矿资源开发利用历史与现状等进行阐述。

一、南非

（一）基本概况

南非共和国（The Republic of South Africa），简称南非，位于非洲大陆最南端，北邻纳米比亚、博茨瓦纳、津巴布韦、莫桑比克和斯威士兰，东、西、南三面濒临印度洋和大西洋，另有莱索托为南非领土所包围。地处两大洋间的航运要冲，其西南端的好望角航线历来是世界上最繁忙的海上通道之一，有“西方海上生命线”之称。南非国土面积约 $122\times10^4km^2$。

南非是世界上唯一同时拥有 3 个首都的国家，行政首都茨瓦内、立法首都开普敦和司法首都方丹。素有“彩虹之国”和“黄金宝石之国”之誉。政府实行总统内阁制，政党实行多党制。

2020 年南非人口 5651.1 万人，同比增长 1.11%，人口密度为 46.32 人/km^2。南非是非洲经济最发达的国家之一，2020 年 GDP（1999GK 美元）为 2646.29 亿美元，人均 GDP 为 4683 美元，为世界中上收入国家。矿业、制造业、农业和服务业是南非经济四大支柱产业，其中深井采矿等技术居于世界领先地位。

（二）铬矿资源储量及质量

据美国地质调查局（2021），2020 年南非商品级铬矿储量达 2×10^8t（铬矿石量），列哈萨克斯坦之后，位居世界第 2 位。

南非铬矿主要分布在布什维尔德超基性岩体中，形成了基岩不同结晶时期的层状矿床，主要有 3 层含铬层：UG2（Up grade 2）、LG（Lower grade）和 MG（Middle grade）。其中 UG2 层伴生铂族金属，这一层的铬矿作为副产品被开发利用。该岩体面积 $18\times10^4km^2$，由一系列漏斗侵入体重叠而成，呈西北和东北两个方向分布形成东、西两大铬矿成矿区，矿体埋深超过 1000m。分为 4 个中心区：东部条带的伯格斯堡和波特吉茨鲁斯，西部条带的 Zeerust 和 Rustenburg。铬矿区平均铬铁比值（c/f）1.5，铬矿石平均品位 $\omega(Cr_2O_3)$ 为 44%。推定资源量为 63×10^8t（附图 2 中的 Cr-14；表 3-3）。

（三）铬矿产品产量及其变化

南非是世界上最大的铬矿石、铬铁合金生产国，也是不锈钢生产国。南非在产铬矿山 75 个，主要分布与布什维尔德超基性岩体东部和西南部，其产量的 85%以上用于国内铬铁合金和化工、耐火黏土材料生产，是世界铬矿石消费量最大的国家之一。同时，南非也是世界上重要的铬化工和耐火材料生产国。主要矿山有：萨曼科铬矿股份公司东部萨曼科铬矿山、天空铬矿山、瓦特瓦尔西部铬矿山等，嘉能可股份有限公司的海伦娜铬矿山和索恩科里夫铬矿山等。

1. 南非铬矿石产量及占比变化

南非大多数的铬矿石产出于布什维尔德杂岩体中。2020 年南非铬矿石产量为 1600×10^4t，占世界铬矿石产量的 40%，以大优势位居世界首位。

南非自 1921 年开始生产铬矿石，是当时世界上 12 个生产铬矿石的国家之一，产量为 0.11×10^4t，约占世界的 0.81%。1980 年铬矿石产量增至 341.4×10^4t，占世界总产量的 34.48%；1991 年增至 510×10^4t，占比 38.35%。1993 年起铬矿石产量增幅加快，1997 年产量为 616.2×10^4t，占比 44.98%；2000 年产量为 662.08×10^4t，占比 45.98%；2010 年增至 1134×10^4t，占比 45%；2019 年增至 1639.51×10^4t 的历史最高值，占比 36.6%。1993—2020 年铬矿石年均增幅为 6.61%。1921—2020 年南非铬矿石累计产量为 3.59×10^8t（图 8-6；表 8-4）。

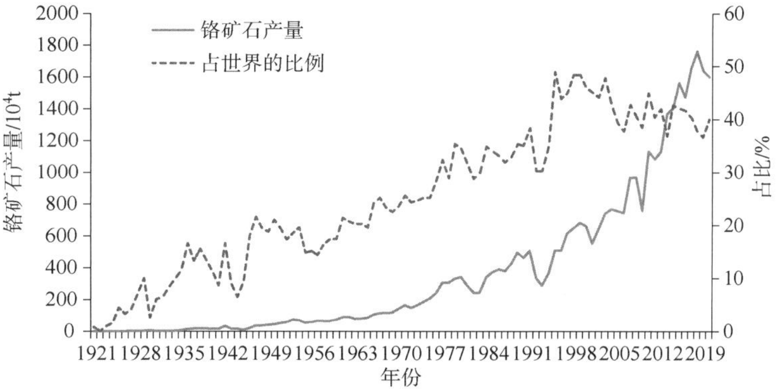

图 8-6　1921—2020 年南非铬矿石产量及其占世界的比例

（数据来源：《矿产品概要》（美国地质调查局，1996—2021））

2. 南非铬铁合金产量及占比变化

南非的铬矿石部分用于生产铬铁合金。2019 年南非铬铁产量为 360×10^4t，占世界总产量的 25.53%；估计 2020 年为 365×10^4t，占世界的 25.89%，位居世界第 2 位（图 8-7；表 8-4）。

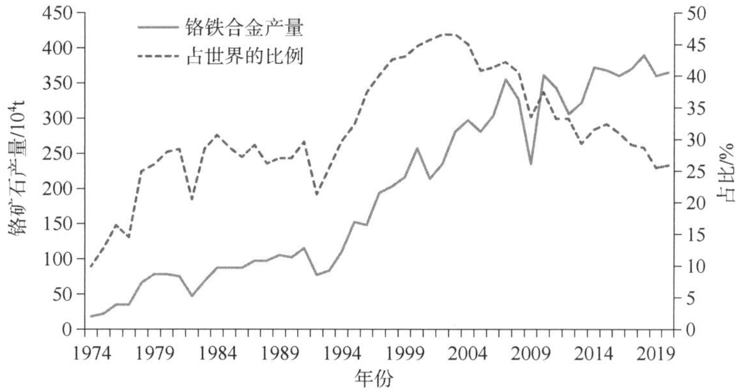

图 8-7　1974—2020 年南非铬铁产量及其占世界的比例

（数据来源：《矿产品概要》（美国地质调查局，1996—2021））

表 8-4　1921—2020 年南非铬矿石、铬铁、不锈钢产量变化

年份	铬矿石产量/10^4t	占世界的比例/%	铬铁合金产量/10^4t	占世界的比例/%	不锈钢产量/10^4t	占世界的比例/%
1921	0. 11	0. 81				
1922	0. 01	0. 06				
1923	0. 20	0. 98				
1924	0. 46	1. 57				
1925	1. 38	4. 48				
1926	1. 20	3. 31				
1927	1. 70	4. 25				
1928	3. 18	7. 04				
1929	6. 40	10. 08				
1930	1. 37	2. 45				
1931	2. 33	6. 08				
1932	1. 94	6. 49				
1933	3. 41	8. 34				
1934	6. 14	9. 92				
1935	9. 04	11. 52				
1936	17. 60	16. 60				
1937	16. 90	13. 20				
1938	17. 70	15. 53				
1939	16. 00	13. 45				
1940	16. 40	11. 23				
1941	14. 20	8. 55				
1942	33. 80	16. 65				
1943	16. 30	8. 96				
1944	8. 89	6. 35				
1945	9. 91	9. 35				
1946	21. 20	18. 12				
1947	37. 30	21. 56				
1948	41. 30	19. 39				
1949	40. 40	18. 79				
1950	49. 60	21. 02				
1951	54. 50	19. 40				
1952	58. 00	17. 26				
1953	72. 40	18. 56				
1954	64. 10	19. 60				
1955	54. 20	14. 85				

续表

年份	铬矿石产量/10^4t	占世界的比例/%	铬铁合金产量/10^4t	占世界的比例/%	不锈钢产量/10^4t	占世界的比例/%
1956	62. 70	15. 14				
1957	66. 60	14. 35				
1958	63. 10	16. 48				
1959	68. 00	17. 39				
1960	77. 20	17. 43				
1961	89. 80	21. 38				
1962	91. 30	20. 70				
1963	79. 20	20. 26				
1964	85. 00	20. 43				
1965	94. 20	19. 58				
1966	106. 00	24. 15				
1967	115. 00	25. 16				
1968	115. 00	23. 28				
1969	119. 70	22. 50				
1970	142. 70	23. 58				
1971	164. 40	25. 55				
1972	148. 30	24. 31				
1973	164. 90	24. 63				
1974	187. 70	25. 16	18	9. 92		
1975	207. 60	25. 05	22	12. 80		
1976	240. 90	28. 36	35	16. 39		
1977	305. 90	32. 38	35	14. 47		
1978	314. 40	28. 73	66	24. 92		
1979	329. 70	35. 36	78	26. 03		
1980	341. 40	34. 48	80	27. 99		
1981	287. 00	31. 58	75	28. 43		
1982	243. 10	28. 67	47	20. 47		
1983	246. 60	30. 04	68	28. 48		
1984	341. 00	34. 87	87	30. 64		
1985	370. 00	33. 94	85	28. 65	9. 90	1. 25
1986	391. 00	33. 14	87	27. 10	10. 20	1. 24
1987	379. 00	31. 85	97	29. 15	12. 00	1. 31
1988	424. 00	32. 87	99	26. 16	12. 20	1. 16
1989	495. 00	35. 36	105	26. 99	11. 20	1. 10
1990	462. 00	35. 00	102	27. 13	11. 80	1. 11

续表

年份	铬矿石产量/10^4t	占世界的比例/%	铬铁合金产量/10^4t	占世界的比例/%	不锈钢产量/10^4t	占世界的比例/%
1991	510.00	38.35	115	29.64	11.80	1.13
1992	336.00	30.27	77	21.30	15.00	1.33
1993	284.00	30.54	83	25.50	16.80	1.43
1994	364.00	35.00	110	29.73	25.00	1.90
1995	509.00	48.94	152	32.27	17.80	1.22
1996	507.80	43.78	148	37.42	34.80	2.40
1997	616.20	44.98	194	40.16	42.50	2.65
1998	648.00	48.36	203	42.64	42.70	2.68
1999	681.71	48.35	216	43.10	48.17	2.91
2000	662.08	45.98	257	44.77	53.24	3.01
2001	550.20	45.10	214	45.75	51.60	3.05
2002	643.57	44.08	235	46.56	56.60	2.76
2003	740.54	47.78	281	46.34	64.30	2.82
2004	767.70	42.89	297	44.99	71.81	2.86
2005	755.20	39.33	281	40.81	56.49	2.31
2006	741.83	37.66	303	41.34	72.71	2.57
2007	964.70	42.88	355	42.24	65.71	2.31
2008	968.26	40.68	327	40.55	52.83	2.00
2009	756.09	38.38	235	33.42	54.63	2.15
2010	1134.00	45.00	361	37.50	47.80	1.53
2011	1082.40	40.24	343	33.26	44.40	1.32
2012	1131.70	42.07	306	33.04	50.44	1.40
2013	1369.00	36.70	322	29.27	49.20	1.27
2014	1403.80	42.80	372	31.52	47.20	1.13
2015	1565.57	42.09	368	32.32	51.40	1.23
2016	1470.75	41.66	360	31.00	58.20	1.28
2017	1654.77	40.26	370	29.13	59.00	1.22
2018	1761.71	37.80	390	28.68	55.02	1.08
2019	1639.51	36.60	360	25.53	46.91	0.90
2020	1600.00	40.00	365	25.89	45.31	0.89
累计产量	35939.05	—	9186.00	—	1476.67	—

数据来源：《矿产品概要》（美国地质调查局，1996—2021）。

南非 1974 年开始铬铁生产，当年产量为 18×10^4t，占世界的 9.92%。1974—2020 年铬铁产量总体呈波动上升态势，年均增幅为 6.76%。2000 年铬铁产量为 257×10^4t，占比 44.77%，位居世界第 1 位；2010 年增至 361×10^4t，占比 37.50%；2018 年铬铁产

量增至 390×10^4t 的历史最高值，占比 28.68%，位居世界第 2 位。1974—2020 年南非铬铁累计产量为 9186×10^4t。

3. 南非不锈钢产量及占比变化

南非不锈钢产量较低，为了促进铬矿资源产业链的完整，提高附加值，南非自 1985 年起开始生产不锈钢，当年不锈钢产量为 9.9×10^4t，占世界不锈钢产量的 1.25%。2020 年南非不锈钢产量为 45.31×10^4t，占世界的 0.89%，位居世界第 13 位。1985—2020 年南非不锈钢产量总体呈先升后降的态势，1985—2006 年不锈钢产量呈波动上升态势，年均增幅为 9.96%；2006 年不锈钢产量增至历史最高值 72.71×10^4t，占当年世界总产量的 2.57%。2006—2020 年呈波动下降态势，年均减幅为 3.32%。1974—2020 年南非铬铁累计产量为 1476.67×10^4t（图 8-8）。

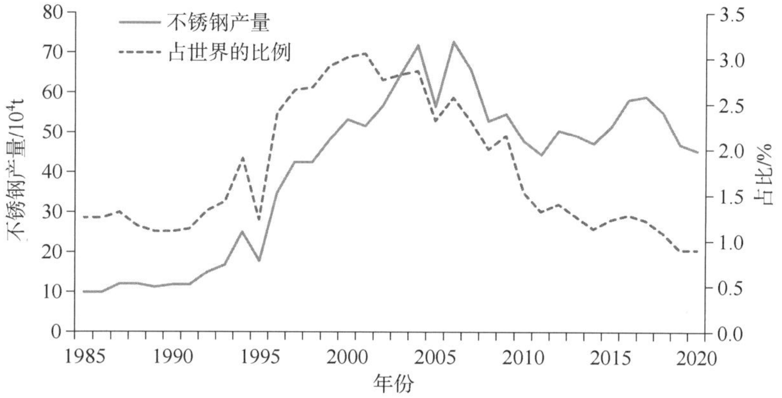

图 8-8　1985—2020 年南非不锈钢产量及其占世界的比例

（数据来源：《世界金属统计年鉴》（WBMS，1985—2021））

二、哈萨克斯坦

（一）基本概况

哈萨克斯坦共和国，简称哈萨克斯坦（Kazakhstan），是一个位于中亚的世界上最大的内陆国家，位于亚洲中部。北邻俄罗斯，南与乌兹别克斯坦、土库曼斯坦、吉尔吉斯斯坦接壤，西濒里海，东接中国。哈萨克斯坦是苏联解体后，国土面积仅次于俄罗斯的第二大国家，国土面积 $272.49\times10^4km^2$，包括铬矿在内的矿产资源丰富。

截至 2021 年 2 月，哈萨克斯坦人口 1900.33 万，人口密度为 7 人/km^2，有 140 个民族，其中哈萨克族占 68%，俄罗斯族占 20%。

该国经济以石油、矿业、煤炭与农牧业为主。2020 年国内生产总值 1698.37 亿美元，同比下降 2.6%。其中，工业产值 459.3 亿美元、同比下降 0.7%，农业产值 151.91 亿美元、同比增长 5.6%。2021 年 1~6 月，国内生产总值同比增长 1.6%。

（二）铬矿资源储量及质量

哈萨克斯坦铬矿储量丰富，铬矿储量主要蕴藏在乌拉尔山华力西期褶皱带中，产在乌拉尔造山带的板块碰撞带的乌拉尔蛇绿岩带中，该带延伸达3000km，含矿岩体长65km，平均宽10km，属于豆荚状铬矿床。最大的铬矿床为：哈萨克斯坦肯皮尔赛（Kempirsay）铬矿床（附图2中的Cr-17）等。

截至2020年末，哈萨克斯坦商品级铬矿储量（矿石量）约2.3×10^8t，位居世界首位。

（三）铬矿产品产量及其变化

哈萨克斯坦是世界上最大的铬矿石、铬铁合金生产国。哈萨克斯坦在产铬矿山2个：欧亚资源集团公司的顿斯科伊铬矿山，伊尔德姆集团公司的沃斯霍德铬矿山，均生产铬矿石。哈萨克斯坦曾经是苏联铬矿石的生产基地。

1. 铬矿石产量与占比变化

2020年哈萨克斯坦铬矿石产量为632.65×10^4t，占世界总产量的15.82%，位居世界第3位。

1991年苏联解体，1992年哈萨克斯坦以独立的国家统计铬矿石产量，当年铬矿石产量为350×10^4t，是当时世界上24个生产国（地区）之一，该国铬矿石产量占世界的比例31.53%，位居世界第1位。铬矿石原矿的生产为铬铁合金等中下游产品的生产提供了原料。

1992—2020年哈萨克斯坦铬矿石产量呈“V”字形增长曲线。1992—1996年呈下降态势，年均降幅达23.64%，1996年铬矿石产量降至119×10^4t，占世界的比例降至10.26%，位居世界第4位。1996—2020年铬矿石产量总体呈上升态势，年均增幅为7.21%，2019年达到历史最高值701.89×10^4t，占世界比例升至15.67%，位居世界第3位（图8-9；表8-5）。

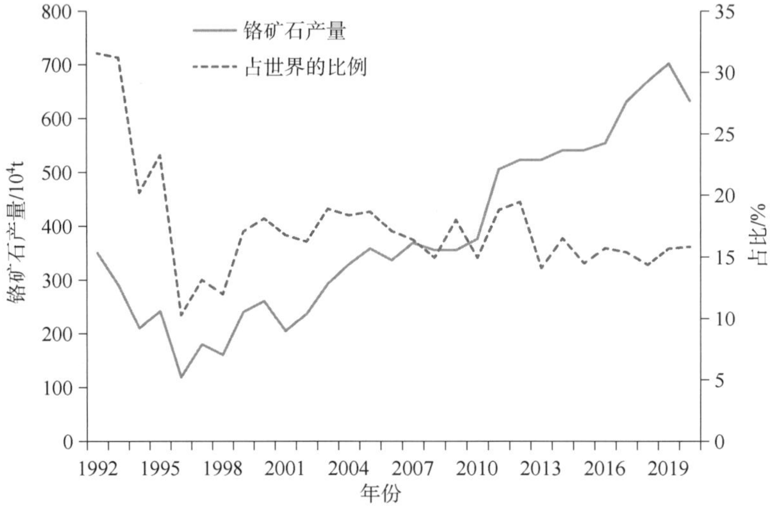

图8-9　1992—2020年哈萨克斯坦铬矿石产量及其占世界的比例

（数据来源：《矿产品概要》（美国地质调查局，1996—2021））

2. 铬铁合金产量与占比变化

2020年哈萨克斯坦铬铁合金产量为190×10^4t，占世界总产量的13.48%，位居世界第3位。

1992—2020 年哈萨克斯坦铬铁合金产量总体呈上升态势，年均增幅为 5.72%，2020 年达到历史最大值。1992 年哈萨克斯坦铬铁合金产量为 40×10^4t，占世界铬铁合金产量的 11.05%，位居世界第 3 位（图 8-10；表 8-5）。随着哈萨克斯坦铬铁合金产量（能）规模的扩大，铬矿石原矿和精矿出口量将会减少。

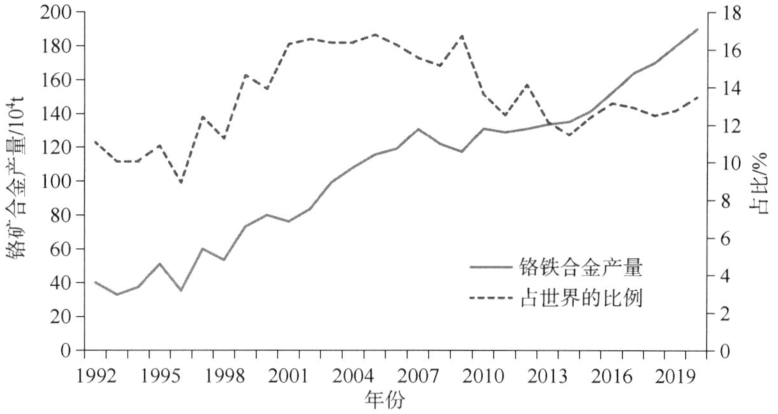

图 8-10　1992—2020 年哈萨克斯坦铬铁合金产量及其占世界的比例

（数据来源：《矿产品概要》（美国地质调查局，1996—2021））

表 8-5　1992—2020 年哈萨克斯坦铬矿石、铬铁产量及占比变化

年份	铬矿石产量/10^4t	占世界的比例/%	铬铁合金产量/10^t	占世界的比例/%
1992	350.00	31.53	40.00	11.05
1993	290.00	31.18	32.80	10.03
1994	210.00	20.19	37.30	10.08
1995	242.00	23.27	51.20	10.87
1996	119.00	10.26	35.20	8.91
1997	179.83	13.13	60.00	12.42
1998	160.27	11.96	53.50	11.26
1999	240.50	17.06	73.16	14.63
2000	260.70	18.10	79.98	13.91
2001	204.57	16.77	76.19	16.28
2002	236.94	16.23	83.58	16.55
2003	292.78	18.89	99.30	16.36
2004	328.71	18.36	108.10	16.40
2005	358.12	18.65	115.62	16.78
2006	336.61	17.09	119.07	16.24
2007	368.72	16.39	130.75	15.55

续表

年份	铬矿石产量/10^4t	占世界的比例/%	铬铁合金产量/10^t	占世界的比例/%
2008	355. 20	14. 92	122. 03	15. 14
2009	354. 40	17. 99	117. 33	16. 71
2010	376. 00	14. 92	131. 13	13. 63
2011	505. 90	18. 81	128. 99	12. 52
2012	523. 31	19. 45	131. 00	14. 13
2013	525. 51	14. 09	133. 65	12. 15
2014	541. 07	16. 50	135. 18	11. 46
2015	538. 28	14. 47	141. 45	12. 41
2016	554. 29	15. 70	152. 52	13. 15
2017	631. 33	15. 36	164. 03	12. 92
2018	668. 88	14. 35	170. 00	12. 50
2019	701. 89	15. 67	180. 00	12. 77
2020	632. 65	15. 82	190. 00	13. 48
累计产量	11087. 46	—	3093. 05	—

数据来源：《矿产品概要》（美国地质调查局，1996—2021）。

三、土耳其

（一）基本概况

土耳其共和国（Republic of Türkiye），简称土耳其，地跨欧、亚两洲，国土面积为78. 36×10^4km^2，其中97%位于亚洲的小亚细亚半岛，3%位于欧洲的巴尔干半岛，地形地貌复杂，山地、高原占国土面积的80%。截至2020年12月，土耳其人口8315. 5万，GDP为7171亿美元，人均GDP为8536. 43美元（现价），年增长率为0. 70%。

（二）铬矿储量

铬矿为土耳其的重要大宗矿产，土耳其为全球四大铬矿生产国之一，铬矿资源勘查程度相对较低，但其铬矿资源储量质量好，品位较高。截至2020年末，土耳其商品级铬矿储量（矿石量）2600×10^4t，位居世界第4位。土耳其铬矿储量主要赋存与东南部古里曼铬矿床、费斯耶–科杰基兹铬矿床、费斯耶–卡尔桑特铬矿床和布尔萨–埃斯谢希铬矿床中（表3–3）。如古里曼铬矿床的块状铬矿石品位$\omega(Cr_2O_3)$为40%～48%；费斯耶–科杰基兹铬矿床铬矿石品位为$\omega(Cr_2O_3)$为40%～45%。

（三）铬矿产品产量及占比变化

土耳其是世界上重要的铬矿石生产国，同时生产铬铁合金。土耳其在产铬矿山5个，1个处于开发阶段未知，1个处于勘探阶段。如处于生产阶段的为：阿法拉克集团公司的图克·马丁·塞科提铬矿等，主要生产铬矿石，个别生产铬铁合金等；伊尔克罗姆区域铬矿处于勘探阶段（表8–6）。

表 8-6 土耳其主要铬矿业公司和铬矿山

序号	矿山（矿业权）	铬矿业公司	开发阶段	矿产品
1	图克 马丁 塞科提（Turk Maadin Sirketi）铬矿	阿法拉克（Afarak）集团公司	生产	铬矿石
2	比尔夫（Bilfer）马登西利克（Madencilik）铬矿山	比尔夫（Bilfer）矿业公司	生产	铬矿石
3	比尔利克（Birlik）铬矿山	比尔利克（Birlik）萨纳伊夫（Modencilik Sanayiive）矿产公司		铬矿石
4	埃蒂克罗姆（Eti Krom）铬矿	伊尔德姆（Yildirim）集团	生产	铬矿石，铬铁
5	伊斯帕塔（Isparta）铬矿	第一欧洲矿产公司	生产	铬矿石
6	埃拉泽（Elazig）铬铁合金厂	埃提铬业公司	生产	铬铁，铬矿石
7	伊尔克罗姆（Yilkrom）区域铬矿	伊尔德姆（Yildirim）集团	勘探	铬矿石

来源：标普全球市场财智（2019）。

1. 铬矿石产量及占比变化

2020 年土耳其铬矿石产量为 630×10^4t，占世界的 15.75%，同比减幅为 10.71%，位居世界第 3 位。

1900—2020 年土耳其铬矿石产量呈“Z”字形变化轨迹。1900 年土耳其铬矿石产量为 9750t，2010 年增至 190.45×10^4t，1900—2010 年土耳其铬矿石产量年均增幅为 4.91%，这一阶段为低增长阶段。2010—2020 年土耳其铬矿石产量年均增幅达 12.71%，2010—2013 年铬矿石产量快速增加，2013 年铬矿石产量增至 1113.13×10^4t 的历史最高值后，波动下降，2015 年降至 830.12×10^4t，占世界的比例降至 22.32%，2018 年铬矿石产量升至 1075.72×10^4t，占比升至 23.08%，之后逐渐下降（图 8-11；表 8-7）。

1900—2020 年，土耳其铬矿石累计产量为 12505.11×10^4t。

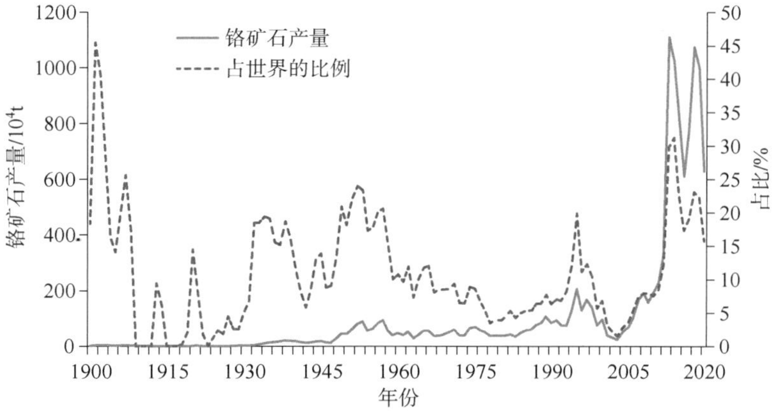

图 8-11 1900—2020 年土耳其铬矿石产量及占比变化
（数据来源：《矿产品概要》（美国地质调查局，1996—2021））

2. 铬铁合金产量及占比变化

2019 年土耳其铬铁合金产量为 8. 17×10^4t，占世界的 0. 58%，位居世界第 11 位。

1974—2020 年，土耳其铬铁合金产量呈波动上升的轨迹，1998—2014 年呈剧烈波动态势。1974—1998 年呈上升态势，年均增幅达 11%，1974 年铬铁合金产量为 9000t，占世界铬铁冶金产量的 0. 49%，1998 年产量升至 11. 02×10^4t，占比升至 2. 32%。1998—2020 年土耳其铬铁合金产量呈“W”字形变化轨迹，2002 年降至 1. 12×10^4t，占比降至 0. 22%；2006 年升至历史最高值 13. 64×10^4t，占比 1. 86%；2009 年铬铁合金产量降至 3. 13×10^4t，占比降至 0. 45%后反弹；2013 年产量升至 13. 26×10^4t，占比升至 1. 21%；之后缓慢下降，2019 年降至 8. 17×10^4t，占比降至 0. 58%（图 8-12；表 8-7）。

1974—2020 年土耳其铬铁合金累计产量为 301. 99×10^4t。

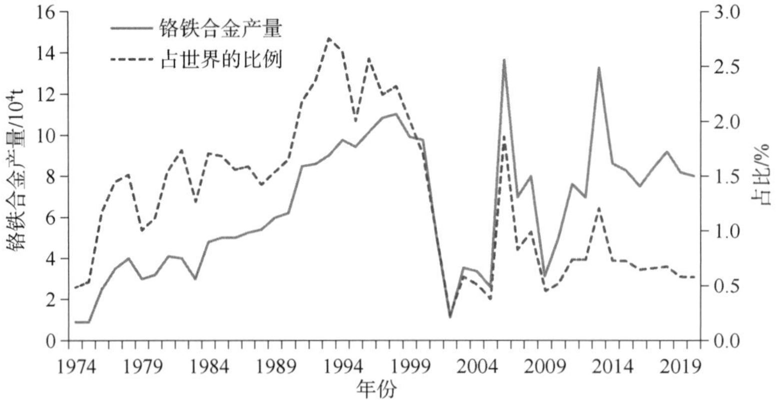

图 8-12　1974—2020 年土耳其铬铁合金产量及占比变化

（数据来源：《矿产品概要》（美国地质调查局，1996—2021））

表 8-7　1900—2020 年土耳其铬矿石和铬铁产量及占比变化

年份	铬矿石产量/10^4t	占世界的比例/%	铬铁合金产量/10^4t	占世界的比例/%
1900	0. 98	18. 33		
1901	4. 10	45. 45		
1902	3. 46	40. 56		
1903	3. 04	31. 83		
1904	1. 92	16. 27		
1905	2. 02	14. 03		
1906	3. 26	20. 25		
1907	2. 89	25. 80		
1908	1. 15	17. 16		
1909	NA	NA		
1910	NA	NA		
1911	NA	NA		
1912	NA	NA		

续表

年份	铬矿石产量/10^4t	占世界的比例/%	铬铁合金产量/10^4t	占世界的比例/%
1913	1.40	9.52		
1914	0.98	6.26		
1915	NA	NA		
1916	NA	NA		
1917	NA	NA		
1918	0.10	0.32		
1919	0.35	2.05		
1920	2.50	14.53		
1921	1.00	7.46		
1922	0.25	1.79		
1923	NA	NA		
1924	0.34	1.16		
1925	0.75	2.44		
1926	0.67	1.84		
1927	1.83	4.58		
1928	1.18	2.61		
1929	1.62	2.55		
1930	2.82	5.04		
1931	2.54	6.63		
1932	5.52	18.46		
1933	7.54	18.44		
1934	12.00	19.39		
1935	15.00	19.11		
1936	16.40	15.47		
1937	19.30	15.08		
1938	21.40	18.77		
1939	19.20	16.13		
1940	17.00	11.64		
1941	13.60	8.19		
1942	11.60	5.71		
1943	15.50	8.52		
1944	18.20	13.00		
1945	14.80	13.96		
1946	10.30	8.80		
1947	15.70	9.08		
1948	28.60	13.43		
1949	45.20	21.02		
1950	42.30	17.92		
1951	61.90	22.03		

续表

年份	铬矿石产量/10^4t	占世界的比例/%	铬铁合金产量/10^4t	占世界的比例/%
1952	80.70	24.02		
1953	91.30	23.41		
1954	56.20	17.19		
1955	64.90	17.78		
1956	83.30	20.12		
1957	95.50	20.58		
1958	57.30	14.96		
1959	38.80	9.92		
1960	48.10	10.86		
1961	40.30	9.60		
1962	52.70	11.95		
1963	28.40	7.26		
1964	41.30	9.93		
1965	56.70	11.79		
1966	52.90	12.05		
1967	37.10	8.12		
1968	41.90	8.48		
1969	45.40	8.53		
1970	51.90	8.57		
1971	60.30	9.37		
1972	39.50	6.47		
1973	43.60	6.51		
1974	66.60	8.93	0.90	0.49
1975	71.70	8.65	0.90	0.53
1976	58.10	6.84	2.50	1.17
1977	50.80	5.38	3.50	1.45
1978	38.10	3.48	4.00	1.51
1979	37.20	3.99	3.00	1.00
1980	37.30	3.77	3.20	1.12
1981	40.10	4.41	4.10	1.55
1982	45.30	5.34	4.00	1.73
1983	34.60	4.21	3.00	1.27
1984	48.70	4.98	4.80	1.70
1985	58.90	5.40	5.00	1.68
1986	61.80	5.24	5.00	1.56
1987	76.20	6.40	5.25	1.59
1988	85.10	6.60	5.40	1.42
1989	108.00	7.71	5.97	1.53
1990	83.60	6.33	6.20	1.65

续表

年份	铬矿石产量/10^4t	占世界的比例/%	铬铁合金产量/10^4t	占世界的比例/%
1991	94.00	7.07	8.47	2.18
1992	75.90	6.84	8.58	2.37
1993	76.70	8.25	9.00	2.75
1994	127.00	12.21	9.76	2.64
1995	208.00	20.00	9.43	2.00
1996	127.90	11.03	10.15	2.57
1997	170.26	12.43	10.83	2.24
1998	140.45	10.48	11.02	2.32
1999	77.04	5.46	9.91	1.98
2000	100.00	6.94	9.76	1.70
2001	38.98	3.19	5.07	1.08
2002	31.36	2.15	1.12	0.22
2003	22.93	1.48	3.54	0.58
2004	50.64	2.83	3.37	0.51
2005	68.84	3.59	2.60	0.38
2006	105.99	5.38	13.64	1.86
2007	167.89	7.46	6.97	0.83
2008	188.57	7.92	7.98	0.99
2009	157.40	7.99	3.13	0.45
2010	190.45	7.56	5.00	0.52
2011	228.20	8.48	7.60	0.74
2012	329.54	12.25	6.96	0.75
2013	1113.13	29.84	13.26	1.21
2014	1024.15	31.22	8.60	0.73
2015	830.12	22.32	8.27	0.73
2016	606.60	17.18	7.50	0.65
2017	784.95	19.10	8.39	0.66
2018	1075.72	23.08	9.18	0.67
2019	1000.00	22.32	8.17	0.58
2020	630.00	15.75	8.00	0.57
累计产量	12505.11	—	301.99	—

注：NA 表示无法获得数据。

数据来源：《矿产品概要》（美国地质调查局，1996—2021）。

四、印度

（一）基本概况

印度共和国（The Republic of India），简称印度，为南亚次大陆最大国家。东北部同中国、尼泊尔、不丹接壤，孟加拉国夹在其东北部国土之间，东部与缅甸为邻，东南部与斯里兰卡隔海相望，西北部与巴基斯坦交界。东临孟加拉湾，西濒阿拉伯海，海岸线长5560km。国土面积约 $298\times10^4km^2$（不包括中印边境印占区和克什米尔印度实际控制区等），居世界第 7 位。人口 13.9 亿，居世界第 2 位。

印度工业形成较为完整的体系，自给能力较强。根据国际货币基金组织及世界银行数据，2020—2021 财年主要经济数据（以现价计算）：国内生产总值（GDP）为 2.7 万亿美元；国内生产总值增长率为-8%；人均国内生产总值 1965 美元。

（二）印度铬矿储量

据美国地质调查局（2021）数据，印度商品级铬矿储量为（矿石量）1×10^8t，位居世界第 3 位。印度 96%以上的储量赋存于奥里萨邦邦的库塔克地区登科纳尔凯翁贾尔区（表 3-3；附图 2 中的 Cr-29）。

（三）铬矿产品产量及其变化

印度是世界上重要的铬矿石生产国，同时生产铬铁合金。

1. 印度铬矿石产量及占比变化

印度的铬矿石产能较大，当铬矿石价格上涨时，印度将成为世界上主要的铬铁合金生产国。印度在产铬矿山 24 个，处于可行性研究的铬矿 1 个。如迈索尔矿产公司艾兰德哈利铬矿、印度金属与铁合金公司的班格尔铬矿等。主要的铬矿产生企业有：塔塔钢铁有限公司（OMC），奥里萨邦矿业有限公司（TISCO），铁合金有限公司，迈索尔矿产有限公司和印度金属和铁合金有限公司等。

2020 年，印度铬矿石产量为 400×10^4t，约占世界总产量的 10%，同比减幅为 3.35%，位居世界第 4 位。

1903—2020 年印度铬矿石产量呈“L”字形增长，可划分为两个阶段（图 8-13；表 8-8）。

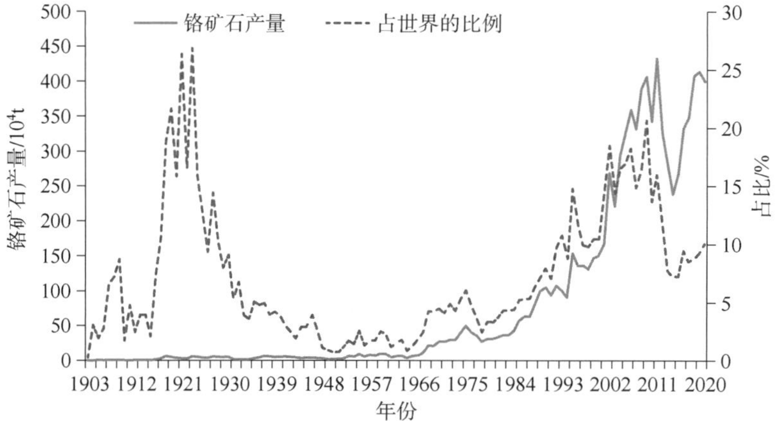

图 8-13　1902—2020 年印度铬矿石产量及占比变化

（数据来源：《矿产品概要》（美国地质调查局，1996—2021））

1）1903—1978 年为启动阶段，印度铬矿石产量年均增幅为 9.47%，铬矿石产量和占比均呈缓慢波动上升态势，1903 年印度铬矿石产量为 300t，占世界总产量比例的 0.27%，

1975 年铬矿石产量增至这一阶段 50×10^4t 的最高值，占比升至 6.03%，1978 年分别降至 26.6×10^4t 和 2.43%。1903—1978 年印度铬矿石累计产量为 598.76×10^4t。

2）1979—2020 年为发展阶段，印度铬矿石产量年均增幅为 6.44%，铬矿石产量和占比均呈快速上升态势，1979 年铬矿石产量为 31×10^4t，占世界铬矿石产量的 3.33%，2011 年升至 432.57×10^4t，占比增至 16.08%，2014 年分别降至 237.43×10^4t 和 7.24%，2019 年分别升至 413.88×10^4t 和 9.24%。1979—2020 年印度铬铁合金累计产量为 8491.63×10^4t。

1903—2020 年印度铬矿石累计产量为 9090.39×10^4t。

2. 铬铁合金产量及占比变化

作为全球铬矿石生产大国的印度，也是世界上重要的铬铁合金和不锈钢生产国，2020 年铬铁合金产量为 82.60×10^4t，占比 5.86%，位居世界第 4 位。

1974—2020 年，印度铬铁合金产量总体呈波动上升态势，年均增幅为 9.11%。1974 年铬铁合金产量为 1.50×10^4t，占比 0.81%，2000 年分别升至 37.67×10^4t 和 6.55%，2011 年分别升至历史最高值 100.36×10^4t 和 9.74%，之后缓慢下降，2019 年铬铁合金产量为 93×10^4t，占世界的比例降至 6.6%（图 8-14）。1974—2020 年印度累计铬铁合金产量为 1928.94×10^4t（图 8-14；表 8-8）。

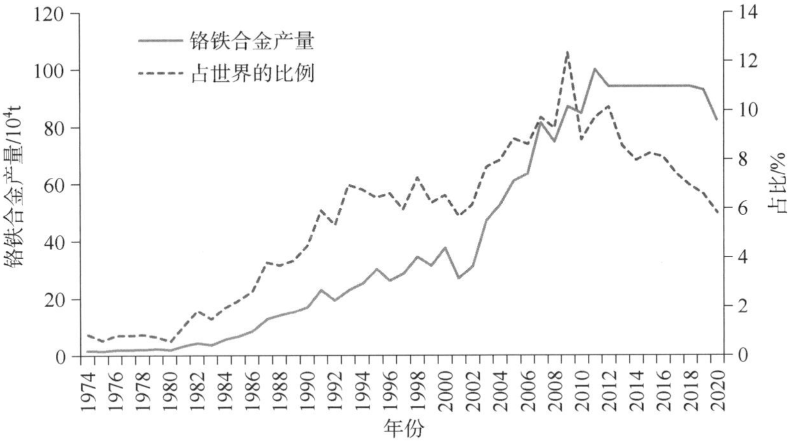

图 8-14　1974—2020 年印度铬铁合金产量及占比变化

（数据来源：《矿产品概要》（美国地质调查局，1996—2021））

3. 不锈钢产量及占比变化

印度作为全球 24 个不锈钢生产国之一，是世界上重要的不锈钢生产国。2020 年不锈钢产量为 315.65×10^4t，占世界的 6.2%，位居世界第 2 位。

1983—2020 年印度不锈钢产量呈波动上升态势，年均增幅达 10.84%。1983 年不锈钢产量为 7×10^4t，占世界的比例 0.77%；2007 年升至 185.02×10^4t，占比升至 6.51%；2013 年升至 289.1×10^4t，占比升至 7.47%；2019 年升至历史最高值 393.3×10^4t，占比 7.51%；2020 年不锈钢产量下降（图 8-15；表 8-8）。

1983—2020 年印度不锈钢累计产量为 5186.12×10^4t。

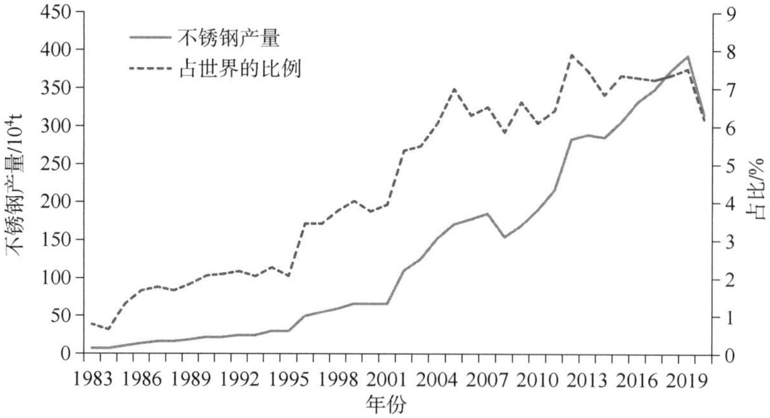

图 8-15　1983—2020 年印度不锈钢产量及占比变化

（数据来源：《世界金属统计年鉴》（WBMS，1980—2021））

表 8-8　1921—2020 年印度铬矿石、铬铁合金、不锈钢产量变化

年份	铬矿石产量/10^4t	占世界的比例/%	铬铁合金产量/10^4t	占世界的比例/%	不锈钢产量/10^4t	占世界的比例/%
1903	0. 03	0. 27				
1904	0. 37	3. 09				
1905	0. 28	1. 91				
1906	0. 45	2. 76				
1907	0. 74	6. 60				
1908	0. 48	7. 19				
1909	0. 94	8. 70				
1910	0. 18	1. 64				
1911	0. 39	4. 76				
1912	0. 29	2. 39				
1913	0. 58	3. 93				
1914	0. 60	3. 81				
1915	0. 38	2. 07				
1916	2. 05	7. 30				
1917	2. 75	10. 46				
1918	5. 87	18. 81				
1919	3. 70	21. 64				
1920	2. 72	15. 81				
1921	3. 53	26. 34				
1922	2. 31	16. 50				
1923	5. 51	26. 88				

续表

年份	铬矿石产量/10^4t	占世界的比例/%	铬铁合金产量/10^4t	占世界的比例/%	不锈钢产量/10^4t	占世界的比例/%
1924	4. 62	15. 82				
1925	3. 81	12. 37				
1926	3. 39	9. 34				
1927	5. 81	14. 53				
1928	4. 62	10. 22				
1929	5. 04	7. 94				
1930	5. 15	9. 21				
1931	2. 02	5. 27				
1932	2. 02	6. 76				
1933	1. 58	3. 86				
1934	2. 19	3. 54				
1935	3. 98	5. 07				
1936	5. 08	4. 79				
1937	6. 33	4. 95				
1938	4. 49	3. 94				
1939	4. 99	4. 19				
1940	5. 64	3. 86				
1941	5. 09	3. 07				
1942	5. 04	2. 48				
1943	3. 38	1. 86				
1944	4. 02	2. 87				
1945	3. 16	2. 98				
1946	4. 55	3. 89				
1947	4. 55	2. 63				
1948	2. 29	1. 08				
1949	1. 97	0. 92				
1950	1. 70	0. 72				
1951	1. 70	0. 60				
1952	3. 68	1. 10				
1953	6. 58	1. 69				
1954	4. 62	1. 41				
1955	9. 08	2. 49				
1956	5. 35	1. 29				
1957	7. 98	1. 72				
1958	6. 40	1. 67				

续表

年份	铬矿石产量/10^4t	占世界的比例/%	铬铁合金产量/10^4t	占世界的比例/%	不锈钢产量/10^4t	占世界的比例/%
1959	9.56	2.45				
1960	10.00	2.26				
1961	4.87	1.16				
1962	6.66	1.51				
1963	6.90	1.76				
1964	3.50	0.84				
1965	5.97	1.24				
1966	7.77	1.77				
1967	11.00	2.41				
1968	20.60	4.17				
1969	22.70	4.27				
1970	27.10	4.48				
1971	26.10	4.06				
1972	29.50	4.84				
1973	28.80	4.30				
1974	39.60	5.31	1.50	0.81		
1975	50.00	6.03	1.00	0.59		
1976	40.20	4.73	1.70	0.80		
1977	35.30	3.74	1.80	0.74		
1978	26.60	2.43	2.20	0.83		
1979	31.00	3.33	2.20	0.73		
1980	31.90	3.22	1.60	0.56		
1981	33.50	3.69	3.20	1.21		
1982	36.40	4.29	4.20	1.82		
1983	36.00	4.38	3.50	1.48	7.00	0.77
1984	42.30	4.33	5.50	1.94	6.50	0.64
1985	56.90	5.22	6.60	2.22	10.50	1.33
1986	63.00	5.34	8.41	2.62	13.70	1.67
1987	62.40	5.24	12.60	3.81	16.20	1.76
1988	82.10	6.36	14.00	3.68	17.60	1.67
1989	100.00	7.14	15.10	3.88	18.80	1.84
1990	105.00	7.95	16.90	4.49	22.00	2.06
1991	94.00	7.07	22.90	5.90	22.00	2.11
1992	108.00	9.73	19.30	5.33	24.50	2.18
1993	100.00	10.75	22.80	6.97	24.00	2.05

续表

年份	铬矿石产量/10^4t	占世界的比例/%	铬铁合金产量/10^4t	占世界的比例/%	不锈钢产量/10^4t	占世界的比例/%
1994	90.90	8.74	25.10	6.78	30.00	2.28
1995	154.00	14.81	30.40	6.45	30.00	2.06
1996	136.32	11.75	26.17	6.62	49.80	3.43
1997	136.30	9.95	28.70	5.94	55.00	3.42
1998	131.13	9.79	34.51	7.27	60.00	3.77
1999	147.30	10.45	31.21	6.24	66.50	4.02
2000	150.00	10.42	37.67	6.55	66.48	3.75
2001	167.79	13.75	26.74	5.71	66.48	3.93
2002	269.86	18.48	31.19	6.18	110.00	5.36
2003	221.00	14.26	46.87	7.72	125.00	5.48
2004	294.89	16.47	52.71	8.00	152.40	6.08
2005	325.52	16.95	61.14	8.87	171.00	6.98
2006	360.04	18.28	63.42	8.65	177.68	6.29
2007	332.00	14.76	82.00	9.75	185.02	6.51
2008	390.00	16.39	75.00	9.31	154.40	5.85
2009	407.30	20.68	87.34	12.44	169.03	6.64
2010	342.60	13.60	85.00	8.84	190.00	6.09
2011	432.57	16.08	100.36	9.74	216.30	6.42
2012	325.55	12.10	94.40	10.18	283.40	7.89
2013	287.83	7.72	94.40	8.58	289.10	7.47
2014	237.43	7.24	94.40	8.00	285.80	6.83
2015	266.59	7.17	94.40	8.28	306.00	7.34
2016	332.94	9.43	94.40	8.14	332.40	7.28
2017	347.83	8.46	94.40	7.43	348.60	7.22
2018	407.56	8.75	94.40	6.94	373.98	7.34
2019	413.88	9.24	93.00	6.60	393.30	7.51
2020	400.00	10.00	82.60	5.86	315.65	6.20
累计产量	9090.39	—	1928.94	—	5186.12	—

数据来源：《矿产品概要》（美国地质调查局，1996—2021）。

五、芬兰

（一）基本概况

芬兰共和国（The Republic of Finland），简称芬兰，位于欧洲北部。芬兰与瑞典、挪威、俄罗斯接壤，南临芬兰湾，西濒波的尼亚湾。国土面积为 33.8×10^4km²，海岸线长 1100km。地势北高南低，内陆水域面积占全国总面积的 10%，有岛屿约 17.9×10^4 个，湖泊约 18. 8×10^4 个，有“千湖之国”之称。全国三分之一的土地在北极圈内。

截至 2021 年 5 月，人口 553. 9 万，其中芬兰族占 93. 4%，瑞典族占 5. 6%，还有少量萨米人。芬兰为发达的资本主义国家。1999 年加入欧元区，2002 年正式流通欧元。在 2018—2019 年世界经济论坛年度竞争力排名中位居第 11 位。2020 年受新冠疫情影响，芬兰经济有所下滑。2020 年 GDP 为 2374. 6 亿欧元，人均 GDP 为 4. 29 万欧元，GDP 增长率为-2. 9%。

（二）芬兰铬矿储量

据美国地质调查局（2021）数据，芬兰商品级铬矿储量为（矿石量）2600×10^{4}t，位居世界第 5 位。芬兰铬矿资源主要赋存于凯米铬矿床中（表 3-3；附图 2 中的 Cr-16）。

（三）芬兰铬矿产品产量及其变化

芬兰是世界上重要的铬矿石生产国，也是重要的铬铁合金和不锈钢生产国。芬兰现有铬矿山 3 个，如奥托昆普集团凯米铬矿山，科特兰铬矿山等，生产铬矿石、钒、铂、钯、铑等矿产品。

1. 芬兰铬矿石产量

2020 年芬兰铬矿石产量为 240×10^{4}t，占世界总产量的比例为 6%，同比减幅为 0. 63%，位居世界第 5 位。

1967—2020 年芬兰铬矿石产量大体呈“L”字形增长，可划分为两个阶段（图 8-16；表 8-9）。

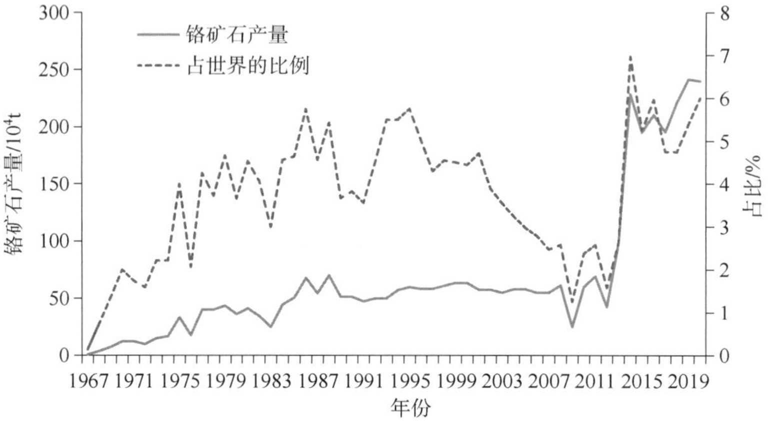

图 8-16　1967—2020 年芬兰铬矿石产量及占比变化

（数据来源：《矿产品概要》（美国地质调查局，1996—2021））

1）1967—2011 年，铬矿石产量年均增幅为 9. 24%，为铬矿石产量的低增长阶段，铬矿石产量和占比均呈缓慢的波动上升态势。1967 年铬矿石产量为 0. 64×10^{4}t，占世界的比例 0. 14%；1988 年铬矿石产量和占比均达到这一阶段历史最高值，铬矿石产量和占比分别为 70×10^{4}t 和 5. 43%；2009 年铬矿石产量和占比分别降至 24. 68×10^{4}t 和 1. 25%；2011 年分别升至 69. 25×10^{4}t 和 2. 57%。1967—2011 年芬兰铬矿石累计产量为 1956. 94×10^{4}t。

2）2012—2020 年，铬矿石产量年均增幅为 24. 15%，为芬兰铬矿石产量高增长阶段，铬矿石产量和占比均呈快速上升态势。2012 年铬矿石产量和占比分别为 42.52×10^4t 和 1. 58%；2014 年分别升至 228.5×10^4t 和 6. 97%；2019 年分别升至 241.53×10^4t 和 5. 39% 的历史最高值。2012—2020 年芬兰铬矿石累计产量为 1672.99×10^4t。

1967—2020 年芬兰铬矿石累计产量为 3629.93×10^4t。

2. 芬兰铬铁合金产量及占比变化

2020 年芬兰铬铁合金产量为 50×10^4t，占世界总产量的比例为 3. 55%，同比减幅为 0. 99%，位居世界第 5 位。

1974—2020 年芬兰铬铁合金产量大体呈“L”字形增长，可划分为两个阶段（图 8-17；表 8-9）。

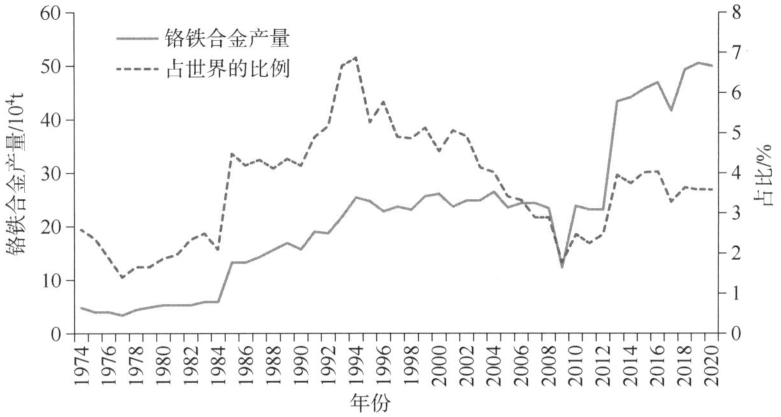

图 8-17　1974—2020 年芬兰铬铁合金产量及占比变化

（数据来源：《矿产品概要》（美国地质调查局，1996—2021））

1）1974—2008 年，为铬铁合金产量的低增长阶段，年均增幅为 4. 76%。1974 年芬兰铬铁合金产量为 4.8×10^4t，占世界的比例 2. 59%；1994 年分别增至 25.4×10^4t 和 6. 86%；2008 年铬铁合金车含量增至 23.36×10^4t，占比降至 2. 9%。1974—2008 年芬兰铬铁合金累计产量为 568.57×10^4t，约占 1974—2020 年累计总产量的 55. 62%。

2）2009—2020 年，为芬兰铬铁合金产量快速增长阶段，年均增幅达 13. 57%。2009 年芬兰铬铁合金产量为 12.33×10^4t，占比降至 1. 76%；2016 年铬铁合金产量和占比分别升至 46.91×10^4t 和 4. 04%，2019 年分别升至历史最高值 50.5×10^4t 和 3. 58%。2009—2020 年芬兰铬铁合金累计产量 453.67×10^4t。

1974—2020 年芬兰铬铁合金累计产量为 1022.24×10^4t，约占 1974—2020 年累计总产量的 44. 38%。

3. 芬兰不锈钢产量

2020 年芬兰不锈钢产量在世界 24 个国家或地区中，位居第 9 位，产量为 118.58×10^4t，占世界的比例 2. 33%，同比减幅为 9. 74%。芬兰是一个铬矿资源产业链体系相对完整经济发达国家。

1980—2020 年芬兰不锈钢产量大体呈“M”字形增长，总体呈波动上升态势，年均增幅为 6.97%。1980 年芬兰不锈钢产量为 8×10^4t，占世界总产量的 1.27%；2006 年不锈钢产量和占比分别升至 127.68×10^4t 和 4.52%；2009 年分别降至 72.64×10^4t 和 2.85%；2016 年不锈钢产量增至 141.2×10^4t 的历史最高值，占比为 3.09%；2019 年不锈钢产量和占比分别降至 131.38×10^4t 和 2.51%（图 8-18；表 8-9）。

1980—2020 年芬兰不锈钢累计产量为 2820.23×10^4t。

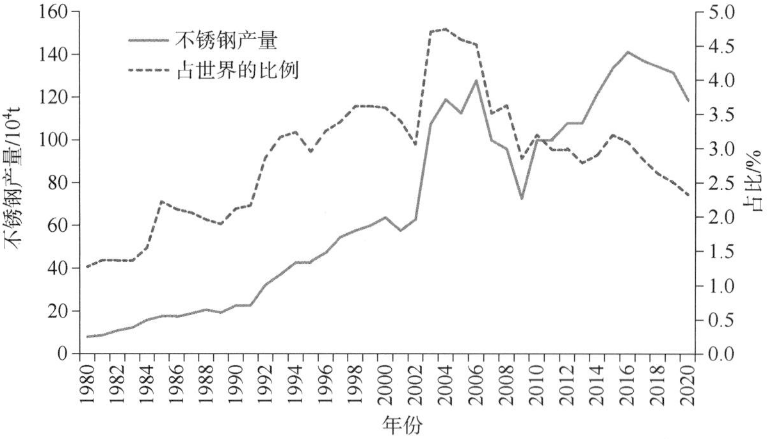

图 8-18　1980—2020 年芬兰不锈钢产量及占比变化

（数据来源：《世界金属统计年鉴》（WBMS，1979—2021））

表 8-9　1967—2020 年芬兰铬矿石、铬铁、不锈钢产量及占比变化

年份	铬矿石产量/10^4t	占世界的比例/%	铬铁合金产量/10^4t	占世界的比例/%	不锈钢产量/10^4t	占世界的比例/%
1967	0.64	0.14				
1968	3.62	0.73				
1969	7.20	1.35				
1970	12.10	2.00				
1971	11.20	1.74				
1972	9.70	1.59				
1973	14.80	2.21				
1974	16.50	2.21	4.80	2.59		
1975	33.10	3.99	4.00	2.36		
1976	17.50	2.06	4.00	1.87		
1977	40.20	4.25	3.40	1.41		
1978	40.70	3.72	4.40	1.66		
1979	43.50	4.67	4.90	1.64		
1980	36.20	3.66	5.30	1.85	8.00	1.27
1981	41.20	4.53	5.20	1.96	8.70	1.36
1982	34.50	4.07	5.40	2.34	10.90	1.36

续表

年份	铬矿石产量/10^4t	占世界的比例/%	铬铁合金产量/10^4t	占世界的比例/%	不锈钢产量/10^4t	占世界的比例/%
1983	24.60	3.00	5.90	2.49	12.30	1.36
1984	44.60	4.56	5.90	2.08	15.80	1.55
1985	50.60	4.64	13.30	4.47	17.60	2.22
1986	67.80	5.75	13.40	4.17	17.30	2.11
1987	54.30	4.56	14.30	4.32	18.90	2.06
1988	70.00	5.43	15.60	4.11	20.60	1.96
1989	51.30	3.66	16.90	4.34	19.30	1.89
1990	50.40	3.82	15.70	4.18	22.60	2.12
1991	47.30	3.56	19.00	4.90	22.60	2.16
1992	49.90	4.50	18.70	5.17	32.20	2.86
1993	51.10	5.49	21.80	6.67	37.10	3.16
1994	57.30	5.51	25.40	6.86	42.60	3.24
1995	59.80	5.75	24.70	5.24	43.10	2.95
1996	58.20	5.02	22.78	5.77	47.20	3.25
1997	58.90	4.30	23.67	4.90	54.40	3.39
1998	61.00	4.55	23.09	4.86	57.50	3.61
1999	63.50	4.50	25.63	5.13	59.79	3.62
2000	64.00	4.44	26.06	4.53	63.60	3.59
2001	57.51	4.71	23.67	5.06	57.50	3.40
2002	56.61	3.88	24.82	4.91	62.73	3.06
2003	54.90	3.54	25.05	4.13	107.38	4.71
2004	57.98	3.24	26.45	4.01	118.85	4.74
2005	57.11	2.97	23.49	3.41	112.42	4.59
2006	54.87	2.79	24.34	3.32	127.68	4.52
2007	55.61	2.47	24.18	2.87	99.82	3.51
2008	61.35	2.58	23.36	2.90	95.70	3.63
2009	24.68	1.25	12.33	1.76	72.64	2.85
2010	59.80	2.37	23.80	2.47	99.83	3.20
2011	69.25	2.57	23.14	2.25	100.33	2.98
2012	42.52	1.58	22.87	2.47	107.82	3.00
2013	98.18	2.63	43.37	3.94	107.95	2.79
2014	228.50	6.97	44.13	3.74	121.57	2.91
2015	195.18	5.25	45.71	4.01	133.36	3.20
2016	210.53	5.96	46.91	4.04	141.20	3.09
2017	195.43	4.75	41.63	3.28	137.20	2.84
2018	221.13	4.75	49.28	3.62	134.20	2.64
2019	241.53	5.39	50.50	3.58	131.38	2.51

续表

年份	铬矿石产量/10^4t	占世界的比例/%	铬铁合金产量/10^4t	占世界的比例/%	不锈钢产量/10^4t	占世界的比例/%
2020	240.00	6.00	50.00	3.55	118.58	2.33
累计产量	3629.93	—	1022.24	—	2820.23	—

数据来源：《矿产品概要》（美国地质调查局，1996—2021）。

六、津巴布韦

（一）基本概况

津巴布韦共和国（The Republic of Zimbabwe），简称津巴布韦，是非洲东南部的内陆国，东邻莫桑比克，南接南非，西和西北与博茨瓦纳、赞比亚毗邻，国土面积约 $39\times10^4km^2$。截至 2019 年 1 月，津巴布韦人口 1690 万。津巴布韦曾为英国殖民地，1980 年独立后称为罗得西亚。

津巴布韦是非洲工业较发达的国家，三大经济支柱为制造业、农业和矿业。2020 年 GDP 为 204 亿美元，人均 GDP 为 1369 美元，国内生产总值增长率为-10.2%。

（二）津巴布韦铬矿资源

津巴布韦铬矿资源丰富，铬矿资源主要赋存于大岩墙和 Mberengwa 南部地区的 Limpopo 两个铬矿带中。主要铬矿床有：津巴布韦塞卢奎（包括舒如圭矿区和 Railway Block 矿区）铬矿床（附图 2 中的 Cr-11）、津巴布韦大岩墙铬矿床（附图 2 中的 Cr-12）和津巴布韦马沙巴铬矿床（附图 2 中的 Cr-13；表 3-3）。按铬矿石 $\omega(Cr_2O_3)$ 平均品位 45%~50%计算，铬矿总储量约 6.08×10^8t。津巴布韦大岩墙长 530km、宽 5km，发育 4 层铬矿层，伴生铜、镍和铂族金属矿产。

（三）津巴布韦铬矿产品产量及其变化

津巴布韦是世界上重要的铬矿石和铬铁合金生产国，尚无不锈钢生产。

1. 津巴布韦铬矿石产量及占比变化

津巴布韦现有铬矿山 6 个，3 个处于生产阶段，2 个处于勘探阶段，1 个处于储量开发阶段。如处于生产阶段的有莫蒂控股有限公司和法尔维奇联合矿业有限公司的大岩墙铬矿；津巴布韦里兹姆有限公司达温代尔铬矿处于勘探状态等。生产的主要矿产品为铬矿石和铂族金属矿产等（表 8-10）。

表 8-10 津巴布韦主要铬矿业公司和铬矿山

序号	矿山（矿业权）	铬矿业公司	开发阶段	矿产品
1	达温代尔（Darwendale）铬矿	津巴布韦里兹姆（RioZim）有限公司	勘探	铬矿石
2	津巴布韦合金（Alloy）铬矿	—	生产	铬矿石，铬铁
3	大岩墙铬矿	莫蒂控股有限公司，法尔维奇（Farvic）联合矿业有限公司	生产	铬矿石

续表

序号	矿山（矿业权）	铬矿业公司	开发阶段	矿产品
4	韦洛克斯（Waylox）铬矿	阿法拉克集团、中乌拉尔集团、俄罗斯铬股份有限公司	储量开发	铬矿石，铂族金属，钯，铑
5	舒鲁格维（Shurugwi）铬矿	—	勘探	铬矿石
6	津巴布韦合金（ Alloy）铬矿	—	生产	铬矿石，铬铁

数据来源：标普全球市场财智（2019）。

另据美国地质调查局《2017—2018 矿产年鉴，津巴布韦》，津巴布韦生产铬矿石的企业有地方联合与小型矿山公司分别在大岩墙南部和北部开采铬矿石 34×10^4t 和 23×10^4t。津巴布韦合金有限公司开采林羚铬矿，年产铬矿石 6×10^4t。津巴布韦矿业和冶炼有限公司（私营，即津巴布韦联合企业有限公司），主要开采达温代尔、拉拉潘济，Mutorashanga 和盖齐铬矿附近，以及舒鲁格维铬矿南部的铬矿，年产量铬矿石 30×10^4t。

2019 年津巴布韦铬矿石产量为 155.01×10^4t，占世界的 3.46%，位居世界第 6 位。2020 年津巴布韦铬矿石产量为 119.68×10^4t，约占世界的 2.99%，位居世界第 6 位。

1907—2020 年津巴布韦铬矿石产量大体呈“L”字形增长，可划分为两个阶段（图 8-19；表 8-11）。

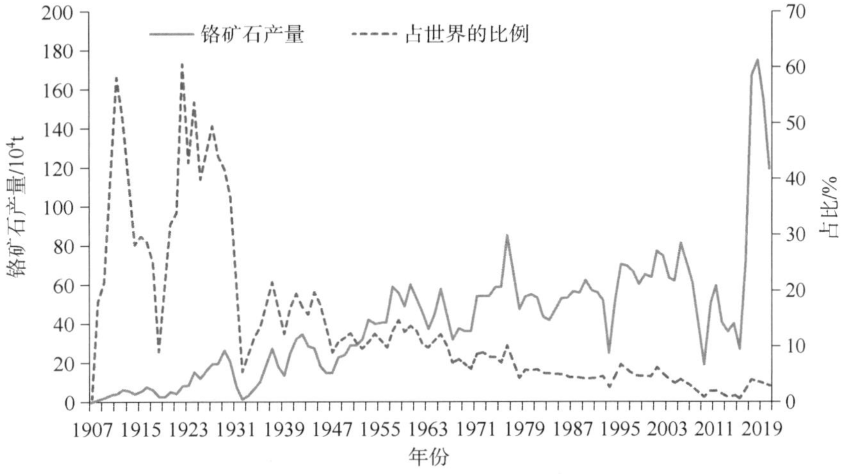

图 8-19　1907—2020 年津巴布韦铬矿石产量及占比变化
（数据来源：《矿产品概要》美国地质调查局，（1996—2021））

1）1907—2014 年，为铬矿石产量低增长阶段，铬矿石产量总体呈波动增长态势，年均增幅为 5.53%。1907 年铬矿石产量为 0.08×10^4t，占世界的比例为 0.75%；1922 年铬矿石产量为 8.48×10^4t，占世界的比例 60.57%，该比例达到历史最高值；1976 年铬矿石产量为 86.40×10^4t，占比降至 10.17%；1993 年铬矿石产量降至 25.2×10^4t，占比降至 2.71%；2005 年铬矿石产量升至 81.99×10^4t，占比升至 4.27%；2009 年降至 19.37×10^4t，占比 0.98%；2014 年降至 40.84×10^4t，占比 1.25%。1907—2014 年津巴布韦铬矿石累计产量为 3963.87×10^4t，约占 1907—2020 年累计总产量的 84.03%。

2）2015—2020 年，为铬矿石产量高增长阶段，铬矿石产量总体快速增长态势，年均增幅达 42.16%。2015 年铬矿石产量为 26.7×10^{4}t，占比 0.72%；2018 年铬矿石产量升至历史最高值 175.61×10^{4}t，占比 3.77%；2019 年分别降至 155.01×10^{4}t 和 3.46%。2015—2020 年津巴布韦铬矿石累计产量为 717.98×10^{4}t，约占 1907—2020 年累计总产量的 15.97%。

1907—2020 年津巴布韦铬矿石累计产量为 4681.86×10^{4}t，约占世界同期累计总产量的 4.73%。

2. 津巴布韦铬铁合金产量及占比变化

津巴布韦铬矿石主要被用来冶炼高碳、低碳铬铁后出口。

1974—2020 年津巴布韦铬铁合金产量大体呈“L”字形增长态势，可划分为两个阶段（图 8-20；表 8-11）。

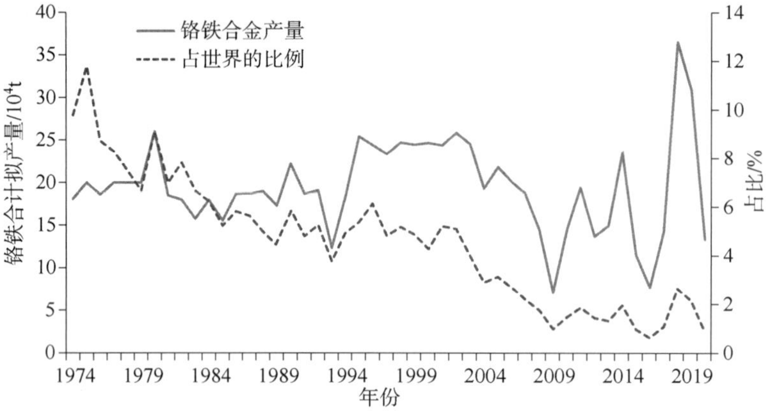

图 8-20　1974—2020 年津巴布韦铬铁合金产量及占比变化
（数据来源：《矿产品概要》（美国地质调查局，（1996—2021））

表 8-11　1907—2020 年津巴布韦铬矿石和铬铁合金产量变化

年份	铬矿石产量/10^{4}t	占世界的比例/%	铬铁合金产量/10^{4}t	占世界的比例/%
1907	0.08	0.75		
1908	1.21	18.06		
1909	2.32	21.48		
1910	3.99	36.94		
1911	4.75	58.57		
1912	6.28	51.06		
1913	5.75	39.12		
1914	4.37	27.83		
1915	5.50	29.73		
1916	8.06	28.68		
1917	6.62	25.17		
1918	2.84	9.10		

续表

年份	铬矿石产量/10^4t	占世界的比例/%	铬铁合金产量/10^4t	占世界的比例/%
1919	3. 20	18. 71		
1920	5. 47	31. 80		
1921	4. 55	33. 96		
1922	8. 48	60. 57		
1923	8. 77	42. 78		
1924	15. 70	53. 77		
1925	12. 30	39. 94		
1926	16. 40	45. 18		
1927	19. 80	49. 50		
1928	19. 90	44. 03		
1929	26. 60	41. 89		
1930	20. 60	36. 85		
1931	8. 16	21. 31		
1932	1. 57	5. 25		
1933	3. 50	8. 56		
1934	7. 21	11. 65		
1935	10. 60	13. 50		
1936	18. 30	17. 26		
1937	27. 60	21. 56		
1938	18. 60	16. 32		
1939	13. 90	11. 68		
1940	24. 80	16. 99		
1941	32. 40	19. 52		
1942	34. 80	17. 14		
1943	28. 70	15. 77		
1944	27. 70	19. 79		
1945	18. 60	17. 55		
1946	15. 10	12. 91		
1947	15. 50	8. 96		
1948	23. 10	10. 85		
1949	24. 40	11. 35		
1950	29. 20	12. 37		
1951	30. 00	10. 68		
1952	32. 30	9. 61		
1953	42. 00	10. 77		
1954	40. 10	12. 26		

续表

年份	铬矿石产量/10^4t	占世界的比例/%	铬铁合金产量/10^4t	占世界的比例/%
1955	40.80	11.18		
1956	40.70	9.83		
1957	59.30	12.78		
1958	56.10	14.65		
1959	49.30	12.61		
1960	60.60	13.68		
1961	53.60	12.76		
1962	46.10	10.45		
1963	37.40	9.57		
1964	44.80	10.77		
1965	58.60	12.18		
1966	45.20	10.30		
1967	31.80	6.96		
1968	38.10	7.71		
1969	36.30	6.82		
1970	36.30	6.00		
1971	54.40	8.45		
1972	54.40	8.92		
1973	54.40	8.12		
1974	59.00	7.91	18.10	9.76
1975	59.00	7.12	20.00	11.80
1976	86.40	10.17	18.60	8.71
1977	67.70	7.17	20.00	8.27
1978	47.80	4.37	20.00	7.55
1979	54.20	5.81	20.00	6.68
1980	55.30	5.58	26.00	9.10
1981	53.60	5.90	18.40	6.95
1982	43.20	5.09	18.00	7.81
1983	42.00	5.12	15.80	6.67
1984	47.70	4.88	17.80	6.29
1985	53.60	4.92	15.60	5.25
1986	53.30	4.52	18.70	5.83
1987	57.00	4.79	18.70	5.65
1988	56.10	4.35	19.00	5.00
1989	62.70	4.48	17.30	4.45
1990	57.30	4.34	22.20	5.90

续表

年份	铬矿石产量/10^4t	占世界的比例/%	铬铁合金产量/10^4t	占世界的比例/%
1991	56.40	4.24	18.70	4.82
1992	52.20	4.70	19.10	5.28
1993	25.20	2.71	12.40	3.79
1994	51.70	4.97	18.30	4.95
1995	70.70	6.80	25.40	5.39
1996	69.73	6.01	24.30	6.15
1997	67.00	4.89	23.34	4.83
1998	60.50	4.51	24.68	5.20
1999	65.40	4.64	24.44	4.89
2000	64.00	4.44	24.63	4.28
2001	78.02	6.39	24.36	5.20
2002	74.93	5.13	25.82	5.11
2003	63.71	4.11	24.52	4.04
2004	62.13	3.47	19.31	2.93
2005	81.99	4.27	21.81	3.17
2006	71.29	3.62	20.07	2.74
2007	61.46	2.73	18.73	2.23
2008	44.26	1.86	14.54	1.80
2009	19.37	0.98	7.22	1.03
2010	51.00	2.02	14.60	1.52
2011	59.91	2.23	19.58	1.90
2012	40.85	1.52	13.75	1.48
2013	35.51	0.95	15.01	1.36
2014	40.84	1.25	23.53	1.99
2015	26.70	0.72	11.56	1.01
2016	73.58	2.08	7.82	0.67
2017	167.40	4.07	14.28	1.12
2018	175.61	3.77	36.50	2.68
2019	155.01	3.46	30.86	2.19
2020	119.68	2.99	13.40	0.95
累计产量	4681.86	—	916.75	3.27

数据来源：《矿产品概要》（美国地质调查局，1996—2021）。

1）1974—2015 年为铬铁合金产量波动变化阶段，占比逐渐下降，铬铁合金产量年均降幅为 1.09%。1974 年铬铁合金产量为 18.1×10^4t，占世界总产量的比例为 9.76%；1995 年分别为 25.4×10^4t 和 5.39%；2009 年分别降至 7.22×10^4t，占比 1.03%；2015 年分别为 11.56×10^4t 和 1.01%。1974—2015 年铬铁合金累计产量为 813.89×10^4t，约占 1974—2020

年累计总产量的 88.78%。

2）2016—2020 年为铬铁合金产量快速上升阶段，产量和占比均呈波动变化态势，铬铁合金产量年均增幅为 14.41%。2016 年铬铁合金产量和占比分别为 7.82×10^4t 和 0.67%；2018 年铬铁合金产量升至最高值 36.5×10^4t，占比 2.68%；2019 年分别降至 30.86×10^4t 和 2.19%。2016—2020 年铬铁合金累计产量为 102.86×10^4t，约占 1974—2020 年累计总产量的 11.22%。

1974—2020 年津巴布韦铬矿石累计产量为 916.75×10^4t，约占世界同期累计总产量的 3.27%。

七、俄罗斯

（一）基本概况

俄罗斯，又称俄罗斯联邦，横跨欧亚大陆，东西最长 9000km，南北最宽 4000km。邻国西北面有挪威、芬兰，西面有爱沙尼亚、拉脱维亚、立陶宛、波兰、白俄罗斯，西南面是乌克兰，南面有格鲁吉亚、阿塞拜疆、哈萨克斯坦，东南面有中国、蒙古和朝鲜。东面与日本和美国隔海相望。海岸线长 33807km。国土面积为 1709.82×10^4km^2。

截至 2020 年俄罗斯总人口 1.46 亿人，民族 194 个，其中俄罗斯族占 77.7%。2019 年，俄罗斯国内生产总值同比增长 1.3%。2019 年 GDP 为 1.7 万亿美元（国际汇率），人均 GDP 为 11585 美元（国际汇率）。

（二）俄罗斯铬矿产品产量及其变化

铬矿产品主要包括铬矿石、铬铁合金和不锈钢，俄罗斯均不同程度地生产。

1. 俄罗斯铬矿石产量

俄罗斯铬矿资源主要分布在卡瑞利亚、摩尔罗斯克、凯默罗夫、斯维尔德洛夫斯克和亚马罗-内涅茨地区。现有 3 个铬矿山，1 个处于预可行性研究-概略研究阶段，1 个在产，还有 1 个未知其状态。主要是：恩里克铁合金部的萨拉诺夫斯卡亚-鲁德纳亚铬矿，扎帕德娜雅铬矿，欧亚资源集团公司的谢罗夫铬矿，各矿均生产铬矿石产品。

2019 年俄罗斯铬矿石产量为 59.40×10^4t，占世界铬矿石产量的 1.33%，位居世界第 9 位。2020 年俄罗斯铬矿石产量为 60.80×10^4t，占比 1.52%。

1992—2020 年俄罗斯铬矿石产量呈“下降—快速上升—下降”态势，可划分为 3 个发展阶段（图 8-21；表 8-12）。

1）1992—2001 年，为缓慢下降阶段，铬矿石产量年均减幅为 5.92%。1992 年铬矿石产量为 12.1×10^4t，占比 1.09%；2001 年分别降至 6.99×10^4t 和 0.57%。1992—2001 年铬矿石累计产量为 118.26×10^4t，约占 1992—2020 年累计总产量的 10.63%。

2）2002—2006 年，为快速增长阶段，铬矿石产量年均增幅高达 89.89%。2002 年铬矿石产量为 7.43×10^4t，占比 0.51%；2006 年分别增至 96.61×10^4t 和 4.9%。2002—2006 年铬矿石累计产量 224.9×10^4t，约占 1992—2020 年累计总产量的 20.22%。

3）2007—2020 年，为缓慢波动下降阶段，铬矿石产量年均减幅为 1.77%。2007 年

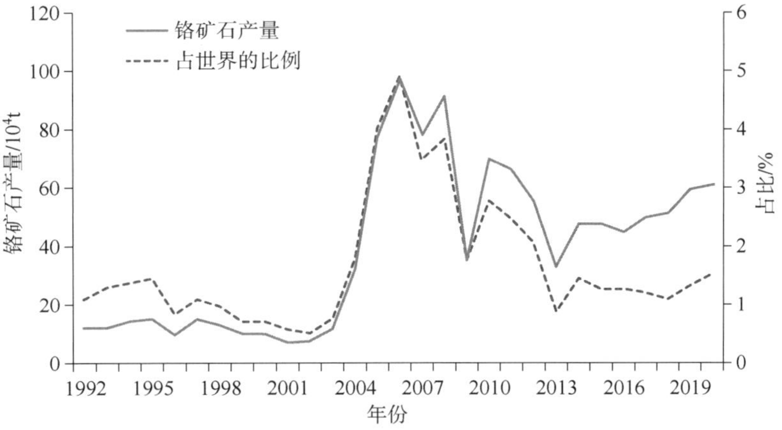

图 8-21　1992—2020 年俄罗斯铬矿石产量及占比变化
（数据来源：《矿产品概要》（美国地质调查局，1996—2021））

铬矿石产量为 77.67×10^4t，占世界总产量的比例为 3.45%；2013 年分别降至 32.70×10^4t 和 0.88%；2019 年分别升至 59.40×10^4t 和 1.33%。2007—2020 年铬矿石累计产量为 788.07×10^4t，约占 1992—2020 年累计总产量的 69.67%。

1992—2020 年俄罗斯铬矿石累计产量为 1131.23×10^4t，约占世界同期累计总产量的 1.69%。

2. 俄罗斯铬铁合金产量及占比变化

2019 年俄罗斯铬铁合金产量为 38.41×10^4t，占世界总产量的 2.72%，位居世界第 6 位。2020 年俄罗斯铬铁合金产量为 34.26×10^4t，占比 2.43%。

1992—2020 年俄罗斯铬铁合金产量大体呈“W”字形增长态势，可划分为 3 个阶段（图 8-22；表 8-12）。

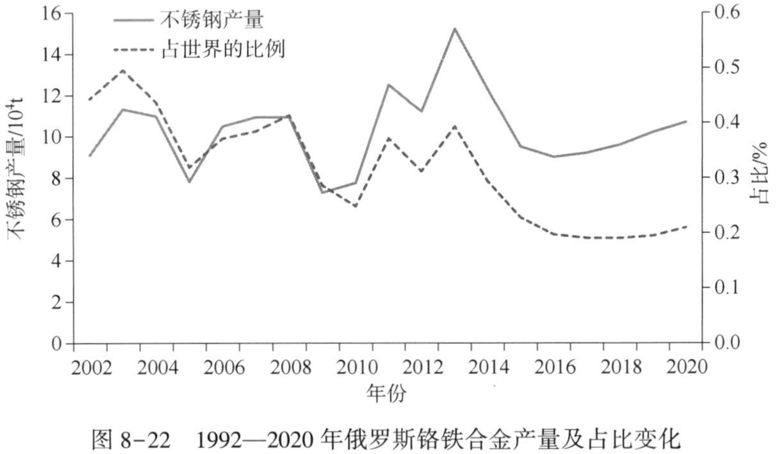

图 8-22　1992—2020 年俄罗斯铬铁合金产量及占比变化
（数据来源：《矿产品概要》（美国地质调查局，1996—2021））

1）1992—2001 年为铬铁合金产量缓慢降低阶段，年均降幅为 6.88%。1992 年铬铁

合金产量为 40×10^4t，占世界总产量的 11.05%；2001 年铬铁合金产量和占比分别降至 21.06×10^4t 和 4.5%。1992—2001 年铁合金累计产量为 253.06×10^4t，约占 1992—2020 年累计总产量的 23.19%。

2）2002—2010 年为铬铁合金产量快速增长阶段，其间波动较大，年均增幅为 14.2%。2002 年铬铁合金产量和占比分别为 21×10^4t 和 4.16%；2010 年分别增至 60.76×10^4t 和 6.32%。2002—2010 年铬铁合金累计产量为 424.46×10^4t，约占 1992—2020 年累计总产量的 38.89%。

3）2011—2020 年为铬铁合金产量波动降低阶段，年均降幅为 4.15%。2011 年铬铁合金产量和占比分别为 50.17×10^4t 和 4.87%；2016 年分别降至 26.84×10^4t 和 2.31%；2019 年分别为 38.41×10^4t 和 2.72%。2011—2020 年铬铁合金累计产量为 410.06×10^4t，约占 1992—2020 年累计总产量的 37.70%。

1992—2020 年俄罗斯铬铁合金累计产量为 1087.58×10^4t，约占世界同期累计总产量的 4.75%。

3. 俄罗斯不锈钢产量及占比变化

2020 年俄罗斯不锈钢产量为 10.68×10^4t，占世界不锈钢产量的比例为 0.21%，产量和占比均较小。

2002—2020 年俄罗斯不锈钢产量总体呈波动上升，年均增幅为 0.89%，占比呈下降趋势。2002 年不锈钢产量和占比分别为 9.1×10^4t，占比 0.44%；2013 年分别升至 15.2×10^4t 和 0.39%；2019 年降至 10.2×10^4t 和 0.19%（图 8-23；表 8-12）。

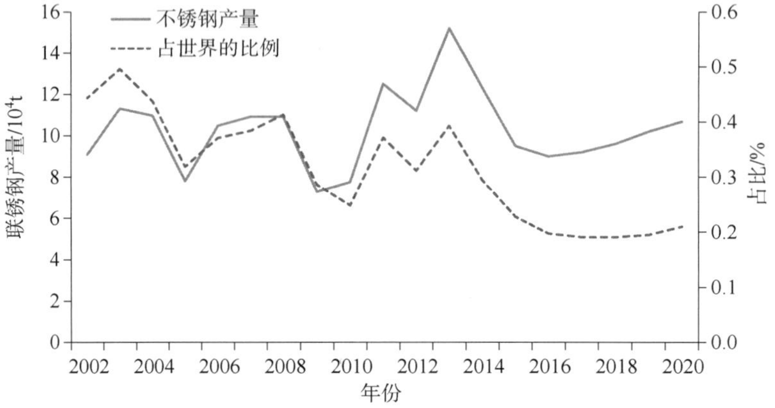

图 8-23　1992—2020 年俄罗斯不锈钢产量及占比变化
（数据来源：《世界金属统计年鉴》（WBMS，1979—2021））

表 8-12　1992—2020 年俄罗斯铬矿石、铬铁合金、不锈钢产量及占比变化

年份	铬矿石产量/10^4t	占世界的比例/%	铬铁合金产量/10^4t	占世界的比例/%	不锈钢产量/10^4t	占世界的比例/%
1992	12.10	1.09	40.00	11.05		
1993	12.10	1.30	25.60	7.83		
1994	14.30	1.38	26.60	7.19		

续表

年份	铬矿石产量/10^4t	占世界的比例/%	铬铁合金产量/10^4t	占世界的比例/%	不锈钢产量/10^4t	占世界的比例/%
1995	15.10	1.45	29.00	6.16		
1996	9.67	0.83	13.50	3.42		
1997	15.00	1.09	24.70	5.11		
1998	13.00	0.97	20.30	4.27		
1999	10.00	0.71	24.90	4.98		
2000	10.00	0.69	27.40	4.77		
2001	6.99	0.57	21.06	4.50		
2002	7.43	0.51	21.00	4.16	9.10	0.44
2003	11.65	0.75	35.70	5.88	11.31	0.50
2004	32.02	1.79	45.40	6.89	10.97	0.44
2005	77.20	4.02	57.80	8.39	7.81	0.32
2006	96.61	4.90	60.00	8.19	10.48	0.37
2007	77.67	3.45	57.00	6.78	10.92	0.38
2008	91.30	3.84	49.00	6.08	10.90	0.41
2009	34.70	1.76	37.80	5.38	7.28	0.29
2010	69.90	2.77	60.76	6.32	7.75	0.25
2011	66.20	2.46	50.17	4.87	12.50	0.37
2012	55.20	2.05	54.64	5.89	11.20	0.31
2013	32.70	0.88	48.78	4.43	15.20	0.39
2014	47.60	1.45	43.96	3.73	12.30	0.29
2015	47.10	1.27	36.33	3.19	9.50	0.23
2016	44.80	1.27	26.84	2.31	9.00	0.20
2017	49.60	1.21	43.45	3.42	9.20	0.19
2018	51.10	1.10	33.23	2.44	9.60	0.19
2019	59.40	1.14	38.41	2.72	10.20	0.19
2020	60.80	1.25	34.26	2.43	10.68	0.21
累计产量	1131.23	—	1187.58	—	195.90	—

数据来源：不锈钢数据来源：《世界金属统计年鉴》（WBMS，1979—2021）；其他数据来源：《矿产品概要》（美国地质调查局，1996—2021）。

八、阿尔巴尼亚

（一）基本概况

阿尔巴尼亚位于东南欧巴尔干半岛西部，北部和东北部分别同塞尔维亚、黑山、北马其顿接壤，南部同希腊为邻，西临亚得里亚海，隔奥特朗托海峡同意大利相望。国土面积为 $2.87\times10^4km^2$，其中山地和丘陵占总面积的 77%，平原为 23%。

2020 年阿尔巴尼亚总人口 285 万人，其中阿尔巴尼亚族占 82.6%。自 20 世纪 90 年代初起，阿尔巴尼亚从计划经济体制向市场经济体制转轨。近年来，该国经济保持稳定增长。受新冠疫情影响，2020 年该国 GDP 为 153 亿美元，人均 GDP 为 5276 美元，国内生产总值增长率为-3.2%。

（二）铬矿产品产量及其变化

阿尔巴尼亚主要生产铬矿石和铬铁合金。

1. 阿尔巴尼亚铬矿石产量及占比

阿尔巴尼亚的铬矿资源主要分布在布尔奇泽等铬矿床中（表 3-3；附图 2 中的 Cr-19）。现有 11 个铬矿山，其中处于高级勘查和储量开发阶段的各有 1 个。主要是：海湾能源资源公司和阿尔巴尼西铬业公司的巴耳奎扎铬矿，第一欧洲矿产公司贝纳克斯铬矿山，阿尔伯铬矿所属的布尔奇泽-巴特拉铬矿山等。主要矿产品为铬矿石、镍和钨等。

2019 年阿尔巴尼亚铬矿石产量为 128.83×10^4t，占世界铬矿石产量的 2.88%，位居世界第 7 位。2020 年铬矿石产量为 62.66×10^4t，占比 1.57%。

1938—2020 年阿尔巴尼亚铬矿石产量大体呈“N”字形增长态势，可划分为 3 个阶段（图 8-24；表 8-13）。

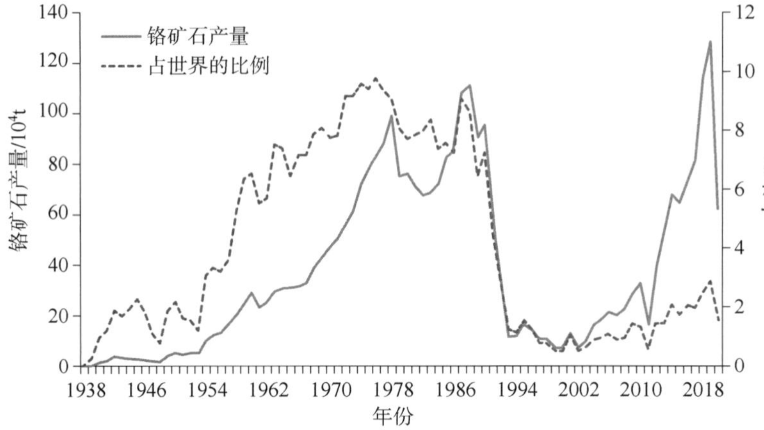

图 8-24　1938—2020 年阿尔巴尼亚铬矿石产量及占比变化
（数据来源：《矿产品概要》（美国地质调查局，1996—2021））

1）1938—1988 年铬矿石产量为波动上升阶段，年均增幅为 16.66%。1938 年铬矿石产量为 499t，占世界铬矿石产量的 0.04%；1978 年分别升至 98.9×10^4t 和 9.04%；1982 年分别降至 67.5×10^4t 和 7.96%；1988 年又分别升至 111×10^4t 和 8.6%。1938—1988 年铬矿石累计产量为 1905.9×10^4t，约占 1938—2020 年铬矿石累计总产量的 60.33%。

2）1989—1999 年铬矿石产量呈快速下降阶段，年均减幅达 22.39%。1989 年铬矿石产量为 90×10^4t，占世界铬矿石产量的比例为 6.43%；1999 年分别降至 7.14×10^4t 和 0.51%。1989—1999 年铬矿石累计产量 358.27×10^4t，约占 1938—2020 年铬矿石累计总产量的 11.34%。

3）2000—2020 年为铬矿石产量快速上升阶段，年均增幅为 11.58%。2000 年铬矿石产量为 7×10^4t，占比 0.49%；2010 年分别增至 32.83×10^4t 和 1.3%；2018 年铬矿石产量

增至历史最高值 114.27×10⁴t，占比 2.45%；2019 年分别升至 128.83×10⁴t 和 2.88%。2000—2020 年铬矿石累计产量为 895.12×10⁴t，约占 1938—2020 年铬矿石累计总产量的 28.33%。

2. 阿尔巴尼亚铬铁合金产量及占比

2019 年阿尔巴尼亚铬铁合金产量为 6.64×10⁴t，占世界铬铁合金产量的 0.47%，位居世界第 12 位。2020 年铬矿石产量为 5.35×10⁴t，占比 0.38%。

1980—2020 年铬铁合金产量总体呈波动上升态势，年均增幅为 6.70%。1980 年铬铁合金产量为 4000t，占世界铬铁合金产量的比例为 0.14%；1984 年产量升至 4×10⁴t，占比 1.41%；1992 年分别降至 2.17×10⁴t 和 0.60%；1996 年分别升至 4.3×10⁴t 和 1.09%；2009 年分别降至 0.57×10⁴t 和 0.08%；2018 年铬铁合金产量升至历史最高值 9.29×10⁴t，占比 0.68%（图 8-25；表 8-13）。

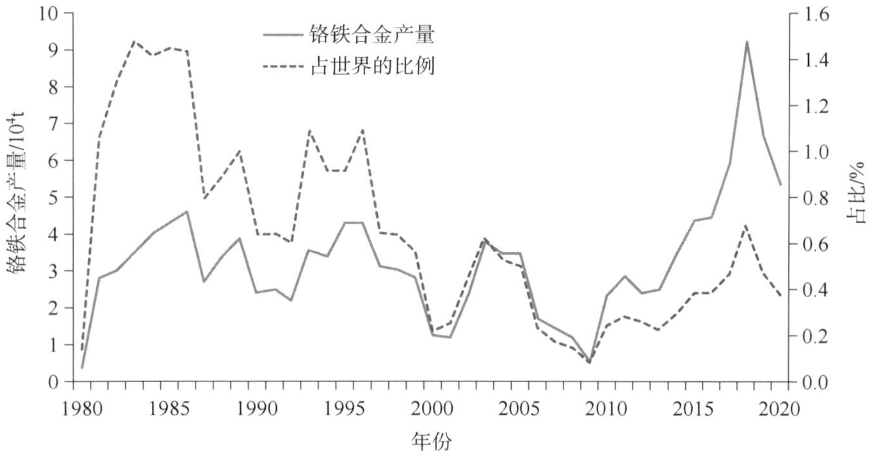

图 8-25　1980—2020 年阿尔巴尼亚铬铁合金产量及占比变化

（数据来源：《矿产品概要》（美国地质调查局，1996—2021））

1980—2020 年铬铁合金累计产量为 133.94×10⁴t，约占同期世界铬铁合金累计产量的 0.5%。

表 8-13　1938—2020 年阿尔巴尼亚铬矿石和铬铁合金产量及占比变化

年份	铬矿石产量/10⁴t	占世界的比例/%	铬铁合金产量/10⁴t	占世界的比例/%
1938	0.05	0.04		
1939	0.31	0.26		
1940	1.40	0.96		
1941	2.00	1.20		
1942	3.81	1.88		
1943	3.08	1.69		
1944	0.00	0.00		
1945	0.00	0.00		
1946	0.00	0.00		

续表

年份	铬矿石产量/10^4t	占世界的比例/%	铬铁合金产量/10^4t	占世界的比例/%
1947	0. 00	0. 00		
1948	1. 65	0. 77		
1949	3. 99	1. 86		
1950	5. 20	2. 20		
1951	4. 54	1. 62		
1952	5. 17	1. 54		
1953	4. 70	1. 21		
1954	10. 00	3. 06		
1955	12. 20	3. 34		
1956	13. 20	3. 19		
1957	16. 70	3. 60		
1958	20. 10	5. 25		
1959	24. 80	6. 34		
1960	28. 90	6. 52		
1961	23. 20	5. 52		
1962	25. 10	5. 69		
1963	29. 40	7. 52		
1964	30. 70	7. 38		
1965	31. 00	6. 44		
1966	31. 30	7. 13		
1967	32. 70	7. 16		
1968	38. 80	7. 85		
1969	42. 90	8. 06		
1970	46. 80	7. 73		
1971	50. 20	7. 80		
1972	55. 80	9. 15		
1973	61. 10	9. 12		
1974	71. 50	9. 58		
1975	77. 90	9. 40		
1976	83. 00	9. 77		
1977	88. 00	9. 31		
1978	98. 90	9. 04		
1979	75. 00	8. 04		
1980	76. 20	7. 70	0. 40	0. 14
1981	71. 00	7. 81	2. 80	1. 06
1982	67. 50	7. 96	3. 00	1. 30
1983	68. 50	8. 34	3. 50	1. 48
1984	72. 00	7. 36	4. 00	1. 41
1985	82. 50	7. 57	4. 30	1. 45
1986	85. 00	7. 20	4. 60	1. 43

续表

年份	铬矿石产量/10^4t	占世界的比例/%	铬铁合金产量/10^4t	占世界的比例/%
1987	108. 00	9. 08	2. 63	0. 79
1988	111. 00	8. 60	3. 37	0. 89
1989	90. 00	6. 43	3. 88	1. 00
1990	95. 70	7. 25	2. 40	0. 64
1991	58. 70	4. 41	2. 50	0. 64
1992	32. 20	2. 90	2. 17	0. 60
1993	11. 50	1. 24	3. 56	1. 09
1994	11. 80	1. 13	3. 38	0. 91
1995	16. 00	1. 54	4. 30	0. 91
1996	14. 38	1. 24	4. 30	1. 09
1997	10. 63	0. 78	3. 11	0. 64
1998	10. 22	0. 76	3. 03	0. 64
1999	7. 14	0. 51	2. 81	0. 56
2000	7. 00	0. 49	1. 25	0. 22
2001	12. 97	1. 06	1. 19	0. 25
2002	7. 26	0. 50	2. 28	0. 45
2003	9. 80	0. 63	3. 78	0. 62
2004	16. 03	0. 90	3. 47	0. 53
2005	18. 28	0. 95	3. 44	0. 50
2006	21. 26	1. 08	1. 70	0. 23
2007	19. 98	0. 89	1. 45	0. 17
2008	22. 54	0. 95	1. 19	0. 15
2009	28. 36	1. 44	0. 57	0. 08
2010	32. 83	1. 30	2. 32	0. 24
2011	16. 10	0. 60	2. 87	0. 28
2012	38. 03	1. 41	2. 40	0. 26
2013	52. 96	1. 42	2. 47	0. 22
2014	67. 88	2. 07	3. 49	0. 30
2015	64. 61	1. 74	4. 37	0. 38
2016	72. 67	2. 06	4. 46	0. 38
2017	80. 80	1. 97	5. 92	0. 47
2018	114. 27	2. 45	9. 29	0. 68
2019	128. 83	2. 88	6. 64	0. 47
2020	62. 66	1. 57	5. 35	0. 38
累计产量	3159. 29	—	133. 94	—

数据来源：《矿产品概要》（美国地质调查局，1996—2021）。

九、菲律宾

（一）基本概况

菲律宾共和国（Republic of the Philippines），简称“菲律宾”，位于亚洲东南部。北隔巴士海峡与中国台湾地区遥遥相对，南和西南隔苏拉威西海、巴拉巴克海峡与印度尼西亚、马来西亚相望，西濒南中国海，东临太平洋。国土面积为 $29.97\times10^4km^2$，有岛屿 7000 多个，其中吕宋岛、棉兰老岛、萨马岛等 11 个主要岛屿占总面积的 96%。海岸线长约 18533km。

2021 年菲律宾人口 1.1 亿，其中马来族占全国人口的 85%以上。菲律宾为典型的出口导向型经济，对外部市场依赖较大。2020 年 GDP 约 3622.4 亿美元，人均 GDP 约 3300 美元，国内 GDP 增长率为-9.5%。

（二）铬矿产品产量及其变化

菲律宾主要生产铬矿石。1978—1996 年间曾生产过铬铁合金，19 年累计产量为 62.7×10^4t，占世界的比例在 0.17%~2.11%之间。

铬矿为菲律宾的优势矿产，铬矿资源主要分布在三描礼士（阿科杰和马欣洛克矿床）和萨马铬矿床中（表 3-3；附图 2 中的 Cr-30 和 Cr-31）。现有铬矿山 18 个，如本格特公司马辛洛克铬矿、DMCI 控股公司和恩克公司的三描礼士省镍钴铬矿、DMCI 控股有限公司阿科杰铬矿等。铬矿开发阶段包括了生产、勘探、储量开发、可行性研究及闭坑等阶段。生产的铬矿产品主要有：铬矿石、铬铁、镍、钴和铂族金属等。

2019 年菲律宾铬矿石产量为 3.64×10^4t，占世界总产量的 0.05%，2020 年铬矿石产量为 3.51×10^4t，占比 0.09%。

1935—2020 年菲律宾铬矿石产量大体呈“N”字形增长态势，可划分为 2 个发展阶段（图 8-26）。

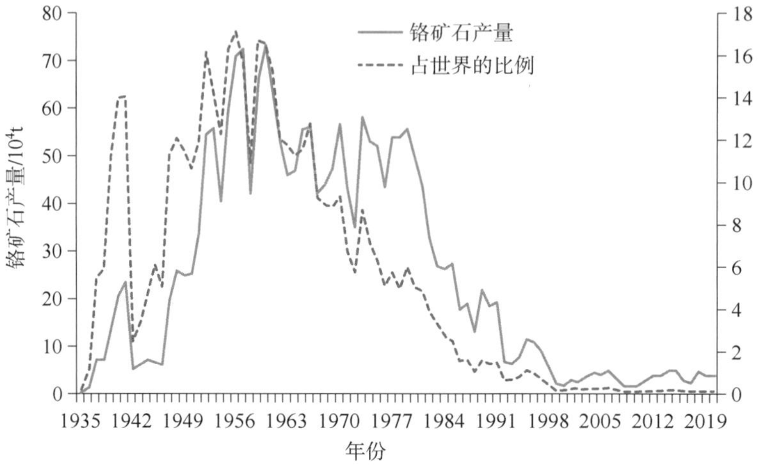

图 8-26　1935—2020 年菲律宾铬矿石产量及占比变化
（数据来源：《矿产品概要》（美国地质调查局，1996—2021））

1）1935—1960 年为高幅波动增长阶段，铬矿石产量年均增幅为 28.85%。1935 年菲律宾铬矿石产量为 1300t，占世界总产量的 0.16%；1952 年分别升至 55.70×10^4t 和 14.28%；1957 年分别升至 72.6×10^4t 和 15.65%；1958 年分别降至 41.6×10^4t 和 10.86%；1960 年铬矿石产量升至历史最高值 73.40×10^4t，占比 16.57%。1935—1960 年铬矿石累计产量为 267.06×10^4t，占 1935—2020 年累计总产量 2160.28×10^4t 的 35.38%。

2）1961—2020 年为波动下降阶段，铬矿石产量年均降幅为 4.80%。1961 年铬矿石

产量为 64×10^4t，占世界的比例为 15.24%；1971 年分别降至 3.53×10^4t 和 0.09%；1979 年分别升至 55.60×10^4t 和 5.96%；2013 年分别降至 3.53×10^4t 和 0.09%；2019 年分别降至 3.64×10^4t 和 0.08%。1961—2020 年铬矿石累计产量为 1395.88×10^4t，占 1935—2020 年累计总产量的 64.62%。

1935—2020 年菲律宾铬矿石累计产量为 2160.28×10^4t，约占世界同期铬矿石累计总产量的 2.20%。

十、巴基斯坦

（一）基本概况

巴基斯坦伊斯兰共和国（Islamic Republic of Pakistan，Pakistan），简称“巴基斯坦”，位于南亚次大陆西北部，南濒阿拉伯海，东、北、西 3 面分别与印度、中国、阿富汗和伊朗为邻。巴基斯坦全国领土面积为 $796095km^2$（不包括巴控克什米尔地区）。

2019 年巴基斯坦人口约 2.08 亿人，是世界第六大人口大国。巴基斯坦经济以工业为主，工业基础薄弱。2019 年 GDP 为 2914.9 亿美元，人均 GDP 为 1480 美元，GDP 增长率为 3.29%。

（二）铬矿产品产量及其变化

巴基斯坦主要生产铬矿石。无铬铁合金和不锈钢生产。

巴基斯坦铬矿资源丰富，铬矿产地主要分布在俾路支省和西北边境省的科希斯坦地区，较偏远，基础设施薄弱。铬矿资源主要赋存于巴基斯坦穆斯林巴格铬矿床（附图 2 中的 Cr-28）中。巴基斯坦铬矿石产量和占比变化情况如下：

2019 年巴基斯坦铬矿石产量为 12.07×10^4t，占世界总产量的 0.30%，位居世界第 13 位；2020 年铬矿石产量和占比分别为 12.14×10^4t 和 0.30%。可划分为两个发展阶段（图 8-27）。

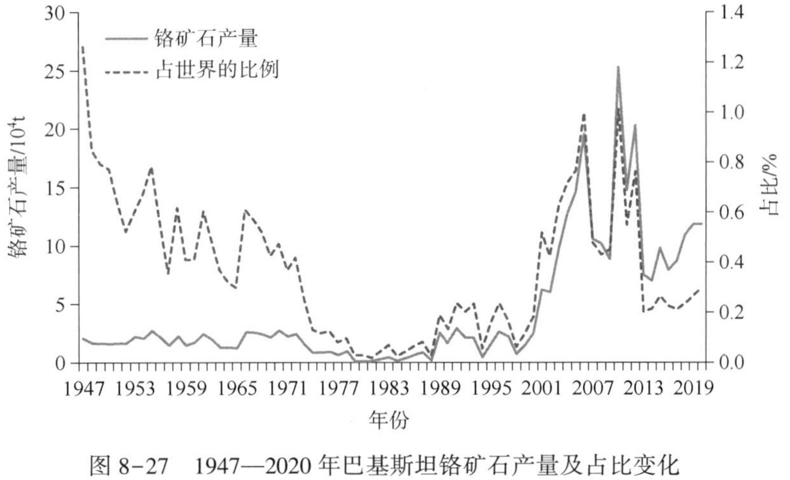

图 8-27　1947—2020 年巴基斯坦铬矿石产量及占比变化

（数据来源：《矿产品概要》（美国地质调查局，1996—2021））

1）1947—1998 年为铬矿石产量总体呈缓慢下降阶段，反映出小幅震荡特征，铬矿石产量年均降幅为 1.76%。1947 年铬矿石产量为 2.2×10^4t，占世界铬矿石产量的比例为 1.27%，为历史最高值；1970 年铬矿石产量增至 2.9×10^4t，占比降至 0.48%；1994 年分别降为 0.62×10^4t 和 0.06%；1998 年分别为 0.89×10^4t 和 0.07%。1947—1998 年铬矿石累计产量为 87.66×10^4t，占 1947—2020 年累计总产量的 26.5%。

2）1999—2020 年为铬矿石产量的剧烈震荡发展阶段，铬矿石产量年均增幅为 10.03%。1999 年铬矿石产量为 1.63×10^4t，占比 0.12%；2010 年铬矿石产量增至 25.7×10^4t 的历史最高值，占比 1.02%；2014 年分别降至 7.19×10^4t 和 0.22%；2019 年分别升至 12.14×10^4t 和 0.30%。1999—2020 年铬矿石累计产量为 241.46×10^4t，占 1947—2020 年累计总产量的 73.00%。

1947—2020 年铬矿石累计产量为 330.75×10^4t，约占世界同期铬矿石累计总产量的 0.34%。

十一、其他国家

除上述 10 个铬矿资源和铬矿产品生产国外，还有一些铬矿资源国和生产国，铬矿石和铬铁合金产量规模和贸易量均较小。如阿曼、阿联酋、巴西、马达加斯加、伊朗、苏丹、巴布亚新几内亚及阿富汗等国家。主要铬矿石产量见表 8-14。

（一）阿曼

阿曼 2019 年铬矿石产量为 73.26×10^4t，占世界的铬矿石产量比例为 1.64%，位居世界第 8 位；2020 年铬矿石产量为 38.12×10^4t，占比 0.96%。1983—2020 年铬矿石累计产量为 922.02×10^4t。

（二）阿联酋

阿联酋 2019 年铬矿石产量为 13.61×10^4t，占世界铬矿石产量比例的 0.30%；2020 年铬矿石产量为 6.24×10^4t，占比 0.16%。1992—2020 年铬矿石累计产量为 107.79×10^4t。

（三）巴西

巴西 2019 年铬矿石产量为 19.93×10^4t，占世界铬矿石产量的比例为 0.44%，位居世界第 11 位；2020 年铬矿石产量为 22.68×10^4t，占比 0.57%。1950—2020 年铬矿石累计产量为 1829.93×10^4t。

（四）马达加斯加

马达加斯加 2019 年铬矿石产量为 7.61×10^4t，占世界铬矿石产量的比例为 0.17%；2020 年铬矿石产量为 1.24×10^4t，占比 0.06%。1961—2020 年铬矿石累计产量为 588.20×10^4t。1961—2020 年铬矿石累计产量为 588.2×10^4t。

（五）伊朗

伊朗 2019 年铬矿石产量为 12.21×10^4t，占世界铬矿石产量的比例为 0.27%；2020 年铬矿石产量为 13.51×10^4t，占比 0.34%。1942—2020 年铬矿石累计产量为 1147.97×10^4t。

（六）巴布亚新几内亚

巴布亚新几内亚 2019 年铬矿石产量为 11.56×10^4t，占世界铬矿石产量的比例为 0.26%；2020 年产量为 10.00×10^4t，占比为 0.25%。

（七）阿富汗

2019 年和 2020 年阿富汗铬矿石产量均为 0.3×10^4t，占世界铬矿石总产量的比例很小，仅为 0.01%。2012 年阿富汗铬矿石产量 5700t，占世界的 0.02%。2012—2020 年累计总产量为 5.14×10^4t。

表 8-14　1942—2020 年阿曼等国铬矿石产量及占比变化

年份	阿曼		阿联酋		巴西		马达加斯加		伊朗		巴布亚新几内亚		阿富汗	
	铬矿石产量/10^4t	占世界的比例/%	铬矿石产量/10^4t	占世界的比例/%	铬矿石产量/10^4t	占世界的比例/%	铬矿石产量/10^4t	占世界的比例/%	铬矿石产量/10^4t	占世界的比例/%	铬矿石产量/10^4t	占世界的比例/%	铬矿石产量/10^4t	占世界的比例/%
1942									0. 04	0. 02				
1943									0. 13	0. 07				
1944									0. 0012	0. 0009				
1945									—	—				
1946									—	—				
1947									—	—				
1948									—	—				
1949									—	—				
1950					0. 32	0. 14			—	—				
1951					0. 24	0. 09			0. 88	0. 31				
1952					0. 27	0. 08			2. 00	0. 60				
1953					0. 36	0. 09			2. 15	0. 55				
1954					0. 19	0. 06			2. 12	0. 65				
1955					0. 41	0. 11			3. 49	0. 96				
1956					0. 41	0. 10			3. 28	0. 79				
1957					0. 79	0. 17			3. 86	0. 83				
1958					0. 53	0. 14			3. 50	0. 91				
1959					0. 62	0. 16			5. 50	1. 41				
1960					0. 57	0. 13			6. 80	1. 53				
1961					1. 55	0. 37	1. 05	0. 25	7. 37	1. 75				
1962					2. 48	0. 56	1. 85	0. 42	8. 98	2. 04				

续表

年份	阿曼		阿联酋		巴西		马达加斯加		伊朗		巴布亚新几内亚		阿富汗	
	铬矿石产量/10^4t	占世界的比例/%	铬矿石产量/10^4t	占世界的比例/%	铬矿石产量/10^4t	占世界的比例/%	铬矿石产量/10^4t	占世界的比例/%	铬矿石产量/10^4t	占世界的比例/%	铬矿石产量/10^4t	占世界的比例/%	铬矿石产量/10^4t	占世界的比例/%
1963					1. 71	0. 44	1. 12	0. 29	9. 98	2. 55				
1964					0. 94	0. 23	1. 18	0. 28	9. 80	2. 36				
1965					1. 70	0. 35	0. 24	0. 05	12. 90	2. 68				
1966					1. 50	0. 34	—	—	14. 10	3. 21				
1967					1. 50	0. 33	—	—	10. 90	2. 39				
1968					1. 70	0. 34	—	—	8. 98	1. 82				
1969					1. 50	0. 28	8. 00	1. 50	15. 00	2. 82				
1970					2. 70	0. 45	13. 10	2. 16	20. 00	3. 30				
1971					2. 80	0. 44	15. 00	2. 33	17. 60	2. 74				
1972					7. 10	1. 16	11. 20	1. 84	18. 00	2. 95				
1973					7. 30	1. 09	15. 80	2. 36	14. 00	2. 09				
1974					10. 80	1. 45	15. 60	2. 09	17. 50	2. 35				
1975					17. 30	2. 09	19. 40	2. 34	17. 20	2. 08				
1976					18. 60	2. 19	22. 10	2. 60	16. 00	1. 88				
1977					31. 00	3. 28	16. 50	1. 75	23. 30	2. 47				
1978					35. 80	3. 27	13. 80	1. 26	19. 80	1. 81				
1979					34. 00	3. 65	12. 80	1. 37	13. 60	1. 46				
1980					31. 30	3. 16	18. 00	1. 82	8. 20	0. 83				
1981					23. 70	2. 61	10. 00	1. 10	3. 20	0. 35				
1982					27. 60	3. 25	4. 40	0. 52	4. 10	0. 48				
1983	2. 40	0. 29			16. 10	1. 96	4. 50	0. 55	4. 80	0. 58				

续表

年份	阿曼		阿联酋		巴西		马达加斯加		伊朗		巴布亚新几内亚		阿富汗	
	铬矿石产量/10^4t	占世界的比例/%	铬矿石产量/10^4t	占世界的比例/%	铬矿石产量/10^4t	占世界的比例/%	铬矿石产量/10^4t	占世界的比例/%	铬矿石产量/10^4t	占世界的比例/%	铬矿石产量/10^4t	占世界的比例/%	铬矿石产量/10^4t	占世界的比例/%
1984	0.70	0.07			26.00	2.66	5.98	0.61	5.90	0.60				
1985	0.00	0.00			19.00	1.74	12.70	1.17	5.60	0.51				
1986	0.48	0.04			35.30	2.99	8.29	0.70	5.40	0.46				
1987	0.00	0.00			33.80	2.84	10.70	0.90	9.21	0.77				
1988	0.00	0.00			41.00	3.18	6.42	0.50	6.03	0.47				
1989	1.28	0.09			47.60	3.40	6.25	0.45	7.26	0.52				
1990	0.00	0.00			26.30	1.99	15.10	1.14	7.72	0.58				
1991	0.00	0.00			34.00	2.56	14.90	1.12	9.01	0.68				
1992	0.18	0.02	0.10	0.01	44.90	4.05	16.10	1.45	13.00	1.17				
1993	1.02	0.11	1.90	0.20	30.80	3.31	14.40	1.55	12.40	1.33				
1994	0.62	0.06	5.50	0.53	36.00	3.46	9.02	0.87	35.40	3.40				
1995	0.53	0.05	3.70	0.36	44.80	4.31	10.60	1.02	37.10	3.57				
1996	1.53	0.13	5.60	0.48	40.85	3.52	13.72	1.18	13.02	1.12				
1997	1.80	0.13	6.10	0.45	30.00	2.19	13.97	1.02	16.90	1.23				
1998	2.87	0.21	7.69	0.57	30.10	2.25	10.43	0.78	31.39	2.34				
1999	2.60	0.18	6.00	0.43	42.00	2.98	10.00	0.71	31.12	2.21				
2000	1.51	0.10	6.00	0.42	40.00	2.78	10.00	0.69	31.00	2.15				
2001	3.02	0.25	1.00	0.08	40.90	3.35	2.36	0.19	14.52	1.19				
2002	2.74	0.19	—	—	28.40	1.95	1.10	0.08	51.26	3.51				
2003	1.30	0.08	—	—	37.69	2.43	4.50	0.29	9.72	0.63				
2004	2.66	0.15	0.71	0.04	59.35	3.32	7.74	0.43	13.88	0.78				

续表

年份	阿曼		阿联酋		巴西		马达加斯加		伊朗		巴布亚新几内亚		阿富汗	
	铬矿石产量/10^4t	占世界的比例/%	铬矿石产量/10^4t	占世界的比例/%	铬矿石产量/10^4t	占世界的比例/%	铬矿石产量/10^4t	占世界的比例/%	铬矿石产量/10^4t	占世界的比例/%	铬矿石产量/10^4t	占世界的比例/%	铬矿石产量/10^4t	占世界的比例/%
2005	5.04	0.26	—	—	61.65	3.21	14.08	0.73	22.36	1.16				
2006	7.05	0.36	—	—	56.27	2.86	13.23	0.67	24.46	1.24				
2007	40.78	1.81	1.90	0.08	62.78	2.79	7.77	0.35	18.58	0.83				
2008	85.97	3.61	3.44	0.14	66.43	2.79	11.26	0.47	26.86	1.13				
2009	63.65	3.23	2.38	0.12	36.52	1.85	13.30	0.68	26.86	1.36				
2010	80.19	3.18	2.50	0.10	52.01	2.06	13.45	0.53	39.40	1.56				
2011	63.43	2.36	1.17	0.04	49.36	1.84	6.67	0.25	41.76	1.55				
2012	60.22	2.24	1.72	0.06	42.52	1.58	11.15	0.41	41.16	1.53	0.83	0.03	0.57	0.02
2013	78.76	2.11	1.58	0.04	48.60	1.30	8.80	0.24	34.42	0.92	9.20	0.25	0.61	0.02
2014	75.12	2.29	1.98	0.06	71.70	2.19	12.40	0.38	35.93	1.10	9.68	0.29	0.64	0.02
2015	44.26	1.19	0.39	0.01	52.67	1.42	14.82	0.40	39.16	1.05	10.00	0.27	0.66	0.02
2016	45.08	1.28	1.79	0.05	42.63	1.21	10.77	0.31	34.23	0.97	5.30	0.15	0.68	0.02
2017	45.27	1.10	5.78	0.14	45.00	1.09	20.81	0.51	29.22	0.71	7.80	0.19	0.73	0.02
2018	88.49	1.90	19.01	0.41	45.00	0.97	10.92	0.23	11.95	0.26	9.21	0.20	0.65	0.01
2019	73.26	1.64	13.61	0.30	19.93	0.44	7.61	0.17	12.21	0.27	11.56	0.26	0.30	0.01
2020	38.21	0.96	6.24	0.16	22.68	0.57	1.24	0.03	13.51	0.34	10.00	0.25	0.30	0.01
累计产量	922.02	0.95	107.79	0.95	1829.93	1.88	588.20	0.60	1147.97	1.18	73.58	0.08	5.14	0.01

注：—表示无数据。

资料来源：《矿产品概要》（美国地质调查局，1996—2021）。

第九章　世界铬矿产品贸易与市场状况

本章对世界主要国家（地区）主要铬矿产品的贸易状况进行了综合研究与分析，对世界铬矿产品贸易与市场进行了系统分析与研究，分析了世界主要铬贸易国家（地区）铬矿产品进出口状况，并对未来主要铬矿产品市场与价格发展变化趋势进行了展望。

第一节　世界铬矿产品进出口贸易

本节主要对世界主要国家（地区）主要的铬矿产品的贸易情况进行综合研究与分析。世界铬矿贸易产品主要为铬矿石与铬矿砂及精矿（HS 编码：261000；本节简称“铬矿石”）和铬铁合金等。需要说明的是，由于受统计口径及各国（地区）间转口贸易等因素的影响，单一年份的进口量并不完全一致。

一、铬矿石贸易

2020 年世界铬矿石出口国（地区）有 51 个，进口国（地区）66 个，反映出利用铬矿产品的国家（地区）相对较多，铬矿资源储量分布、产量与消费国（地区）发生错位与错配现象。2020 年世界铬矿石贸易总量（实物量）为 3236.71×10^4t，其中出口量为 1638.32×10^4t，占比 51%；进口量为 1598.39×10^4t，占比 49%。2020 年世界铬矿石贸易流向情况见附图 4。

（一）铬矿石出口贸易

2020 年世界铬矿石出口量为 1638.32×10^4t。2000—2020 年世界铬矿石出口量总体呈波动上升态势，年均增幅为 7.58%，其间出口量翻了 4 倍多。2000 年铬矿石出口量为 380.07×10^4t；2010 年出口量超过 1000×10^4t，出口量达到 1080.83×10^4t；2019 年达到 1823.62×10^4t 的历史最高值；2020 年受新冠疫情影响，铬矿石出口量下降。

世界铬矿石贸易量呈现总量大幅上升，铬矿石出口国高度集中，南非、哈萨克斯坦和土耳其 3 个国家的出口集中度占比长期保持在 80%以上，反映出出口国（地区）向高度集中的趋势发展演进（图 9-1）。

2020 年南非、土耳其、津巴布韦、哈萨克斯坦、印度和俄罗斯等铬矿资源大国和重要生产国是世界重要的铬矿石出口国。铬矿石国别出口结构：南非占比高达 82.21%，位居世界第 1 位；土耳其占比 5.68%，位居世界第 2 位；津巴布韦占比 4.63%，位居世界第 3 位；哈萨克斯坦占比 1.83%，位居世界第 4 位等；南非、土耳其和津巴布韦出口量占比 94.35%。历史上，土耳其、哈萨克斯坦和印度曾经是重要的铬矿石出口国，出口占比最高超过 20%~30%，2016 年以来占比逐渐下降，2020 年印度降至 0.03%（图 9-2）。

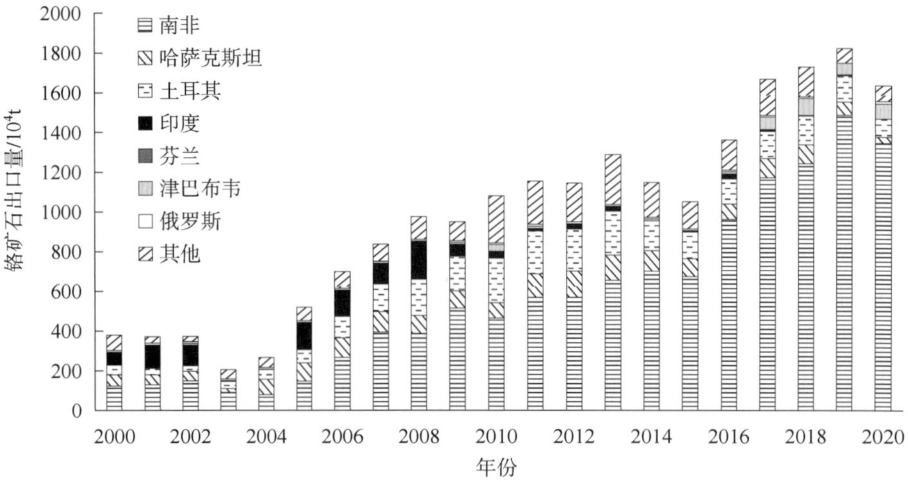

图 9-1　2000—2020 年世界铬矿石出口量变化
（数据来源：联合国商品贸易统计数据库（UN Comtrade Database），2000—2021）

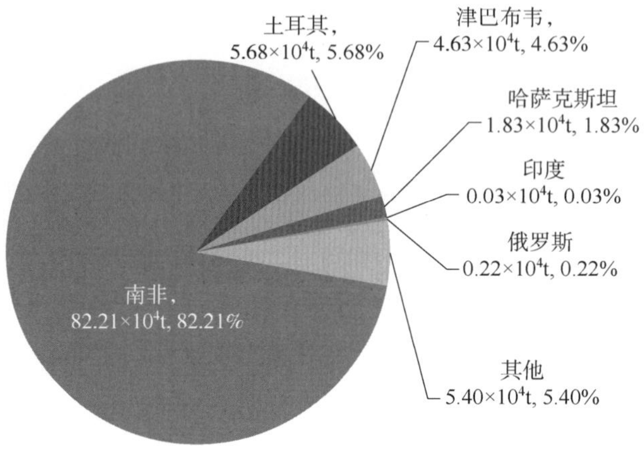

图 9-2　2020 年世界主要国家铬矿石出口量及占比
（数据来源：联合国商品贸易统计数据库，2000—2021）

（二）铬矿石进口贸易

2020 年世界铬矿石进口量为 1432.09×10^4t。2000—2020 年世界铬矿石出口量总体呈波动上升态势，年均增幅为 8.07%，进口总量也翻了 4 倍多。2000 年铬矿石进口量为 338.78×10^4t；2007 年升至 833.5×10^4t；2011 年超过 1000×10^4t，达到 1080.78×10^4t；2019 年升至 1839.96×10^4t；2020 年世界铬矿石进口量下降（图 9-3）。

2020 年世界铬矿石进口国主要有：中国、印度尼西亚、俄罗斯、印度、德国、美国和日本等国家，这些国家主要为铬铁合金和不锈钢生产国（地区），铬矿资源匮乏，铬矿石产量很少或没有。2020 年分国别铬矿石进口结构：中国铬矿石进口量为 1432.09×10^4t，占比 89.6%，位居世界第 1 位；印度尼西亚占比 2.74%，位居世界第 2

位，该国自2001年开始进口铬矿石，用于铬铁合金和不锈钢生产；俄罗斯进口量为34.87×10^4t，占比2.18%，位居第3位；印度占比0.9%，位居世界第4位。上述4个国家的进口量占世界进口总量的95.42%，反映出近年来世界铬矿石进口量高度集中在中国（图9-4）。

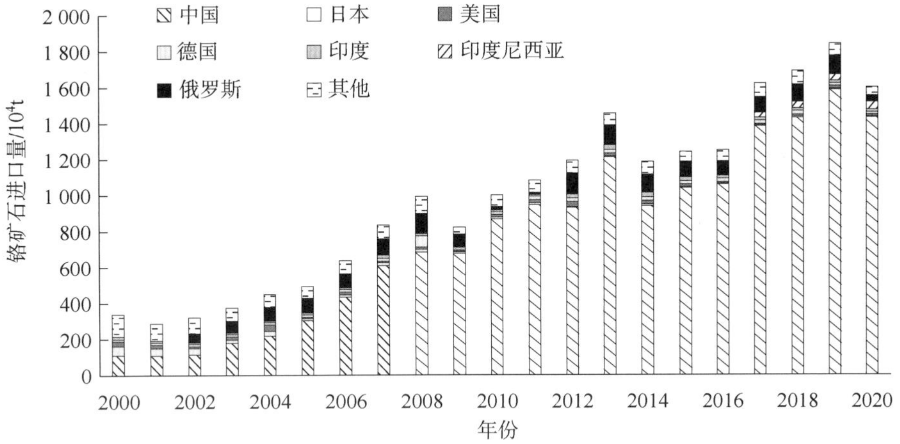

图9-3　2000—2020年世界铬矿石进口量变化

（数据来源：联合国商品贸易统计数据库，2000—2021）

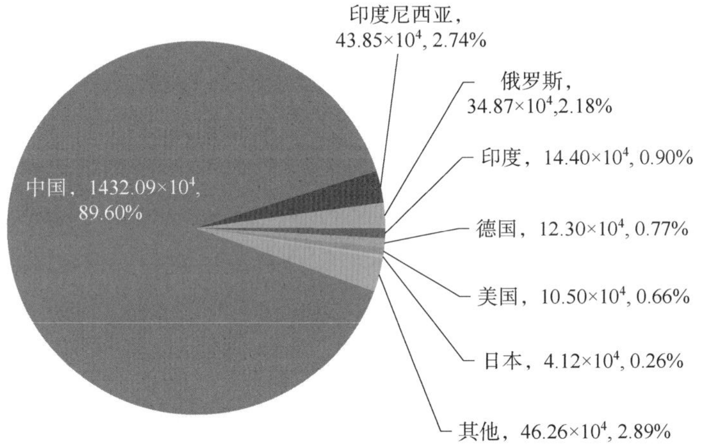

图9-4　2020年世界主要国家铬矿石进口量及占比

（数据来源：联合国商品贸易统计数据库，2000—2021）

二、铬铁合金贸易

铬铁合金是铬产业中重要的中间产品。2020年世界铬铁合金贸易总量（实物量）为1260.92×10^4t，其中出口量为635.22×10^4t，占比50.38%；进口量为625.7×10^4t，占比49.62%。2000—2020年，世界铬铁合金（HS编码：720241，720249）呈现进出口贸易量上升，进口贸易集中度呈现增强趋势。

（一）铬铁合金出口贸易

2020 年世界铬铁合金出口量为 625.7×10^4t，同比减幅为 6%。2000—2020 年，世界铬铁合金的出口量波动小幅增长，年均增幅为 0.66%。2000 年世界铬铁合金出口量为 557×10^4t；2010 年增至 661.87×10^4t；2018 年增至历史最高值 730.98×10^4t；2019 年降至 692.82×10^4t（图 9-5）。

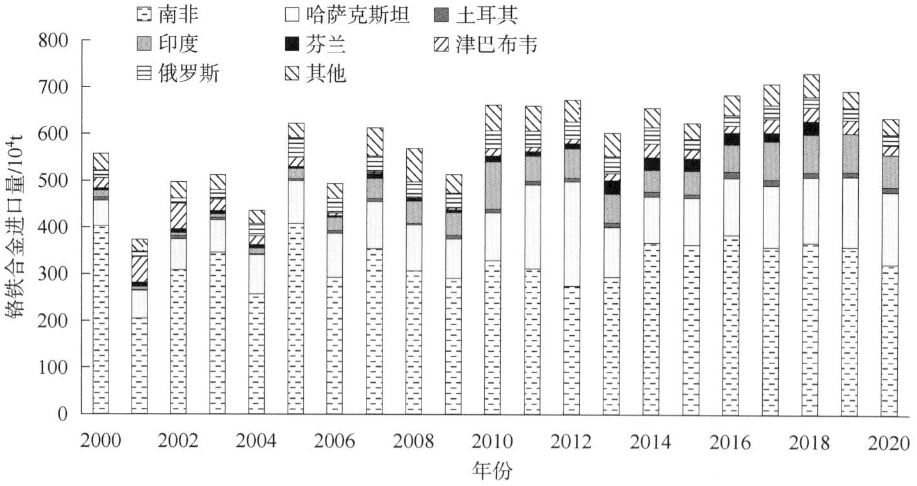

图 9-5　2000—2020 年世界铬铁合金出口量变化

（数据来源：联合国商品贸易统计数据库，2000—2021）

2020 年世界铬铁合金主要出口国有：南非、哈萨克斯坦、印度、俄罗斯、津巴布韦和土耳其等国家，这些国家一般生产铬矿石或曾经生产铬矿石。铬铁合金出口国较为集中，2020 年南非铬铁合金出口量占世界出口量的比例为 50.7%，超过世界出口总量的二分之一，位居世界第 1 位；哈萨克斯占比 24.44%，位居世界第 2 位；印度占比 10.91%，位居世界第 3 位；俄罗斯占比 3.59%，位居第 4 位；津巴布韦占比 3.29%，位居世界第 5 位。上述 5 个国家铬铁合金出口量占世界的 92.93%（图 9-6）。

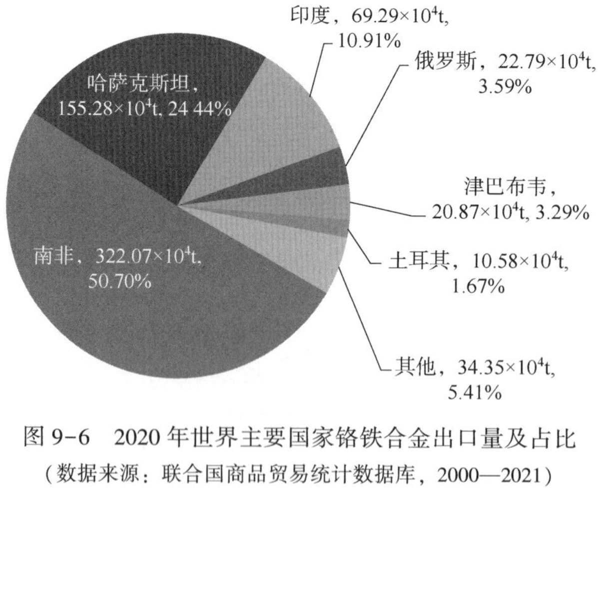

图 9-6　2020 年世界主要国家铬铁合金出口量及占比

（数据来源：联合国商品贸易统计数据库，2000—2021）

（二）铬铁合金进口贸易

2020 年世界铬铁合金进口量为 625.7×10^{4}t，同比减幅为 6%。2000—2020 年世界铬铁合金进口量呈波动上升态势，年均增幅为 2.23%。2000 年世界铬铁合金进口量为 402.32×10^{4}t；2007 年增至 603.7×10^{4}t；2009 年降至 484.11×10^{4}t；2018 年增至历史最高值 685.69×10^{4}t；2019 年降至 665.65×10^{4}t（图 9-7）。

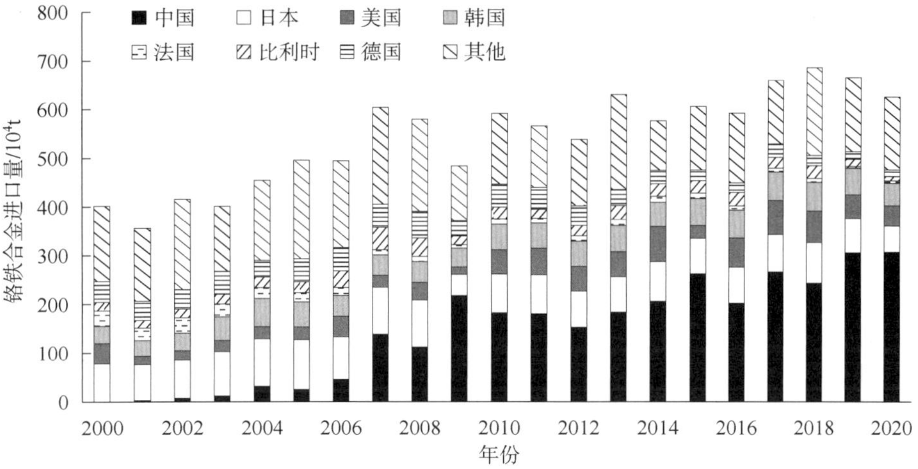

图 9-7　2000—2020 年世界铬铁合金进口量变化

（数据来源：联合国商品贸易统计数据库，2000—2021）

2020 年中国、日本、美国、韩国、法国、比利时和德国等国家。这些国家主要为不锈钢生产国，通过进口铬铁合金满足不锈钢生产要求。2020 年分国别铬矿合金进口结构：中国铬铁合金进口量为 307.01×10^{4}t，占世界的比例 49.07%，几乎占了世界铬铁进口总量的二分之一，位居世界第 1 位；日本占比 8.53%，位居世界第 2 位；韩国占比 7.29%，位居世界第 3 位；美国占比 6.79%，位居世界第 4 位；德国占比 2.2%，位居世界第 5 位；比利时占比 1.41%，位居世界第 6 位；法国占比 0.83%，位居世界第 7 位。上述排名前 4 位的国家进口量合计占比 71.68%（图 9-8）。

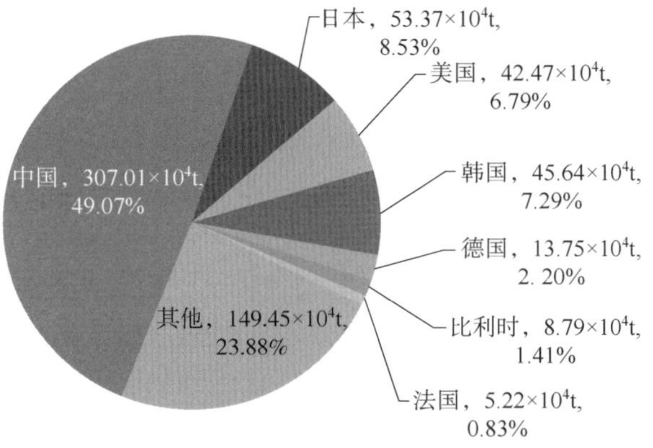

图 9-8　2000—2020 年世界主要国家铬铁合金进口量及占比

（数据来源：联合国商品贸易统计数据库，2000—2021）

第二节　世界主要铬矿产品出口贸易国

一、世界铬矿产品主要出口国

世界铬矿产品出口国主要包括南非、哈萨克斯坦、土耳其、印度、俄罗斯和津巴布韦等国，出口铬矿产品主要为铬矿石和铬铁合金，在世界铬矿产品出口贸易中占据主要地位。芬兰等国出口铬矿石和铬铁合金，但总体上贸易量少，占世界出口量的比例低，本书不进行专门研究。

（一）南非

南非出口的铬矿产品主要为铬矿石和铬铁合金。2000—2020 年，南非呈现出铬矿石出口量增加，而铬铁合金出口降低的“剪刀差”型的演变模式，即铬矿石出口量逐渐增加，而铬铁合金产量不断降低。这也反映出南非铬矿石向下游铬铁合金生产演进弱化，但从南非生产不锈钢情况看，南非铬矿资源产业与技术经济开发的链条相对完整。

1. 铬矿石出口贸易情况

2020 年南非国内生产的 84.18%的铬矿石用于出口，是世界上重要的铬矿石出口国。2020 年，南非铬矿石出口量达 1346.83×10^4t，几乎为冶金级高品质铬矿石，占世界铬矿石出口量的比例 82.21%，为历史最高值，几乎垄断了世界铬矿石出口贸易（图 9-9；表 8-1）。世界上二分之一以上的铬矿石和铬铁合金出口贸易量是由南非提供的。

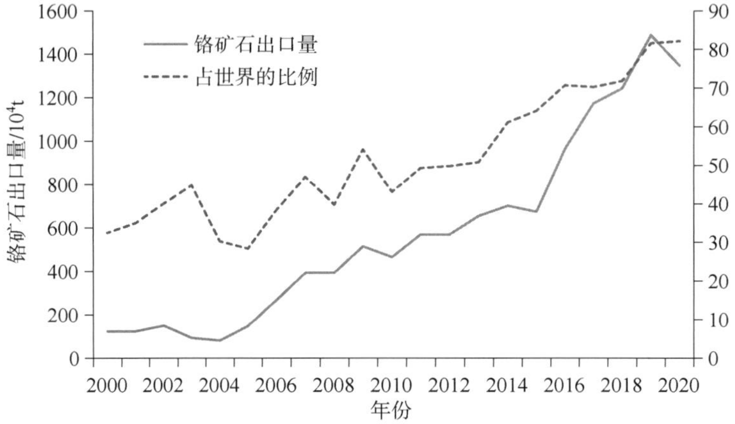

图 9-9　2000—2020 南非铬矿石出口量及占比变化

（数据来源：联合国商品贸易统计数据库，2000—2021）

2000—2020 年南非铬矿石出口量和占比均呈波动上升态势。2000 年南非铬矿石出口量为 123.41×10^4t，占世界出口总量的比例为 32.47%；2011 年出口量和占比分别升至 569.1×10^4t 和 49.28%；2019 年南非铬矿石出口量达到历史最高值 1488.9×10^4t，占比升至 81.65%。

2000—2020 年南非铬矿石累计出口量为 12137.73×10^4t，占世界同期铬矿石出口总量的 58.69%。也就是说，世界铬矿石贸易量的近 60%是由南非提供的。南非对促进世界铬矿资源产业经济的发展发挥着越来越重要的作用

2. 铬铁合金出口贸易情况

南非是铬铁合金生产大国，国内产量的 88.2%用于出口贸易，是世界上最主要的铬铁合金出口国。2020 年南非铬铁合金出口量为 322.07×10^4t，占世界铬铁合金出口总量的 50.7%。近 20 年来，南非铬铁合金出口量相对稳定，维持在（300~400）×10^4t，出口量占比大多数维持在 50%~60%之间。2000 年南非铬铁合金出口量为 402.4×10^4t，占世界铬铁合金出口量的 72.24%；2005 年出口量升至 407.66×10^4t，占比降至 65.49%；2012 年出口量降至历史最低值 274.66×10^4t，占比降至 40.81%；2016 年出口量和占比分别升至 384.24×10^4t 和 56.19%；2019 年出口量和占比分别降至 359.06×10^4t 和 51.83%（图 9-10；表 9-1）。

2000—2020 年南非铬铁合金累计出口量为 6898.19×10^4t，占世界同期铬矿石出口总量的 55.12%，也就是说，世界上铬铁合金贸易量的二分之一以上是由南非贡献的。南非对促进世界铬矿资源产业经济的发展发挥着越来越重要的作用。

图 9-10　2000—2020 南非铬铁合金出口量及占比变化

（数据来源：联合国商品贸易统计数据库，2000—2021）

表 9-1　2000—2020 年南非铬矿石、铬铁合金出口量及占比变化

年份	铬矿石出口量/10^4t	占世界出口量的比例/%	铬铁合金出口量/10^4t	占世界出口量的比例/%
2000	123.41	32.47	402.4	72.24
2001	130.07	34.98	204.8	54.86
2002	149.25	40.00	308.03	61.97
2003	92.55	44.80	345.71	67.52
2004	80.67	30.24	256.46	58.80
2005	147.58	28.37	407.66	65.49
2006	268.04	38.35	292.17	59.19

续表

年份	铬矿石出口量/10^4t	占世界出口量的比例/%	铬铁合金出口量/10^4t	占世界出口量的比例/%
2007	393.70	46.96	353.7	57.75
2008	388.04	39.75	306.42	53.85
2009	514.67	54.12	290.83	56.61
2010	465.41	43.06	328.91	49.69
2011	569.10	49.28	311.55	47.19
2012	570.12	49.79	274.66	40.81
2013	654.40	50.79	293.94	48.79
2014	701.70	61.08	367.13	55.98
2015	674.18	64.06	363.04	58.24
2016	963.48	70.68	384.24	56.19
2017	1172.82	70.22	357.73	50.49
2018	1242.81	71.80	367.68	50.30
2019	1488.90	81.65	359.06	51.83
2020	1346.83	82.21	322.07	50.70
2000—2020年累计量	12137.73	58.69	6898.19	55.12

数据来源：联合国商品贸易统计数据库（2000—2021）。

（二）哈萨克斯坦

哈萨克斯坦出口的铬矿产品主要为铬矿石和铬铁合金。2000—2020年，呈现出铬矿石和铬铁合金出口量“剪刀差”演变模式，即铬矿石出口量逐渐降低，而铬铁合金产量不断增加。反映出哈萨克斯坦铬矿石向下游产业发展演进的趋势明显。哈萨克斯坦的铬矿发展模式与南非的发展模式相反。

1. 铬矿石出口贸易情况

2020年哈萨克斯坦国内铬矿石产量的4.73%用于出口贸易，虽然出口量及占比相对较少，但仍是世界上重要的铬矿石出口国之一。

2020年哈萨克斯坦铬矿石出口量为29.93×10^4t，占世界出口总量的比例仅为1.83%。2000—2020年铬矿石出口量和占比均呈先升后降态势。2000年哈萨克斯坦铬矿石出口量为57.74×10^4t，占世界出口总量的15.19%。2003年铬矿石出口量降至17.92×10^4t历史最低值，占比降至8.67%；2004年占比升至历史最高值29.06%；2007年铬矿石出口量和占比分别升至104.02×10^4t和12.41%；2012年哈萨克斯坦铬矿石出口量升至历史最高值131.28×10^4t，占比11.46%；之后波动下降；2015年铬矿石出口量和占比分别降至92.41×10^4t和8.78%；2019年出口量和占比分别降至66.86×10^4t和3.67%（图9-11；表9-2）。

2000—2020年哈萨克斯坦铬矿石累计出口量为1743.27×10^4t，占世界同期铬矿石出口贸易总量的8.43%。为世界铬矿资源产业经济的发展做出了一定的贡献。

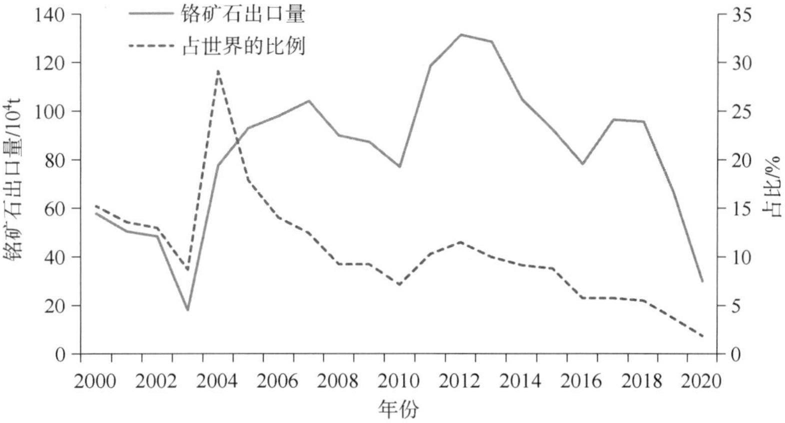

图 9-11　2000—2020 哈萨克斯坦铬矿石出口量及占比变化

（数据来源：联合国商品贸易统计数据库，2000—2021）

2. 铬铁合金出口贸易情况

哈萨克斯坦是铬铁合金生产大国，2020 年产量位居世界第 3 位，哈萨克斯坦国内铬铁合金产量的 86.27%用于出口贸易。

2020 年哈萨克斯坦铬铁合金出口量为 155.28×10^4t，占世界铬铁合金出口总量的 24.44%，位居世界第 2 位。2000—2020 年哈萨克斯坦铬铁合金出口量和占比均呈波动上升态势。2000 年铬铁合金出口量为 55×10^4t，占世界出口总量的比例 9.87%；2010 年出口量和占比分别升至 103.39×10^4t 和 15.62%；2012 年哈萨克斯坦铬铁合金出口量和占比均分别达历史最高值 224.01×10^4t 和 33.29%；之后迅速下降，2014 年出口量和占比分别降至 99.56×10^4t 和 15.18%；2019 年分别升至 150.85×10^4t 和 21.77%（图 9-12；表 9-2）。

2000—2020 年哈萨克斯坦铬铁合金累计出口量为 2322.97×10^4t，占世界同期铬矿石出口贸易总量的 18.56%。

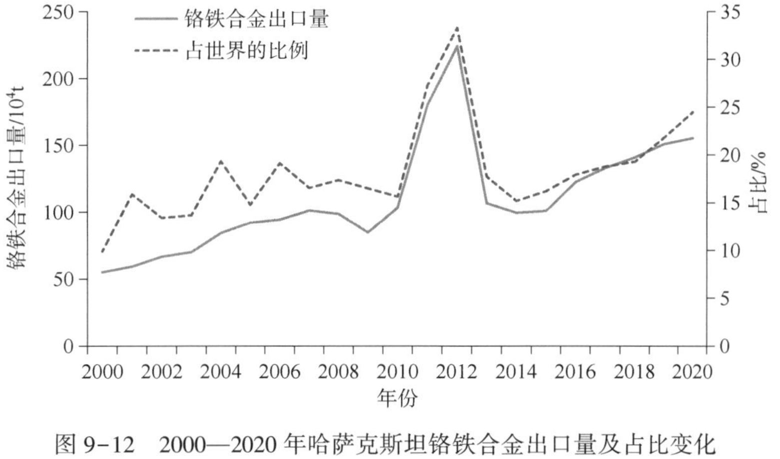

图 9-12　2000—2020 年哈萨克斯坦铬铁合金出口量及占比变化

（数据来源：联合国商品贸易统计数据库，2000—2021）

表 9-2　2000—2020 年哈萨克斯坦铬矿石、铬铁合金出口量及占比变化

年份	铬矿石出口量/10^4t	占世界出口量的比例/%	铬铁合金出口量/10^4t	占世界出口总量的比例/%
2000	57.74	15.19	55.00	9.87
2001	50.35	13.54	59.22	15.86
2002	48.33	12.95	66.58	13.40
2003	17.92	8.67	70.00	13.67
2004	77.52	29.06	84.24	19.31
2005	92.92	17.86	92.00	14.78
2006	97.90	14.01	94.32	19.11
2007	104.02	12.41	101.21	16.52
2008	89.91	9.21	98.68	17.34
2009	87.25	9.18	84.65	16.48
2010	77.01	7.13	103.39	15.62
2011	118.53	10.26	179.97	27.26
2012	131.28	11.46	224.01	33.29
2013	128.44	9.97	106.67	17.70
2014	104.70	9.11	99.56	15.18
2015	92.41	8.78	100.95	16.19
2016	78.21	5.74	122.52	17.92
2017	96.39	5.77	132.99	18.77
2018	95.63	5.52	140.91	19.28
2019	66.86	3.67	150.85	21.77
2020	29.93	1.83	155.28	24.44
2000—2020 年累计量	1743.27	8.43	2322.97	18.56

数据来源：联合国商品贸易统计数据库（2000—2021）。

（三）土耳其

土耳其出口的铬矿产品主要为铬矿石和铬铁合金。2000—2020 年，呈现出铬矿石出口量远大于铬铁合金出口量的贸易模式，即土耳其以出口铬矿石为主，铬铁合金出口为辅。

1. 铬矿石出口贸易情况

2020 年土耳其国内铬矿石产量的 14.78%用于出口贸易，虽然出口量及占比相对较少，但仍是世界上重要的铬矿石出口国之一。

2020 年土耳其铬出口量为 93.09×10^4t，占世界铬矿石出口总量的 5.68%%，位居世界第 2 位。2000—2020 年该国铬矿石出口量和占比均呈先升后降、波动演进态势。可划分为两个阶段（图 9-13；表 9-3）。

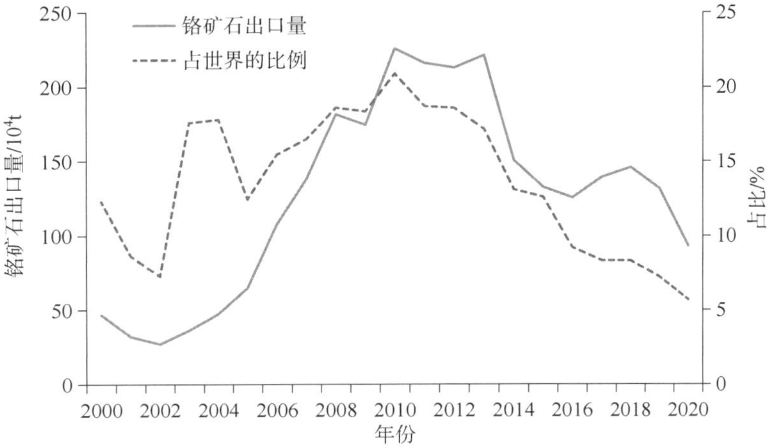

图 9-13 2000—2020 年土耳其铬矿石出口量及占比变化
（数据来源：联合国商品贸易统计数据库，2000—2021）

1）2000—2010 年，为土耳其铬矿石出口量波动上升阶段，年均增幅为 17.06%。2000 年土耳其铬矿石出口量为 46.7×10^4t，占世界出口总量的 12.29%；2006 年分别升至 107.99×10^4t 和 15.45%；2010 年出口量和占比分别升至历史最高值 225.7×10^4t 和 20.88%。

2）2011—2020 年，为土耳其铬矿石出口的波动下降阶段，年均降幅为 8.93%。2011 年土耳其铬矿石出口量和占比分别为 215.98×10^4t 和 18.7%；2016 年分别降至 125.46×10^4t 和 9.2%；2019 年分别为 131.58×10^4t 和 7.22%。

2000—2020 年土耳其铬矿石累计出口量为 2650.66×10^4t，占世界同期铬矿石出口贸易总量的 12.82%。

2. 铬铁合金出口贸易情况

土耳其是铬铁合金生产国，2020 年铬铁合金出口量为 10.58×10^4t，占世界的比例 1.67%。这一年土耳其铬铁合金出口量大于当年产量。从 2000—2020 年铬铁合金产量和出口量看，铬铁合金累计产量大于出口量，产量和出口贸易量基本保持平衡。

2000—2020 年土耳其铬铁合金出口量和占比均呈“锯齿状”波动上升态势，出口量年均增幅为 2.19%。2000 年土耳其铬铁合金出口量为 6.86t，占世界铬铁合金出口量的 1.23%；2010 年出口量和占比分别为 7.46×10^4t 和 1.13%；2016 年出口量和占比分别升至历史最高值 13.17×10^4t 和 1.93%；2019 年出口量和占比分别降至 10.53×10^4t 和 1.52%（图 9-14；表 9-3）。

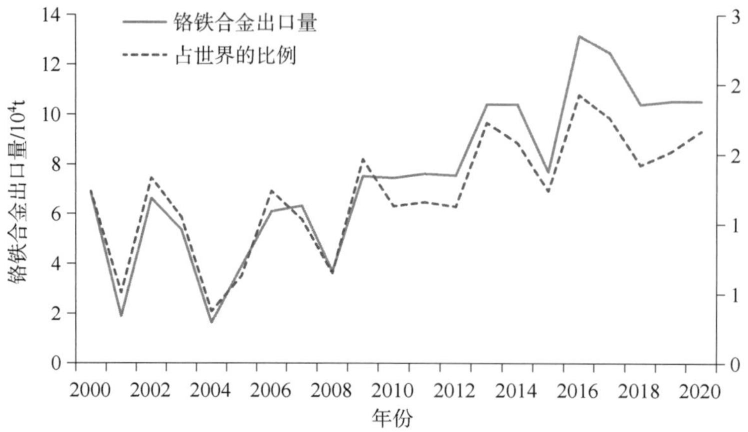

图 9-14　2000—2020 年土耳其铬铁合金出口量及占比变化

（数据来源：联合国商品贸易统计数据库，2000—2021）

表 9-3　2000—2020 年土耳其铬矿石、铬铁合金进出口量及占比变化

年份	铬矿石出口量/10^4t	占世界出口量的比例/%	铬铁合金出口量/10^4t	占世界出口量的比例/%
2000	46. 70	12. 29	6. 86	1. 23
2001	32. 10	8. 63	1. 89	0. 51
2002	27. 13	7. 27	6. 62	1. 33
2003	36. 37	17. 61	5. 37	1. 05
2004	47. 50	17. 81	1. 63	0. 37
2005	64. 75	12. 45	3. 90	0. 63
2006	107. 99	15. 45	6. 10	1. 23
2007	138. 21	16. 48	6. 32	1. 03
2008	181. 64	18. 61	3. 68	0. 65
2009	174. 58	18. 36	7. 52	1. 46
2010	225. 70	20. 88	7. 46	1. 13
2011	215. 98	18. 70	7. 63	1. 15
2012	212. 87	18. 59	7. 56	1. 12
2013	221. 22	17. 17	10. 40	1. 73
2014	150. 45	13. 09	10. 37	1. 58
2015	132. 53	12. 59	7. 70	1. 24
2016	125. 46	9. 20	13. 17	1. 93
2017	139. 09	8. 33	12. 47	1. 76
2018	145. 72	8. 42	10. 40	1. 42
2019	131. 58	7. 22	10. 53	1. 52
2020	93. 09	5. 68	10. 58	1. 67
2000—2020 年累计量	2650. 66	12. 82	158. 14	1. 26

数据来源：联合国商品贸易统计数据库（2000—2021）。

（四）印度

印度出口的铬矿产品主要为铬矿石和铬铁合金。2000—2020 年，呈现出铬矿石出口量大于铬铁合金出口量的贸易模式，铬矿石出口量逐渐减少和铬铁合金出口量逐渐增加的“剪刀差”趋势明显，即印度逐渐形成了以出口铬矿石为主，铬铁合金出口为辅的铬矿产品贸易方式。结合印度不锈钢产量不断增长的态势，这种模式也反映出印度铬矿资源产业链向下游延伸的状况。

1. 印度铬矿石出口贸易情况

2020 年印度国内铬矿石产量的 0.14%用于出口贸易，出口量及占比很少，但其曾经是世界上重要的铬矿石出口国之一。

2020 年印度铬矿石出口量仅 0.56×10^4t，占世界出口总量的比例 0.03%，位居世界第 6 位。2000—2020 年印度铬矿石出口量和占比均呈先升后降、波动演进态势。可划分为两个阶段（图 9-15；表 9-4）。

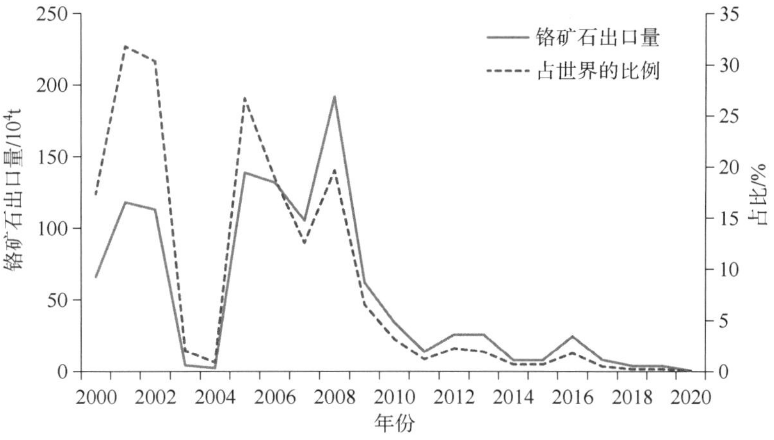

图 9-15　2000—2020 年印度铬矿石出口量及占比变化

（数据来源：联合国商品贸易统计数据库，2000—2021）

1）2000—2008 年为铬矿石出口量波动上升期，年均增幅为 14.26%。2000 年印度铬矿石出口量为 65.99×10^4t，占世界铬矿石出口总量的 17.36%；2001 年铬矿石出口量增至 118.18×10^4t，占比升至历史最高值 31.78%；2005 年出口量和产比分别升至 138.79×10^4t 和 26.68%；2008 年铬矿石出口量升至历史最高值 191.71×10^4t，占比 19.64；之后呈快速波动下降态势。

2）2009—2020 年为铬矿石出口量波动下降期，年均降幅为 34.81%。2009 年出口量和占比分别骤降至 62×10^4t 和 6.52%；2015 年分别降至 7.18×10^4t 和 0.68%；2019 年又分别降至 4.53×10^4t 和 0.25%。

2000—2020 年印度铬矿石累计出口量为 1088.69×10^4t，占世界同期铬矿石出口总量的 5.26%。

2. 印度铬铁合金出口贸易情况

2020 年印度铬铁合金出口量为 69.29×10^4t，占世界铬铁合金出口总量的 10.91%，位居世界第 3 位。

2000—2020 年印度铬铁合金产量总体呈波动上升态势，年均增幅为 8.15%。2000 年印度铬铁合金出口量为 14.45×10^4t，占世界出口总量的比例 2.59%；2010 年出口量和占比分别升至历史最高值 100.96×10^4t 和 15.25%；2014 年分别降至 46.43×10^4t 和 7.08%；2019 年分别升至 81.71×10^4t 和 11.79%（图 9-16；表 9-4）。

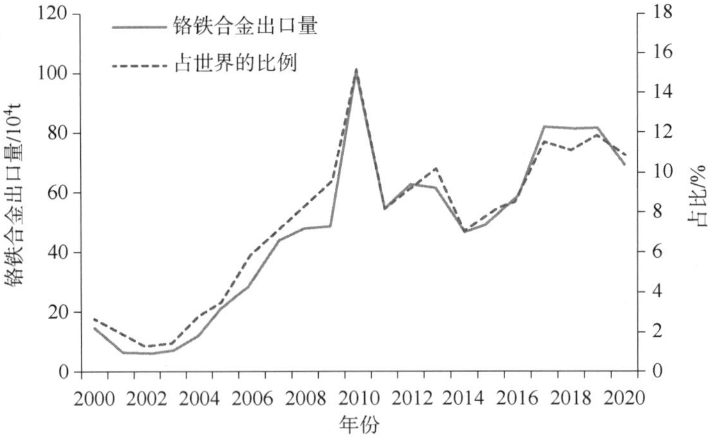

图 9-16　2000—2020 年印度铬铁合金出口量及占比
（数据来源：联合国商品贸易统计数据库，2000—2021）

表 9-4　2000—2020 年印度铬矿石、铬铁合金进出口量及占比变化

年份	铬矿石出口量/10^4t	占世界出口量的比例/%	铬铁合金出口量/10^4t	占世界出口量的比例/%
2000	65.99	17.36	14.45	2.59
2001	118.18	31.78	6.87	1.84
2002	113.18	30.33	6.14	1.24
2003	4.20	2.03	7.27	1.42
2004	2.32	0.87	12.22	2.80
2005	138.79	26.68	22.36	3.59
2006	131.83	18.86	28.95	5.86
2007	105.32	12.56	43.45	7.09
2008	191.71	19.64	47.61	8.37
2009	62.00	6.52	48.72	9.48
2010	34.17	3.16	100.96	15.25
2011	13.73	1.19	54.08	8.19
2012	25.80	2.25	62.83	9.34
2013	24.80	1.92	61.44	10.20
2014	7.90	0.69	46.43	7.08
2015	7.18	0.68	50.03	8.02
2016	24.52	1.80	58.21	8.51
2017	8.07	0.48	82.11	11.59
2018	3.90	0.23	81.34	11.13

续表

年份	铬矿石出口量/10^4t	占世界出口量的比例/%	铬铁合金出口量/10^4t	占世界出口量的比例/%
2019	4. 53	0. 25	81. 71	11. 79
2020	0. 56	0. 03	69. 29	10. 91
2000—2020年累计量	1088. 69	5. 26	986. 47	7. 88

数据来源：联合国商品贸易统计数据库（2000—2021）。

（五）俄罗斯

俄罗斯出口少量铬矿石，1980—2020 年铬矿石出口量在 100～2200t 之间，且有间断，不是一个铬矿石重要的出口国。但俄罗斯是世界上重要的铬铁合金出口国。

2020 年俄罗斯国内铬铁合金产量的近 60%用于出口贸易，是世界上重要的铬铁合金出口国之一，铬铁合金出口量为 22. 79×10^4t，占世界铬铁合金出口总量的 3. 59%，位居世界第 4 位。

2000—2020 年俄罗斯铬铁合金出口量呈先升后波动下降的态势，可划分为两个发展阶段。

1）2000—2005 年为俄罗斯铬铁合金出口量快速增长阶段，年均增幅为 21. 03%。2000 年俄罗斯铬铁合金出口量为 16. 15×10^4t，占世界铬铁合金出口总量的 2. 9%；2002 年分别降至 11. 35×10^4t 和 2. 28%的历史最低值；2005 年俄罗斯铬铁合金出口量达到 41. 95×10^4t 的历史最高值，占比 6. 74%。

2）2006—2020 年为俄罗斯铬铁合金出口量波动下降阶段，年均降幅为 2. 37%。2006 年俄罗斯铬铁合金出口量和占比分别为 31. 89×10^4t 和 6. 46%；2016 年分别降至 22. 54×10^4t 和 3. 3%；2019 年分别升至 26. 77×10^4t 和 3. 86%。

2000—2020 年俄罗斯铬铁合金累计出口量为 592. 52×10^4t，占同期世界铬铁合金累计出口量的 4. 73%（图 9-17）。

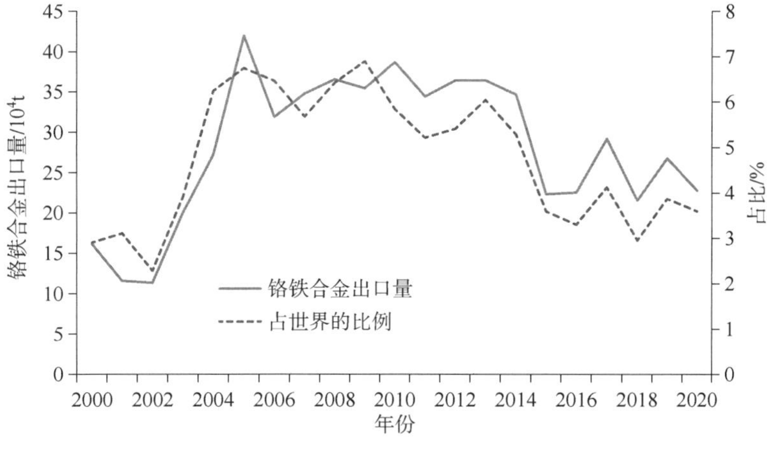

图 9-17　2000—2020 年俄罗斯铬铁合金出口量及占比

（数据来源：联合国商品贸易统计数据库，2000—2021）

（六）津巴布韦

津巴布韦出口的铬矿产品主要为铬矿石和铬铁合金。2000—2020 年，呈现出铬铁合金出口量大于铬矿石出口量的贸易模式。这种模式反映出津巴布韦铬矿石大部分加工生产为铬铁合金后再出口。

1. 津巴布韦铬矿石出口贸易情况

2020 年津巴布韦国内铬矿石产量的 48.94%用于出口贸易，是世界上重要的铬矿石出口国之一。

2020 年津巴布韦铬矿石出口量为 75.85×10^4t，占世界铬矿石进口总量的 4.63%，位居世界第 3 位。2004—2020 年津巴布韦铬矿石出口量和占比均呈剧烈变化态势，2014 年以来呈上升态势。2004 年津巴布韦铬矿石出口量为 0.03×10^4t，仅占世界铬矿石出口总量的 0.01%；2010 年铬矿石出口量和占比快速升至 32.85×10^4t，占比升至 3.04%；2013 年和 2014 年没有出口；2014—2020 年快速波动上升，2018 年铬矿石出口量和占比分别升至历史最高值 84.72×10^4t 和 4.89%；2019 年分别降至 58.08×10^4t 和 3.18%（图 9-18；表 9-5）。

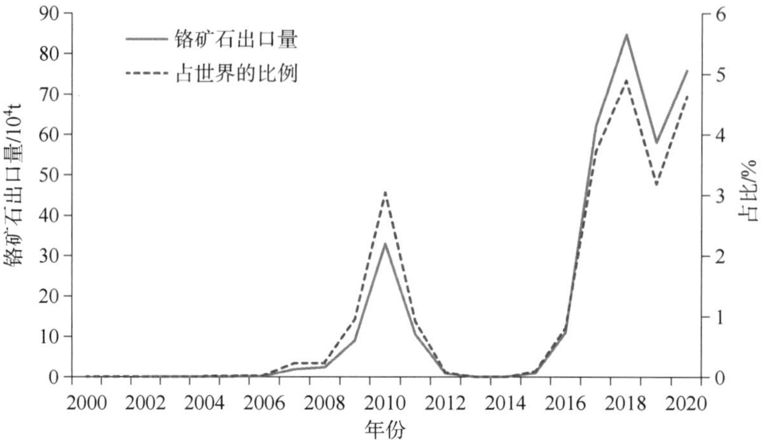

图 9-18　2000—2020 津巴布韦铬矿石出口量及占比变化

（数据来源：联合国商品贸易统计数据库，2000—2021）

2000—2020 年津巴布韦铬矿石累计出口量为 350.88×10^4t，占同期世界累计出口总量的 1.7%。

2. 津巴布韦铬铁合金出口贸易情况

2020 年津巴布韦铬铁合金出口量为 20.87×10^4t，占世界铬铁合金出口总量的 3.29%，位居世界第 5 位。

2000—2020 年津巴布韦铬铁合金产量总体呈先上升、后波动下降的态势，可划分为两个阶段（图 9-19；表 9-5）。

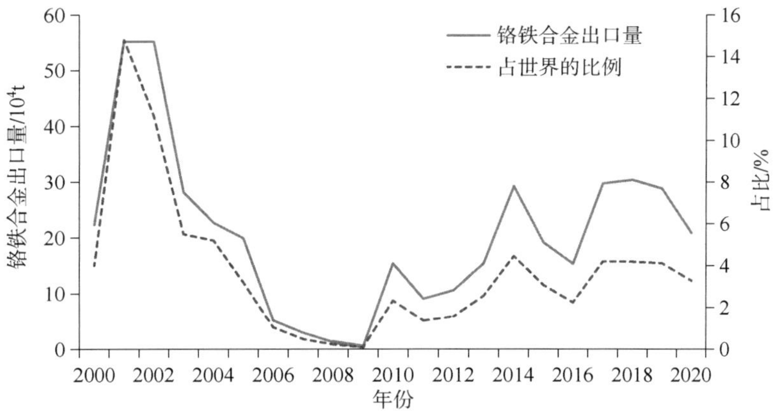

图 9-19　2000—2020 年津巴布韦铬铁合金出口量及占比

（数据来源：联合国商品贸易统计数据库，2000—2021）

表 9-5　2000—2020 年津巴布韦铬矿石、铬铁合金出口量及占比变化

年份	铬矿石出口量/10^4t	占世界出口量的比例/%	铬铁合金出口量/10^4t	占世界出口总量的比例/%
2000	—	—	22.34	4.01
2001	—	—	55.24	14.80
2002	—	—	55.46	11.16
2003	—	—	28.18	5.50
2004	0.03	0.01	22.69	5.20
2005	0.09	0.02	19.92	3.20
2006	0.21	0.03	5.18	1.05
2007	1.93	0.23	2.96	0.48
2008	2.42	0.25	1.29	0.23
2009	9.06	0.95	0.46	0.09
2010	32.85	3.04	15.42	2.33
2011	10.58	0.92	9.06	1.37
2012	0.89	0.08	10.59	1.57
2013	—	—	15.43	2.56
2014	—	—	29.20	4.45
2015	1.03	0.10	19.14	3.07
2016	11.02	0.81	15.34	2.24
2017	62.12	3.72	29.72	4.19
2018	84.72	4.89	30.36	4.15
2019	58.08	3.18	28.80	4.16
2020	75.85	4.63	20.87	3.29
2000—2020 年累计量	350.88	1.70	437.64	3.50

注：—表示出口量为 0。

数据来源：联合国商品贸易统计数据库（2000—2021）。

1）2000—2002 年津巴布韦为铬铁合金出口量快速增长阶段，年均增幅为 57.56%。2000 年津巴布韦铬铁合金出口量为 22.34×10^4t，占世界铬铁合金出口总量的 4.01%；2002 年出口量达到 55.46×10^4t 的历史最高值，占比 11.16%。

2）2003—2020 年为铬铁合金出口量波动下降阶段，年均降幅为 1.75%。2003 年津巴布韦铬铁合金出口量和占比分别为 28.18×10^4t 和 5.5%；2009 年降至分别降至历史最低值 0.46×10^4t 和 0.09%；2014 年分别升至 29.2×10^4t 和 4.45%；2019 年分别为 28.8×10^4t 和 4.16%。

2000—2020 年津巴布韦铬铁合金累计出口量为 437.64×10^4t，占同期世界累计出口总量的 3.5%。

二、世界铬矿产品主要进口国

世界铬矿石主要进口国有：中国、日本、美国、德国、印度、印度尼西亚和俄罗斯等国家。铬铁合金主要进口国有：中国、日本、美国、韩国、法国、比利时和德国等国家。下面主要对中国、日本、美国、韩国、德国、法国、比利时、印度和印度尼西亚等国的铬矿石和铬铁合金进口贸易情况进行研究分析。

（一）中国

中国是世界上最重要的铬矿石和铬铁合金进口国，2020 年中国铬矿石和铬铁合金进口量与占比分别为 9788.74×10^4t 和 49.52%。

1. 中国铬矿石进口贸易情况

2020 年中国铬矿石进口量为 1432.09×10^4t，占世界铬矿石进口总量的 89.6%，位居世界第 1 位。

2000—2020 年中国铬矿石进口量和占比总体呈波动上升态势，铬矿石进口量年均增幅为 13.63%。2000 年铬矿石进口量为 111.28×10^4t，占世界铬矿石进口总量的 29.28%；2003 年进口量增至 177.91×10^4t，占比升至 86.12%；2013 年铬矿石进口量增至 1209.24×10^4t，占比达到历史最高值 93.85%；2019 年铬矿石进口量达到历史最高值 1584.31×10^4t，占比 86.88%，2020 年进口量和占比均有所下降（图 9-20；表 9-6）。

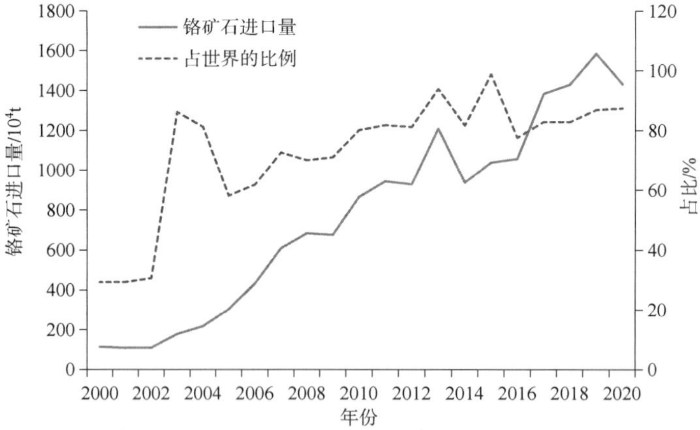

图 9-20　2000—2020 年中国铬矿石进口量及占比变化

（数据来源：联合国商品贸易统计数据库，2000—2021）

2000—2020 年中国铬矿石累计进口量为 16245. 32×10^4t，占同期世界累计进口总量的 78. 56%。

2. 中国铬铁合金进口贸易情况

2020 年中国铬铁合金进口量为 307. 01×10^4t，占世界铬铁合金进口总量的 49. 07%，位居世界第 1 位。

2000—2020 年中国铬铁合金进口量和占比总体呈波动上升态势，铬铁合金进口量年均增幅为 45. 32%。2000 年中国铬铁合金进口量为 0. 17×10^4t，占世界进口总量的 0. 03%；2005 年铬铁合金进口量和占比分别升至 25. 05×10^4t 和 4. 02%；2009 年随着中国不锈钢产量的增长，铬铁合金进口量快速增长，当年进口量和占比分别升至 217. 59×10^4t 和 42. 35%；2015 年铬铁合金进口量增至 262. 54×10^4t，占比 42. 12%；2019 年分别升至 305. 89×10^4t 和 44. 15%（图 9-21；表 9-6）。

2000—2020 年中国铬铁合金累计进口量为 3082. 76×10^4t，占同期世界累计进口总量的 24. 63%。

图 9-21　2000—2020 年中国铬铁合金进口量及占比变化

（数据来源：联合国商品贸易统计数据库，2000—2021）

表 9-6　2000—2020 年中国铬矿石、铬铁合金进口量及占比变化

年份	铬矿石进口量/10^4t	占世界进口量的比例/%	铬铁合金进口量/10^4t	占世界进口量的比例/%
2000	111. 28	29. 28	0. 17	0. 03
2001	109. 04	29. 33	2. 40	0. 64
2002	114. 17	30. 60	7. 16	1. 44
2003	177. 91	86. 12	11. 57	2. 26
2004	216. 62	81. 21	31. 35	7. 19
2005	302. 47	58. 15	25. 05	4. 02
2006	432. 09	61. 83	44. 94	9. 10
2007	608. 85	72. 61	138. 10	22. 55
2008	683. 77	70. 04	112. 02	19. 68
2009	675. 57	71. 04	217. 59	42. 35

续表

年份	铬矿石进口量/10^4t	占世界进口量的比例/%	铬铁合金进口量/10^4t	占世界进口量的比例/%
2010	865.76	80.10	182.55	27.58
2011	944.09	81.76	180.66	27.36
2012	929.30	81.15	152.94	22.73
2013	1209.24	93.85	183.92	30.52
2014	938.33	81.67	205.69	31.36
2015	1039.23	98.75	262.54	42.12
2016	1057.66	77.59	201.78	29.51
2017	1384.05	82.87	266.12	37.56
2018	1429.50	82.58	243.30	33.28
2019	1584.31	86.88	305.89	44.15
2020	1432.09	87.41	307.01	48.33
2000—2020年累计量	16245.32	78.56	3082.76	24.63

注：—表示出口量为0。

数据来源：联合国商品贸易统计数据库（2000—2021）。

（二）日本

日本国内不生产铬矿石，2020年不锈钢产量位居世界第4位，对铬铁合金的需求很大，日本长期以来是铬铁合金进口大国。

1. 日本铬矿石进口贸易情况

2020年日本铬矿石进口量为0.26×10^4t，占世界铬矿石进口总量的0.02%，日本当前不是铬矿石进口量大国。2000—2020年日本铬矿石进口量和占比均呈不断下降的态势，年均降幅为18.34%。2000年日本铬矿石进口量为14.81×10^4t，占世界的3.9%，均为历史最高值；2005年铬矿石进口量和占比分别降至2.11×10^4t和0.41%。2006—2020年日本铬矿石进口量呈缓慢下降态势，2006年铬矿石进口量和占比分别为2.14×10^4t和0.31%；2015年分别降至0.42×10^4t和0.04%；2019年分别降至0.3×10^4t和0.02%（图9-22；表9-7）。

2000—2020年日本铬矿石累计进口量为66.25×10^4t，占同期世界累计进口量的0.32%。

2. 日本铬铁合金进口贸易情况

2020年日本铬铁合金进口量为53.37×10^4t，占世界铬矿石进口总量的8.4%，位居世界第2位，日本是名副其实的铬铁合金进口大国。

2000—2020年日本铬铁合金进口量和占比波动下降态势，铬铁合金进口量年均降幅为1.86%。2000年日本铬铁合金进口量为77.63×10^4t，占世界铬铁合金进口总量的13.94%；2004年铬铁合金出口量97.72×10^4t，占比达到历史最高值22.4%；2009年进口量和占比分别均达到历史最低值43.68×10^4t和8.5%；2014年分别升至81.72×10^4t和12.46%；2019年分别降至69.55×10^4t和10.04%（图9-23；表9-7）。

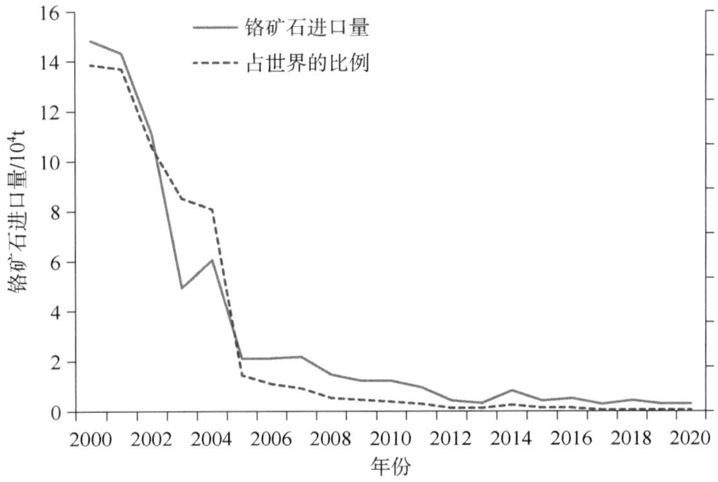

图 9-22　2000—2020 年日本铬矿石进口量及占比变化

（数据来源：联合国商品贸易统计数据库，2000—2021）

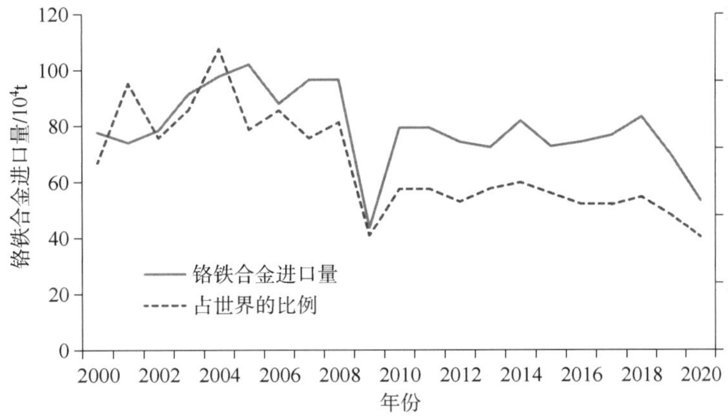

图 9-23　2000—2020 年日本铬铁合金进口量及占比

（数据来源：联合国商品贸易统计数据库，2000—2021）

2000—2020 年日本铬铁合金累计进口量为 1661.89×10^4t，占同期世界累计进口总量的 13.28%。

表 9-7　2000—2020 年日本铬矿石、铬铁合金进口量及占比变化

年份	铬矿石进口量/10^4t	占世界进口量的比例/%	铬铁合金进口量/10^4t	占世界进口总量的比例/%
2000	14.81	3.90	77.63	13.94
2001	14.31	3.85	73.97	19.81
2002	11.10	2.97	78.34	15.76
2003	4.94	2.39	91.36	17.84

续表

年份	铬矿石进口量/10^4t	占世界进口量的比例/%	铬铁合金进口量/10^4t	占世界进口总量的比例/%
2004	6.06	2.27	97.72	22.40
2005	2.11	0.41	101.95	16.38
2006	2.14	0.31	87.88	17.80
2007	2.16	0.26	96.45	15.75
2008	1.47	0.15	96.27	16.92
2009	1.22	0.13	43.68	8.50
2010	1.17	0.11	79.21	11.97
2011	0.96	0.08	79.67	12.07
2012	0.43	0.04	74.21	11.03
2013	0.33	0.03	72.31	12.00
2014	0.83	0.07	81.72	12.46
2015	0.42	0.04	72.65	11.65
2016	0.51	0.04	74.20	10.85
2017	0.29	0.02	76.58	10.81
2018	0.43	0.03	83.17	11.38
2019	0.30	0.02	69.55	10.04
2020	0.26	0.02	53.37	8.40
2000—2020年累计量	66.25	0.32	1661.89	13.28

注：—表示出口量为0。

数据来源：联合国商品贸易统计数据库（2000—2021）。

（三）美国

铬作为美国的战略性和关键性矿产，在美国铬矿资源产业、国防等领域发挥着非常重要的作用。美国长期以来关注铬矿资源产业的发展。1900—1961 年间美国生产铬矿石，累计产量约 163×10^4t。随着美国不锈钢和铬化工产业的发展，对铬矿石和铬铁合金等的需求不断增长，导致美国进口铬矿产品。当前，美国铬矿石进口量和占比较小；而铬铁合金进口量占据很重要的地位。

1. 美国铬矿石进口贸易情况

2020 年美国铬矿石进口量为 10.5×10^4t，占比 0.64%；2000—2020 年美国铬矿石进口量总体呈剧烈波动下降态势，年均降幅为 4.57%。2000 年美国铬矿石进口量为 26.78×10^4t，占世界铬矿石进口总量的 7.05%；2004 年进口量和占比分别升至历史最高值 35.3×10^4t 和 13.23%；2009 年分别降至历史最低值 3.36×10^4t 和 0.35%；2012 年分别升至 27.25×10^4t 和 2.38%；2017 年分别降至 6.13×10^4t 和 0.37%；2019 年分别升至 15.23×10^4t 和 0.84%，2020 年略有下降（图 9-24；表 9-8）。

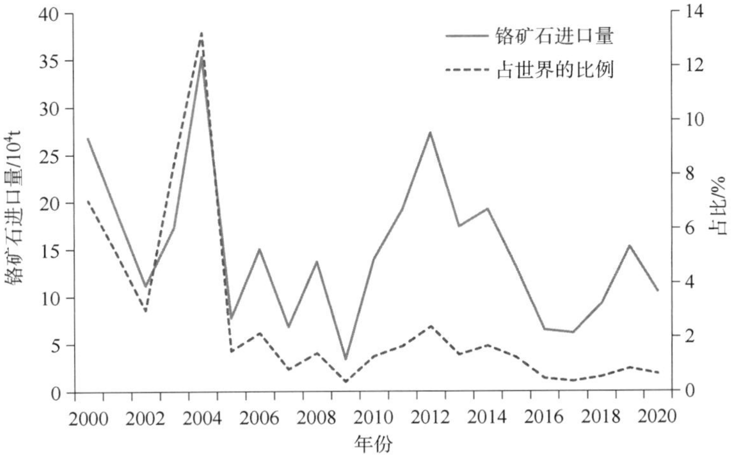

图 9-24　2000—2020 年美国铬矿石进口量及占比变化

（数据来源：联合国商品贸易统计数据库，2000—2021）

2000—2020 年美国铬矿石累计进口量为 313.47×10^4t，占同期世界累计进口量的 1.52%。

2. 美国铬铁合金进口贸易情况

2020 年美国铬铁合金进口量为 42.47×10^4t，占世界进口总量的 6.69%，位居世界第 4 位。2000—2020 年美国铬铁合金进口量总体呈波动上升态势，年均增幅为 0.07%。2000 年进口量和占比分别为 41.9×10^4t 和 7.52%；2006 年分别升至 42.12×10^4t 和 8.53%；2009 年分别降至历史最低值 14.52×10^4t 和 2.83%；2014 年分别升至历史最高值 72.05×10^4t 和 10.99%；2019 年分别降至 49.24×10^4t 和 7.11%（图 9-25；表 9-8）。

2000—2020 年美国铬铁合金累计进口量为 861.05×10^4t，占同期世界铬铁合金累计进口总量的 6.88%。

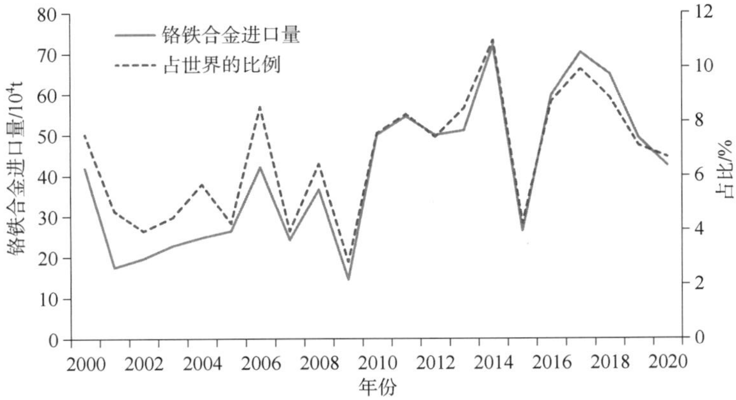

图 9-25　2000—2020 年美国铬铁合金进口量及占比变化

（数据来源：联合国商品贸易统计数据库，2000—2021）

表 9-8 2000—2020 年美国铬矿石、铬铁合金进口量及占比变化

年份	铬矿石进口量/10^4t	占世界进口量的比例/%	铬铁合金进口量/10^4t	占世界进口总量的比例/%
2000	26.78	7.05	41.90	7.52
2001	18.91	5.09	17.51	4.69
2002	11.19	3.00	19.67	3.96
2003	17.29	8.37	22.81	4.45
2004	35.30	13.23	24.81	5.69
2005	7.73	1.49	26.40	4.24
2006	15.01	2.15	42.12	8.53
2007	6.78	0.81	24.22	3.95
2008	13.69	1.40	36.63	6.44
2009	3.36	0.35	14.52	2.83
2010	13.91	1.29	50.01	7.56
2011	19.11	1.66	54.51	8.26
2012	27.25	2.38	49.96	7.42
2013	17.35	1.35	51.08	8.48
2014	19.18	1.67	72.05	10.99
2015	13.07	1.24	26.42	4.24
2016	6.46	0.47	59.67	8.73
2017	6.13	0.37	70.25	9.91
2018	9.26	0.53	64.81	8.87
2019	15.23	0.84	49.24	7.11
2020	10.50	0.64	42.47	6.69
2000—2020 年累计量	313.47	1.52	861.05	6.88

数据来源：联合国商品贸易统计数据库（2000—2021）。

（四）韩国

韩国为世界第六大不锈钢产生国，韩国国内没有铬矿石和铬铁合金生产。主要依靠进口铬铁合金满足其不锈钢工业的需求。

2020 年韩国铬铁合金进口量为 45.64×10^4t，占世界铬铁合金进口总量的 7.18%，位居世界第 3 位。2000—2020 年韩国铬铁合金进口量总体呈缓慢上升态势，年均增幅为 1.2%。2000 年韩国进口量和占比分别为 35.95×10^4t 和 6.45%；2004 年铬铁合金进口量为 57.65×10^4t，占比达到历史最高值 13.22%；2014 年进口量和占比分别降至 50.03×10^4t 和 7.63%；2019 年分别升至 54.48×10^4t 和 7.86%（图 9-26；表 9-8）。

2000—2020 年韩国铬铁合金累计进口量为 1018.74×10^4t，占同期世界铬铁合金累计进口总量的 8.14%。

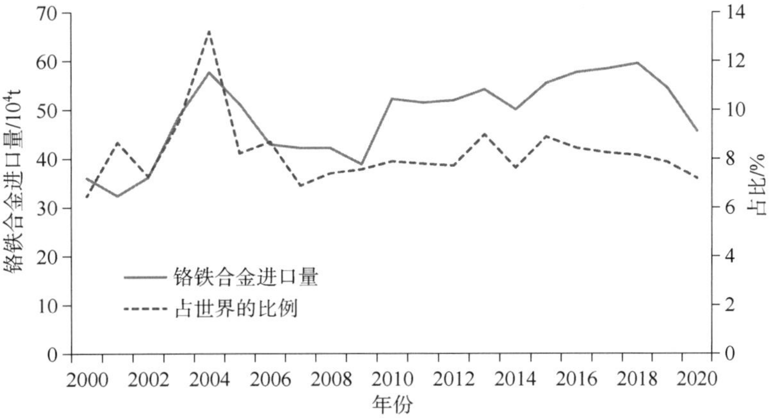

图 9-26　2000—2020 年韩国铬铁合金进口量及占比变化
（数据来源：联合国商品贸易统计数据库，2000—2021）

（五）德国

2020 年德国铬铁合金产量和不锈钢产量分别居世界第 13 位和第 14 位。德国国内没有铬矿石生产。通过进口铬矿石和铬铁合金满足其不锈钢工业的需求。

1. 德国铬矿石进口贸易情况

2020 年德国铬矿石进口量为 0.77×10^4t，占世界铬矿石进口总量的比例为 0.05%，进口量和占比均很小。2000—2020 年德国铬矿石进口量总体呈波动下降的态势，年均降幅为 7.34%。2000 年德国铬矿石进口量和占比分别为 3.54×10^4t 和 0.93%；2003 年进口量降至 3.38×10^4t，占比升至历史最高值 1.64%；2007 年分别降至 1.85×10^4t 和 0.22%；2008 年进口量升至历史最高值 6.28×10^4t，占比 0.64%；2009 年分别降至 0.67×10^4t 和 0.07%；2019 年分别为 0.82×10^4t 和 0.04%（图 9-27；表 9-9）。

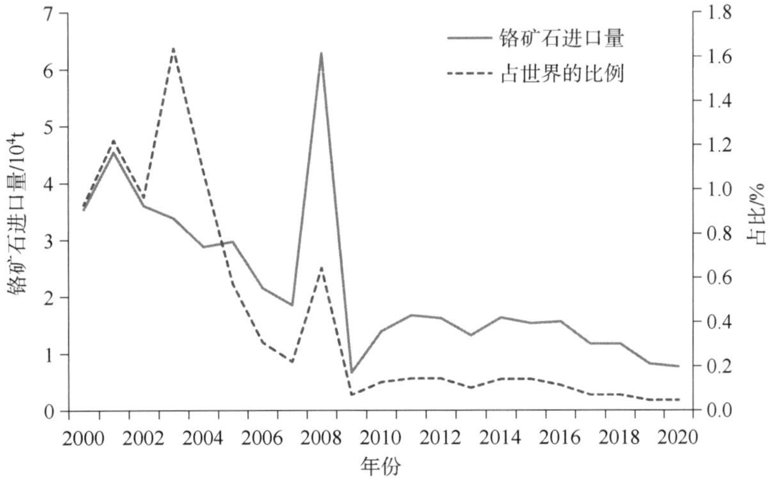

图 9-27　2000—2020 年德国铬矿石进口量及占比变化
（数据来源：联合国商品贸易统计数据库，2000—2021）

2000—2020 年德国铬矿石累计进口量为 46.53×10^4t，占同期世界铬矿石累计进口量的 0.23%。

2. 德国铬铁合金进口贸易情况

2020 年德国铬铁合金进口量为 13.75×10^4t，占世界进口总量的 2.16%，位居世界第 5 位。

2000—2020 年德国铬铁合金进口量总体呈波动下降态势，年均降幅为 5.44%，占比呈下降趋势。2000 年铬铁合金进口量和占比分别为 42.05×10^4t 和 7.55%；2001 年进口量为 39.41×10^4t，占比达到历史最高值 10.56%；2008 年进口量达到历史最高值 55.17×10^4t，占比 9.69%；2016 年分别降至 19.63×10^4t 和 2.87%；2019 年分别降至 15.61×10^4t 和 2.25%（图 9-28；表 9-9）。

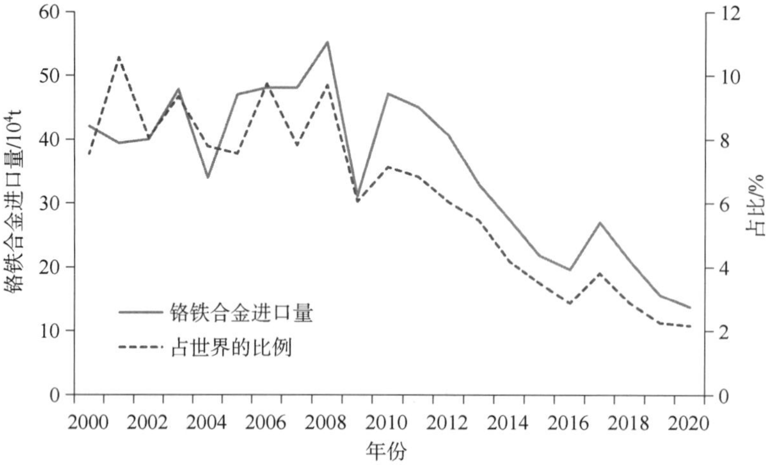

图 9-28　2000—2020 年德国铬铁合金进口量及占比变化
（数据来源：联合国商品贸易统计数据库，2000—2021）

表 9-9　2000—2020 年德国铬矿石、铬铁合金进口量及占比变化

年份	铬矿石进口量/10^4t	占世界进口量的比例/%	铬铁合金进口量/10^4t	占世界进口总量的比例/%
2000	3.54	0.93	42.05	7.55
2001	4.54	1.22	39.41	10.56
2002	3.60	0.96	40.00	8.05
2003	3.38	1.64	47.82	9.34
2004	2.88	1.08	33.94	7.78
2005	2.97	0.57	47.01	7.55
2006	2.15	0.31	48.07	9.74
2007	1.85	0.22	47.87	7.82
2008	6.28	0.64	55.17	9.69
2009	0.67	0.07	31.06	6.05
2010	1.39	0.13	47.13	7.12
2011	1.67	0.14	45.01	6.82

续表

年份	铬矿石进口量/10^4t	占世界进口量的比例/%	铬铁合金进口量/10^4t	占世界进口总量的比例/%
2012	1. 62	0. 14	40. 56	6. 03
2013	1. 32	0. 10	32. 87	5. 46
2014	1. 63	0. 14	27. 41	4. 18
2015	1. 53	0. 15	21. 81	3. 50
2016	1. 56	0. 11	19. 63	2. 87
2017	1. 17	0. 07	26. 99	3. 81
2018	1. 19	0. 07	20. 99	2. 87
2019	0. 82	0. 04	15. 61	2. 25
2020	0. 77	0. 05	13. 75	2. 16
2000—2020年累计量	46. 53	0. 23	40. 80	0. 33

数据来源：联合国商品贸易统计数据库（2000—2021）。

（六）其他国家

为满足不锈钢产业的发展，印度和印度尼西亚进口少量铬矿石，比利时和法国进口铬铁合金。

（1）印度

2000—2020年印度进口铬矿石量在400t至2.13×10^4t之间，累计进口量约19.09×10^4t，总体进口量不大。

（2）印度尼西亚

近年来印度尼西亚不锈钢产量快速增长，已成为世界不锈钢第3生产大国，为满足其不锈钢产业发展，自2002年起进口铬矿石，特别是从2017年起，进口量达1.68×10^4t，2020年达到2.74×10^4t的历史最高值。2002—2020年铬矿石累计进口量为9.04×10^4t，总体进口量不大。

（3）比利时

比利时不锈钢产量位居世界第7位。该国没有铬矿石和铬铁合金生产活动，通过进口铬铁合金等满足不锈钢产业发展所需。2020年比利时铬铁合金进口量为8.79×10^4t，占比1.41%，铬铁合金进口量位居世界第6位。

2000—2020年铬铁合金进口量呈现先升后降态势，2000—2007年铬铁合金进口量呈快速上升态势，年均增幅为14.58%；2000年进口量和占比分别为17.76×10^4t和4.42%；2007年分别增至历史最高值46.06×10^4t和7.63%。2008—2020年铬铁合金进口量呈现波动下降态势，年均降幅为11.4%；2008年铬铁合金进口量和占比分别降至37.59×10^4t和6.48%；2013年分别降至29.33×10^4t和4.65%；2019年分别降至17.95×10^4t和2.7%。

2000—2020年比利时铬铁合金累计进口量为498.55×10^4t。

（4）法国

法国不锈钢产量位居世界16位。法国没有铬矿石生产，曾于1974—1992年间生产铬铁合金，累计产量为79.7×10^4t。2020年进口铬铁合金5.22×10^4t，占世界铬铁合金进口总量的0.83%，位居世界第7位。

2000—2020 年铬铁合金进口量呈现波动下降的态势，年均降幅为 8.59%。2000 年法国铬铁合金进口量为 31.48×10^4t，占世界铬铁合金进口量的比例为 7.82%；2009 年铬铁合金进口量和占比分别降至 7.14×10^4t 和 1.47%；2018 年分别为 7.62×10^4t 和 1.11%。

2000—2020 年法国铬铁合金累计进口量为 298.92×10^4t。

第三节　铬矿产品市场价格分析与展望

随着各国工业化发展演进、发展与变化，不锈钢、铬化工及耐火材料等铬矿产品层出不穷，铬矿产品的价格是铬矿资源产品在需求和供应者间重新分配的过程中的重要变量，是反映铬矿资源产品市场的晴雨表。铬矿产品价格指单位货物（实物量）的价值，其水平由铬矿产品市场供需关系决定。

一、铬矿石（铬精矿）市场价格及变化

在此主要分析铬矿石（铬精矿）近 10 年的市场价格变化趋势。

选取来自南非的铬精矿石到达上海港的每日市场价（均价，含税），品位 $\omega(Cr_2O_3)$ 为 42%~44%，共收集 5705 天的市场均价进行分析。价格单位为元/干吨度，换算为元/t。南非铬精矿的价格基本上可以代表世界铬矿石（铬精矿）的价格（现价）。

2021 年 12 月 21 日，铬精矿进口现价 32 元/干吨度，按照 $\omega(Cr_2O_3)$ 为 44%计算，则铬精矿的现价为 1408 元/t。2020 年铬精矿进口均价为 28.72 元/干吨度，按照 $\omega(Cr_2O_3)$ 为 44%计算，铬精矿进口现价为 1263.68 元/t；2019 年分别为 33.09 元/干吨度和 1455.96 元/t（图 9-29）。

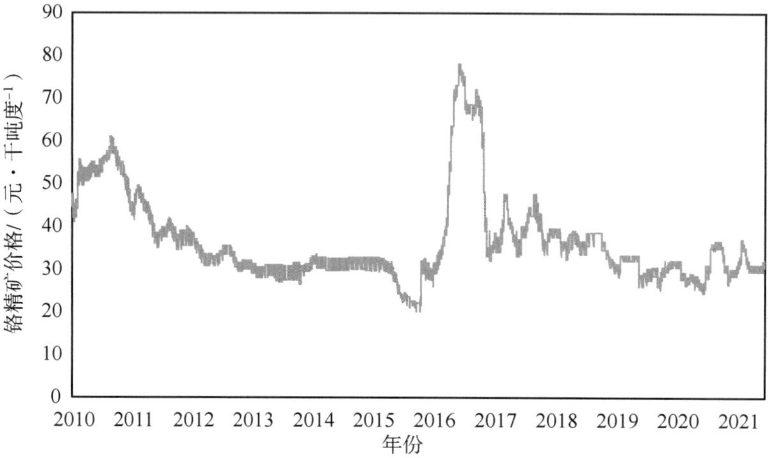

图 9-29　2010—2021 年进口铬精矿港口平均价格（现价）变化

[$\omega(Cr_2O_3)$ 为 42%~44%，南非-上海港，含税]

2010 年 7 月 1 日至 2021 年 12 月 17 日，南非铬精矿在上海港（含税）价格呈先缓慢下降，随后快速上涨，之后缓慢波动下降。2010 年 7 月 1 日，铬精矿价格 44.5 元/干吨度，按照 $\omega(Cr_2O_3)$ 为 42%计算，则铬精矿的现价为 1869 元/t；2011 年 2 月铬精矿价格升至 61 元/干吨度，按照 $\omega(Cr_2O_3)$ 为 44%计算，则铬精矿进口现价升至 2684 元/t；

2016 年 4 月 15 日铬精矿进口价格降至历史最低值 20 元/干吨度，按照 $\omega(Cr_2O_3)$ 为 42%计算，铬精矿进口现价为 840 元/t；2016 年 12 月 8 日，铬精矿进口价升至历史最高值 78 元/干吨度，按照 $\omega(Cr_2O_3)$ 为 42%计算，铬精矿进口现价升至 3276 元/t；2017 年 6 月 19 日，铬精矿进口价降至 32 元/干吨度，按照 $\omega(Cr_2O_3)$ 为 42%计算，铬精矿进口现价降至 1344 元/t。2017 年 6 月至 2021 年 12 月，铬精矿进口均价 33 元/干吨度，铬精矿进口现价均价 1386 元/t，基本上处于相对稳定的状态。

从铬精矿进口价格的总体发展演变趋势看：2010—2011 年，铬精矿进口价格小幅上涨，2012—2016 年下降至 20 元/干吨度（860 元/t）附近，2016-2017 年铬精矿价格大幅上升后又快速回落至 30 元/干吨度，近年来维持在 30~40 元/干吨度间（1260~1680 元/t）。

二、铬铁合金市场价格及变化

以美国地质调查局报告的铬铁合金进口均价为例，分析铬铁合金市场价格变化情况。选取由 CRU 报告的铬含量为 62%~70%的高碳铬铁合金进口均价说明：

1998—2020 年美元对人民币汇率来自中国人民银行。按照 1 磅=0.4535kg 计算，经换算得出 1998—2020 年美国铬铁合金进口价格变化。

2020 年美国铬铁合金进口价 0.9 美元/磅（约和 1.52 万元人民币）。1998—2020 年，美国铬铁合金进口价格总体呈下降态势。1998 年为 0.467 美元/磅（约合 1.82 万元人民币），2002 年降至 0.317 美元/磅（约合 1.82 万元人民币）；2008 年铬铁合金进口价升至历史最高值 1.748 美元/磅（约合 1.53 万元/t）；2016 年降至 0.954 美元/磅（约合 1.46 万元/t）；2017 年升至 1.45 美元/磅（约合 1.49 万元/t）；2019 年降至 1.00 美元/磅（约合 1.54 万元/t）见图 9-30。

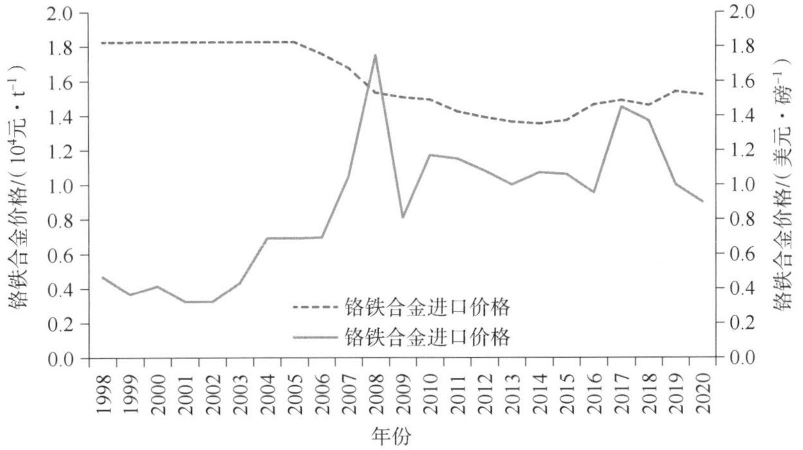

图 9-30　1998—2020 年美国铬铁合金进口价格变化
（数据来源：《矿产品概要》（美国地质调查局，1998—2020））

三、铬金属市场价格及变化

铬金属是一种重要的铬矿产品。选择 2006 年 4 月 7 日至 2021 年 12 月 17 日间每日铬金属均价编制了图 9-31。铬金属价格含税，为出厂价。

2021 年 12 月我国铬金属均价为 7. 375 万元/t，2020 年均价为 4. 78 万元/t，2019 年为 6. 4 万元/t，2018 年均价 7. 18 万元/t。

2006 年 4 月至 2021 年 12 月，我国铬金属价格大约围绕 6. 5 万元/上下波动。2006 年 4 月 7 日铬金属价格 5. 8 万元/t；2008 年 7~8 月达到历史最高值 8. 8 万元/t 的价格水平；2009 年 5 月降至 5. 25 万元/t；2011 年 5 月逐步升至 8. 5 万元/t；2015 年 6 月降至 4. 6 美元/t 的价格水平；2018 年 8 月升至 7. 775 万元/t；2020 年 4 月降至 4. 575 万元/t；2021 年 10 月 21 日升至 7. 72 万元/t 的价格水平（图 9-31）。

2010—2011 年间，铬金属的价格小幅上涨，2012—2016 年价格不断下降至 5 万元/t，随后被推高至 8 万元/t。2020 年受新冠肺炎疫情影响，价格快速下降，随后受供需形势及世界大放水等影响的影响，推高铬金属的市场价格。

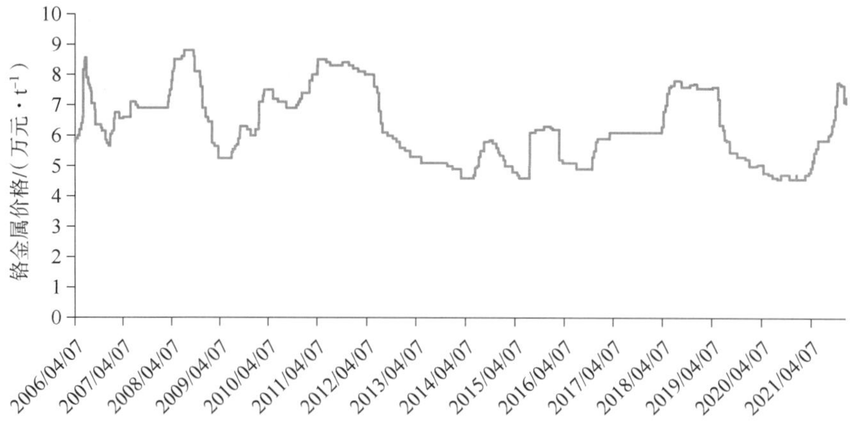

图 9-31　2006—2021 年中国金属铬平均价格

（Cr 为≥99%，含税，出厂价）

铬矿石、铬铁合金和铬金属等市场价格波动的主要原因如下：自 2010 年开始，随着各国摆脱经济危机，汽车和不锈钢产量回升拉动铬资源需求增加，铬矿石和金属铬和价格经历了短暂上涨。随后，在欧元债务危机影响下，全球经济疲软，下游汽车、钢材等需求减缓，金属铬和铬矿石价格震荡下行。直至 2015 年 1 月，中国开展了“史上最严”的环保法执行，抑制了行业新增产能，为了满足需求，制造商集中采购短期内推高了价格，但随着炒作情绪退潮，价格又逐渐回落。2020 年受新冠肺炎疫情影响，金属铬的价格快速下跌，之后受各国货币宽松政策影响，推动铬金属价格不断上涨。而由于世界铬矿石资源丰富，下游需求稳定，资本炒作空间小，因而受新冠疫情的影响不大。

四、不锈钢市场价格及变化

2019 年 9 月 25 日，上海期货交易所推出世界首个不锈钢期货。从不锈钢期货市场价格趋势看，2019 年 9 月 25 日至 2022 年 1 月不锈钢价格在 1. 53 万元/t 价格线上波动。

2022 年 1 月不锈钢期货价格为 1. 7635 万元/t，相比 2021 年 12 月增幅为 2. 98%；2019 年 10 月不锈钢价格升至 1. 7985 万元/t；2020 年 3 月不锈钢价格降至 1. 198 万元/t，8 月价格升至 1. 532 万元/t；2021 年 7 月升至这一时期历史最高值近 2 万元/t，8 月降至

1.85 万元/t，11 月降至 1.69 万元/t，12 月升至 1.7125 万元/t（图 9-32）。

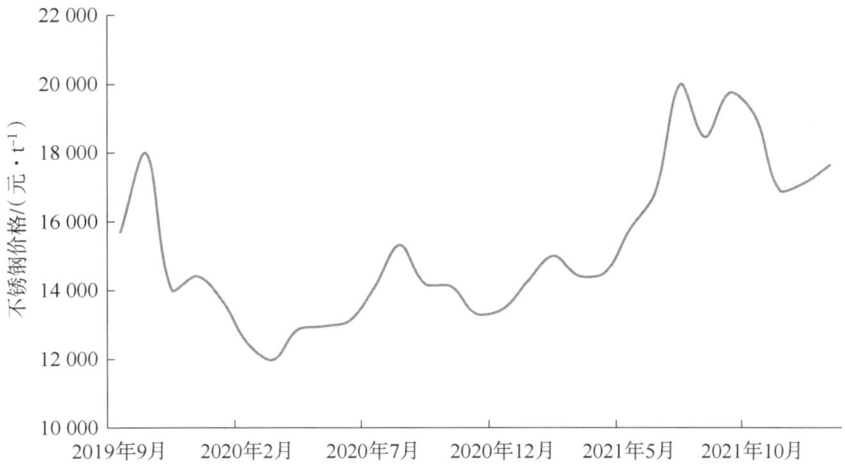

图 9-32　2019 年 9 月至 2021 年 12 月上海期货交易所不锈钢主力合约月度收盘价

2019—2020 年，受压缩产能和新冠肺炎疫情影响不锈钢价格快速下滑。之后受原材料价格上涨和需求回暖，不锈钢价格上涨突破 2 万元/t，为近 10 年来的高位，预计未来仍将持续高位运行。

五、铬矿产品价格展望

（一）铬矿石（铬精矿）

世界铬矿资源丰富。南非、哈萨克斯坦、土耳其等国主要资源国以出口矿石为主，中国等主要消费国需求稳定，出口与消费的贸易关系稳定。炒作资本介入少，未来大幅上涨的可能性不大。预测铬矿石（铬精矿）未来 3~5 年的价格在 30~50 元/干吨度（1260~2100 元/t）间。

（二）铬铁合金

铬铁合金受不锈钢生产影响明显，随着不锈钢需求增长，铬铁合金价格仍有上升空间。预计未来 3~5 年铬铁合金价格在 1.8~2 万元/t 间。

（三）铬金属

铬金属作为重要的中间产品，主要受不锈钢需求刺激价格波动较大，资本市场关注。随着不锈钢市场需求增长，未来仍有一定的上升空间。铬金属未来 3~5 年的价格在 6 万~10 万元/t。

（四）不锈钢

不锈钢作为重要的期货产品之一，价格波动剧烈，资本炒作情绪高。受铁矿石、镍、铬等矿产品价格影响明显，国内外政策因素也制约不锈钢价格，因为不锈钢价格预测难度大。估计不锈钢未来 3~5 年的价格在 1.4 万~2.2 万元/t 之间。

第十章　世界铬矿资源开发利用布局建议

本章确定了世界铬矿资源勘查开发布局的原则与依据，提出了铬矿资源勘查开发布局建议。

第一节　铬矿勘查开发布局的原则与依据

一、布局原则和依据

铬矿床分布集中区的划分考虑到地质矿产因素，主要包括该区域已发现大、中型铬矿床及储量规模，具有一定的开发利用规模，以及储量、产量和矿业产值在世界上的地位。

截至2020年末，世界铬矿储量约5.7×10^8t，其中哈萨克斯坦和南非的占比接近80%。我国铬矿储量匮乏，仅占世界铬矿储量的0.48%（表8-1）。2020年，世界铬矿石产量约4000t，其中，南非、哈萨克斯坦、土耳其和印度是最主要的生产国，占比合计超过80%（附图3），中国铬矿石产量不足20×10^4t，占比较低。

根据标普全球市场财智（S&P Global Market Intelligence，2019）数据库矿区数据，在研究工作中将世界200余个铬矿区按大、中、小型表现在世界地图并加以区分、圈定矿集区。

二、划定6个铬矿床集中分布区

根据铬矿床分布集中度、规模与利用情况等，共划分出非洲东南部铬矿床集中分布区等6个铬矿床集中分布区：

（一）非洲东南部铬矿床集中分布区

主要铬矿储量大国为南非和津巴布韦，铬矿储量约占世界的40%，其中重点矿床为：南非的东部萨曼科铬矿、天空铬矿山、海伦娜铬矿和克勒普方丹-瓦特瓦尔铬矿床，储量均近亿吨；津巴布韦的达温代尔铬矿和津巴布韦合金铬矿储量分别为639×10^4t和190×10^4t，且津巴布韦的这两个矿山均处于未开发状态。

（二）哈萨克斯坦铬矿床集中分布区

哈萨克斯坦铬矿储量约为2.3×10^8t，产量为550×10^4t，主要矿区为顿斯科伊铬矿床和沃斯霍德铬矿床。

（三）印度铬矿床集中分布区

印度主要矿区为印度国有矿业公司（OMC）铬矿区，铬矿储量达2500×10^4t。

（四）土耳其铬矿床集中分布区。

土耳其有着丰富的铬矿资源，储量达 1200×10^4t，主要为图克．马丁．塞科提铬矿床，铬矿储量为 745×10^4t。

（五）芬兰铬矿床集中分布区

芬兰 3 个大型铬矿床均位于拉皮省，已开发的为凯米铬矿床，铬矿储量为 9780×10^4t，$\omega(Cr_2O_3)$ 品位为 29.4%；两个未开发矿区为科特兰铬矿床［储量为 8300×10^4t、$\omega(Cr_2O_3)$品位为 13.62%］和阿卡维拉铬矿床［储量为 1000×10^4t、矿石品位 $\omega(Cr_2O_3)$ 为 17.96%］。

（六）加拿大铬矿床集中分布区

铬矿床位于加拿大的安大略省和魁北克市，其中安大略省的麦克佛尔兹湖铬矿资源量达到 2.4×10^8t，黑马铬矿床和黑色溪流铬矿床资源量达千万吨，但由于铬矿品位较低，所以不建议开发利用。

第二节　世界铬矿资源勘查开发利用布局建议

根据铬矿床规模，地理位置及与我国贸易关系等圈定了 3 个一级规划区和 1 个二级规划区（表 10-1），对不同规划区通过不同的手段来规划控制产能。

表 10-1　世界铬矿资源规划布局评价表

规划区	规划产能	投资方式	目标矿区	优势	劣势
非洲东南部一级规划区	200×10^4t	收购、参股、投资建厂	克勒普方丹、达温代尔、合金	储量巨大；产量大且稳定，出口量大；双边关系良好	海运距离长；地区较为动荡；基础设施差
印度一级规划区	50×10^4t	参股	印度国有矿业公司铬矿区	产量稳定；劳动力成本低	双边关系有波动；外商投资门槛高；基础设施差；治安较差
土耳其一级规划区	40×10^4t	参股	图克·马丁塞科提	产量稳定；出口量较大	基础设施较差；中高端人才稀缺；恐怖主义活跃
哈萨克斯坦二级规划区	30×10^4t	参股	顿斯科伊	储量大；产量稳定	政策波动大；对外商注入管控严格

（一）非洲东南部一级规划区

现有合作方式为进口，未来计划通过收购、参股、投资建厂等方式控制 200×10^4t 的产能，目标矿区为南非的克勒普方丹矿区和津巴布韦的达温代尔矿区和合金矿区。

（二）印度一级规划区

现有合作方式为进口，未来计划通过参股方式控制 50×10^4t 的产能，目标矿区为印度国有矿业公司铬矿区。

（三）土耳其一级规划区

现有合作方式为进口，未来计划通过参股等方式控制 40×10^4t 产能，目标矿区为图克·马丁塞科提矿区。

（四）哈萨克斯坦二级规划区

未来计划通过参股的方式控制 30×10^4t 产能，目标矿区为顿斯科伊和沃斯科德矿区（附图 5）。

但同时也需要注意如下可能存在的风险：

1）南非、哈萨克斯坦和阿曼的部分法律法规不健全、不清晰。

2）哈萨克斯坦矿区国有程度较高，伊朗政府部门办事效率低，阿曼政府较廉洁，但市场容量小。

3）南非、伊朗和阿曼的基础设施差，对矿业开发有不利影响，如电力供应不足、交通运输管理混乱等。

4）南非的受教育程度较低，中等人才不足，高等人才稀缺，阿曼人一般不从事体力劳动，而由于技术限制，也难以胜任管理职务。基于中国主要铬矿石进口国的储量、产量、对华出口量、运输距离及地缘政治的情况，得出未来铬矿石进口和开发的优先顺序依次为南非、哈萨克斯坦、印度、阿尔巴尼亚、土耳其、伊朗。在对我国未来铬矿石供应国家规划选取时，应优先考虑政治经济稳定的国家，如南非等，同时综合考虑资源量和产量。对于我国有竞争力的国家如哈萨克斯坦等，应积极争取合作，保持进口稳定。

第十一章　研究结论与对策建议

本章主要基于第 1~10 章的研究成果，通过凝练、集成与系统研究总结，提出铬矿为我国战略性矿产与支撑战略性新兴产业发展的矿产，铬矿资源匮乏，对外依存度高企，供需形势严峻，资源保障程度严重不足等 10 个方面的研究结论。据此，提出了加强铬矿公益性地质调查、商业性铬矿勘查工作，大力调整铬矿产品结构等 10 条对策建议。

第一节　研 究 结 论

1）铬矿作为我国 24 种战略性矿产之一，是支撑我国战略性新兴产业发展的矿种。澳大利亚（2020）、美国内政部（2018）、日本（2009）等国家将铬列为关键矿产或关键原材料。包括铬矿石、铬铁合金、不锈钢及重铬酸钠等在内的各类铬矿产品是重要的战略物资和关键原材料，广泛应用于钢铁冶金（不锈钢）、耐火材料、化工和铸石等产业。2021—2035 年预测我国铬矿产品的对外依存度超过 99%（不含二次铬回收量），是严重依赖境外铬矿产品的矿种之一。

2）中国铬矿储量匮乏。截至 2020 年末，已查明铬矿保有储量仅占世界储量的 0. 48%，位居世界第 7 位；2020 年我国铬矿石产量不足 15×10^4t，仅占世界总产量的 0. 36%；铬矿石（铬精矿）进口量为 1432. 09$\times10^4$t，占世界的 89. 6%，位居世界第 1 位；铬铁合金产量占世界的 42. 77%，位居世界第 1 位；不锈钢产量占世界的 59. 01%，位居世界第 1 位。我国铬产业链看，上游短板明显，中、下游发展比较完善。鉴于世界铬矿资源储量分布集中，铬矿产品生产集中度高，主要集中分布于南非、哈萨克斯坦和土耳其等几个国家。预测 2021—2035 年我国铬供需形势严峻，对外依存度高企，铬矿资源保障率极低，矿山铬对外依存度 99%以上。

3）截至 2019 年末，总结了加拿大伯德河铬矿床（附图 2 中的 Cr-01）、津巴布韦大岩墙铬矿床（附图 2 中的 Cr-12）等 42 个铬矿床地质特征，简述了这些矿床的铬矿石质量、品位、累计查明资源储量规模，c/f 比值及开发利用状况等。

我国铬矿地质找矿阶段性特征明显，大致划分为萌芽期、会战期、辉煌期、萧条期和复苏期等 5 个阶段。我国非常重视铬矿地质找矿工作，在辉煌期的 1971—1975 年投入经费 1. 32 亿元，完成钻探 124. 6$\times10^4$m，创造了我国各个“五年计划”时期中找铬投入的最高峰。1971—1980 年，是我国铬矿探明储量最多的时期，共探明铬矿储量 673. 8$\times10^4$t。而在萧条期，铬矿找矿几乎停滞，无投入无产出。在复苏期的 2005—2017 年 12 年间，我国铬矿累计勘查投入约 4. 3 亿元，新发现铬矿产地两处；铬矿地质勘查投入占全国勘查总投入的比例仅为 0. 002%~0. 061%，尽管占比很低，但已步入铬矿找矿的复苏之路。我国铬矿潜在资源量 5560$\times10^4$t，资源查明率约 18%，显示出我国铬矿资源仍存在较大的找矿潜力。

4）我国铬供应分析。铬供应主要源于矿山铬产量和二次铬回收量：①预测 2021—2035 年我国矿山铬矿石产量在（4.28～6.12）$\times10^4$t 间，呈先升后降态势，2021 年预计矿山铬产量为 4.59$\times10^4$t，2025 年升至 5.72$\times10^4$t，2028 年升至 6.12$\times10^4$t，2030 年降至 5.87$\times10^4$t，2035 年降至 4.28$\times10^4$t；②利用类比法测算，预测 2025 年、2030 年和 2035 年我国二次铬回收量分别为 249.28$\times10^4$t、283.62$\times10^4$t 和 242.53$\times10^4$t。预计 2025 年、2030 年和 2035 年我国铬供应量（矿山铬产量+二次铬回收量）分别为：255$\times10^4$t、289.49$\times10^4$t 和 246.81$\times10^4$t。

5）我国铬矿产品主要包括铬矿石（铬原矿石或铬精矿）、铬铁合金、铬金属，二次铬和化工铬盐产品，其中不锈钢生产是铬消费的主要部门。在“双碳”背景下，利用铬部门消费法、不锈钢人均产量“S”形法与 ARIMA 模型等，对我国 2021—2035 年铬需求量进行了预测，在中情景方案下，2021—2030 年我国人均铬消费量呈先升后降趋势，人均铬消费量“S”形演进特征明显，预计 2030 年到达峰值点，我国铬表观消费量为 850.85$\times10^4$t，届时人均铬消费量为 5.95kg，之后逐渐下降，2035 年铬需求量降至 727.6$\times10^4$t，人均铬需求量降至 5.10kg。

6）2020 年世界铬矿石消费结构：95.8%的冶金级铬矿石［$\omega(Cr_2O_3)$ 为 42%～46%］，消费于高碳铬铁、中碳铬铁、低微碳铬铁和硅铬合金的生产中，2.5%的化工级铬矿石［$\omega(Cr_2O_3)$ 为 40%～46.5%］消费于重铬酸钠等铬盐生产中，铸造用砂和耐火材料消费量占比分别为 1.5%和 0.2%。在研究世界主要铬消费国家（地区）铬矿产品与消费规律的基础上，对 2021—2035 年我国铬供需形势进行了分析预测：2021—2035 年，我国矿山铬供应量很小，随着我国不锈钢产量的增加，铬总需求量不断增长，在中情景下 2030 年铬需求量到达峰值点。若不含二次铬回收量，只考虑矿山铬产量供应，我国铬供需形势极其严峻，对外依存度在 99%以上，从铬矿资源保障程度看，2025 年、2030 年和 2035 年矿山铬对需求的保障程度分别为 0.69%、0.62%和 0.53%。若将二次铬回收量纳入铬供应体系，则铬对外依存度降至 69%以上，预测 2025 年、2030 年和 2035 年铬（矿山铬供应量+二次铬回收量）对需求的保障程度分别提升至 30.69%、30.62%和 30.53%。

7）世界上 90%的铬矿石用于不锈钢生产领域，铬消费国主要是指不锈钢生产国（地区）。主要包括中国、印度尼西亚、日本、美国、韩国、比利时、意大利、西班牙、瑞典、德国、法国、英国等 12 个国家和地区。测算 2020 年世界铬消费总量为 961.75$\times10^4$t，世界人均铬消费量为 1.243kg。分国别（地区）分别测算了印度尼西亚及日本等 12 个国家（地区）的铬消费量变化规律。

8）按照铬矿产品（铬矿石、铬铁合金、不锈钢、化工产品等）生产、进出口贸易、消费（需求）等因素，将世界铬矿勘查开发利用的国家或地区分为两类：①铬矿产品输出国家或地区，主要包括铬矿上游产品生产国家或地区：南非、哈萨克斯坦、印度、芬兰和土耳其等；②铬矿产品输入国家或地区。后者包括中、下游铬矿产品（铬铁合金、铬金属、铬化工产品）生产国或进口国家或地区：如美国、中国、韩国、日本、德国等。分国别阐述了主要国家铬矿资源开发利用历史与现状，世界传统铬矿资源国与生产国主要有：南非、哈萨克斯坦、土耳其、印度、芬兰、津巴布韦、俄罗斯、阿尔巴尼亚、巴基斯坦、巴布亚新几内亚、巴西、伊朗、马达加斯加及菲律宾等国家。

9）2010—2011 年，铬精矿进口价格小幅上涨，2012—2016 年下降至 20 元/干吨度

(860 元/t) 附近，2016—2017 年铬精矿价格大幅上升后又快速回落至 30 元/干吨度，近年来维持在 30~40 元/干吨度间（1260~1680 元/t）。2019 年 9 月 25 日至 2022 年 1 月不锈钢价格在 1.53 万元/t 价格线上波动。美国铬铁合金进口价由 1998 年的 0.467 美元/磅（约合 1.82 万元人民币）升至 2017 年的 1.45 美元/磅（约合 1.49 万元/t）；2019 年降至 1.00 美元/磅（约合 1.54 万元/t）。2010—2011 年，铬金属的价格小幅上涨，2012—2016 年价格不断下降至 5 万元/t，随后被推高至 8 万元/t。2019—2020 年，受压缩产能和新冠肺炎疫情影响，不锈钢价格快速下滑。之后受原材料价格上涨和需求回暖，不锈钢价格上涨突破 2 万元/t，为近 10 年来的高位，预计未来仍将持续高位运行。

10）在世界铬矿成矿区域，划定世界 6 个铬矿床集中分布区，圈定了 3 个一级规划区和 1 个二级规划区。根据铬矿床分布集中度、规模与利用情况等，共划分出非洲东南部铬矿床集中分布区等 6 个铬矿床集中分布区。根据铬矿床规模，地理位置及与我国贸易关系等圈定了 3 个一级规划区和 1 个二级规划区，对不同规划区通过不同的手段来规划控制产能。

第二节　对策建议

研究提出了加强我国铬矿公益性地质调查、鼓励商业性铬矿勘查工作、大力调整铬矿产品结构等政策措施与建议。

1）加强铬矿公益性地质调查、商业性铬矿勘查工作。当前我国铬矿资源查明率不足 20%，地质工作程度相对较低，铬重点勘查区多位于西藏、新疆等西北边疆地区，铬矿资源存在较大的找矿勘探潜力。加大勘查投入，建立多元化投资机制，充分利用勘查新技术、新方法、新手段，重点在西藏、新疆和内蒙古等具有铬矿资源潜力的地区、铬重要成矿区（带）开展公益性地质调查工作，引导和鼓励铬矿商业性勘查工作，努力实现铬矿找矿突破，增加查明资源储量，为铬矿产业高质量发展提供资源保障。

2）大力调整铬矿产品结构：我国铬铁合金和不锈钢产能过大，分别占世界的 50%。目前我国不锈钢产能占世界产能 50% 以上，2020 年我国不锈钢产量占世界总产量的 59.01%。截至 2019 年底，我国不锈钢行业前 10 位的产能占比超过 81%，总体竞争较为激烈，且随着未来新增炼钢产能的集中释放，中国不锈钢行业集中度也将进一步提高。

3）增加国内二次铬回收量：预测我国 2021—2035 年二次铬累计回收量 3779.55×10^4t，满足同期我国铬需求的 30%。通过回收废不锈钢实现对铬的回收利用，可增加二次铬回收量，是提高我国铬保障率的有效途径。

4）由于我国铬矿资源保障程度低，铬矿企业还有扩大规模的冲动和动力：西藏铬矿资源质量好、品位高，建议实行鼓励性的勘查政策、采取限制性的开采政策。建议在限制开采区内实行像稀土资源一样的总量调控管理政策，将铬矿石的生产总量控制在 20×10^4t 以内，走可持续利用铬矿资源的发展之路。

5）研究替代铬不锈钢新材料，扩大其他特种钢利用：由于经过 60 多年的研究利用其他特种钢替代用铬生产的不锈钢，基本没有任何进展。因此希望加快研究替代铬不锈钢的新材料，以降低我国目前铬矿对外依存度高居不下的局面。大力支持替代不锈钢新材料的研发，减少铬钢的使用，扩大其他特种钢的利用，降低铬矿产品的对外依存度。

6）优化铬矿资源勘查开发利用布局：规划西藏乃东-加查等 5 个铬矿集区和 5 个重点勘查区，为调整和优化我国铬矿资源开发利用空间布局，实现铬矿资源优化配置。根据中国铬矿资源赋存状态，调查后铬矿资源储量分布、质量和结构特征、开发利用现状等，全国共划分出西藏乃东-加查，新疆萨尔托海，内蒙古贺根山-柯单山，燕辽-密怀和北祁连 5 个铬矿集区，为铬矿产资源勘查、生产和科研等提供支撑。

7）发挥钢铁市场机制配置铬矿资源的决定性作用，建议在当前钢铁行业整合的有利期，整合中国铬矿业领域具有核心竞争力的企业，推动铬矿上下游产业一体化进程，为中国铬矿产业高质量发展提供实体经济发展保障。建议国家在资金、政策、信息、技术和外交等方面对国内企业投资境外铬铁企业，或到国外投资勘查开发予以支持。除了企业通过对外贸易方式外，中国企业进一步主动融入国际市场，通过独资、合资等形式在铬矿产国建立铬矿业企业，保障国内铬矿市场的安全稳定供应。

8）建立完善国家铬矿产品战略储备机制：世界铬矿资源、铬矿产品生产、贸易等集中度高。日本、美国、欧盟、澳大利亚等国家（组织）将其列为关键矿种和战略性矿产，日本和美国长期以来对铬矿产品进行战略储备。美国每年进口铬矿石和铬铁合金作为战略储备调剂，并视情况对储备产品、规模、数量、结构进行调整。美国国防部物流局负责铬矿产品的政府储备管理，每年按照国会年度物资计划进行调剂。建议我国对铬矿石（铬精矿）、铬铁合金和不锈钢等进行战略性储备，并根据我国铬消费需求的变化，对储备产品、规模、种类及储备方式进行必要的调整。对于几乎完全依赖铬矿产品进口的中国，建立完善中国铬矿产品战略储备机制非常必要。

9）在我国铬矿资源开发利用中，存在铬矿产品生产过程中产生的碳排放问题、铬（地球）化学污染问题和铬矿山地质环境问题，应采用有效措施加以解决。由于我国铬矿石产量少，铬矿山地质环境破坏程度较低，且铬矿山位于高海拔的西藏和新疆等西部地区，建议加强对我国历史上闭坑铬矿山的恢复治理。

10）世界铬矿资源非常丰富，铬矿储采比超过 100 年，加快“走出去”利用境外铬矿资源步伐。目标国可选择南非、津巴布韦、哈萨克斯坦、加拿大和印度等。建议采用收购、参股和投资建厂的方式，获取铬矿资源产品。

参 考 文 献

安泰科咨询研究部. 2020. 2020年有色金属市场发展报告（铬）[R].

白文吉，崔翼万. 1977. 铬铁矿床类型及其成因的探讨[J]. 地质学报，(1)：29-42.

鲍佩声，王希斌，彭根永等. 1999. 中国铬铁矿床[M]. 北京：科学出版社，15-20.

陈建宏. 2009. 矿产资源经济学[M]. 长沙：中南大学出版社.

陈其慎. 于汶加. 张艳飞等. 2016. 点石：未来20年全球矿产资源产业发展研究[M]. 北京：科学出版社，217-229.

陈洲其. 2003. 中华人民共和国地质矿产史（1949—2000）[M]. 北京：地质出版社.

成金华，吴巧生，陈军. 2012. 矿产经济学[M]. 武汉：中国地质大学出版社.

崔彬，牛建英，李超峰. 2015. 现代矿产资源经济学[M]. 北京：中国人民大学出版社.

崔彬，王文，吕晓岚. 2013. 资源产业经济学[M]. 北京：中国人民大学出版社.

方实. 1998. 国外铬矿概况与顿斯克铬矿山[J]. 地质与勘探，34（2）：16-18.

冯益民. 1991. 新疆东准噶尔地区构造演化及主要成矿期[J]. 中国地质科学院西安地质矿产研究所所刊，(32)：47-60.

高芯蕊，王安建. 2010. 基于"S"规律的中国钢需求预测[J]. 地球学报，31（5）：645-652.

国家地质总局，国家建材总局，石化部. 1977. 金属、非金属矿床勘探规范总则[R].

国家统计局. 2021. 战略性新兴产业分类（2018）[EB/OL]. [2021-11-05]. http：//www. stats. gov. cn/tjgz/tzgb/201811/t20181126_1635848.html

国家质量监督管理局. 1999. 固体矿产资源/储量分类（GB/T 17766—1999）.

国土资源部. 2019. 中国国土资源年鉴（2018）[M]. 北京：地质出版社.

国土资源部. 全国矿产资源规划（2016—2020年）[EB/OL].

国土资源部中央地质勘查基金管理中心，严铁雄，张能军，任丰寿等. 2012. 中国铬铁矿单矿种找矿战略选区研究报告[R].

国土资源部（自然资源部）. 2011—2021. 中国矿产资源报告[M]. 北京：地质出版社.

韩露，谭建红，刘思琪. 2016. 铬渣的环境危害及其治理技术研究[J]. 广州化工，44（6）：10-11.

何贤杰，余浩科，刘斌. 2002. 矿产资源管理通论[M]. 北京：中国大地出版社.

何哲峰，蒋荣宝，刘树臣. 2016. 我国铬铁矿资源安全分析[J]. 中国矿业，25（6）：7-11.

黑色金属矿产资源强国战略研究专题组. 2019. 黑色金属矿产资源强国研究[M]. 北京：科学出版社.

侯军亮. 2013. 对矿产资源管理的经济学思考[J]. 中国国土资源经济，26（1）：21-23.

鞠建华，张照志等. 2022. 我国战略性新产业矿产厘定与"十四五"需求分析[J]. 中国矿业，31（9）：1-11.

《矿产资源工业要求手册》编委会. 2012. 矿产资源工业要求手册[M]. 北京：地质出版社，105-111.

李万亨，傅鸣珂，杨昌明等. 2000. 矿产经济与管理[M]. 武汉：中国地质大学出版社.

李潇雨，周满赓，王婧等. 2016. 攀西钒钛磁铁矿铬元素工艺矿物学研究[J]. 中国矿业，25（11）：144-156.

李艳军，张剑廷. 2011. 我国铬铁矿资源现状及可持续供应建议[J]. 金属矿山，(10)：27-30.

联合国统计司. 2021. 联合国商品贸易统计数据库［EB/OL］. https：//comtrade. un. org/
刘保顺，李克庆，袁怀雨. 2009. 矿产经济学［M］. 北京：冶金工业出版社.
刘文周. 2011. 矿产资源经济学［M］. 北京：地质出版社.
刘璇，陈其慎，张艳飞. 2015. 中国铬需求预测及资源供应安全态势分析［J］. 资源科学，37（5）：0933-0943.
柳正. 2003. 投资津巴布韦开发铬矿资源［J］. 中国矿业，（9）：12-13.
鹿宁. 2018. 2020 年和 2025 年我国不锈钢产量预测分析［J］. 冶金经济与管理，（3）：43-48.
吕世红. 2014. 论矿产资源经济指标体系的构建［J］. 科技经济市场，（7）：27-27.
牛全军，丁科. 2013. 铬的回收再利用研究［J］. 北方环境，25（10）：85-86.
潘昭帅，张照志，王贤伟等. 2018. 中国再生铬资源回收利用现状及未来趋势分析［J］. 中国矿业，27（8）：17-21
全国矿产储量委员会. 1959. 金属、非金属、煤炭储量分类规范（总则）［R］.
沈承珩，王守伦，陈森煌等. 1995. 世界黑色金属矿产资源. 北京：地质出版社.
世界金属统计局. 1979—2021. 世界金属统计年鉴 不锈钢 伦敦［R］.
唐金荣译. 2013. 矿产资源经济学的发展与展望［J］. 中国国土资源经济，26（1）：65-69.
王安建等. 2002. 矿产资源与国家经济发展［M］. 北京：地震出版社.
王安建等. 2008. 能源与国家经济发展［M］. 北京：地质出版社.
王安建，王高尚，陈其慎，于汶加. 2010. 矿产资源需求理论与模型预测［J］. 地球学报，31（2）：137-174.
王登红，章少华，熊先孝. 2016. 中国矿产地质志·典型矿床总述卷（上册）［M］. 北京：地质出版社，175-185.
王恒升，白文吉，王炳熙等. 1983. 中国铬铁矿床及成因［M］. 北京：科学出版社.
王述平. 1963. 关于铬铁矿成因类型的探讨［J］. 中国地质，（5）：3-14.
王伟，邓蓉，张志强. 2007. 资源经济学［M］. 北京：中国农业出版社.
王志刚，潘文亮，陈丹明. 2014. 菲律宾迪纳加特岛汇洋镍铬矿区铬铁矿成矿地质特征［J］. 地质找矿论丛，29（1）：72-78.
肖克炎，叶天竺等. 2010. 矿床模型综合地质预测资源量的估算方法［J］. 地质通报，20（10）：1404-1412.
严铁雄. 2018. 中央含矿构造带蛇绿岩型豆荚状铬铁矿的找矿标志［M］. 北京：地质出版社.
阎江峰，陈加希，胡亮. 2007. 铬冶金［M］. 北京：冶金工业出版社.
杨经绥，巴登珠，徐向珍. 2010. 中国铬铁矿床的再研究及找矿前景［J］. 中国地质，37（4）：1141-1150.
姚培慧. 1996. 中国铬矿志［M］. 北京：冶金工业出版社.
余敬. 2009. 矿产资源可持续力［M］. 武汉：中国地质大学出版社.
余良晖，王海军，于银杰. 2006. 我国铬铁矿战略储备构思［J］. 国土资源，（8）：24-25.
曾祥婷，元春华，许虹等. 2015a. 中国铬资源产业形势及其相关策略研究［J］. 资源与产业，17（3）：39-44.
曾祥婷，元春华，许虹等. 2015b. 世界铬矿开发现状及投资建议［J］. 中国矿业，24（8）：16-22.
张建，王登红，付平. 2009. 中国铬矿资源形势及其找矿方向［J］. 西北地质，42（3）：69-76.
张瑞恒，任巍，王殿茹. 2006. 矿产资源经济论［M］. 北京：中国大地出版社.
张炜. 2016. 世界铬矿资源需求分析及预测［J］. 资源与产业，18（4）：87-91.
张泽南，张照志，潘昭帅等. 2019. 全球铬矿石资源国对中国供应安全度分析［J］. 中国矿业，28（10）：70-76.

张照志，潘昭帅，车东等. 2022. 战略性新兴产业矿产目录厘定［R］. 中国地质科学院矿产资源研究所.
中国地质调查局. 2016. 中国地质调查百项成果（上）［M］. 北京：地质出版社，165-171.
《中国铬矿志》编辑委员会. 1996. 中国铬矿志［M］. 北京：冶金工业出版社.
中国工程院矿产资源强国战略研究项目组. 2018. 矿产资源强国战略研究（综合卷）［M］. 北京：科学出版社.
《中国矿床发现史·北京卷》编委会编. 1996. 中国矿床发现史·北京卷［M］. 北京：地质出版社.
《中国矿床发现史·甘肃卷》编委会编. 1996. 中国矿床发现史·甘肃卷［M］. 北京：地质出版社.
《中国矿床发现史·吉林卷》编委会编. 1996. 中国矿床发现史·吉林卷［M］. 北京：地质出版社.
《中国矿床发现史·内蒙古卷》编委会编. 1996. 中国矿床发现史·内蒙古卷［M］. 北京：地质出版社.
《中国矿床发现史·陕西卷》编委会编. 1996. 中国矿床发现史·陕西卷［M］. 北京：地质出版社.
《中国矿床发现史·四川卷》编委会编. 1996. 中国矿床发现史·四川卷［M］. 北京：地质出版社.
《中国矿床发现史·西藏卷》编委会编. 1996. 中国矿床发现史·西藏卷［M］. 北京：地质出版社.
《中国矿床发现史·综合卷》编委会. 2001. 中国矿床发现史（综合卷）［M］. 北京：地质出版社.
国土资源部. 2001—2018. 中国国土资源统计年鉴［M］. 北京：地质出版社.
中华人民共和国外交部. 南非，哈萨克斯坦，土耳其、芬兰、俄罗斯、阿尔巴尼亚、菲律宾、巴基斯坦等国家概况［EB/OL］.［2022-1-01-14］.
中华人民共和国中央人民政府. 2021. 中华人民共和国国民经济和社会发展第十四个五年规划和 2035 年远景目标纲要［EB/OL］. http：//www. gov. cn/xinwen/2021-03/13/content_ 5592681. htm.
中华人民共和国驻印度共和国大使馆. 印度国家概况［EB/OL］.［2022-1-01-16］.
朱明玉，王成辉，王登红等. 2013. 中国铬矿主要矿集区及其资源潜力探讨［J］. 中国地质，40（4）：995-1006.
朱明玉，王登红，李立新. 2014. 中国铬矿成矿规律［M］. 北京：地质出版社，131-133.
朱训. 1999. 中国矿情（第二卷 金属矿产）［M］. 北京：科学出版社.
朱训. 1999. 中国矿情（第一卷 总论·能源矿产）［M］. 北京：科学出版社.
朱训，陈洲其. 2003. 中华人民共和国地质矿产史［M］. 北京：地质出版社，67-68.
朱永峰. 2007. 矿产资源经济概论［M］. 北京：北京大学出版社.
自然资源部. 2021. 2020 年全国矿产资源储量统计表［R］.
自然资源部. 2021. 全国矿产资源储量统计表［EB/OL］.［2021-12-01］.
自然资源部矿产资源保护监督司，自然资源部矿产资源储量评审中心. 2021. 矿产资源储量技术标准汇编（第二版下册）［M］. 北京：地质出版社，1232~1233.
左国朝，刘寄陈. 1987. 北祁连早古生代大地构造演化［J］. 地质科学，(1)：14-24.
Anjian Wang.2014.S-curve Model of Relationship Between Energy Consumption and Economic Development[J]. National Resources Research(© 2014) DOI 10.1007//s11053-014-9234-z. Published on line：22 April 2014.
ISSF. 2021.Stainless Steel in Figures [EB/OL].[2021-12-01]
John F. Papp. 1994.Chromium life cycle study(Information Circular 9411). Bureau of Mines, United States Deportment of the Interior.
National Academies of Sciences, Engineering, and Medicine. 2008. Minerals, Critical Minerals, and the U.S. Economy. Washington, DC：The National Academies Press.https://doi.org/10.17226/12034.
S&P Global Market IntelligenceInc.
Stephen E. Kesler , Adam C. Simon. 2015. Mineral Resources, Economics and the Environment[M]. Cambridge

University Press, 193–196.

United Nations, Department of Economic and Social Affairs, Population Division 2020. World Population Prospects 2020, Online Edition.https://population.un.org/wpp/Download/Standard/MostUsed/

United Nations Statistics Division. 2021.UN Comtrade Database[EB/OL]. https://comtrade.un.org/

U.S. Department of the Interior. U.S. Geological Survey.2016. Minerals Yearbook, South Africa[Advanced Release].

USGS.1996–2022. Mineral Commodity Summaries.

USGS. 2021. 2018 Minerals Yearbook Chromium[Advance Release][EB/OL]. [2021-12-01].

World Bureau of Metal Statistics(WBMS).1979–2021.World Metal Statistics Yearbook, Stainless Steel, London.

附图

附图1　截至2020年末中国主要铬矿床分布图

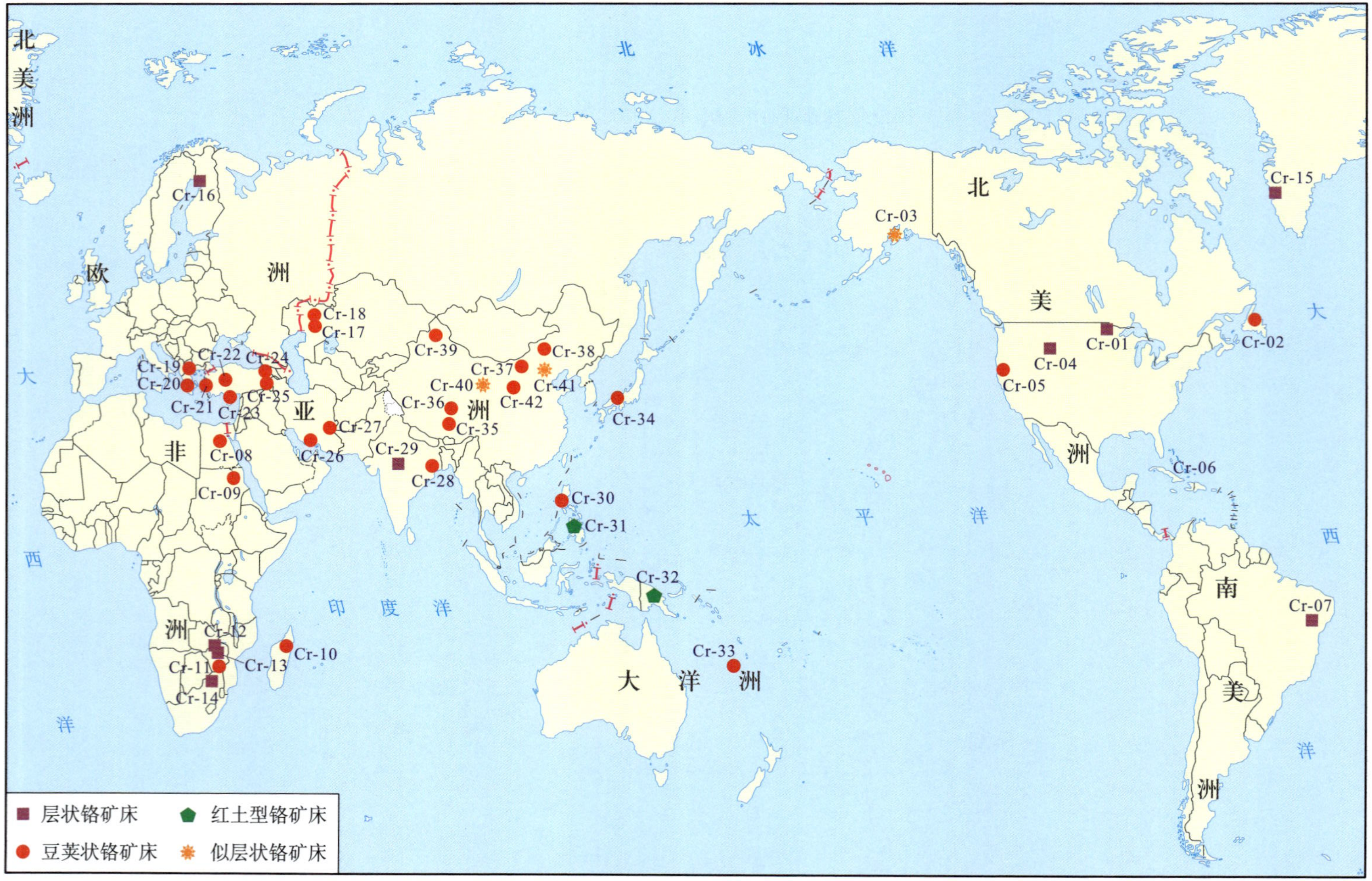

附图 2　截至 2020 年末世界主要铬矿床分布图

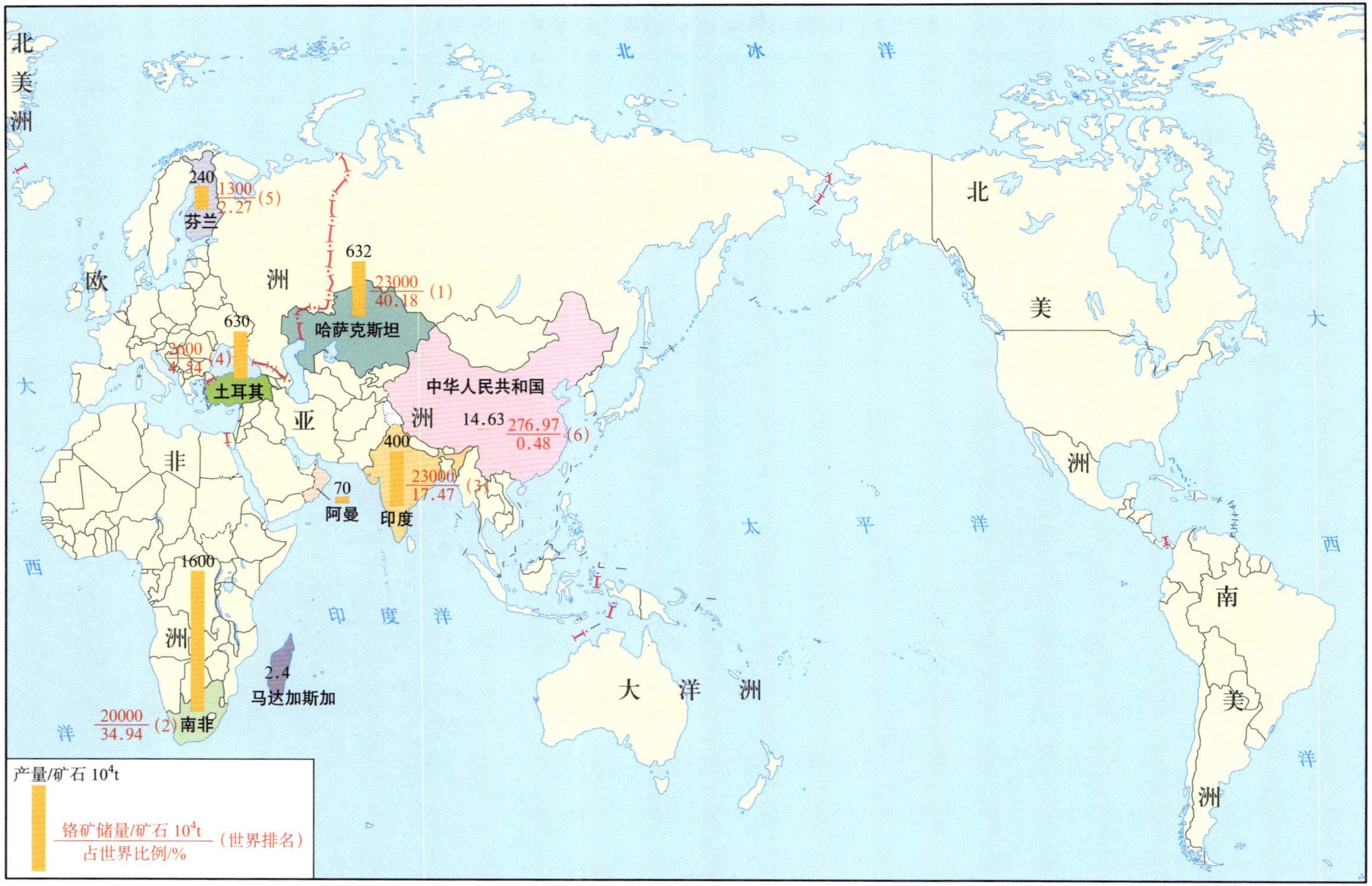

附图 3　截至 2020 年末世界主要国家铬矿储量和产量分布图

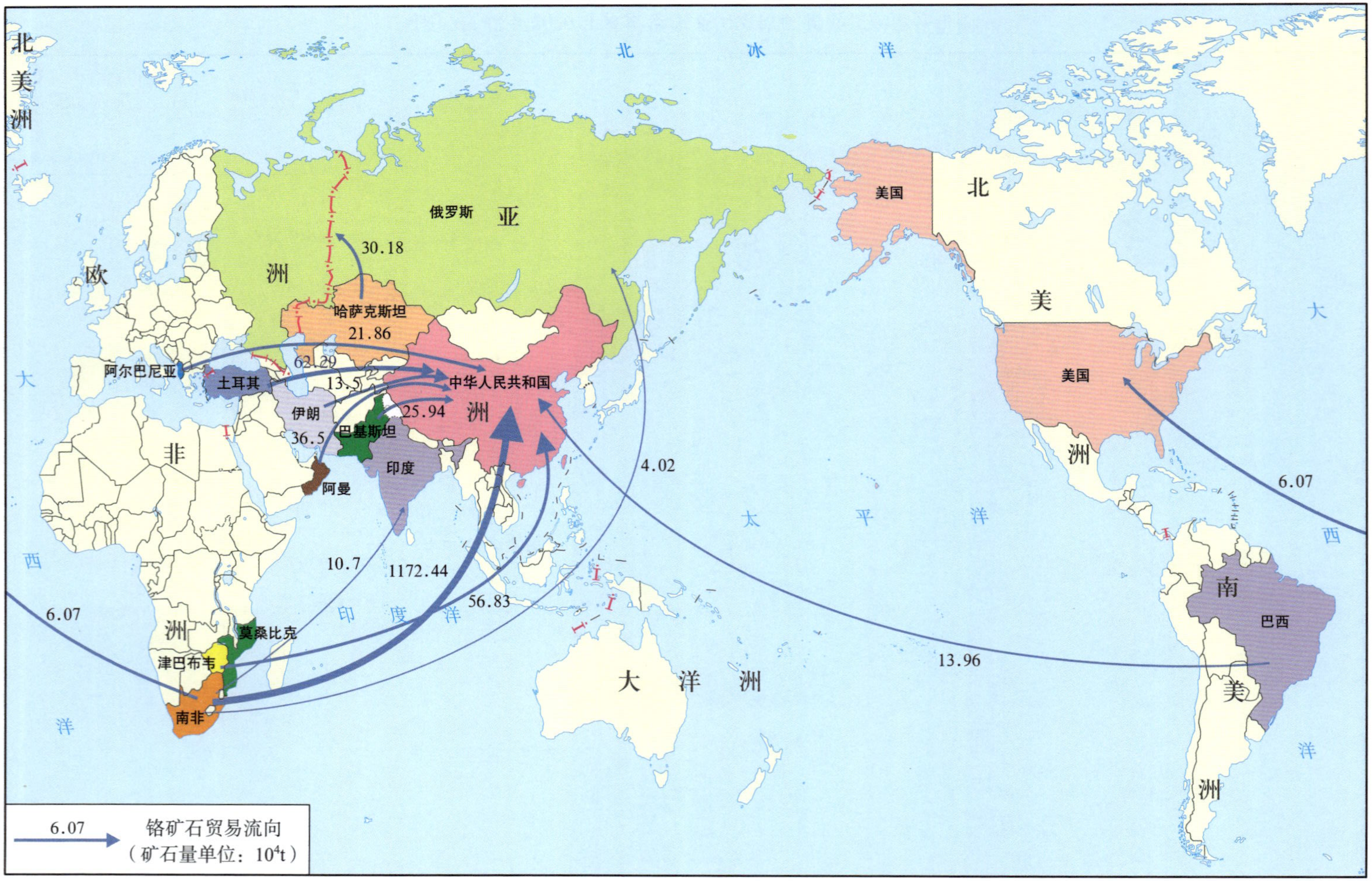

附图 4　2020 年世界铬矿石（含铬精矿）贸易流向图

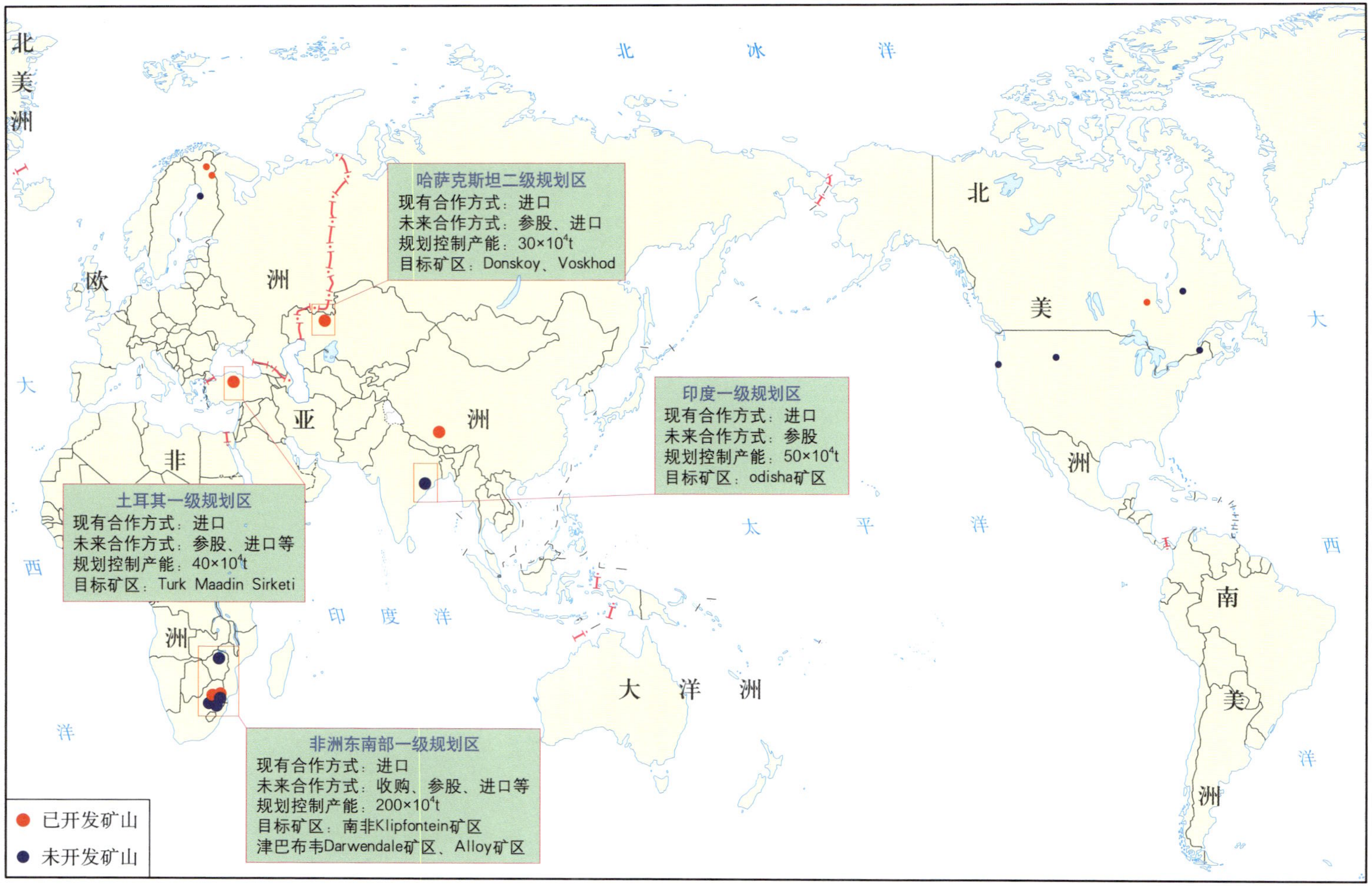

附图 5　世界铬矿资源开发利用布局规划建议图